Excel
Tipps & Tricks

Excel
Tipps & Tricks

So reizen Sie´s aus

BERND HELD   IGNATZ SCHELS

 Markt+Technik

Die Deutsche Bibliothek verzeichnet diese Publikation in der Deutschen
Nationalbibliografie; detaillierte bibliografische Daten sind im Internet
über *http://dnb.ddb.de* abrufbar.

10 9 8 7 6 5 4 3 2 1

10 09 08

ISBN 978-3-8272-4350-8

© 2008 by Markt+Technik Verlag,
ein Imprint der Pearson Education Deutschland GmbH,
Martin-Kollar-Straße 10–12, D-81829 München/Germany
Alle Rechte vorbehalten
Umschlaggestaltung: Marco Lindenbeck, webwo GmbH, (mlindenbeck@webwo.de)
Lektorat: Brigitte Bauer-Schiewek, bbauer@pearson.de
Herstellung: Elisabeth Prumm, epruemm@pearson.de
Korrektorat: mediaService, Siegen (www.media-service.tv)
Satz und Layout: mediaService, Siegen (www.media-service.tv)
Druck und Verarbeitung: Bercker, Kevelaer
Printed in Germany

INHALTS-VERZEICHNIS

2 Eine Frage des Formats 83

3 Highlights der bedingten Formatierung 115

7 Mit Namen Bezüge im Griff — 329

Vorwort

Liebe Leserin, lieber Leser,

wir freuen uns, dass Sie sich entschieden haben, mit unserem Buch die besten Tipps und Tricks zu Excel 2007 kennen zu lernen.

Ein Buch über Tipps und Tricks zu Excel speziell zur neuen Version 2007 zu machen, das war für uns eine echte Herausforderung. Wir haben Excel 2007 unter die Lupe genommen, haben getestet, ob alte und bewährte Verfahren und Tricks aus den Vorgängerversionen noch funktionieren und sind neuen, nicht immer dokumentierten Techniken auf die Spur gekommen.

Wir zeigen Ihnen, wie Sie mit Shortcuts und schnellen Maustricks die Tücken der Oberfläche umschiffen, wie Sie beim Schreiben von Formeln und Funktionen schnell und problemfrei zum Ziel kommen und wie Sie mit Diagrammen und grafischen Objekten zaubern können. Und wenn Sie tief, sehr tief in Excel einsteigen wollen, dann sehen Sie sich die Makrobeispiele an. Hier finden Einsteiger nützliche Programmierhilfen, und für fortgeschrittene Anwender geben wir die besten Tricks aus jahrelanger VBA-Praxis preis.

Alle im Buch vorgestellten Beispiele können Sie von unseren Webseiten downloaden:
www.schels.de (Leserforum)
www.held-office.de

Uns hat die gemeinsame Arbeit an diesem Buch viel Spaß gemacht, und wir hoffen, Sie werden ebenso viel Spaß beim Ausprobieren der Tipps und Tricks haben. Wenn Sie Fragen an uns haben, sind wir gerne für Sie da. Schreiben Sie einfach eine Mail an den Verlag:

info@pearson.de

Viel Spaß mit Ihrem Buch wünschen Ihnen

Bernd Held

Ignatz Schels

Die Autoren

Bernd Held ist gelernter Informatiker und programmierte drei Jahre lang bei einer Firma im KFZ-Bereich Warenwirtschafts- und Suchsysteme für den KFZ-Bereich. Danach arbeitete er sechs Jahre bei debis Systemhaus im Controlling. Seit 2002 ist Bernd Held selbstständig. Er schreibt Fachartikel in renommierten Zeitschriften, verfasst Computerbücher, die schon ins Tschechische, Englische und Russische übersetzt wurden. Er führt individuelle Software-Schulungen durch und programmiert im Auftrag von Kunden im Bereich Excel und Office-VBA.

Ignatz Schels ist Technik-Informatiker, zertifizierter Projekt-Fachmann, Programmierer und Markt+Technik-Buchautor der ersten Stunde. Er war drei Jahre für Markt+Technik als Produktmanager tätig und arbeitete vier Jahre für Microsoft als Trainer, bevor er sich 1986 selbstständig machte. Seine Schwerpunkte liegen im Office-Bereich, er leitet Fachseminare für Excel im Controlling und Personal-Management sowie Excel-Spezialworkshops.

Mit über 120 Buchtiteln gehört Ignatz Schels zu den erfolgreichsten Buchautoren, seine Fachbücher sind in viele Sprachen übersetzt worden. Er verfasst auch Artikel für Computerfachzeitschriften und Online-Magazine. Sein größtes Excel-Buch ist das 900 Seiten umfassende Excel-Kompendium, und sein »Excel Formeln und Funktionen« ist das meistverkaufte Excel-Buch im deutschsprachigen Raum.

KAPITEL 1

Rund um die gelungene Oberfläche

Lernen Sie in diesem Kapitel Tipps & Tricks im Umfeld der Excel-Oberfläche kennen. Unter anderem finden Sie in diesem Kapitel Lösungen, wie Sie bestimmte Zellen und Bereiche markieren und identifizieren können sowie Tipps, wie Sie allgemeine und individuelle Einstellungen in Excel vornehmen können.

1.1 Tipps zur Multifunktionsleiste

Die neue Art der Benutzerführung heißt unter Excel 2007 Multifunktionsleiste, sie löst die alte Technik der Menüs und Symbole am Bildschirmrand ab. Hier ein paar nützliche Tricks dazu:

1.1.1 Einblenden und ausblenden

Um Platz zu sparen, können Sie die Gruppen mit den Symbolen während der Arbeit ausblenden. Klicken Sie dazu einfach doppelt in eine beliebige Gruppe. Die Multifunktionsleiste wird auf die Anzeige der Menüs reduziert, ein Klick auf eines der Menüs öffnet wieder alles.

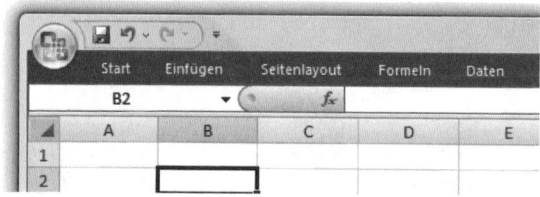

Abbildung 1.1: Multifunktionsleiste einfach per Doppelklick ausblenden

Und wie wird die Multifunktionsleiste wieder permanent sichtbar gemacht? Klicken Sie einfach wieder doppelt in eines der Menüs, und die Leiste steht in voller Pracht zur Verfügung.

1.1.2 Mit Alt-Taste steuern

Statt mühsam mit der Maus Gruppe für Gruppe zu durchsuchen, können Sie auch schnelle Tastenkombinationen für den Aufruf der einzelnen Symbole benutzen. Drücken Sie die Alt -Taste, und halten Sie sie kurz fest. In der Multifunktionsleiste werden die Kurzcodes für die Gruppen und Symbole gezeigt, geben Sie diese als Nächste ein. Wenn Sie häufig benutzte Funktionen auf diese Weise öfter durchführen, können Sie sich die Sequenzen schnell merken.

Ein Beispiel: Um zu einem anderen Fenster zu wechseln, drücken Sie ⎯Alt⎯ und ⎯F⎯ und ⎯W⎯. Suchen Sie das passende Fenster, und geben Sie den angezeigten Buchstaben ein.

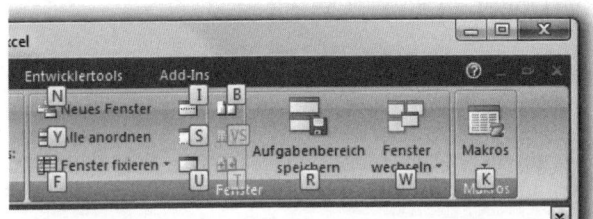

Abbildung 1.2: Gruppe und Symbol aufrufen per Tastenkombination

1.1.3 Symbole in die Symbolleiste für den Schnellzugriff übernehmen

Wenn Sie ein Symbol aus der Multifunktionsleiste häufig brauchen, dazu aber lange Wege gehen, d.h. auf Gruppen und Untergruppen umschalten müssen, erleichtern Sie sich die Arbeit, indem Sie das Symbol mit wenigen Handgriffen in die Symbolleiste für den Schnellzugriff übertragen. So gehen Sie vor:

1. Stellen Sie die Ansicht her, in der Sie das Symbol sehen.
2. Klicken Sie das Symbol mit der rechten Maustaste an.
3. Wählen Sie im Kontextmenü *Zu Symbolleiste für den Schnellzugriff hinzufügen*.

Um das neue Symbol anzupassen, klicken Sie es anschließend mit der rechten Maustaste an und wählen *Symbolleiste für den Schnellzugriff anpassen*.

1.1.4 Ein schnelles Ende ...

Um Excel nach getaner Arbeit zu beenden, können Sie konventionell das Fenster schließen (Schließen-Kästchen rechts oben) oder das Office-Menü per Klick auf das große Symbol links oben öffnen und den Befehl *Schließen* wählen.

Sie können aber auch einen Doppelklick auf das Office-Symbol machen, damit schließen Sie Excel am schnellsten ...

1.2 Optimal mit Tabellenblättern arbeiten

Die Tabelle, genauer das Tabellenblatt, ist das Herz der Excel-Anwendung, alle Berechnungen finden in den Zellen des »spreadsheets« statt. Lernen Sie einige Tricks zum Umgang mit den Blättern kennen, die die Welt bedeuten:

1.2.1 Ein neues Blatt

Eine gute Lösung für eine häufig benötigte Funktion: Um ein neues Tabellenblatt anzulegen, klicken Sie einfach auf das letzte Registerzeichen unten in der Registerleiste. Damit wird automatisch das nächste Tabellenblatt angelegt und durchnummeriert.

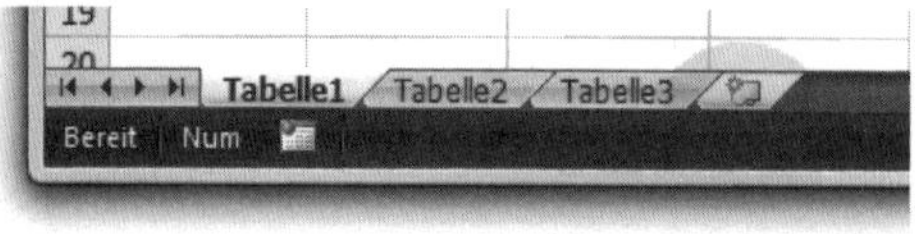

Abbildung 1.3: Ein neues Tabellenblatt per Klick

Übrigens: Es geht noch schneller, natürlich wieder mit einem Shortcut: Drücken Sie [⇧] + [F11] *für ein neues Tabellenblatt.*

1.2.2 Größere Schrift im Register

Excel passt die Schriftgröße im Blattregister automatisch an die Größe der Bildlaufleisten an. Wenn die Register zu klein beschriftet sind, ändern Sie die Schriftgröße unter Windows:

1. In Windows XP holen Sie das Kontextmenü *Eigenschaften* mit der rechten Maustaste auf den Desktop und wechseln auf das Register *Darstellung.*
2. Unter Windows Vista klicken Sie auf *Anpassen* und wählen *Fensterfarbe und -darstellung.*
3. Klicken Sie auf *Erweitert* und suchen Sie in der Liste *Element* den Eintrag *Bildlaufleiste.*
4. Legen Sie die Größe der Schrift fest und bestätigen Sie mit *OK.*

1.3 Eine vertikale Tabellenübersicht

Kennen Sie das? Ihre Arbeitsmappe hat sich mit der Zeit gefüllt, sie enthält sehr viele Tabellen. Durch die horizontale Anordnung der Register ist es gar nicht so einfach, schnell das richtige Blatt zu finden. Mit einem einzigen Klick mit der rechten Maustaste ganz links unten auf das Steuerungssymbol bekommen Sie ein vertikales Kontextmenü angezeigt, aus dem Sie dann elegant das gewünschte Tabellenblatt auswählen können. Die so ausgewählte Tabelle wird damit auch gleich aktiviert.

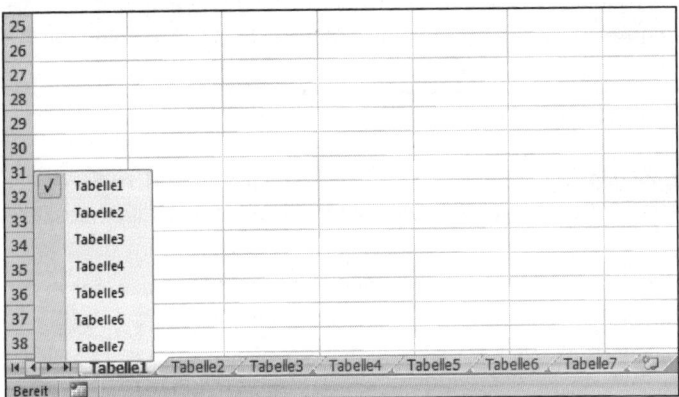

Abbildung 1.4: Die Schnellübersicht der Tabellen einer Mappe

1.4 Inhaltsverzeichnis anlegen

Möchten Sie dauerhaft einen Überblick über die in der Arbeitsmappe enthaltenen Tabellen erhalten, dann können Sie sich auf einer Tabelle ein Inhaltsverzeichnis anlegen, auf dem alle Tabellen verzeichnet werden.

Um diese Aufgabe auszuführen, gehen Sie wie folgt vor:

1. Setzen Sie den Mauszeiger auf die erste Zelle, in der die erste Tabelle der Mappe verzeichnet werden soll.

2. Drücken Sie die Tastenkombination ⎡Strg⎤ + ⎡k⎤, um das Dialogfeld *Hyperlink einfügen* aufzurufen.

3. Klicken Sie im Dialogfeld auf die Schaltfläche *Aktuelles Dokument*.

4. Klicken Sie im Listenfeld auf die Tabelle, die Sie aufnehmen möchten.

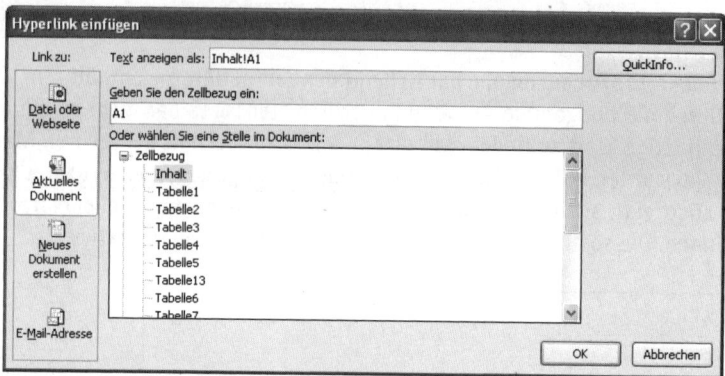

Abbildung 1.5: Alle Tabellen werden aufgelistet

5. Im Feld *Geben Sie den Zellbezug ein* können Sie festlegen, an welche Stelle der Tabelle automatisch verzweigt werden soll. Standard ist hier immer die erste Zelle der Tabelle.

6. Im Feld *Text anzeigen als* können Sie den eigentlichen Text festlegen, der in der Tabelle angezeigt werden soll.

7. Mit einem Klick auf *OK* beenden Sie diese Aktion.

8. Wiederholen Sie die Schritte 1 bis 7 für alle Tabellen, die Sie ins Inhaltsverzeichnis mit aufnehmen möchten.

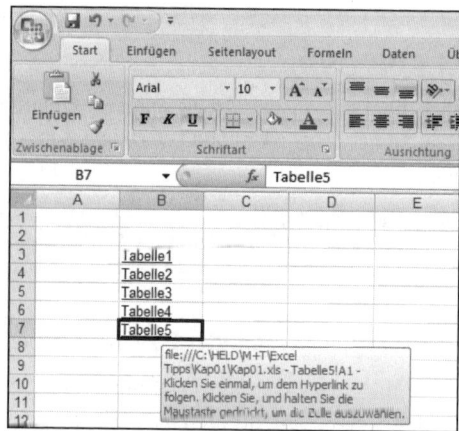

Abbildung 1.6: Das Inhaltsverzeichnis wurde erstellt

Wenn Sie jetzt auf eine Hyperlinkzelle klicken, dann wird automatisch auf die hinterlegte Tabelle verzweigt.

> **Hinweis**
>
> Sollen die Hyperlink-Zellen formatiert werden, dann können die Zeilen über die Pfeiltasten sowie die Taste ⇧ markiert werden.

1.5   Schneller Tabellenwechsel

Sie können einzelne Tabellen auch mithilfe von Tastenkombinationen ansteuern. Drücken Sie die Tastenkombination Strg + Bild↓ , wenn Sie vorwärts von einer Tabelle zur nächsten springen möchten. Möchten Sie eine Arbeitsmappe rückwärts durchlaufen, dann drücken Sie jeweils die Tastenkombination Strg + Bild↑ .

> **Hinweis**
>
> Haben Sie bereits mehrere Arbeitsmappen geöffnet und wollen schnell von einer Arbeitsmappe zur anderen wechseln, dann drücken Sie die Tastenkombination Strg + F6 .

1.6   Schnelle Navigation in einer Tabelle

Um schnellstmöglich an eine bestimmte Zelle in der Tabelle zu gelangen bzw. um einen Bereich zu markieren, gibt es mehrere Möglichkeiten.

1.6.1   Letzte belegte Zelle ansteuern

Um zur letzten belegten Zelle der Tabelle zu gelangen, drücken Sie die Tastenkombination Strg + Ende .

1.6.2   Erste Zelle einstellen

Sind Sie momentan in einer Tabelle ganz weit unten bzw. ganz weit rechts und möchten Sie ganz schnell wieder in Zelle A1 gelangen, dann drücken Sie die Tastenkombination Strg + Pos1 .

1.6.3 Zelle ganz links

Wenn Sie sich ziemlich weit rechts in einer Tabelle, beispielsweise Zelle AB20, befinden, dann können Sie mit Drücken der Taste `Pos1` ganz schnell die Zelle in der ersten Spalte, also AB1, aktivieren.

1.6.4 Zelle ganz rechts

Möchten Sie ganz ans rechte Ende der Tabelle (Spalte IV) springen, dann drücken Sie die Tastenkombination `Strg` + `Pfeil←`.

1.6.5 Zelle ganz unten

Möchten Sie ganz ans untere Ende der Tabelle (Zeile 1048567 ab der Version 2007, vorherige Versionen 65536) springen, dann drücken Sie die Tastenkombination `Strg` + `Pfeil↓`.

1.6.6 Zellen am Ende eines Bereichs anspringen

Wenn Sie in einem zusammenhängenden Bereich jeweils an die Zellen springen möchten, die am äußeren Rand sind, dann können Sie diese Aufgabe über einen Doppelklick auf den Rand einer Zelle ausführen. So gelten folgende Doppelklicks:

- Doppelklick auf unteren Zellenrand: Die unterste Zelle im Bereich wird aktiviert.
- Doppelklick auf den oberen Zellenrand: Die oberste Zelle im Bereich wird aktiviert.
- Doppelklick auf den rechten Zellenrand: Die am weitesten rechts liegende Zelle im Bereich wird aktiviert.
- Doppelklick auf den linken Zellenrand: Die am weitesten links liegende Zelle im Bereich wird aktiviert.

Diese Funktion geht immer nur bis zur ersten leeren Zeile bzw. Spalte, die im Bereich auftritt.

Hinweis

Das Doppelklicken auf den Zellenrand der aktiven Zelle darf erst erfolgen, wenn der Mauszeiger das Fadenkreuzsymbol anzeigt.

1.6.7 Bestimmte Zelle aktivieren

Wie kommt man eigentlich direkt in eine ganz bestimmte Zelle? Um eine Zelle in der Tabelle anzusteuern, ohne umständlich die horizontale und vertikale Bildlaufleiste einsetzen zu müssen, gehen Sie so vor:

1. Drücken Sie die Funktionstaste F5 .

Abbildung 1.7: Schnelle Zellenaktivierung

2. Geben Sie im Feld *Verweis* eine gültige Zellenadresse ein.

3. Bestätigen Sie mit *OK*.

Die so angegebene Zelle wird augenblicklich aktiviert.

Übrigens: Sie können die Zelladresse auch in das Namensfeld links oben schreiben und die ⏎ -Taste drücken, um die Zelle schnell anzusteuern.

1.7 Die perfekte Markierung

1.7.1 Verwendete Bereiche markieren

Das kostet viel Zeit in der Praxis: Um in größeren Auflistungen zum äußeren rechten oder unteren Rand mit der letzten Zeile bzw. Spalte zu gelangen, wird mit Rollbalken und Bild-Tasten geblättert, was das Zeug hält, leider aber meist viel zu weit ...

Unterscheiden Sie zwischen dem aktuellen Bereich und dem benutzten Bereich:

■ Der aktuelle Bereich ist der Bereich, in dem der Zellzeiger steht und der von der ersten Leerspalte und der ersten Leerzeile eingegrenzt ist.

■ Der benutzte Bereich ist der Bereich bis zu der letzten bearbeiteten Zelle im Tabellenblatt.

Um den verwendeten Bereich einer Tabelle, ausgehend von der aktuell markierten Zelle, zu markieren, drücken Sie die Tastenkombination [Strg] + [⇧] + [Ende].

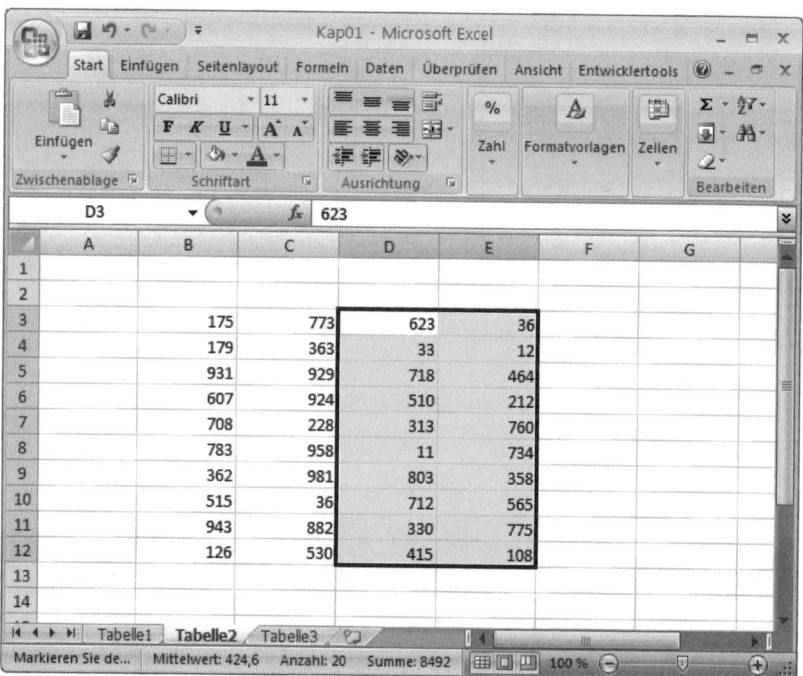

Abbildung 1.8: Verwendeten Bereich nach rechts und unten markieren

1.7.2 Umliegenden Bereich markieren

Wollen Sie den aktuellen Bereich markieren, setzen Sie den Zellzeiger irgendwo in den Bereich und drücken die Tastenkombination ⌈Strg⌉ + ⌈⇧⌉ + ⌈*⌉. Im Unterschied zur vorherigen Markierung wird der gesamte Bereich rund um den Zellzeiger markiert.

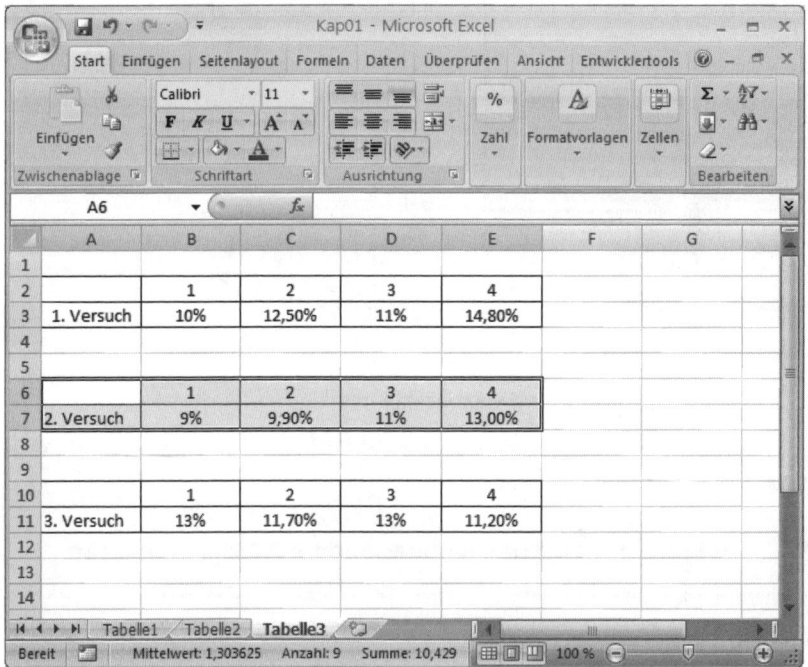

Abbildung 1.9: Den umliegenden Bereich der Zelle C6 markieren

1.7.3 Einen bestimmten Bereich markieren

Soll ein beliebiger Bereich in einer Tabelle möglichst schnell markiert werden, dann gehen Sie wie folgt vor:

1. Drücken Sie die Taste F5.

Abbildung 1.10: Einen Bereich in der Tabelle schnell markieren

2. Geben Sie im Feld *Verweis* einen Zellenbereich an.

3. Bestätigen Sie mit *OK*.

Der so angegebene Bereich wird augenblicklich markiert.

Übrigens: Das geht auch wieder dem Namensfeld: Bereich reinschreiben und ↵ - Taste drücken.

1.7.4 Mehrere nicht zusammenhängende Bereiche markieren

Hinweis

Um mehrere Bereiche zu markieren, markieren Sie den ersten Bereich mit der Maus, halten danach die Taste Strg gedrückt und markieren danach weitere Bereiche.

Die Mehrfachmarkierung funktioniert übrigens auch über den Dialog *Gehe zu*. Geben Sie dort die einzelnen Zellen bzw. Zellenbezüge getrennt durch Semikola ein und klicken Sie auf *OK*.

Abbildung 1.11: Mehrere Bereiche über den Dialog *Gehe zu* markieren

... Geht das auch wieder über das Namensfeld? Probieren Sie's aus!

1.7.5 Ganze Zeilen markieren

Eine ganze Zeile wird markiert, indem auf die Zeilennummerierung mit der linken Maustaste geklickt wird.

Alternativ kann eine Zeile auch über die Tastenkombination ⇧ + Leer markiert werden.

1.7.6 Ganze Spalten markieren

Eine ganze Spalte wird markiert, indem auf den Spaltenbuchstaben mit der linken Maustaste geklickt wird.

Alternativ kann eine Spalte auch über die Tastenkombination Strg + Leer markiert werden.

1.7.7 Zeilen aus- und wieder einblenden

Möchten Sie bestimmte Zeilen ausblenden, dann markieren Sie diese, indem Sie die Nummern der Zeilen mit der linken Maustaste markieren, die Sie ausblenden möchten. Klicken Sie dann mit der rechten Maustaste auf eine markierte Zeilennummer und wählen aus dem Kontextmenü den Befehl *Ausblenden*.

Analog dazu funktioniert auch das Einblenden der Zeilen. Markieren Sie hierzu die noch sichtbaren Zeilen, klicken die Zeilennummern mit der rechten Maustaste an und wählen den Befehl *Einblenden* aus dem Kontextmenü.

Alternativ können Sie über die Tastenkombination `Strg` + `9` ebenso Zeilen ausblenden.

Die Tastenkombination für das Wiedereinblenden der Zeilen lautet:

`Strg` + `⇧` + `9`.

1.7.8 Spalten aus- und wieder einblenden

Möchten Sie bestimmte Spalten ausblenden, dann markieren Sie diese, indem Sie die Buchstaben der Spaltenbeschriftung mit der linken Maustaste markieren, die Sie ausblenden möchten. Klicken Sie dann mit der rechten Maustaste auf einen markierten Spaltenbuchstaben und wählen aus dem Kontextmenü den Befehl *Ausblenden*.

Analog dazu funktioniert auch das Einblenden der Spalten. Markieren Sie hierzu die noch umliegenden sichtbaren Spalten, klicken die Spaltenbuchstaben mit der rechten Maustaste an und wählen den Befehl *Einblenden* aus dem Kontextmenü.

Alternativ können Sie über die Tastenkombination `Strg` + `8` ebenso Spalten ausblenden.

Die Tastenkombination für das Wiedereinblenden der Spalten lautet:

`Strg` + `⇧` + `8`.

1.7.9 Objekte markieren 1

Neben den Zellen gibt es noch weitere Dinge, die mal schnell markiert werden müssen, um Anpassungen vorzunehmen. So können Sie beispielsweise über den folgenden Trick alle Grafiken, Schaltflächen und sonstigen Objekte markieren:

1. Klicken Sie das erste Objekt an.

2. Drücken Sie die Tastenkombination `Strg` + `⇧` + `Leer`, um alle anderen Objekte zusätzlich zu markieren.

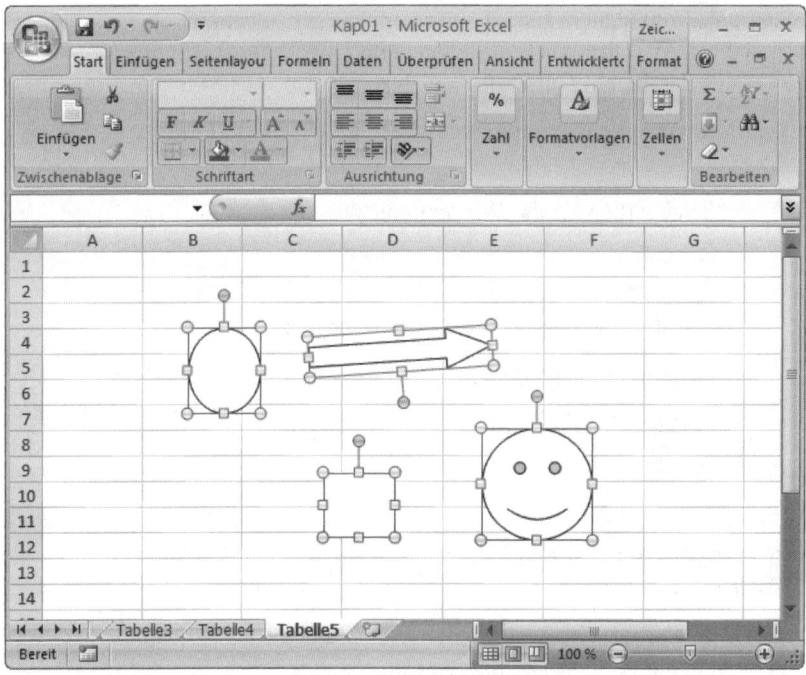

Abbildung 1.12: Objekte blitzschnell markieren

1.7.10 Objekte markieren 2

Eine alternative Methode, um Objekte in einer Tabelle zu markieren, ist der Einsatz des Objektmarkierungspfeiles. Sie finden ihn unter *Start/Suchen und auswählen/ Objekte markieren.* Wenn Sie auf dieses Pfeilsymbol klicken, können Sie im Tabellenblatt nur gezeichnete oder eingefügte Objekte markieren, keine Zellen mehr. Mit gedrückter Maustaste lässt sich auch ein Rahmen um mehrere Objekte ziehen, die daraufhin markiert werden.

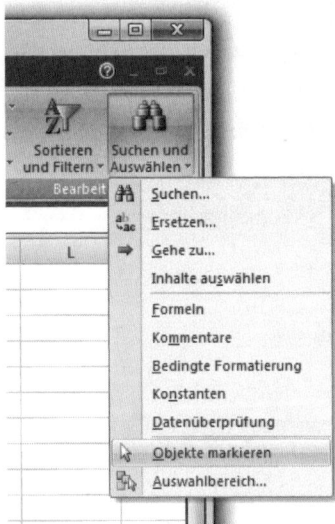

Abbildung 1.13: Der Objektpfeil zur Markierung mehrerer Objekte

Ist Ihnen der Aufruf dieses nützlichen Werkzeugs zu aufwändig? Stellen Sie den Objektpfeil in die Symbolleiste für den Schnellzugriff:

1. Klicken Sie mit der rechten Maustaste in die Symbolleiste für den Schnellzugriff, und wählen Sie *Symbolleiste für den Schnellzugriff anpassen*.

2. Schalten Sie unter *Befehle auswählen* auf die *Start Registerkarte*.

3. Markieren Sie *Objekte markieren*, und schalten Sie mit Klick auf *Hinzufügen* das Symbol in die Symbolleiste.

Jetzt können Sie per Klick auf das Pfeilsymbol auf die Objektmarkierung umschalten. Mit einem weiteren Klick auf das Pfeilsymbol schalten Sie die Objektmarkierung wieder aus.

... aber halt, da gibt es noch einen Trick: Drücken Sie einfach die [Esc] *-Taste.*

1.7.11   Bereich mit Standardwerten füllen

Soll ein Bereich mit einem Text bzw. mit Nullwerten belegt werden, dann können Sie dies am schnellsten erledigen, indem Sie wie folgt vorgehen:

1. Markieren Sie den Bereich, der mit einem Standardtext gefüllt werden soll.
2. Schreiben Sie den Text.
3. Schließen Sie den Vorgang ab, indem Sie die Tastenkombination `Strg` + `↵` drücken.

1.8   Tricks mit dem Ausfüllkästchen

Das Ausfüllkästchen rechts unten am Zellzeiger ist ein unentbehrlicher Helfer bei der Arbeit mit Tabellen und Zellen. Es wird einfach mit der Maus nach unten oder nach rechts gezogen, der Inhalt der aktiven Zelle wird damit über die markierten Zellen kopiert, und das gilt auch für Formeln. Sehen Sie sich vielen Facetten des Füllkästchens an und kommen Sie hinter seine Geheimnisse ...

1.8.1   Bereich mit fortlaufenden Nummern füllen

Eine fortlaufende Nummerierung können Sie in Excel ganz leicht über die Funktion *AutoAusfüllen* erledigen. Dabei geben Sie einen Startwert in einer Zelle vor und ziehen danach das Ausfüllkästchen bei gedrückt gehaltener Taste `Strg` nach unten. Die Standardschrittweite ist dabei immer der Wert 1.

Soll eine andere Schrittweite gewählt werden, dann müssen Sie zwei Zellen vorgehen:

1. Schreiben Sie beispielsweise den Wert 1 in Zelle A1.
2. Schreiben Sie den Wert 5 in Zelle A2.
3. Markieren Sie diese beiden Zellen.
4. Ziehen Sie das Ausfüllkästchen nach unten.

Die Liste wird nun in 4er-Schritten vervollständigt.

Wollen Sie eine Wette gegen Ihre Kolleginnen/Kollegen gewinnen? Schreiben Sie eine 1 in eine Zelle und markieren Sie diese wieder. Fragen Sie, was passiert, wenn Sie das Kästchen nach unten ziehen. Die 1 wird nach unten kopiert, lautet sicher die Antwort. Sie behaupten aber, sie erhalten eine Füllreihe (2,3,4,5 ...). Und wenn Sie vor dem Ziehen des Füllkästchens die `Strg` *-Taste drücken, haben Sie die Wette auch gewonnen ...*

Die ⌐Strg⌐-Taste ändert das Füllverhalten auf die zweite Fülloption. Wenn Sie das Ausfüllkästchen mit der rechten Maustaste nach unten ziehen, erhalten Sie ein Kontextmenü, in dem die ersten Optionen lauten *Zellen kopieren* und *Datenreihe ausfüllen*. Mit ⌐Strg⌐ kommt die zweite dran ...

1.8.2 Löschen mit Ausfüllkästchen

Normalerweise können Sie über das Ausfüllkästchen Zahlenreihen oder auch Datumsreihen ausfüllen. Selbst das Löschen von Bereichen kann über das Ausfüllkästchen durchgeführt werden. Packen Sie hierzu einfach eine leere Zelle am Ausfüllkästchen an und ziehen dieses über den Bereich, den Sie löschen möchten.

1.8.3 AutoAusfüllen rückwärts

Sie können das Ausfüllkästchen übrigens nicht nur nach unten oder nach rechts ziehen, sondern auch nach oben oder nach links.

Wenn Sie beispielsweise in Zelle E3 den Wert 1 eingeben und das Ausfüllkästchen bei gedrückt gehaltener Taste ⌐Strg⌐ nach links ziehen, dann erfolgt mit jeder ausgefüllten Zelle eine Subtraktion um den Wert 1.

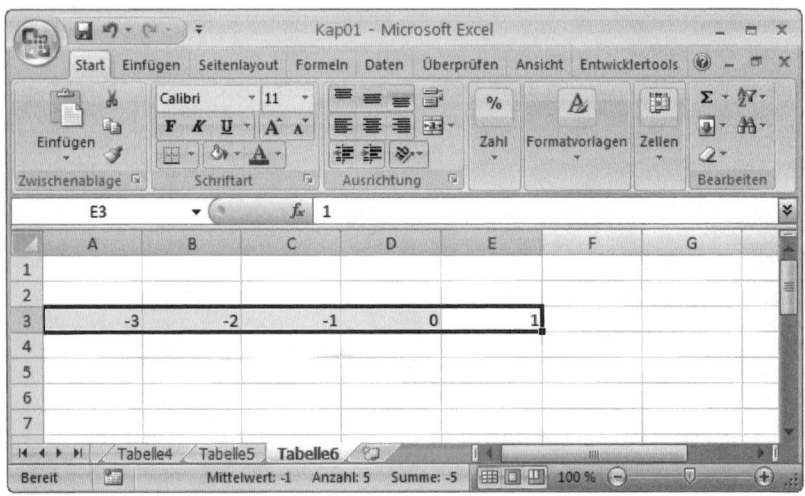

Abbildung 1.14: Auch rückwärtiges Ausfüllen ist möglich

1.8.4   Datumswerte füllen

Einen Datumswert zählt Excel automatisch um einen Tag hoch bzw. herunter, je nachdem in welche Richtung Sie das Füllkästchen ziehen. Das gilt auch für Wochentage und Monate:

Aus ...	Wird ...
1.6.08	2.6.08
	3.6.08
	4.6.08
	usw...
Montag	Dienstag
	Mittwoch
	...
	Sonntag
Januar	Februar
	März
	April ...
	Dezember

Nun stellt sich aber die Frage, woher das Programm weiß, dass auf Sonntag Montag folgt und auf den Januar der Februar (selbst in der österreichischen Version wird der Jänner korrekt in den Februar übergefüllt ...). Die Lösung liegt in der Liste der benutzerdefinierten Füllreihen, die bei jeder Installation mit den regionsspezifischen Einstellungen eingerichtet werden.

1. Wählen Sie im Office-Menü die *Excel-Optionen*.

2. Klicken Sie in der ersten Registerkarte *Häufig verwendet* auf die Schaltfläche *Benutzerdefinierte Listen verarbeiten*.

Jetzt können Sie die Listen einsehen, und hier sehen Sie auch, welche Listen Excel noch zu bieten hat, unter anderem nämlich auch die englischsprachigen Versionen der Datumslisten.

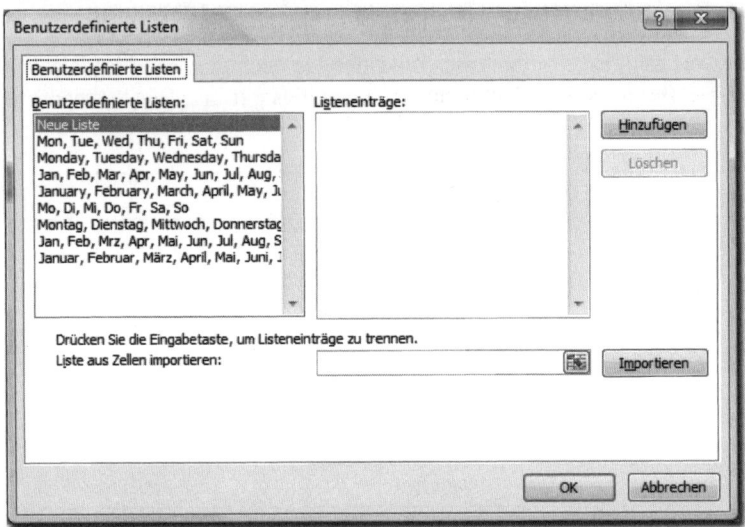

Abbildung 1.15: Die benutzerdefinierten Füllreihenlisten

1.8.5 Eigene benutzerdefinierte Listen erstellen

Neben diesen Standard-Listen haben Sie die Möglichkeit, eigene benutzerdefinierte Listen anzulegen, um später schneller Daten erfassen zu können.

Im folgenden Beispiel wird eine Liste mit verschiedenen Verlagen angelegt. Dazu verfahren Sie wie folgt:

1. Klicken Sie auf die Office-Schaltfläche und danach auf die Schaltfläche *Excel-Optionen*.
2. Aktivieren Sie die Kategorie *Häufig verwendet*.
3. Klicken Sie auf die Schaltfläche *Benutzerdefinierte Listen bearbciten*.
4. Setzen Sie den Mauszeiger in das Feld *Listeneinträge*.
5. Erfassen Sie nun die einzelnen Verlage untereinander. Jeder Verlag wird in eine separate Zeile geschrieben, indem nach jeder Eingabe die Taste ⏎ gedrückt wird.

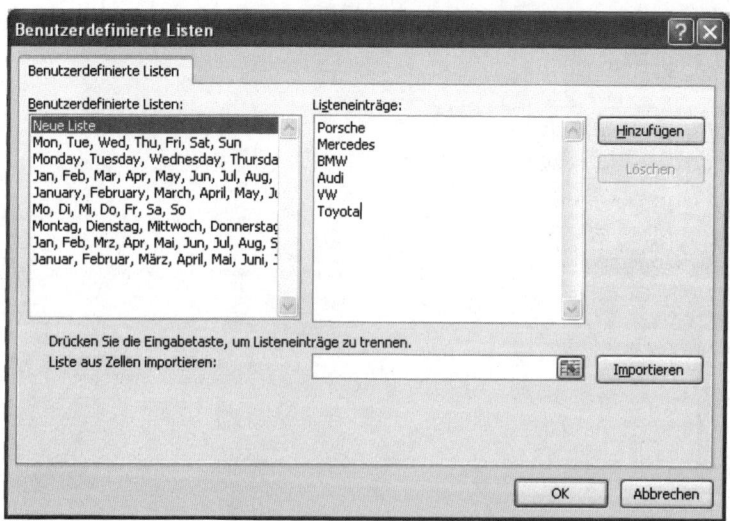

Abbildung 1.16: Eine eigene benutzerdefinierte Liste anlegen

6. Klicken Sie auf die Schaltfläche *Hinzufügen*.
7. Bestätigen Sie die Anlage mit einem Klick auf *OK*.

Hinweis

Testen Sie die neue Liste, indem Sie in einer beliebigen Zelle auf Ihrer Tabelle einen in der Liste enthaltenen Verlag eingeben. Packen Sie die Zelle danach mit der linken Maustaste am Ausfüllkästchen an und ziehen die Zelle nach unten. Die Liste wird nun automatisch komplettiert. Wird der letzte Satz in der Liste erreicht, beginnt die Liste wieder beim ersten Eintrag.

1.8.6 Benutzerdefinierte Liste aus Tabelle generieren

Selbstverständlich ist es auch möglich, bereits erfassten Text in einer Tabelle als benutzerdefinierte Liste zu hinterlegen.

Im nächsten Beispiel wurden auf einer Tabelle einige Mitarbeiternamen beginnend ab Zelle A1 eingetragen.

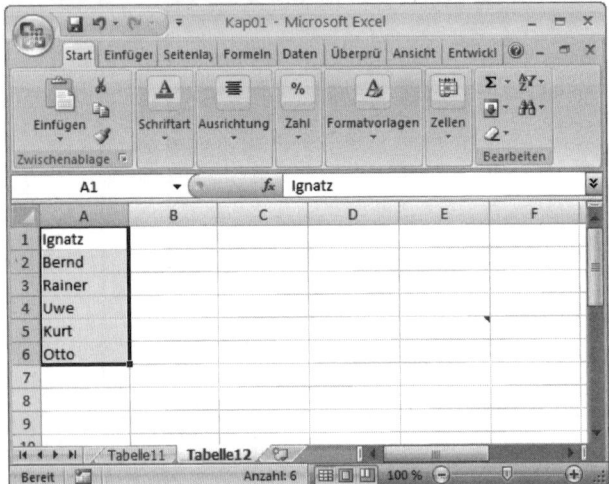

Abbildung 1.17: Namen stehen für die Liste bereit

Die Namen sollen nun zukünftig aus einer benutzerdefinierten Liste generiert werden, um noch schneller arbeiten zu können. Um diese Funktion einzustellen, befolgen Sie die nächsten Arbeitsschritte:

1. Markieren Sie den Bereich A1:A6.
2. Klicken Sie auf die Office-Schaltfläche und danach auf die Schaltfläche *Excel-Optionen.*
3. Aktivieren Sie die Kategorie *Häufig verwendet.*
4. Klicken Sie auf die Schaltfläche *Benutzerdefinierte Listen bearbeiten.*
5. Im Kombinationsfeld *Liste aus Zellen importieren* ist bereits die gerade vorher markierte Liste automatisch übernommen worden.
6. Klicken Sie auf die Schaltfläche *Importieren.*
7. Bestätigen Sie Ihre Einstellung mit *OK.*

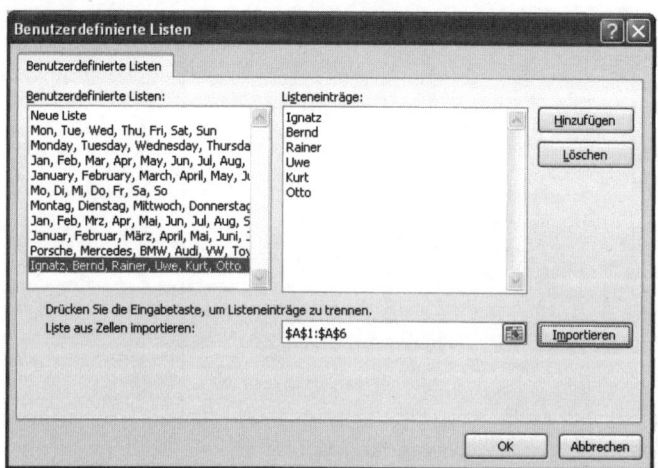

Abbildung 1.18: Die Daten wurden aus der Tabelle als neue Liste übernommen

---

Hinweis

Zukünftig reicht es aus, wenn Sie einen beliebigen Namen aus der Liste in eine Zelle schreiben und dann nach unten ausfüllen, um die anderen Namen einzufügen. Alternativ können Sie aber auch die Liste komplett über die Tastenkombination Strg + c herauskopieren und über die Tastenkombination Strg + v in eine Tabelle einfügen.

1.8.7 Ausfüllen mit der rechten Maustaste

Interessante Effekte finden Sie im Kontextmenü der rechten Maustaste, wenn Sie diese für das Ausfüllkästchen benutzen:

1. Schreiben Sie ein Datum, einen Tages- oder Monatswert in eine Zelle.
2. Ziehen Sie das Ausfüllkästchen mit gedrückter rechter Maustaste nach unten.
3. Wählen Sie aus dem Kontextmenü die passende Aktion:
   Wochentage ausfüllen: Füllt nur Wochentage, keine Samstage oder Sonntage
   Monate ausfüllen: Füllt das Datum monatsweise (jeder x-te des Monats)
   Jahre ausfüllen: Füllt das Datum über Jahre (gleiches Datum jedes nächste Jahr)

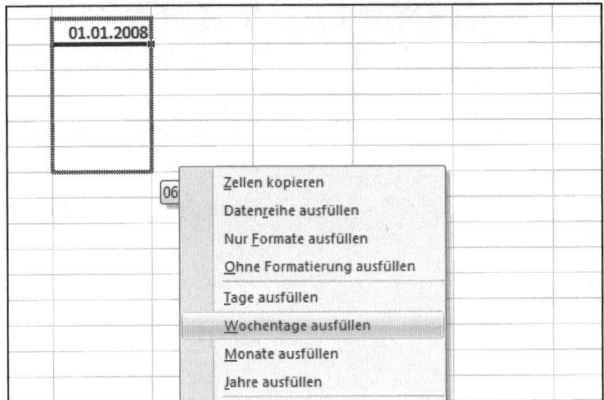

Abbildung 1.19: Füllaktionen mit der rechten Maustaste

1.8.8   Drag&Drop aktivieren

Sollte das Ausfüllkästchen deaktiviert sein, führen Sie folgende Arbeitsschritte durch:

1. Klicken Sie auf die Office-Schaltfläche links oben.

2. Klicken Sie im Kontextmenü auf die Schaltfläche *Excel-Optionen*.

3. Wechseln Sie in die Rubrik *Erweitert*.

4. Aktivieren Sie das Kontrollkästchen *Ausfüllkästchen und Drag&Drop von Zellen aktivieren*.

5. Bestätigen Sie diese Einstellung mit *OK*.

1.9   Kopieren und transponieren

Ob Sie Ihre Lieblings-Shortcuts zum Kopieren und Einfügen von Daten verwenden oder immer noch (prähistorisch) auf Symbole in der Multifunktionsleiste klicken, auch beim Kopieren und Einfügen gibt es ein paar interessante Geheimnisse zu entdecken.

1.9.1   Kopieren oder verschieben – alles oder nur die Formate?

Für schnelle Verschiebe- und Kopieraktionen hat die Multifunktionsleiste nicht wirklich was zu bieten, nutzen Sie deshalb am besten das Kontextmenü oder diesen genialen Trick:

1. Markieren Sie den Bereich, den Sie kopieren oder verschieben wollen.

2. Ziehen Sie den rechten Rand des Bereiches mit gedrückter rechter Maustaste an seine neue Position.

3. Ein Kontextmenü wird eingeblendet, entscheiden Sie sich, ob Sie den Bereich kopieren, verschieben oder nur die Formate haben wollen.

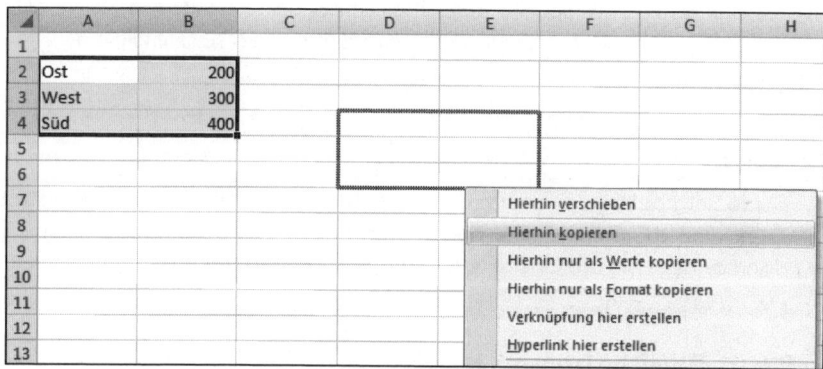

Abbildung 1.20: Im Kontextmenü entscheiden Sie erst, was mit der Kopie passiert

Übrigens: Mit »Hierhin als Werte kopieren« können Sie sogar die Formeln auflösen, wenn Sie das mal brauchen ...

1.9.2 Einmal kopiert, mehrfach eingefügt

Wenn der Zelleninhalt einer Zelle in mehrere andere Zellen gleichzeitig eingefügt werden soll, dann gehen Sie wie folgt vor:

1. Kopieren Sie die Zelle mit $\boxed{\text{Strg}}$ + $\boxed{\text{c}}$.

2. Markieren Sie die Zellen, in die eingefügt werden soll. Halten Sie dabei die Taste $\boxed{\text{Strg}}$ gedrückt, um die Mehrfachauswahl zu ermöglichen.

3. Drücken Sie die Tastenkombination $\boxed{\text{Strg}}$ + $\boxed{\text{v}}$, um die Daten einzufügen.

1.9.3 Darüber liegende Zelle kopieren

Möchten Sie den Inhalt einer Zelle aus der darüber liegenden Zelle kopieren, dann drücken Sie die Tastenkombination $\boxed{\text{Strg}}$ + $\boxed{\diamond}$ + $\boxed{,}$.

1.9.4 Datumsstempel einfügen

Möchten Sie auf schnellstem Wege das aktuelle Tagesdatum in eine Zelle bringen, dann drücken Sie die Tastenkombination $\boxed{\text{Strg}}$ + $\boxed{.}$.

1.9.5 Zeitstempel einfügen

Neben dem Datumsstempel gibt es auch einen Zeitstempel, über den Sie die aktuelle Uhrzeit in eine Zelle bringen können. Drücken Sie dazu die Tastenkombination $\boxed{\text{Strg}}$ + $\boxed{\Diamond}$ + $\boxed{.}$.

Hinweis

Beide Stempel bedienen sich der Einstellungen der Uhr in der Systemsteuerung von Windows. Sollte also die Zeit bzw. das Datum nicht stimmen, dann ändern Sie die Einstellung in der Systemsteuerung von Windows.

1.9.6 Bereiche transponieren

In Excel haben Sie die Möglichkeit, auf schnelle Art und Weise ganze Tabellen zu drehen. Gehen Sie beim folgenden Beispiel einmal von dieser Tabelle aus:

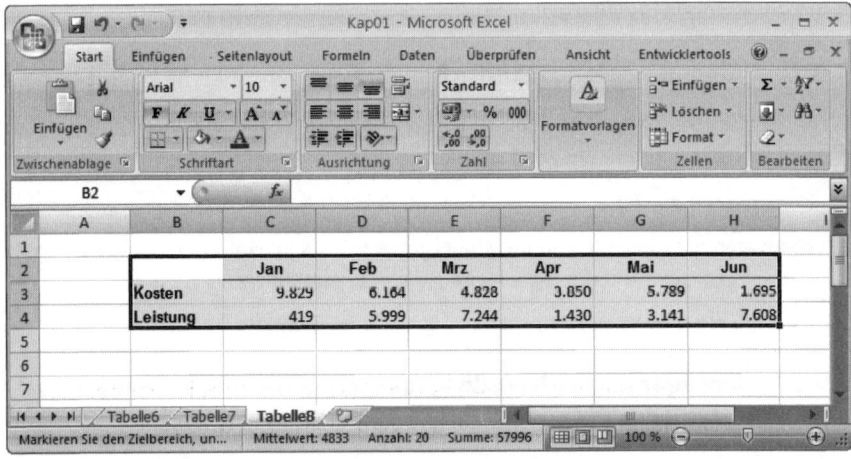

Abbildung 1.21: Diese Tabelle soll gedreht werden

Um diese Tabelle zu transponieren, gehen Sie wie folgt vor:

1. Markieren Sie den Bereich B2:H4.
2. Kopieren Sie diesen Bereich. Am schnellsten geht dies über die Tastenkombination Strg + c.
3. Setzen Sie den Mauszeiger in Zelle B6.
4. Klicken Sie in der Gruppe *Start* auf den Pfeil der Schaltfläche *Einfügen*.
5. Wählen Sie aus dem Kontextmenü den Befehl *Transponieren*.

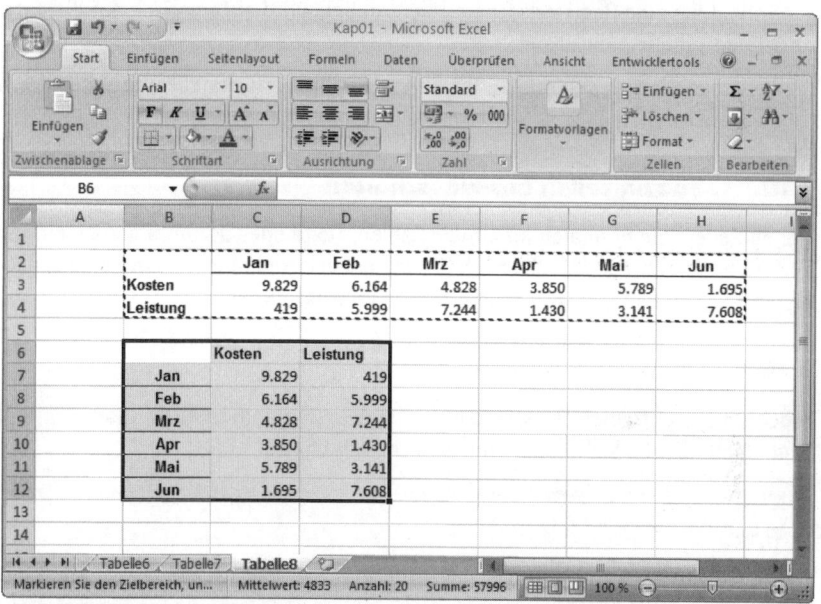

Abbildung 1.22: Die Tabelle wurde gedreht

Hinweis

Transponieren funktioniert übrigens auch, wenn die Tabelle Formeln enthält. Diese werden von Excel ebenso automatisch angepasst.

1.10 Ausschneiden und Einfügen über Drag&Drop

Wenn Sie einen bestimmten Datenbereich von einer Tabelle in eine andere Tabelle bewegen möchten, dann gehen Sie wie folgt vor:

1. Markieren Sie den Bereich, den Sie auf eine andere Tabelle verschieben möchten.
2. Packen Sie den markierten Bereich am seitlichen Rand der Markierung an.
3. Halten Sie die ⌈Alt⌉-Taste gedrückt und ziehen diesen in Richtung der Registerlaschen.
4. Sobald Sie eine Registerlasche erreicht haben, wird automatisch auf die dazugehörige Tabelle gewechselt.
5. Bewegen Sie dort den markierten Bereich an die Einfügestelle und geben die Taste ⌈Alt⌉ wieder frei.

1.10.1 Spezialzellen auskundschaften

Neben Zellen, die normalen Inhalt wie Zahlen, Texte oder Datumsangaben enthalten, gibt es in nahezu jeder Tabelle auch Zellen, die weitere Inhalte aufweisen, die auf den ersten Blick leider nicht immer sofort zu sehen sind.

1.10.2 Formelzellen sehen

Möchten Sie auf einen Blick feststellen, welche Formeln in einer Tabelle enthalten sind, dann können Sie in die Formelansicht umschalten.

Tipp

Wechseln Sie in die Formelansicht, indem Sie einfach die Tastenkombination ⌈Strg⌉ + ⌈#⌉ drücken. Ein nochmaliges Drücken dieser Tastenkombination stellt wieder die Normalansicht her.

Übrigens: Das funktioniert leider nicht mit der Schweizer Tastatur.

1.10.3 Formelzellen markieren

Eine elegante Methode, um beispielsweise alle Zellen in einer Tabelle zu markieren, die Formeln enthalten, können Sie über die folgende Vorgehensweise durchführen:

1. Drücken Sie die Taste [F5], um den Dialog *Gehe zu* aufzurufen.

2. Im Dialogfeld *Gehe zu* klicken Sie auf die Schaltfläche *Inhalte...*

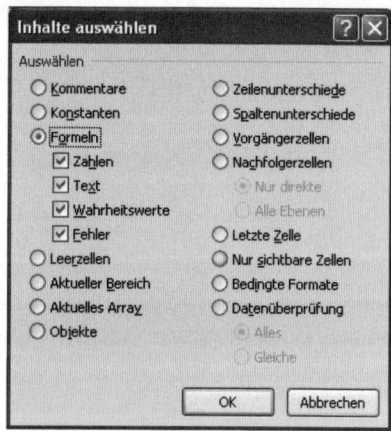

Abbildung 1.23: Formeln auswählen

3. Aktivieren Sie die Option *Formeln*.

4. Bestätigen Sie mit *OK*.

Tipp

Wenn Sie jetzt mehrmals die Taste [⇥] drücken, springt die Markierung von einer Formelzelle zur anderen. Die Formel wird dabei jeweils in der Bearbeitungsleiste von Excel angezeigt. Über die Tastenkombination [⇧] + [⇥] springen Sie in Ihrer Tabelle rückwärts von Formelzelle zu Formelzelle.

1.10.4   Kommentarzelle finden

Um Zellen zu finden, die Kommentare enthalten, können Sie sich an der Standardformatierung von Kommentaren orientieren, die durch einen roten Indikator in der rechten, oberen Ecke einer Zelle gekennzeichnet werden. Wenn dieser Indikator jedoch über die *Excel-Optionen* auf dem Register *Erweitert* deaktiviert wird, ist nicht zu erkennen, wo in einer Tabelle sich ein Kommentar befindet. Für diesen Fall können Sie folgende Vorgehensweise durchführen:

1. Drücken Sie die Taste F5, um den Dialog *Gehe zu* aufzurufen.

2. Im Dialogfeld *Gehe zu* klicken Sie auf die Schaltfläche *Inhalte...*

3. Aktivieren Sie die Option *Formeln*.

4. Bestätigen Sie mit *OK*.

Hinweis

Analog zu dieser Vorgehensweise können auch weitere Spezialinfos wie Gültigkeiten, bedingte Formate und andere ausgekundschaftet und markiert werden.

1.11   Schnelle Ergebnisse über die Statuszeile

Die wichtigsten Standardfunktionen wie beispielsweise Summe, Max, Min und Mittelwert werden in der Statusleiste ganz rechts angeboten, sobald Sie einen Bereich mit Zahlen markieren. Standardmäßig werden in der Statusleiste der Mittelwert, die Anzahl und die Summe der markierten Daten angezeigt. Handelt es sich bei den markierten Zellen um Zellen mit Texten, wird lediglich die Anzahl der markierten Zellen angezeigt. Werden leere Zellen markiert, werden keine Berechnungen in der Statusleiste angezeigt.

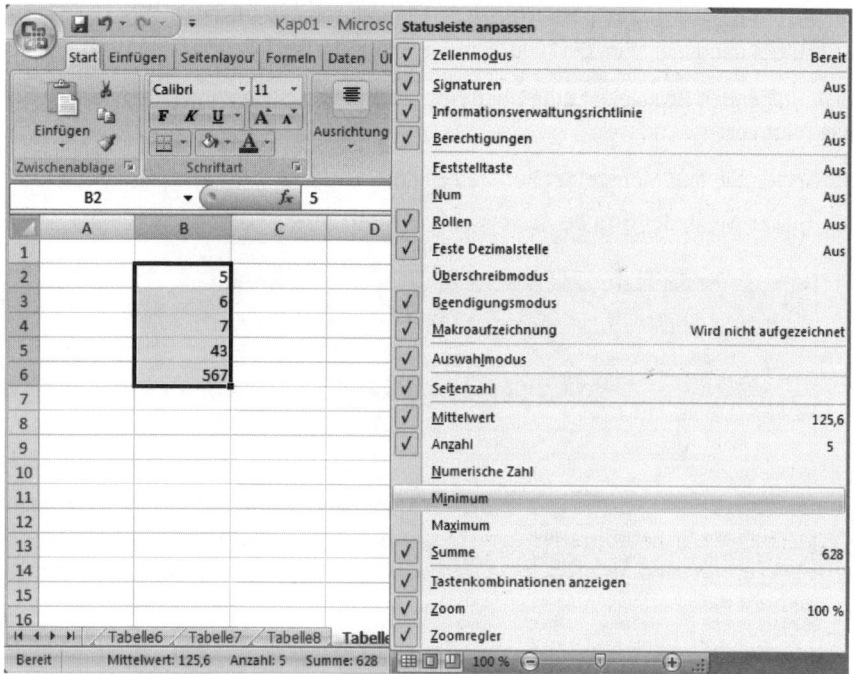

Abbildung 1.24: Die Statusleiste für schnelle Ergebnisse

Möchten Sie weitere Berechnungsfunktionen standardmäßig in der Statusleiste anzeigen lassen, dann klicken Sie die Statusleiste mit der rechten Maustaste an und wählen aus dem Kontextmenü eine weitere Berechnungsfunktion. Im Kontextmenü selbst sehen Sie am rechten Rand des Menüs in einer Vorschau das entsprechende Ergebnis.

1.12 Fixieren der Überschriftenzeile

Immer wieder kommt es gerade bei großen Tabellen zu Problemen, sobald weiter nach unten im Arbeitsblatt gescrollt wird. Auf einmal ist dann die Überschrift, die die einzelnen Spalten beschreibt, außer Sicht. Sie wissen dann nicht mehr so genau, in welche Spalte Sie die Daten eingeben müssen.

Um diese Aufgabe zu lösen, können Sie die Überschriftenzeile fixieren. Diese so fixierte Zeile bleibt dann immer im Blickfeld, egal wie weit Sie in der Tabelle nach unten scrollen.

Beim folgenden Beispiel ist eine Überschriftenzeile in Zeile 1 vorgegeben. Gehen Sie wie folgt vor:

1. Setzen Sie den Mauszeiger auf die Zelle A2.
2. Klicken Sie in der Gruppe *Ansicht* auf *Fenster/Fenster fixieren*.

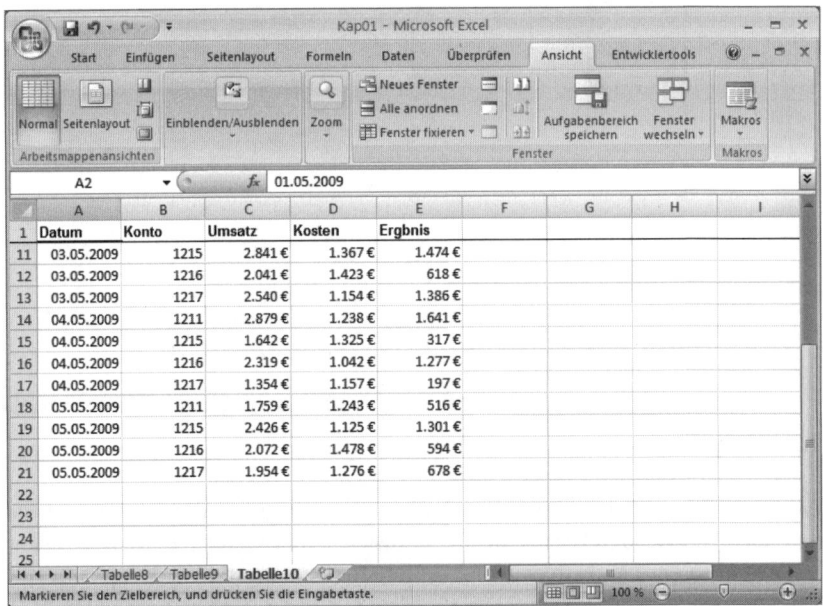

Abbildung 1.25: Beim Nach-unten-Blättern bleibt die erste Zeile immer sichtbar

---

Hinweis

Die Fixierung des Fensters kann wieder aufgehoben werden, indem Sie unter *Ansicht* die Schaltfläche *Fenster fixieren* und den Befehl *Fixierung aufheben* aus dem Kontextmenü auswählen.

1.13   Fixierung auch beim Druck

Zur besseren Orientierung können Sie die Überschriftenzeile auch auf jeder neuen Druckseite ausgeben. Ändern Sie dazu eine Layouteinstellung:

1. Wählen Sie in der Gruppe *Seitenlayout* unter *Seite einrichten* das Symbol *Drucktitel*.
2. Wechseln Sie auf die Registerkarte *Tabelle*.

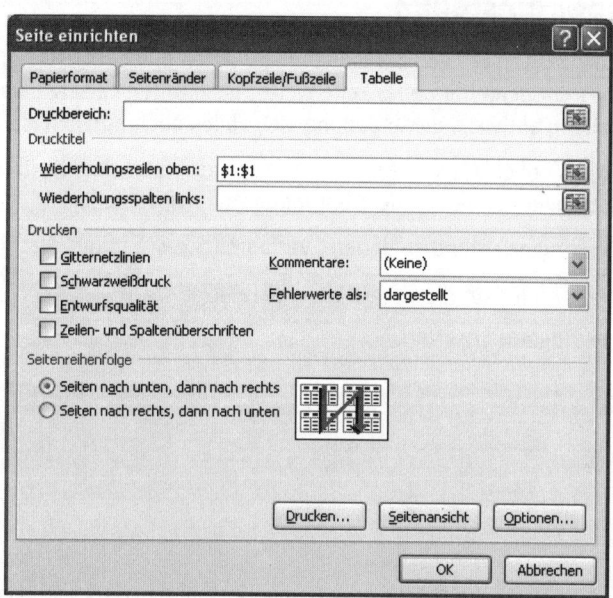

Abbildung 1.26: Wiederholungszeilen festlegen

3. Setzen Sie den Mauszeiger in das Feld *Wiederholungszeilen oben*.
4. Markieren Sie im Hintergrund auf Ihrer Tabelle die Zeile(n), die Sie als Wiederholungszeilen einsetzen möchten. Der Eintrag wird von Excel dann automatisch im Feld *Wiederholungszeilen oben* vorgenommen.
5. Bestätigen Sie Ihre Einstellung mit *OK*.

> **Hinweis**
>
> Selbstverständlich können auch Wiederholungsspalten für jede Druckseite angegeben werden. Füllen Sie dazu das Feld *Wiederholungsspalten links* aus.

1.14   Zellzeiger einstellen

Standardmäßig wird der Zellzeiger nach der Eingabe von Daten und der Bestätigung mit Drücken der Taste ⏎ genau um eine Zelle weiter nach unten versetzt. Dabei ist die Standardeinstellung aktiviert, die in den meisten Fällen auch nützlich ist.

Sie haben aber auch die Möglichkeit, den Mauszeiger nach der Dateneingabe in derselben Zelle zu belassen oder gar eine andere Sprungrichtung einzustellen.

Um beispielsweise die Sprungrichtung zu ändern, verfahren Sie wie folgt:

1. Klicken Sie im Office-Menü auf die Schaltfläche *Excel-Optionen*.
2. Aktivieren Sie die Kategorie *Erweitert*.

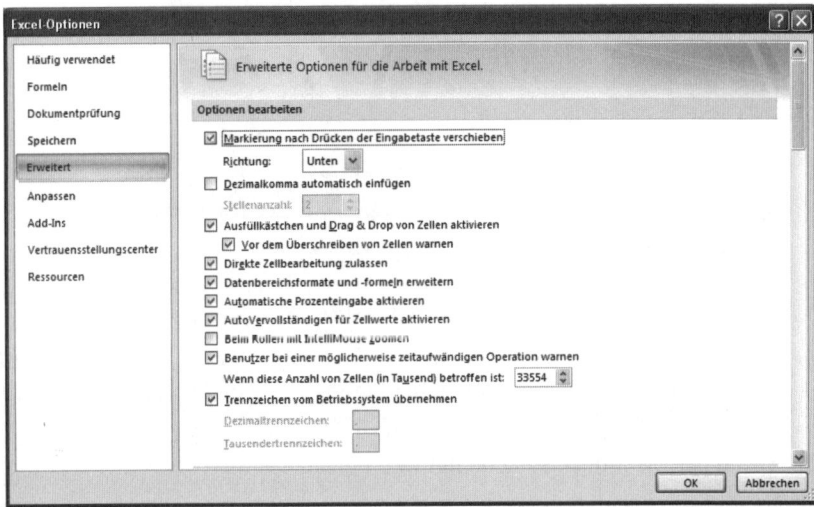

Abbildung 1.27: Die Laufrichtung des Zellenzeigers ändern

3. Aktivieren Sie das Kontrollkästchen *Markierung nach Drücken der Eingabetaste verschieben* die gewünschte Richtung aus.

4. Stellen Sie im Dropdown-Menü die gewünschte Laufrichtung ein.

5. Bestätigen Sie Ihre Einstellungen mit *OK*.

Hinweis

Soll das Wandern des Zellenzeigers unterbleiben, deaktivieren Sie das Kontrollkästchen *Markierung nach dem Drücken der Eingabetaste verschieben*.

Übrigens: Wenn Sie die Richtung des Zellzeigers nur temporär, für einzelne Zellen ändern wollen, drücken Sie einfach die ⌂ *-Taste (Zeiger springt nach oben) oder die* Strg *-Taste (Zeiger bleibt stehen).*

1.15   Hintergrundgrafik einstellen

Möchten Sie Ihre Daten für eine bessere Wirkung der Daten mit einem Hintergrundbild versehen, dann befolgen Sie die nächsten Arbeitsschritte:

1. Wechseln Sie auf die Gruppe *Seitenlayout* und klicken Sie auf die Schaltfläche *Hintergrund*.

2. Wechseln Sie im Dialogfeld *Hintergrund* in das Verzeichnis, welches die Grafik enthält, z.B. das Windows-Verzeichnis.

3. Markieren Sie die Grafikdatei, die Sie als Hintergrund Ihrer Tabelle verwenden möchten, und klicken Sie auf die Schaltfläche *Einfügen*.

Hinweis

Leider lässt sich der eingestellte Hintergrund standardmäßig nicht mit ausdrucken. Dieser Hintergrund ist nur für die Ansicht bestimmt. Achten Sie darauf, dass Sie keine zu dunklen Grafiken als Hintergrund einsetzen, da sonst die Daten schlecht lesbar werden.

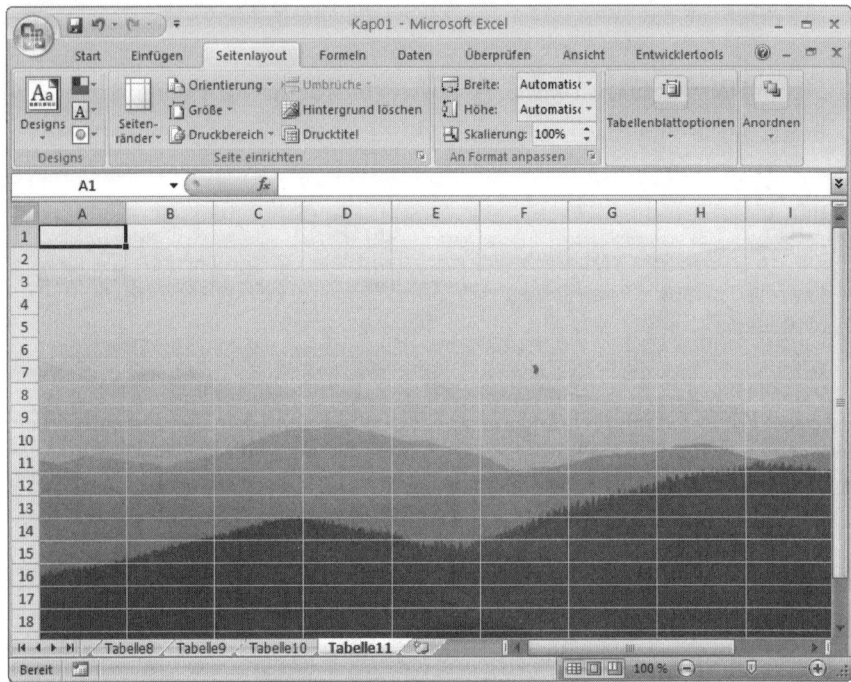

Abbildung 1.28: Einen Tabellenhintergrund einstellen

1.15.1 Hintergrundgrafik kopieren – und es klappt doch

Mit einem kleinen Trick schaffen Sie es, Excel-Tabellenbereiche zusammen mit der Hintergrundgrafik auszudrucken:

1. Markieren Sie den Bereich der Tabelle, der später mitsamt der Hintergrundgrafik ausgedruckt werden soll.

2. Wechseln Sie auf die Gruppe *Start* und klicken Sie auf das Pfeilsymbol der Schaltfläche *Einfügen*.

3. Wählen Sie aus dem Kontextmenü den Befehl *Als Bild / Als Grafik kopieren*.

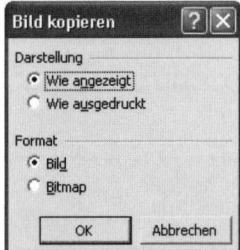

Abbildung 1.29: Geheime Funktion in Excel

4. Im Dialogfeld *Bild kopieren* aktivieren Sie die Option *Wie angezeigt* sowie die Option *Bild*.

5. Bestätigen Sie mit *OK*.

6. Drücken Sie die Tastenkombination [Strg] + [v], um das kopierte Bild einzufügen.

Hinweis

Das kopierte Bild liegt nun genau über den Daten und sieht genauso aus wie das darunter liegende Original. Dieses nicht mehr veränderbare Duplikat kann auch mit dem Hintergrundbild ausgedruckt werden. Nach dem Druckvorgang kann das Duplikat wieder gelöscht werden.

1.16 Standardschrift anpassen

Standardmäßig wird in Excel die Schriftart *Calibri* in der Schriftgröße 11 für alle Zellen einer Tabelle eingesetzt. Diese Standardeinstellung können Sie ändern, indem Sie wie folgt vorgehen:

1. Wählen Sie aus dem Office-Menü *Excel-Optionen*.

2. Stellen Sie unter *Häufig verwendet/Beim Erstellen neuer Arbeitsmappen* die gewünschte Schriftart ein.

3. Im Kombinationsfeld *Schriftgrad* wählen Sie die gewünschte Schriftgröße aus.

4. Bestätigen Sie diese Einstellung mit *OK*.

> **Hinweis**
>
> Erst nach erneutem Excel-Start stehen diese neuen Definitionen zur Verfügung.

1.17 Standardspeicherort anpassen

Alle Arbeitsmappen, die Sie neu anlegen und danach das erste Mal speichern, werden standardmäßig im Verzeichnis *Eigene Dateien* zum Speichern im Dialogfeld *Speichern unter* angeboten. Soll dieser Ordner durch einen anderen ersetzt werden, verfahren Sie wie folgt:

1. Klicken Sie auf die Office-Schaltfläche und danach auf die Schaltfläche *Excel-Optionen*.

2. Aktivieren Sie die Kategorie *Speichern*.

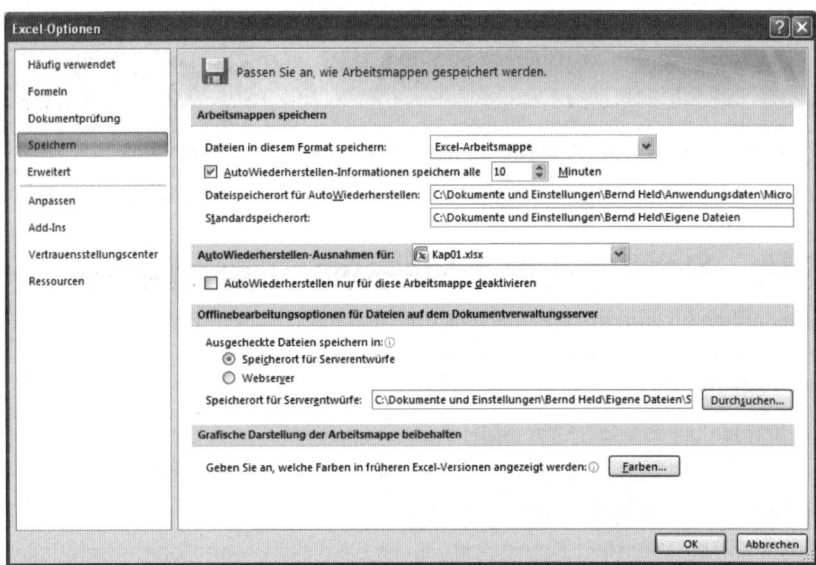

Abbildung 1.30: Den Standardordner für das Speichern von Mappen anpassen

3. Geben Sie im Feld *Standardspeicherort* den kompletten Pfad des Ordners an, in dem Sie zukünftig neue Arbeitsmappen ablegen möchten.

4. Bestätigen Sie die Änderung mit *OK*.

1.18 Tipps zum Programmstart

1.18.1 Den Startordner nützen

Wenn Sie jeden Tag mit den gleichen Arbeitsmappen arbeiten, dann können Sie entweder diese Mappen im Startordner von Excel speichern oder auch einen Aufgabenbereich definieren.

Wenn es sich um ein, zwei Arbeitsmappen handelt, die Sie beim Starten von Excel automatisch öffnen möchten, dann speichern Sie diese Arbeitsmappen unterhalb des Office-Verzeichnisses im Ordner *XLStart*. Alle darin befindlichen Arbeitsmappen werden beim Starten von Excel automatisch mitgeöffnet.

1.18.2 Zusätzlichen Startordner einstellen

Neben dem Standard-Startordner *XLStart* haben Sie die Möglichkeit, einen weiteren Startordner in Excel einzustellen. Das macht beispielsweise Sinn, wenn Sie Vorlagen und gemeinsam benutzte Arbeitsmappen auf einem Netzlaufwerk hinterlegt haben.

Um einen zusätzlichen Startordner zu definieren, verfahren Sie wie folgt:

1. Klicken Sie auf die runde Office-Schaltfläche und danach auf die Schaltfläche *Excel-Optionen*.

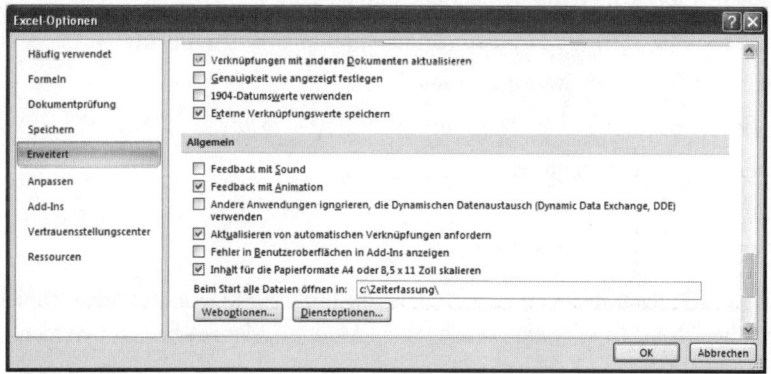

Abbildung 1.31: Einen zusätzlichen Startordner einstellen

2. Aktivieren Sie die Kategorie *Erweitert*.

3. Tragen Sie im Feld *Beim Start alle Dateien öffnen in* den Pfad zu gewünschten Zusatz-Startordnern ein.

4. Bestätigen Sie die Einstellung mit *OK*.

1.18.3 Vorlage für die Mappe, die beim Start geöffnet wird

Excel aktiviert mit dem Programmstart eine Standard-Arbeitsmappe mit der Schriftart CALIBRI 11 für alle Zellen. Für diese Mappe gibt es keine Vorlage, Sie können zwar mit *Office-Menü/Speichern unter* eigene Mustervorlagen definieren, diese müssen aber immer separat geladen werden.

Mit diesem Trick legen Sie eine Mustervorlage für die Arbeitsmappe an, die nach dem Start des Programms angezeigt wird:

1. Formatieren Sie eine Arbeitsmappe nach Ihren Wünschen, benutzen Sie vor allem die Formatvorlagen im Formatmenü. Wollen Sie beispielsweise in der gesamten Arbeitsmappe eine andere Schriftart haben, ändern Sie die Formatvorlage *Standard*.

2. Schreiben Sie Zellinhalte vor, definieren Sie Kopf- und Fußzeilen und Tabellenlayouts.

3. Speichern Sie die Mappe dann, indem Sie die Office-Schaltfläche anklicken und den Befehl *Speichern unter/Excel-Arbeitsmappe* auswählen.

4. Wählen Sie im Dialog *Speichern unter* im Dropdown *Dateityp* den Eintrag *Excel-Vorlage*. Excel schaltet in den Vorlagenordner um:

C:\Users\<benutzername>\AppData\Roaming\Microsoft\Templates

Wechseln Sie in den Startordner von Excel:

C:\Users\<benutzername>\AppData\Roaming\Microsoft\Excel\XLSTART

5. Tragen Sie als Dateiname ein:

Mappe

6. Speichern Sie die Datei mit *OK*.

Jetzt wird Excel nach einem erneuten Programmstart diese Mappe als Vorlage für neue Mappen benutzen, die mit dem Pseudonamen *Mappe1*, *Mappe2* benannt werden.

1.18.4 Vorlage für neue Tabellen

Der Trick mit der XLSTART-Vorlage funktioniert auch für neue Tabellen. Legen Sie eine Mappe mit einer einzigen Tabelle an, und speichern Sie diese als Vorlage unter der Bezeichnung *Tabelle.xltx* im XLSTART-Ordner.

Wenn Sie anschließend per Klick auf das letzte Symbol im Tabellenregisterbereich oder über die Multifunktionsleiste (*Start/Zellen/Einfügen/Blatt einfügen*) ein neues Tabellenblatt einfügen, erhalten Sie eine Kopie dieses Tabellenblattes.

Übrigens: Wie wird dann die Vorlage für neue Diagrammblätter heißen? Richtig, Diagramme.xltx.

1.18.5 Mit Startoption das Startverzeichnis umgehen

Soll das Startverzeichnis von Excel nicht abgearbeitet werden, dann können Sie Excel über die Kommandozeile von Windows über einen zusätzlichen Startparameter starten.

Dabei gehen Sie wie folgt vor:

1. Klicken Sie auf dem Windows-Desktop links unten die Schaltfläche *Start* an.

2. Wählen Sie den Befehl *Ausführen* (Windows XP) oder klicken Sie in das Ausführen-Feld (Windows Vista).

3. Geben Sie den Aufruf der Excel-Programmdatei ein, ergänzen Sie die Pfadangabe durch das Kürzel /S. In Windows Vista tragen Sie ein:

Excel.exe/S

Unter Windows XP können Sie per Klick auf Durchsuchen nach der Datei suchen.

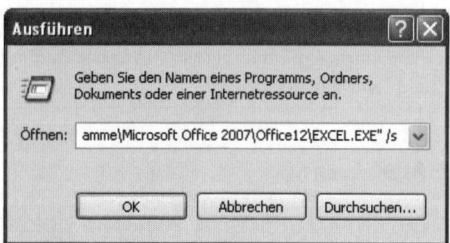

Abbildung 1.32: Startordner von Excel umgehen

4. Klicken Sie auf *OK*, um Excel zu starten.

1.18.6 Weitere Startoptionen

Diese Startoptionen können Sie der Excel-Datei beim Start mitgeben. Die Liste stellte Microsoft für die Version 5 zur Verfügung, einige der Optionen funktionieren in den neueren Versionen nicht mehr.

/e	Embedded mode. Startet Excel ohne eine neue Arbeitsmappe. Das Programmfenster erscheint mit einem leeren Arbeitsbereich.
/i	Excel wird in einem Fenster mit maximaler Größe (Vollbildfenster) gestartet. Einstellungen aus der Registry, die dagegen sprechen würden, werden ignoriert.
/m	Mit dem Start des Programms wird automatisch ein Arbeitsblatt für Excel 4.0-Makros erzeugt.
/o	Damit registriert sich Excel automatisch in der Registry wieder, und zwar unter dem Schlüssel HKEY_CURRENT_USER\Software\Microsoft\Office\8.0\Excel. Der Schlüssel fügt fehlende Einträge hinzu, falsche Einträge, die bereits gesetzt sind, werden nicht verändert.
/p	Damit bestimmen Sie den Arbeitsordner von Excel vorab. Setzen Sie zum Beispiel den Eintrag so, dass Excel automatisch mit dem Arbeitsordner C:\XLDATEN aktiviert wird: ...EXCEL.EXE /p "C:\XLDATEN""
/s	Mit dieser Option verhindern Sie, dass Dateien aus dem Startordner und dem zusätzlichen Startordner aktiviert werden. Damit starten Sie Excel im sicheren Modus.
/regserver	Excel registriert sich mit dieser Option automatisch und schließt das Programmfenster wieder.
/unregserver	Mit dieser Option hebt Excel seine eigene Registrierung in der Registry wieder auf und schließt sich automatisch wieder.

1.18.7 Blattanzahl beim Start festlegen

Standardmäßig werden drei Tabellen zur Verfügung gestellt, wenn Sie eine neue Arbeitsmappe einfügen. Diese Standardeinstellung lässt sich ändern, indem Sie die nächsten Arbeitsschritte befolgen.

1. Klicken Sie auf die Office-Schaltfläche und danach auf die Schaltfläche *Excel-Optionen.*

2. Aktivieren Sie die Kategorie *Häufig verwendet.*

3. Stellen Sie im Kombinationsfeld *Die folgende Anzahl Blätter aufnehmen* einen Wert zwischen 1 und 255 ein.

4. Bestätigen Sie mit *OK.*

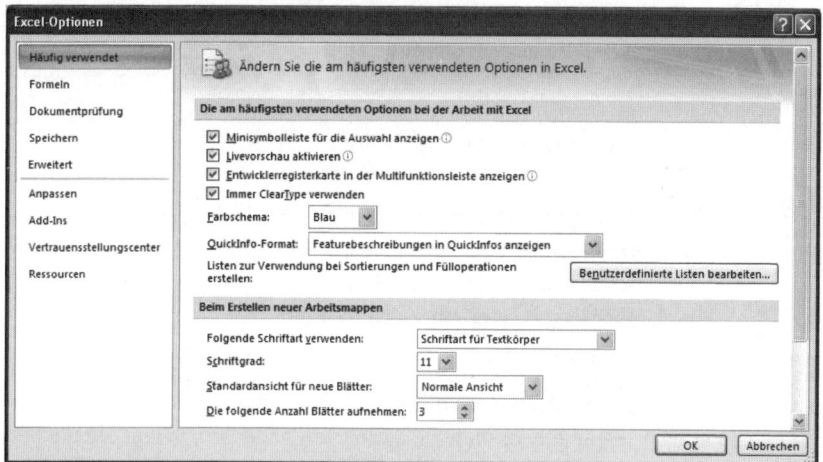

Abbildung 1.33: Blattanzahl neuer Mappen festlegen

Hinweis

Die Obergrenze von 255 bedeutet hier nicht, dass es nicht möglich wäre, mehr als 255 Tabellen in einer Arbeitsmappe unterzubringen. Es ist nur in diesem Dialog nicht möglich, mehr Tabellen anzugeben. Nach dem Anlegen einer 255 Tabellen enthaltenden Arbeitsmappe können weitere Tabellen jederzeit eingefügt werden. Eine komfortable Technik, wie man diese Aufgabe mit Makros lösen kann, finden Sie in Kapitel 12 (Die besten Makrotricks).

Tipp

Kennen Sie die Tastenkombinationen für eine neue Tabelle?

$\boxed{\text{Alt}}$ + $\boxed{\Leftarrow}$ + $\boxed{\text{F1}}$ oder

$\boxed{\Leftarrow}$ + $\boxed{\text{F11}}$

$\boxed{\text{Strg}}$ + $\boxed{\text{n}}$

Danach können Sie über das Drücken der Taste $\boxed{\text{F4}}$ diesen Vorgang mehrfach wiederholen.

In der neuen Version gibt es dazu auch ein kleines Symbol direkt ganz rechts neben den Tabellenreitern.

Tabelle3

Mit einem Klick auf dieses Symbol wird eine neue Tabelle eingefügt.

1.19   Farbanpassung durchführen

Die Farben, die in Excel eingesetzt werden, können unter anderem für den Zellenhintergrund bzw. für die Schriftfarbe eingesetzt werden. Sollte Ihnen beispielsweise ein Farbton zu kräftig sein, dann können Sie diesen Ton anpassen, indem Sie die nächsten Arbeitsschritte befolgen:

1. Klicken Sie auf die Office-Schaltfläche und danach auf die Schaltfläche *Excel-Optionen*.

2. Aktivieren Sie die Kategorie *Speichern*.

3. Klicken Sie auf die Schaltfläche *Farben*.

4. Klicken Sie in der angebotenen Farbpalette auf den Farbton, den Sie anpassen möchten.

5. Klicken Sie auf die Schaltfläche *Ändern*.

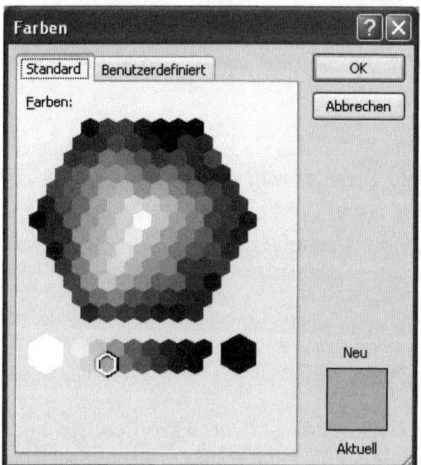

Abbildung 1.34: Farbanpassung vornehmen

6. Wählen Sie in der Farbpalette die gewünschte Farbe aus.
7. Bestätigen Sie mit *OK*.

Hinweis

Auf der Registerkarte *Benutzerdefiniert* können Sie die gewünschte Farbe auch aus den drei Grundfarben Rot, Grün und Blau selbst zusammenmischen.

1.20 Wiedervorlageliste einstellen

Die Wiedervorlageliste finden Sie im Menü *Datei* ganz unten im Menü. Dort werden die zuletzt geöffneten Arbeitsmappen aufgeführt. Der Vorteil daran ist, dass diese Dateien so schneller wieder geöffnet werden können. Wie viele Dateien dort angezeigt werden, ist Einstellungssache.

Um die Wiedervorlageliste anzupassen, verfahren Sie wie folgt:

1. Klicken Sie auf die Office-Schaltfläche und danach auf die Schaltfläche *Excel-Optionen.*

2. Aktivieren Sie die Kategorie *Erweitert.*

3. Wählen Sie aus dem Kombinationsfeld *Diese Anzahl zuletzt verwendeter Dokumente anzeigen* einen Wert zwischen 1 und 50. Soll die Liste überhaupt nicht angezeigt werden, dann geben Sie als Wert eine 0 ein.

4. Bestätigen Sie mit *OK.*

1.21 Favoritenliste einsehen

Ein wenig mehr Möglichkeiten haben Sie über den Einsatz der Favoritenliste in Excel. In dieser Liste können Sie sehen, welche Dateien Sie zuletzt im Zugriff hatten. Um die Favoritenliste anzuzeigen, öffnen Sie das Office-Menü. In der rechten Hälfte sehen Sie die *Zuletzt verwendeten Dokumente.*

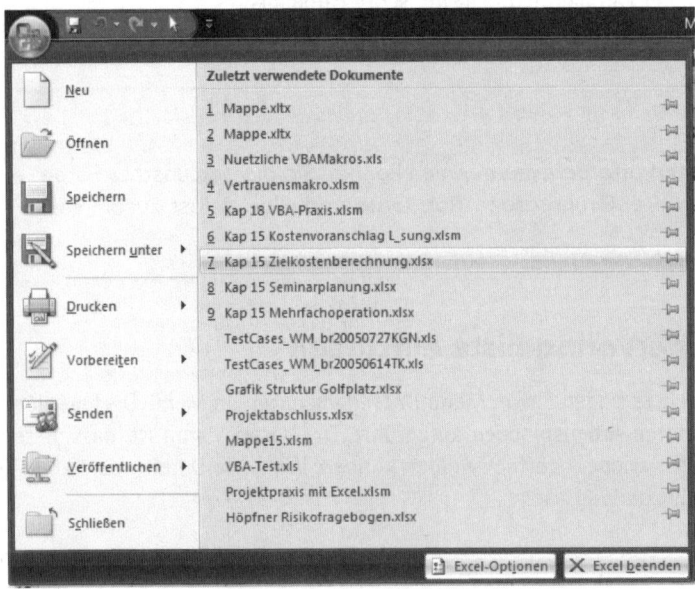

Abbildung 1.35: Die zuletzt bearbeiteten Arbeitsmappen

1.22 Aufgaben ausführen ohne Öffnen der Mappe

Bestimmte Aktionen wie z.B. das Packen von Arbeitsmappen oder gar die Löschung einzelner Arbeitsmappen können direkt in Excel durchgeführt werden. Starten Sie einfach den Öffnen-Dialog, und verwenden Sie das Kontextmenü auf der Datei- und Ordnerliste.

Drücken Sie ⟨Strg⟩ + ⟨o⟩, um die Datei/Ordnerliste zu bekommen.

Klicken Sie mit der rechten Maustaste auf eine Datei oder einen Ordner, und bearbeiten Sie das Objekt im Kontextmenü.

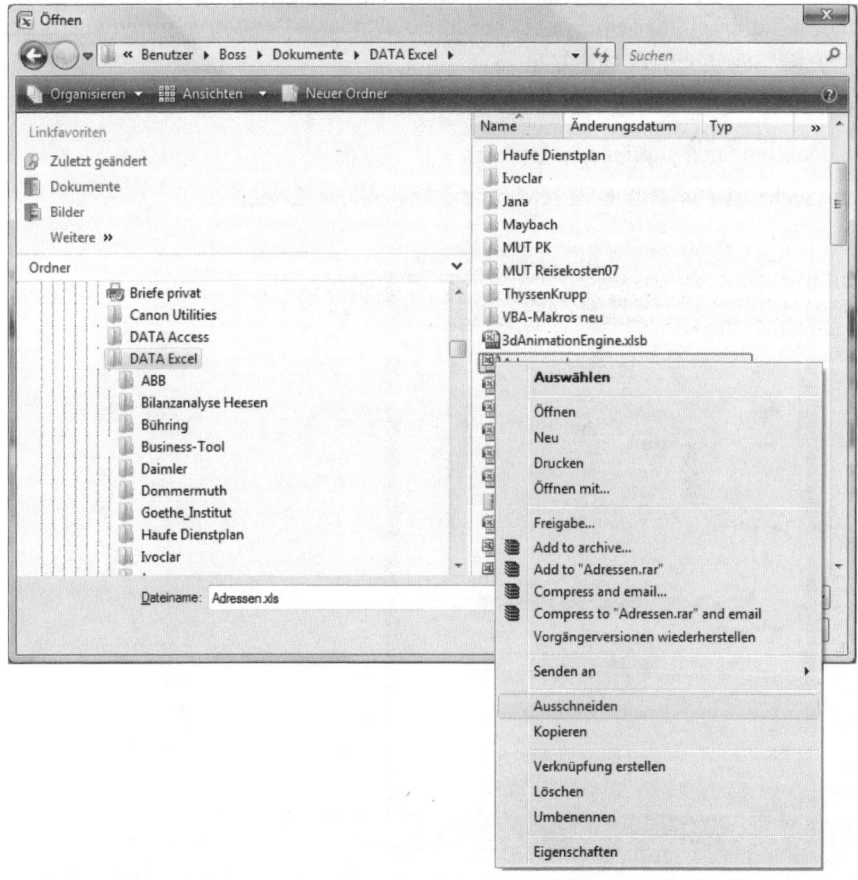

Abbildung 1.36: Aufgaben aus dem Kontextmenü durchführen

Wenn Sie eine Arbeitsmappe im Dialog *Öffnen* mit der rechten Maustaste anklicken, dann bietet das Kontextmenü einige Funktionen an, von denen Sie die meisten auch bei geschlossener Arbeitsmappe durchführen können.

1.23 Excel ohne Startbildschirm starten

Beim normalen Excel-Start wird zuerst das Office-Logo angezeigt. In der Praxis kann das zu Verzögerungen führen, wenn zum Beispiel die Grafikkarte oder ein Grafiktreiber mit der Anzeige Schwierigkeiten haben. Dieses Logo kann unterdrückt werden, indem Sie Excel über ein Symbol auf Ihrem Windows-Desktop aufrufen und dabei den Startparameter /e einsetzen.

Um diese Aufgabe umzusetzen, verfahren Sie wie folgt:

1. Starten Sie den Windows-Explorer.
2. Suchen Sie im Office-Verzeichnis die Anwendung *Excel.exe*.

Abbildung 1.37: Excel ohne Startbildschirm starten

3. Klicken Sie die Datei mit der rechten Maustaste an und wählen Sie *Senden an/ Deskop (Verknüpfung erstellen)*.

4. Klicken Sie das neue Symbol auf dem Desktop mit der rechten Maustaste an und wählen Sie den Befehl *Eigenschaften* aus dem Kontextmenü.

5. Ergänzen Sie im Feld *Ziel* den Parameter /e am Ende des bereits eingetragenen Pfades.

6. Bestätigen Sie mit *OK*.

1.24 Verknüpfungen durch Festwerte ersetzen (mehrere Zellen)

Möchten Sie in einer Tabelle in einem Bereich die Verknüpfungen zu anderen Arbeitsmappen in Festwerte umwandeln, damit die Verknüpfungen aus der Arbeitsmappe entfernt werden, dann verfahren Sie wie folgt:

1. Markieren Sie den Datenbereich in der Tabelle, der die Verknüpfungen enthält.

2. Packen Sie mit der rechten Maustaste den rechten Rand der Markierung an und ziehen diesen bei gedrückt gehaltener rechter Maustaste eine Spalte nach rechts und gleich danach wieder nach links.

3. Lassen Sie die rechte Maustaste nun los.

4. Wählen Sie aus dem Kontextmenü den Befehl *Hierhin nur als Werte kopieren*.

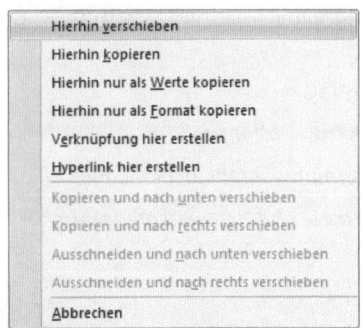

Abbildung 1.38: Verknüpfungen durch Festwerte ersetzen

1.25 Verknüpfungen durch Festwerte ersetzen (einzelne Zelle)

Bei einzelnen Zellen können Sie Verknüpfungen zu anderen Tabellen oder Mappen wie folgt in Festwerte umsetzen:

1. Markieren Sie die Zelle, in der Sie die Verknüpfung durch einen Festwert ersetzen möchten.

2. Drücken Sie die Taste F2 , um in die Direktbearbeitung der Zelle zu gelangen.

3. Drücken Sie direkt im Anschluss die Taste F9 , um die Verknüpfung durch den Festwert zu tauschen.

4. Bestätigen Sie mit ↵ .

1.26 Konvertierung in Hyperlinks unterbinden

Alle Internet-Adressen sowie E-Mail-Adressen und Netzwerkpfade werden standardmäßig direkt nach dem Erfassen in eine Zelle von Excel in einen Hyperlink umgewandelt. Soll diese automatische Konvertierung unterbleiben, dann geben Sie als erstes Zeichen der Internetadresse ein Leerzeichen oder einen Apostroph ein. Über diesen Trick unterbleibt die automatische Konvertierung.

Möchten Sie dauerhaft verhindern, dass Hyperlinks automatisch direkt nach der Eingabe erstellt werden, dann gehen Sie folgendermaßen vor:

1. Klicken Sie auf die Office-Schaltfläche und danach auf die Schaltfläche *Excel-Optionen*.

2. Aktivieren Sie die Kategorie *Dokumentprüfung*.

3. Klicken Sie auf die Schaltfläche *AutoKorrektur-Optionen*.

4. Wechseln Sie auf die Registerkarte *AutoFormat während der Eingabe*.

5. Deaktivieren Sie das Kontrollkästchen *Internet- und Netzwerkpfade durch Hyperlinks*.

6. Bestätigen Sie mit *OK*.

Abbildung 1.39: Hyperlinkkonvertierung unterdrücken

1.27 AutoKorrektur-Spezial

Die Funktion *AutoKorrektur* ist dazu da, um Schreibfehler gleich richtigzustellen. Einige Dinge lassen sich gerade über diese Funktion sehr gut regeln.

1.27.1 Sonderzeichen einfügen über AutoKorrektur

Möchten Sie in einer Tabelle das Copyright-Zeichen in eine Zelle einfügen, dann geben Sie die Zeichenfolge (C) ein. Diese Zeichenfolge wird augenblicklich in das Copyright-Zeichen © umgesetzt.

Andere Sonderzeichen sind (TM) Trademark ™ oder (R) ®.

1.27.2 AutoKorrektur-Einträge ändern

Nicht immer macht die AutoKorrektur das, was sie eigentlich sollte. So wird der Text ITS automatisch in IST umgesetzt. Der Text ITS kommt beispielsweise in einigen Firmen- bzw. Abteilungsbezeichnungen vor. Es ist daher sehr ungünstig, wenn die AutoKorrektur diese Zeichenfolge umsetzt.

Wenn Sie die Konvertierung direkt nach der Eingabe sofort mitbekommen, dann genügt die Tastenkombination ⎡Strg⎤ + ⎡z⎤, um diese AutoKorrektur rückgängig zu machen.

Besser jedoch ist, zweifelhafte Einträge direkt aus der AutoKorrektur herauszunehmen. Dabei verfahren Sie wie folgt:

1. Klicken Sie auf die Office-Schaltfläche und danach auf die Schaltfläche *Excel-Optionen*.

2. Aktivieren Sie die Kategorie *Dokumentprüfung*.

3. Wechseln Sie auf die Registerkarte *AutoKorrektur*.

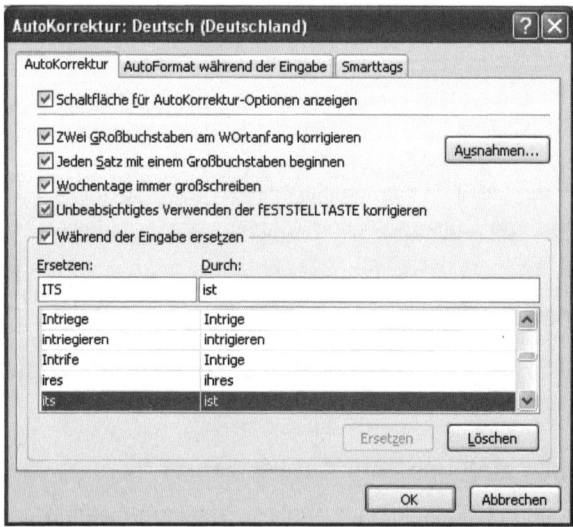

Abbildung 1.40: AutoKorrektureintrag entfernen

4. Geben Sie im Feld *Ersetzen* die Zeichenfolge *ITS* ein. Dadurch wird der AutoKorrektureintrag gefunden und in der Liste angeboten.

5. Klicken Sie auf die Schaltfläche *Löschen*, um diesen Eintrag zu entfernen.

6. Beenden Sie den Vorgang über *OK*.

1.28 AutoEingabe einsetzen

Hinter dieser Funktion verbirgt sich ein Mechanismus, der automatisch feststellt, welche Einträge in der Tabelle bereits gemacht wurden. Schon nach Eingabe der ersten Buchstaben vergleicht Excel diese Buchstaben mit den bereits erfassten Einträgen der Excel-Tabelle und ergänzt die Buchstaben mit dem jeweiligen gefundenen Eintrag.

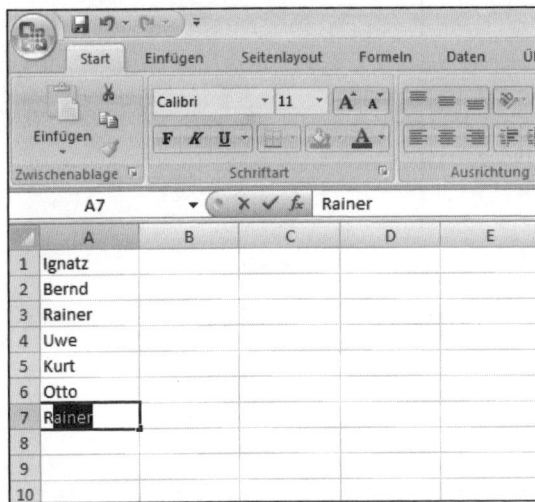

Abbildung 1.41: Die automatische Eingabeprüfung vervollständigt bereits bekannten Text

Sollte es sich im obigen Bild jedoch um einen anderen Namen handeln, lassen Sie sich nicht irritieren, und schreiben Sie einfach weiter. Sollte die Ergänzung zutreffen, brauchen Sie nicht weiter einzugeben. Drücken Sie einfach ⏎ und der vorgeschlagene Name wird übernommen.

Hinweis

Diese Funktion ist nur für Spalten verfügbar und bedingt, dass zwischen den bereits eingegebenen Daten und der aktuellen Zelle keine Leerzeilen vorkommen. Bei Einträgen, die nur aus Zahlen, Datums- oder Zeitwerten bestehen, kann diese Funktion ebenso nicht eingesetzt werden.

1.29 Elegante Tricks über die Auswahlliste

Eine weitere Möglichkeit, schnell Daten einzugeben, ist die Auswahl der bereits eingegebenen Daten aus einer Auswahlliste.

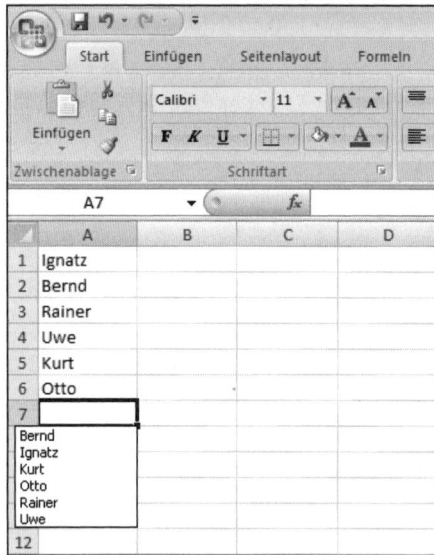

Abbildung 1.42: Aus einer angebotenen Auswahlliste können bereits bekannte Einträge elegant ausgewählt werden

Die Auswahlliste wird aktiviert, indem Sie mit der rechten Maustaste auf die Zelle klicken und aus dem Kontextmenü den Befehl *Dropdown-Auswahlliste* wählen. Schneller geht es aber über die Tastenkombination $\boxed{\text{Alt}}$ + $\boxed{\text{Pfeil} \downarrow}$.

Hinweis

Auch diese Funktion ist nur für Spalten verfügbar. Auch hier dürfen zwischen dem bereits eingegebenen Bereich und der Zielzelle keine Leerzeilen liegen.

1.30 Optimale Spaltenbreite einstellen

Wenn Sie einen Text in eine Zelle schreiben, der länger ist als die Spalte, dann wird der Text über die Spaltenbreite hinweg scheinbar in die daneben liegende Zelle geschrieben. Befindet sich jedoch bereits ein Eintrag in der Nebenzelle, dann wird der Text abgeschnitten, d.h. nicht vollständig angezeigt.

Soll nun eine optimale Spaltenbreite eingestellt werden, sodass der komplette Text Platz in der Spalte findet, dann kann aus der Gruppe *Start* der Pfeil der Schaltfläche *Format* geklickt und aus dem Kontextmenü der Befehl *Spaltenbreite automatisch anpassen* gewählt werden.

Tipp

Noch schneller geht's jedoch, wenn Sie oben bei der Spaltennummerierung zwischen die zu vergrößernde Spalte und die Nebenspalte doppelt klicken. Vor dem Doppelklick muss der Mauszeiger jedoch die Form eines Kreuzes annehmen. Damit wird die Spalte soweit verbreitert, dass der längste Text innerhalb der Zellen dieser Spalte komplett hineinpasst.

1.31 Kommentarfenster automatisch anpassen

Standardmäßig werden Kommentare über ein Fenster in einer bestimmten Größe in Tabellen am schnellsten über die Tastenkombination ⬚ + F2 eingefügt. Danach wird ein Text im Kommentarfenster erfasst. Wird das Ende des rechten Fensterrandes erreicht, erfolgt ein Zeilenumbruch im Kommentarfenster. Diese Standardeinstellung kann so angepasst werden, dass das Fenster schon während der Eingabe soweit verbreitert wird, dass der Text in eine Zeile im Kommentarfenster passt.

Um diesen Automatismus nützen zu können, befolgen Sie die nächsten Arbeitsschritte:

1. Nach dem Einfügen eines Kommentars klicken Sie mit der rechten Maustaste auf den Rahmen des markierten Kommentarfensters.
2. Wählen Sie aus dem Kontextmenü den Befehl *Kommentar formatieren.*
3. Wechseln Sie auf die Registerkarte *Ausrichtung.*
4. Aktivieren Sie das Kontrollkästchen *Automatische Größe.*

5. Bestätigen Sie Ihre Einstellung mit *OK.*

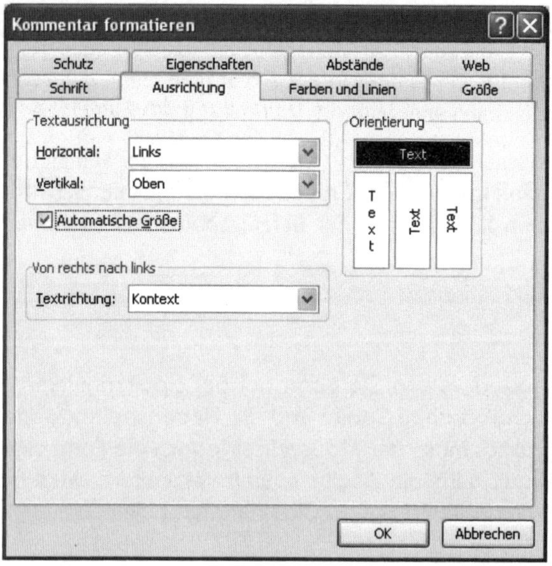

Abbildung 1.43: Das Kommentarfenster wird bereits bei der Eingabe vergrößert

---

Hinweis

Wenn in dem so eingestellten Kommentarfenster eine Notiz hinterlegt wird, dann wird das Kommentarfenster bereits während der Eingabe laufend in der Breite angepasst.

1.32 Kommentar mit Bild zusammenbasteln

Wenn Sie beispielsweise eine Artikelliste in einer Tabelle anlegen, bei der Sie zusätzlich zu den Artikelinformationen eine kleine Grafik der einzelnen Artikel hinterlegen möchten, dann können Sie entweder einen Hyperlink zur Grafik herstellen oder besser noch die Kommentarfunktion von Excel einsetzen, um eine Grafik zum Artikel anzuzeigen. Diese »Kommentar-Grafik« wird immer dann eingeblendet, wenn Sie den Mauszeiger auf die Zelle setzen, die den Kommentar enthält.

Um eine Grafik in einen Kommentar einzubauen, befolgen Sie die nächsten Arbeitsschritte:

1. Fügen Sie zunächst einen Kommentar ein. Am schnellsten geht das über die Tastenkombination ⌂ + F2.

2. Klicken Sie mit der rechten Maustaste auf die Umrandung des Kommentarfelds und wählen Sie aus dem Kontextmenü den Befehl *Kommentar formatieren*.

3. Im Dialog *Kommentar formatieren* wechseln Sie auf die Registerkarte *Farben und Linien*.

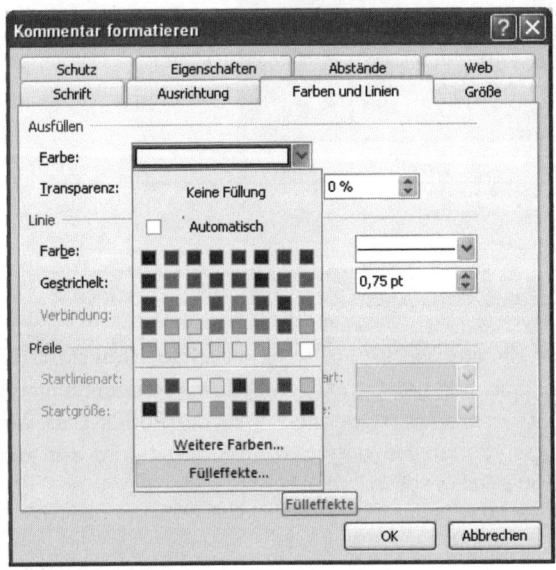

Abbildung 1.44: Die Fülleffekte aufrufen

4. Im Gruppenfeld *Ausfüllen* wählen Sie aus dem Dropdownfeld *Farbe* den Eintrag *Fülleffekte*.

5. Im Dialog *Fülleffekte* wechseln Sie auf die Registerkarte *Grafik*.

6. Klicken Sie dort auf die Schaltfläche *Grafik auswählen*.

7. Im Dialog *Bild auswählen* weisen Sie eine Grafik Ihrer Wahl zu.

8. Bestätigen Sie mit einem Klick auf die Schaltfläche *Einfügen*.

Abbildung 1.45: Kommentar mit Bild wurde eingefügt

Hinweis

Die Grafik wird nun als Hintergrund für Ihr Kommentarfeld eingestellt. Sie haben daher die Möglichkeit, Text und Grafik gemeinsam in einem Kommentarfenster darzustellen. Über die Excel-Optionen unter der Rubrik *Erweitert* im Gruppenfeld *Anzeige* können Sie angeben, wie Kommentare in der Arbeitsmappe angezeigt werden sollen.

1.33 Optionen-Schaltflächen einsetzen

Ab der Version Excel 2002 gibt es die so genannten Optionen-Schaltflächen. Dabei handelt es sich um einen weiteren Automatismus, der Ihnen zusätzliche Arbeit abnehmen bzw. erleichtern soll. So wird beispielsweise beim Kopieren von Zellen gefragt, in welcher Art die kopierten Informationen nun weiter verwendet werden sollen. Dabei wird ein Dropdown automatisch eingeblendet, wenn Sie die kopierten Daten, beispielsweise über die Tastenkombination Strg + v, wieder einfügen möchten. Dieses Dropdown bietet Ihnen nun einige Aktionen an, die mit Ihrem Arbeitsgang einhergehen könnten.

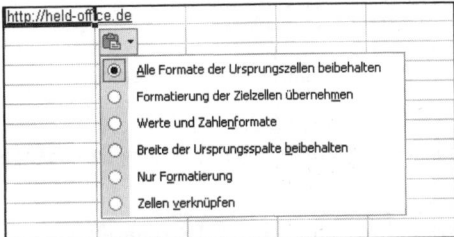

Abbildung 1.46: Arbeiten mit SmartTags

Die neue Methode der Optionen-Schaltflächen sorgt dafür, dass Ihnen weitere folgende Arbeitsschritte, wie beispielsweise das Einstellen der Spaltenbreite bzw. bestimmte Umformatierungen, erleichtert werden.

> **Tipp**
>
> Wenn dieser Automatismus Ihnen ein wenig zu weit geht, können Sie die Optionen-Schaltflächen abschalten, indem Sie wie folgt vorgehen:
>
> 1. Klicken Sie auf die Office-Schaltfläche und danach auf die Schaltfläche *Excel-Optionen.*
> 2. Aktivieren Sie die Kategorie *Erweitert.*
>
>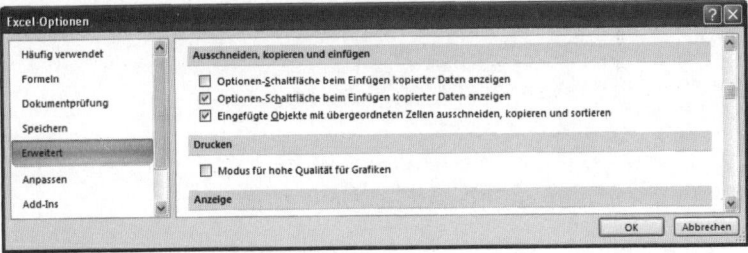
>
> **Abbildung 1.47:** SmartTags deaktivieren
>
> 3. Deaktivieren Sie die Kontrollkästchen *Optionen-Schaltfläche beim Einfügen kopierter Daten anzeigen* bzw. *Eingefügte Objekte mit übergeordneten Zellen ausschneiden, kopieren und sortieren.*
> 4. Bestätigen Sie die Einstellung mit *OK.*

1.34 Rechtschreibprüfung durchführen

Die integrierte Rechtschreibprüfung können Sie standardmäßig über die Taste F7 für die aktive Tabelle starten.

Soll die Rechtschreibprüfung auf allen Tabellen der Arbeitsmappe erfolgen, dann gehen Sie wie folgt vor:

1. Klicken Sie mit der rechten Maustaste auf einen beliebigen Tabellenreiter.
2. Wählen Sie aus dem Kontextmenü den Befehl *Alle Blätter auswählen*.
3. Drücken Sie die Taste F7, um die Rechtschreibprüfung zu starten.

1.35 Verknüpfungsabfrage ausschalten

Standardmäßig wird beim Öffnen von Arbeitsmappen, die Verknüpfungen zu anderen Arbeitsmappen enthalten, eine Aktualisierungsabfrage eingeblendet, die weggedrückt werden muss. Diese Meldung können Sie bei Bedarf zukünftig unterdrücken, indem Sie wie folgt vorgehen:

1. Klicken Sie auf die Office-Schaltfläche und danach auf die Schaltfläche *Excel-Optionen*.
2. Aktivieren Sie die Kategorie *Erweitert*.

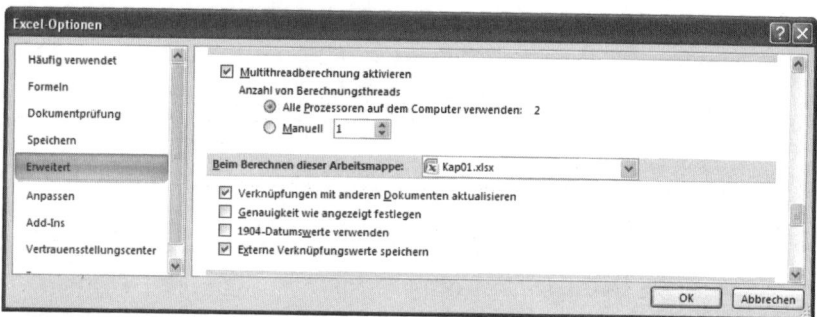

Abbildung 1.48: Verknüpfungsabfrage unterdrücken

3. Deaktivieren Sie das Kontrollkästchen *Verknüpfungen mit anderen Dokumenten aktualisieren*.
4. Bestätigen Sie mit *OK*.

1.36 Auf eine Druckseite skalieren

Liegt Ihnen eine Tabelle vor, die normalerweise auf 2 bis 3 Seiten ausgedruckt wird, dann haben Sie die Möglichkeit, die Daten auf einer einzigen Seite zusammenzufassen und auszudrucken.

Dazu verfahren Sie wie folgt:

1. Klicken Sie in der Gruppe *Seitenlayout* auf das Pfeilsymbol rechts neben dem Text *Seite einrichten*.

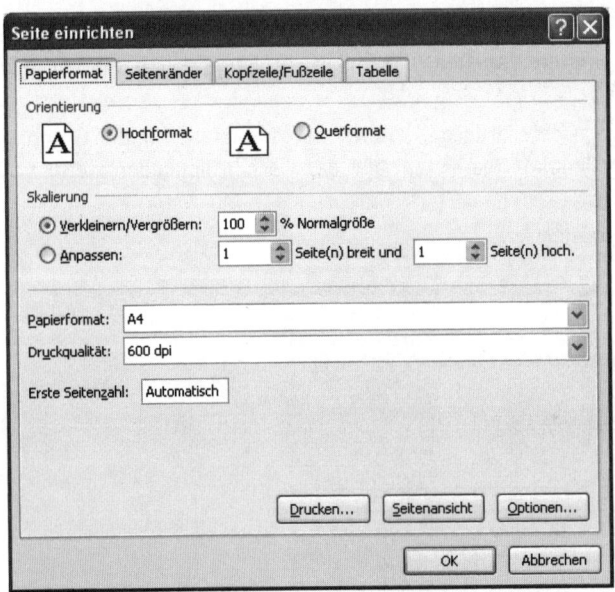

Abbildung 1.49: Auf eine einzige Druckseite skalieren

2. Aktivieren Sie die Option *Anpassen 1 Seite(n) breit und 1 Seite(n) hoch.*
3. Bestätigen Sie mit *OK*.
4. Drucken Sie die Tabelle am schnellsten über die Tastenkombination ⌨ Strg + ⌨ p.

1.37 Mehrere Tabellen auf einmal befüllen

Excel beinhaltet die so genannte Gruppierungsfunktion, über die Sie mehrere Tabellen gruppieren können. So haben Sie die Möglichkeit, eine Tabelle auszufüllen und im Hintergrund dann die gruppierten Tabellen mit gleichen Daten zu füllen. Ähnlich wie bei einer Blaupause also.

Um Tabellen zu gruppieren, gehen Sie wie folgt vor:

1. Klicken Sie auf den Tabellenreiter der ersten Tabelle, die Sie in einer Gruppe zusammenfassen möchten.

2. Halten Sie die Taste ⌊Strg⌋ gedrückt.

3. Klicken Sie auf weitere Tabellen, die Sie in die Gruppierung mit aufnehmen möchten.

4. Wenn Sie die ⌊⇧⌋-Taste drücken, können Sie das letzte für die Gruppierung gewünschte Tabellenblatt markieren, alle dazwischen liegenden werden automatisch gruppiert.

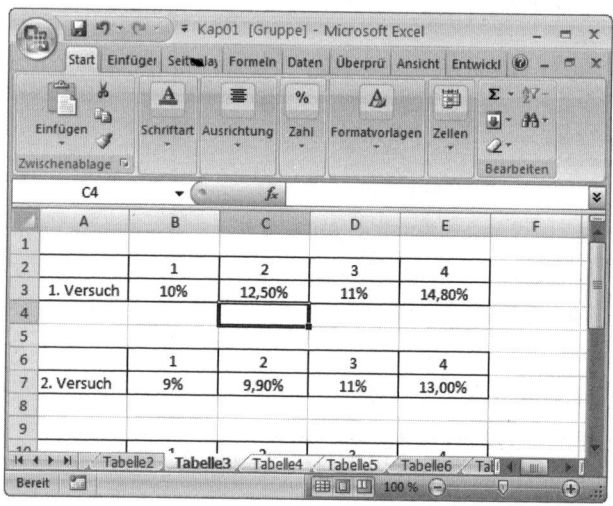

Abbildung 1.50: Einige Tabellen sind gruppiert

Die Gruppierung von Tabellen können Sie daran erkennen, dass die Registerkarte mit der Hintergrundfarbe *Weiß* ausgestattet wird. Außerdem wird im Fenstertitel der Zusatz *[Gruppe]* ausgegeben.

Hinweis

Sollen alle Tabellen markiert werden, dann können Sie einen beliebigen Tabellenreiter mit der rechten Maustaste anklicken und aus dem Kontextmenü den Befehl *Alle Blätter auswählen* wählen.

1.38 Tabellen kopieren

Möchten Sie eine Tabelle kopieren, dann bitte nicht über die Zwischenablage, sondern gehen Sie besser wie folgt vor:

1. Klicken Sie den Tabellenreiter der Tabelle mit der rechten Maustaste an, die Sie kopieren möchten.

2. Wählen Sie aus dem Kontextmenü den Befehl *Verschieben/Kopieren*.

Abbildung 1.51: Tabelle kopieren

3. Aktivieren Sie das Kontrollkästchen *Kopie erstellen*.

4. Klicken Sie auf *OK*.

Übrigens: Schneller geht´s natürlich wieder mit der [Strg] *-Taste: Halten Sie* [Strg] *gedrückt und ziehen Sie einfach das Register des Tabellenblattes, das Sie kopieren wollen, nach rechts oder links.*

1.39 Tabelle in neue Arbeitsmappe kopieren

Ganz ähnlich wie der letzte Tipp ist auch der folgende Tipp. Dabei soll eine Tabelle in eine neue Arbeitsmappe kopiert werden:

1. Klicken Sie den Tabellenreiter der Tabelle mit der rechten Maustaste an, die Sie kopieren möchten.

2. Wählen Sie aus dem Kontextmenü den Befehl *Verschieben/Kopieren*.

Abbildung 1.52: Kopie in neuer Mappe erstellen

3. Wählen Sie aus dem Kombinationsfeld *Zur Mappe* den Eintrag *(neue Arbeitsmappe)*.

4. Aktivieren Sie das Kontrollkästchen *Kopie erstellen*.

5. Bestätigen Sie den Vorgang mit *OK*.

1.40 Tabellen löschen oder umbenennen

Auch diese beiden Aktionen können über das Kontextmenü ausgeführt werden, indem Sie mit der rechten Maustaste auf den Tabellenreiter des Tabellenblattes klicken. Klicken Sie auf den Kontextmenü-Eintrag *Umbenennen*, geben Sie einen neuen Blattnamen an und bestätigen Sie mit der ⏎-Taste.

Das Umbenennen einer Tabelle geht noch schneller, wenn Sie einen Doppelklick auf den Tabellenreiter durchführen, den neuen Namen schreiben und mit ⏎ bestätigen.

Beim Löschen erfolgt sicherheitshalber noch eine Rückfrage. Klicken Sie das Blatt-register mit der rechten Maustaste an und wählen Sie *Löschen*, wird das Blatt nach Bestätigung der Rückfrage gelöscht.

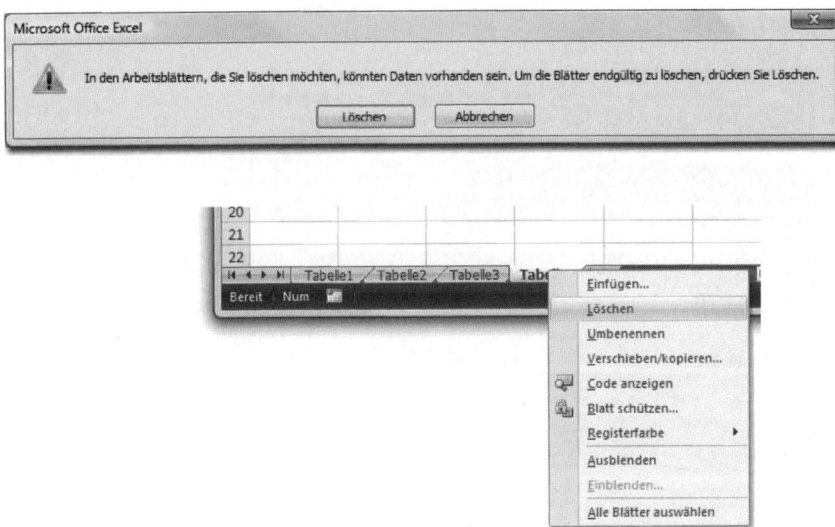

Abbildung 1.53: Das Tabellenblatt wird gelöscht

Übrigens: Ist Ihnen aufgefallen, dass manche Tabellenblätter ohne Rückfragen ge-löscht werden? Das sind automatisch beim Erstellen der Mappe angelegte Blätter, in denen noch nicht gearbeitet wurde. Die werden ohne Sicherheitsabfrage gelöscht.

1.41 Mappen vergleichen

In Excel können Sie zwei Arbeitsmappen nebeneinander anordnen und zeilenweise vergleichen. In früheren Excel-Versionen gab es das Problem, dass zwar ein Anord-nen der Arbeitsmappen nebeneinander möglich war, dass aber jedes Fenster einen separat geregelten Bildlauf hatte, was bedeutete, dass man jeweils beide Bildläufe getrennt voneinander bedienen musste, um zeilenweise vergleichen zu können. Ab der neuen Version Excel 2003 sind beide Bildläufe synchronisiert, d.h., wenn Sie in einem Fenster scrollen, wird das andere Fenster synchron dazu eingestellt. So fällt es viel leichter, eventuelle Unterschiede zwischen den Arbeitsmappen zu erkennen.

Um zwei Mappen miteinander zu vergleichen, gehen Sie wie folgt vor:

1. Öffnen Sie beide Mappen.

2. Wechseln Sie auf die Gruppe *Ansicht* und klicken Sie auf das Symbol *Nebeneinander anzeigen*.

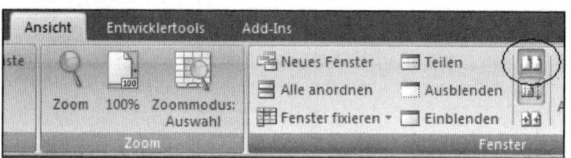

3. Wünschen Sie, dass die Bildlaufleiste in beiden Fenstern synchronisiert wird, dann klicken Sie auf das Symbol *Synchroner Bildlauf*.

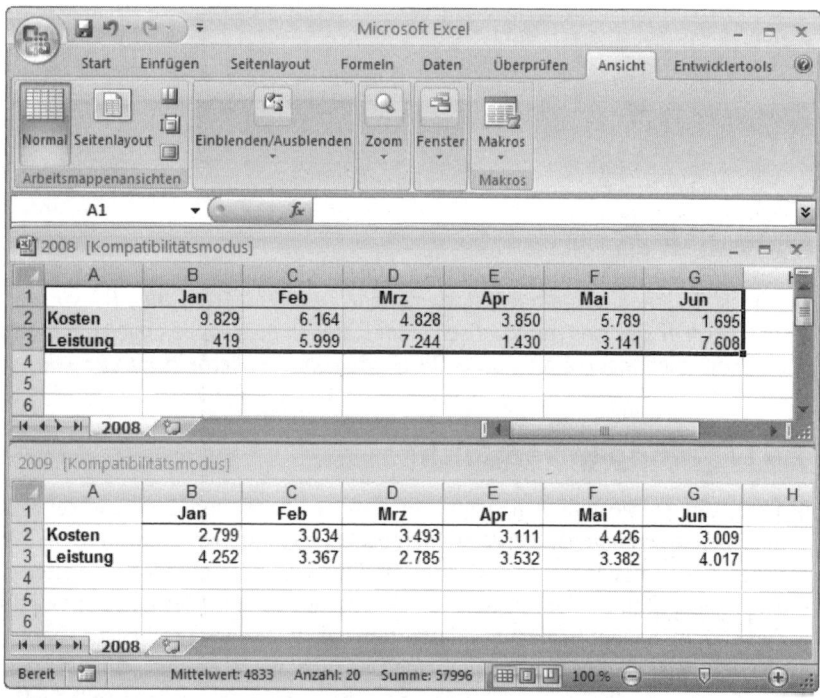

Abbildung 1.54: Der erleichterte Abgleich zwischen Mappen ab Excel 2003

1.42 Suchen von Daten

Das Suchen von bestimmten Daten oder Texten in einer Arbeitsmappe können Sie über die eingebaute *Suchen*-Funktion von Excel machen. Dazu gehen Sie wie folgt vor:

1. Klicken Sie mit der rechten Maustaste ein beliebiges Tabellenregister an.
2. Wählen Sie aus dem Kontextmenü den Befehl *Alle Blätter auswählen*.
3. Rufen Sie den *Suchen*-Dialog über die Tastenkombination [Strg] + [F] auf.

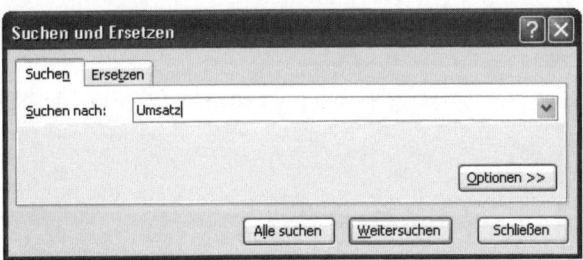

Abbildung 1.55: Texte suchen

4. Geben Sie im Feld *Suchen nach* den Suchtext ein.
5. Klicken Sie auf die Schaltfläche *Alle suchen*.

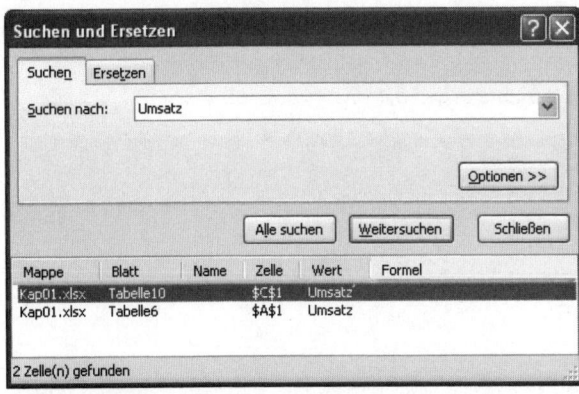

Abbildung 1.56: Alle Suchtreffer werden aufgelistet

6. Mit einem Klick auf den gewünschten Eintrag im Listenfeld werden die entsprechende Tabelle sowie die gefundene Zelle aktiviert.

KAPITEL 2

Eine Frage des Formats

In diesem Kapitel dreht sich alles um das Thema Formatierung. Die Formatierung Ihrer Daten dient zwar in erster Linie der Optik, trotzdem hilft sie, Zahlen und Texte hervorzuheben und somit mehr Wirkung und vielleicht auch mehr Akzeptanz zu erzeugen.

2.1 Wo sind die Formatierungen?

Wer sich mit der Vorgängerversion gut auskannte, wird die Übersicht über alle Formatierungsbefehle vermissen (unter *Format/Zellen* war alles drin). Excel 2007 verteilt Formatierungssymbole zwar gekonnt, für viele aber unverständlich auf mehrere Gruppen in der Multifunktionsleiste, und bis man die wieder alle hat ...

Wenn Sie die Tastenkombination ⌈Strg⌋ + ⌈1⌋ drücken, dann erhalten Sie den altbekannten Dialog *Zellen formatieren*. Sie können diesen Dialog auch per Mausklick aktivieren:

Klicken Sie auf das Dialogkästchen rechts unten an der Gruppe *Schriftart, Ausrichtung* oder *Zahl*.

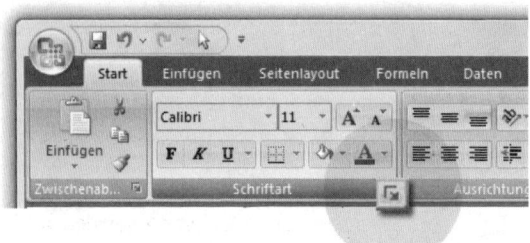

Abbildung 2.1: Ein Klick auf dieses Kästchen aktiviert den Formatierungsdialog

2.2 Formate übertragen und löschen

Haben Sie einige Zellen schon wie gewünscht formatiert und möchten Sie die Formatierung auf andere Zellen übertragen, dann gehen Sie wie folgt vor:

1. Markieren Sie die Zellen, die bereits formatiert wurden.

2. Klicken Sie in der Gruppe *Start* das Symbol mit dem Pinsel (*Format übertragen*) an.

3. Markieren Sie danach die Zellen, auf die das Format übertragen werden soll.

4. Die Formatierung wird nun auf diese Zellen angewendet.

Hinweis

Bei dieser Methode ist nur eine einmalige Formatübertragung möglich.

2.2.1 Formate mehrfach übertragen

Da bei der letzten Methode gleich mehrmals auf das Symbol *Format übertragen* geklickt werden muss, wenn eine Formatierung auf mehrere nicht zusammenhängende Bereiche angewendet werden soll, gibt es gerade für diese Aufgabe eine bessere Vorgehensweise:

1. Markieren Sie die Zellen, die bereits formatiert wurden.

2. Führen Sie in der Gruppe *Start* einen Doppelklick auf das Symbol *Format übertragen* durch. Dadurch rastet dieses Symbol ein.

3. Markieren Sie danach die Zellen, auf die das Format übertragen werden soll.

4. Markieren Sie weitere Zellen und Bereiche, auf die das Format übertragen werden soll.

5. Die Formatierung wird jeweils auf diese Zellen bzw. Bereiche angewendet.

6. Führen Sie am Ende einen Doppelklick auf das Symbol *Format übertragen* durch, um es wieder auszurasten.

Übrigens ... können Sie auch die Taste Esc *drücken, um das Symbol wieder freizugeben.*

2.2.2 Formatierung löschen: So geht´s fix

Möchten Sie eine Formatierung in einer Zelle oder in einem Bereich löschen, dann markieren Sie die Zelle bzw. den Bereich und klicken Sie danach in der Gruppe *Start* auf den Pfeil des Symbols *Löschen* und wählen danach den Befehl *Formate löschen*.

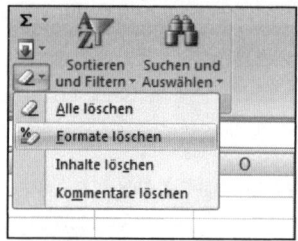

Abbildung 2.2: Formatierungen löschen

Manchmal geht's einfacher mit folgendem Trick: Ziehen Sie das Füllkästchen aus einer leeren, unformatierten Zelle mit der rechten Maustaste über alle formatierten Zellen. Wenn Sie die Maustaste loslassen, erscheint ein Kontextmenü, wählen Sie hier *Nur Formate ausfüllen*. Natürlich können Sie mit dem Füllkästchen auch Formate übertragen, ziehen Sie es wieder mit der rechten Maustaste.

2.3 Benutzerdefinierte Formate einsetzen

In der Gruppe *Zahl* der Registerkarte *Start* finden Sie eine Reihe schöner Formate, die Sie auf markierte Zellen anwenden können. Von *Währung* über *Buchhaltung* bis *Datum* und *Prozent* ist alles vertreten. Aber – lassen Sie sich von den schönen Format-symbolen nicht einwickeln, entscheidend ist, dass Sie das Zahlenformat beherrschen, das sich dahinter verbirgt. Nur so können Sie falsche Formatierungen korrigieren, und so sind Sie auch in der Lage, eigene Formate, so genannte benutzerdefinierte Formate, zu erstellen.

1. Markieren Sie den zu formatierenden Bereich.

2. Weisen Sie über *Start/Zahl* ein Format zu (z. B. Währung).

3. Drücken Sie [Strg] + [1] und schalten Sie auf die Registerkarte *Zahl* um. Klicken Sie auf *Benutzerdefiniert*.

Kontrollieren Sie das Zahlenformat und ändern Sie es ggf. über das Feld *Typ*.

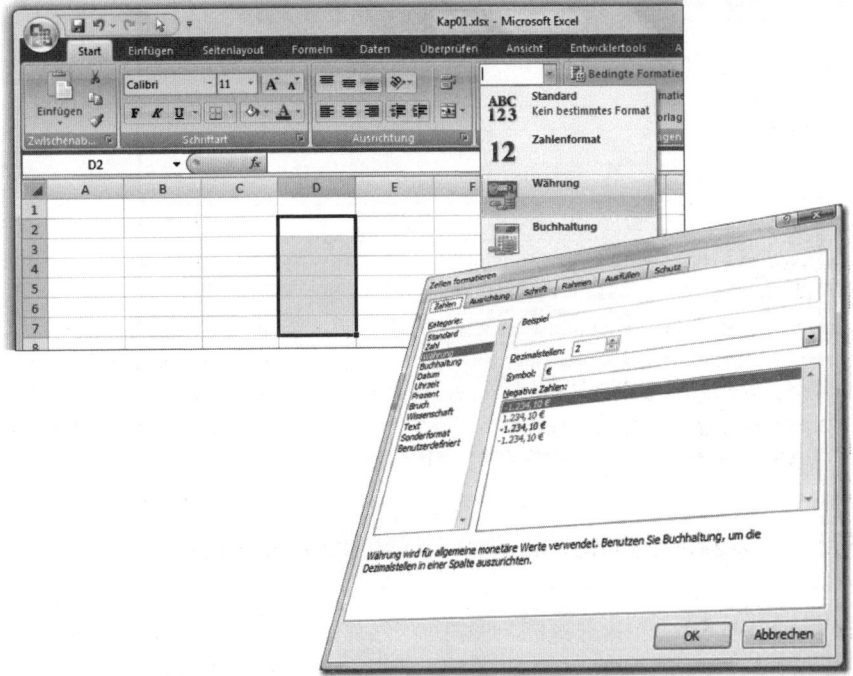

Abbildung 2.3: Wichtig: Zahlenformate kennen

2.3.1 Ein benutzerdefiniertes Format anlegen

Stellen Sie sich vor, Sie brauchen eine zusätzliche Einheit als eigenes Format. Zum Beispiel möchten Sie Millimeterwerte mit zwei Nachkommastellen eingeben. Dabei verfahren Sie wie folgt:

1. Setzen Sie den Mauszeiger auf den Bereich, der die noch unformatierten Werte enthält.
2. Drücken Sie die Tastenkombination [Strg] + [1].
3. Klicken Sie auf das Register *Zahlen*.
4. Klicken Sie im Listenfeld *Kategorie* auf den Eintrag *Benutzerdefiniert*.

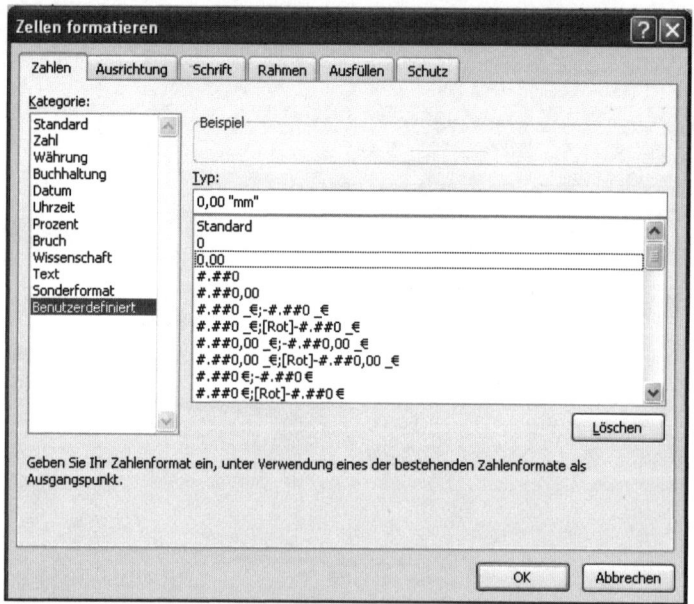

Abbildung 2.4: Ein benutzerdefiniertes Format anlegen

5. Erfassen Sie im Eingabefeld *Typ* das Format 0,00 "mm"

6. Bestätigen Sie das neue Format mit *OK.*

2.3.2 Wochentag anhand des Datums erkennen

Über ein benutzerdefiniertes Format können Sie anhand eines Datums auch den dazugehörigen Wochentag erkennen. Dabei verfahren Sie wie folgt:

1. Fügen Sie zunächst einmal ein beliebiges Datum, beispielsweise in der Zukunft liegend, in eine Zelle ein.

2. Drücken Sie die Tastenkombination Strg + 1, um den Dialog *Zellen formatieren* aufzurufen.

3. Wechseln Sie auf die Registerkarte *Zahlen.*

4. Stellen Sie im Listenfeld *Kategorie* den Eintrag *Benutzerdefiniert* ein.

5. Füllen Sie das Feld *Typ* wie in Abbildung 2.5 angezeigt aus.

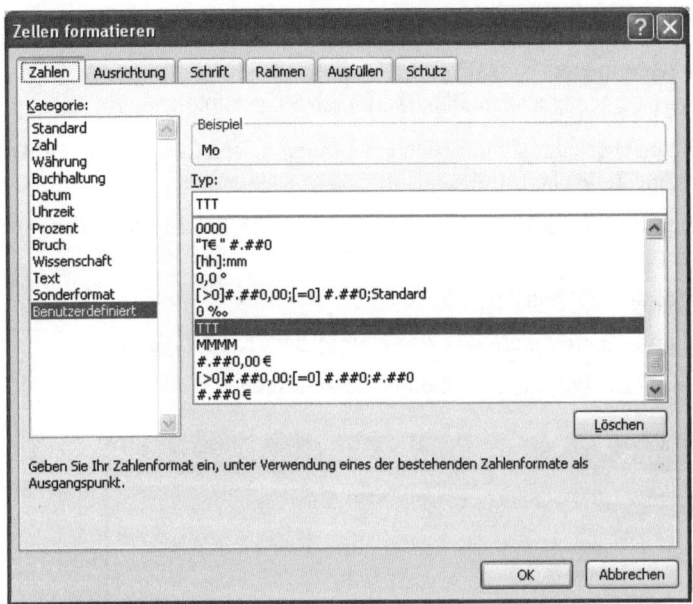

Abbildung 2.5: Datum als Wochentag anzeigen

6. Bestätigen Sie mit *OK*. Das Datum wird nun als Wochentag angezeigt.

Hinweis

Die Anzahl des Buchstabens T gibt die Art der Formatierung des Tages an. So gelten folgende Regeln:

Kürzel	Beispiel
TT	09
TTT	Fr
TTTT	Freitag

Tabelle 2.1: Die Formatkürzel für den Tag

2.3.3 Monatsnamen anhand des Datums erkennen

Über ein benutzerdefiniertes Format können Sie anhand eines Datums auch den dazugehörigen Monatsnamen erkennen. Dabei verfahren Sie wie folgt:

1. Fügen Sie zunächst einmal ein beliebiges Datum, beispielsweise in der Zukunft liegend, in eine Zelle ein.

2. Drücken Sie die Tastenkombination ⟨Strg⟩ + ⟨1⟩, um den Dialog *Zellen formatieren* aufzurufen.

3. Wechseln Sie auf die Registerkarte *Zahlen*.

4. Stellen Sie im Listenfeld *Kategorie* den Eintrag *Benutzerdefiniert* ein.

5. Füllen Sie das Feld *Typ* wie in Abbildung 2.6 angezeigt aus.

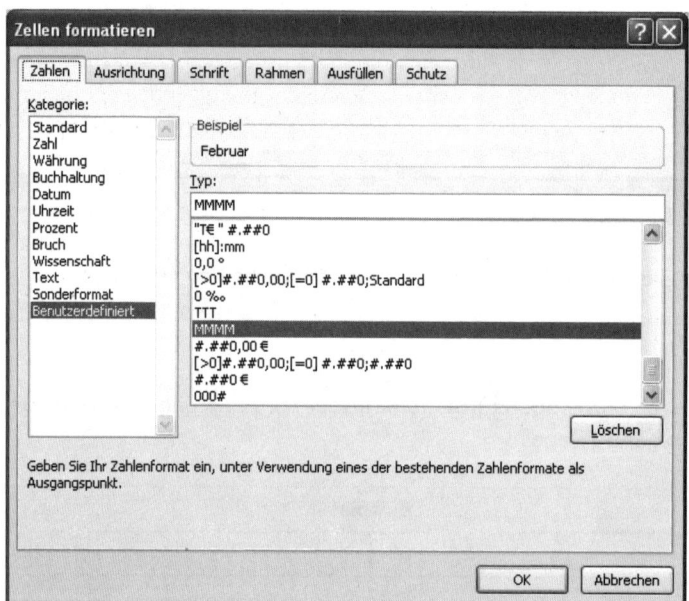

Abbildung 2.6: Den Monatsnamen aus einem Datum ermitteln

6. Bestätigen Sie mit *OK*. Das Datum wird nun als Monatsname angezeigt.

Hinweis

Die Anzahl des Buchstabens M gibt die Art der Formatierung des Monats an. So gelten folgende Regeln:

Kürzel	Beispiel
MM	04
MMM	Apr
MMMM	April

Tabelle 2.2: Die Formatkürzel für den Monat

2.3.4 Stundensummierung, aber richtig!

Haben Sie schon einmal versucht, Stunden zu addieren? Im folgenden Beispiel sollen Stunden für ein Projekt summiert werden. Sehen Sie sich hierzu die nachfolgende Abbildung an.

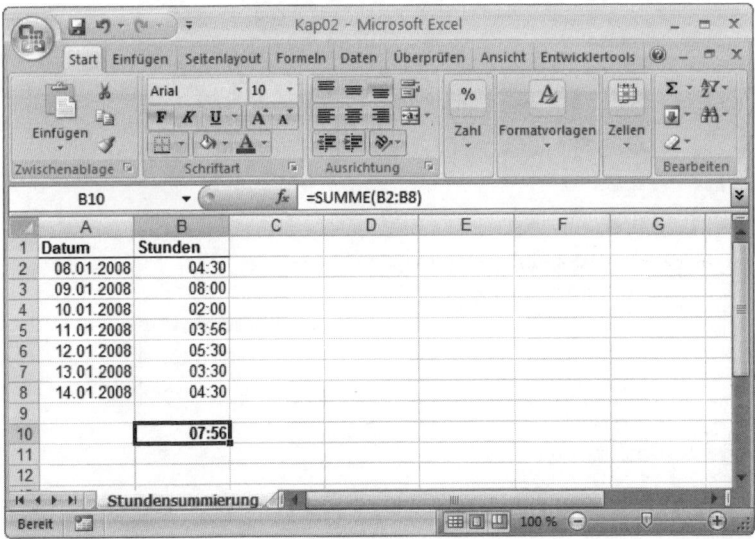

Abbildung 2.7: Ein falsches Ergebnis!

Die Stundensummierung wird offensichtlich nicht richtig ausgeführt. Dabei wird folgender Fehler gemacht: Wenn 24 Stunden voll sind, wird wieder von vorne begonnen, was natürlich in diesem Fall nicht in Ordnung ist.

Über einen Trick bewegen Sie Excel dazu, richtig zu rechnen:

1. Setzen Sie den Mauszeiger in Zelle B10.
2. Drücken Sie die Tastenkombination Strg + 1, um den Dialog *Zellen formatieren* aufzurufen.
3. Wechseln Sie auf die Registerkarte *Zahlen*.
4. Aktivieren Sie die Kategorie *Benutzerdefiniert*.
5. Geben Sie im Feld *Typ* das Format [hh]:mm ein.
6. Bestätigen Sie mit *OK*.

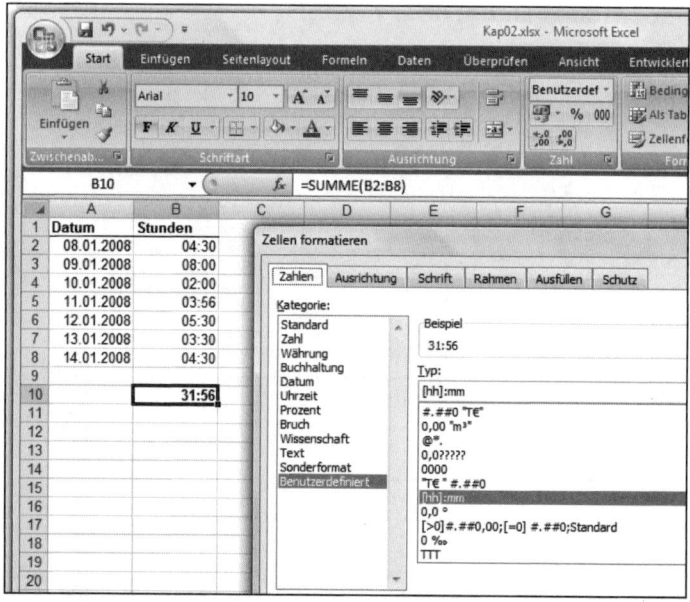

Abbildung 2.8: Das Ergebnis stimmt jetzt

Übrigens ... berechnet Excel die Stundensumme schon korrekt, auch wenn sie über 24 Stunden beträgt. Es wird nur der erste Tag des internen Kalenders aufgefüllt. 25 Stunden ist für Excel der 1. Januar 1900 (da beginnt der Kalender) um 1:00 Uhr.

2.3.5 Beträge in T_ angeben

Wenn die Kosten in einer Tabelle zu hoch werden, dann empfiehlt es sich, zwecks einer besseren Optik die Werte durch 1000 zu dividieren und das benutzerdefinierte Format T_ anzuwenden. Dabei kann die Position des Formats entweder hinter oder vor der Zahl sein.

1. Markieren Sie den Zellenbereich, der diese Formatierung erhalten soll.

2. Drücken Sie die Tastenkombination ⎡Strg⎤ + ⎡1⎤, um den Dialog *Zellen formatieren* aufzurufen.

3. Wechseln Sie auf die Registerkarte *Zahlen*.

4. Stellen Sie im Listenfeld *Kategorie* den Eintrag *Benutzerdefiniert* ein.

5. Erfassen Sie im Feld *Typ* das Format

   #.##0 "T_"

   oder

   "T_ " #.##0

6. Bestätigen Sie mit *OK*.

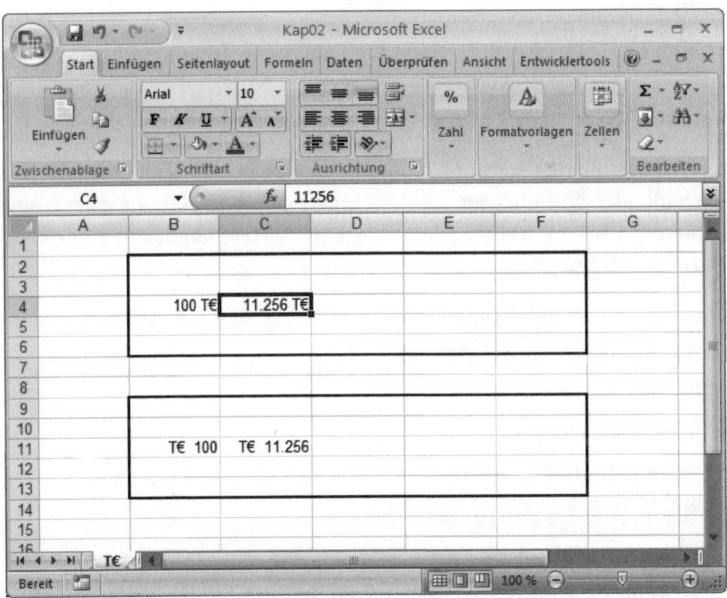

Abbildung 2.9: Das benutzerdefinierte Format T_

Hinweis

Das Euro-Zeichen können Sie übrigens einfügen, indem Sie die Tasten-kombination ⎡Alt Gr⎤ + ⎡e⎤ drücken.

Mit diesem Format wird der Zahl das Währungszeichen für 1000 Euro zugewiesen, die Zahl selbst wird nicht durch 1000 geteilt. Das können Sie über Formeln machen oder mit einem Spezialformat:

1. Markieren Sie die Zahlen, die Sie optisch durch 1000 teilen wollen.

2. Drücken Sie die Tastenkombination ⎡Strg⎤ + ⎡1⎤, um den Dialog *Zellen forma-tieren* aufzurufen.

3. Geben Sie auf der Registerkarte *Zahlen* dieses benutzerdefinierte Format ein:

    #.##0." T_"

    oder

    #.##0." TEUR"

Der Punkt hinter der Null sorgt dafür, dass die Zahl durch 1000 geteilt wird.

2.3.6 Ausrichtung von Zahlen am Komma

Über ein benutzerdefiniertes Format können Sie erreichen, dass Zahlen am Dezimal-komma untereinander ausgerichtet werden. Erfassen Sie zu diesem Zweck einmal ein paar Zahlen mit bis zu drei Nachkommastellen untereinander in einer Tabelle. Danach gehen Sie wie folgt vor:

1. Markieren Sie den Zellenbereich, der diese Formatierung erhalten soll.

2. Drücken Sie die Tastenkombination ⎡Strg⎤ + ⎡1⎤, um den Dialog *Zellen forma-tieren* aufzurufen.

3. Wechseln Sie auf die Registerkarte *Zahlen*.

4. Stellen Sie im Listenfeld *Kategorie* den Eintrag *Benutzerdefiniert* ein.

5. Erfassen Sie im Feld *Typ* das Format 0,0?????

6. Bestätigen Sie mit *OK*.

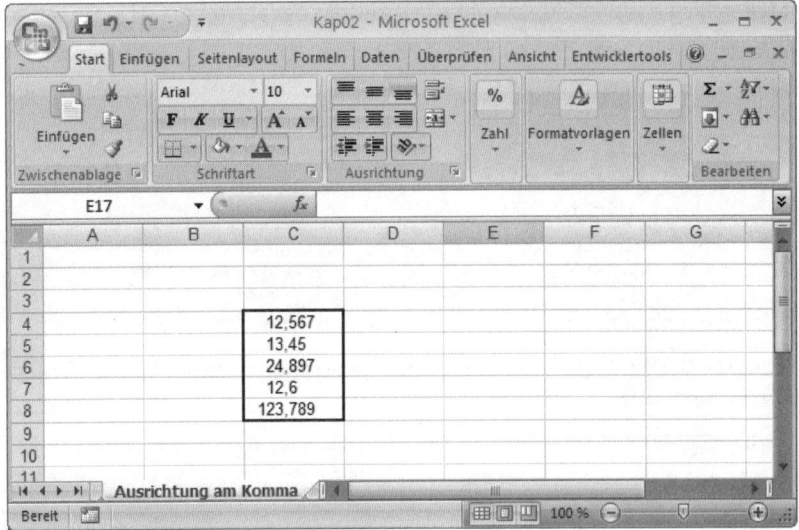

Abbildung 2.10: Ausrichtung am Dezimalkomma

Hinweis

Die Anzahl der eingegebenen Fragezeichen im benutzerdefinierten Format ist abhängig von der Anzahl der maximalen Nachkommastellen.

2.3.7 Zahl auf gleiche Anzahl Stellen einstellen, mit Nullen auffüllen

Beim nächsten Tipp geht es darum, dass für einen Zellenbereich immer eine bestimmte Anzahl von Zeichen (im Beispiel 4 Zeichen) eingegeben werden soll. Wenn weniger als 4 Zeichen erfasst werden, dann sollen die restlichen Stellen mit dem Wert 0 aufgefüllt werden. Dabei muss ein benutzerdefiniertes Format wie folgt eingestellt werden:

1. Markieren Sie den Zellenbereich, der diese Formatierung erhalten soll.

2. Drücken Sie die Tastenkombination ⌈Strg⌉ + ⌈1⌉, um den Dialog *Zellen formatieren* aufzurufen.

3. Wechseln Sie auf die Registerkarte *Zahlen*.

4. Stellen Sie im Listenfeld *Kategorie* den Eintrag *Benutzerdefiniert* ein.
5. Erfassen Sie im Feld *Typ* das Format 0000
6. Bestätigen Sie mit *OK*.

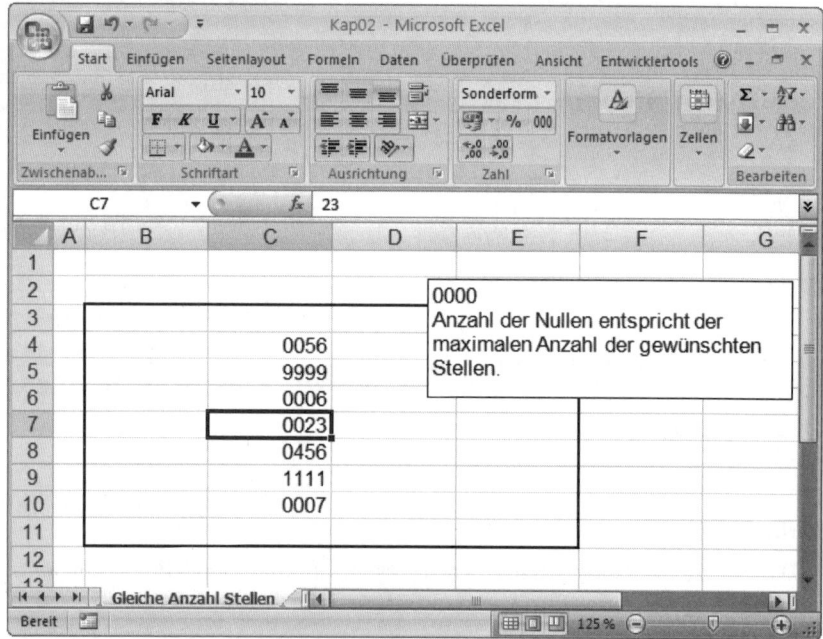

Abbildung 2.11: Das Format auf gleiche Anzahl von Stellen trimmen

---

Hinweis

Die Anzahl der Nullen im benutzerdefinierten Format entspricht der maximalen Anzahl der gewünschten Stellen.

2.3.8 Ein Auffüllzeichen einstellen

Vielleicht haben Sie es ja schon einmal auf einem Formular gesehen: ein Feld, auf dem ein Auffüllzeichen wie das Zeichen X oder gar Punkte oder ein durchgezogener Unterstrich eingesetzt werden. Diese Zeichen müssen Sie keineswegs selbst erfassen, sondern Sie können diese Aufgabe elegant über ein benutzerdefiniertes Format regeln.

1. Markieren Sie den Zellenbereich, der diese Formatierung erhalten soll.
2. Drücken Sie die Tastenkombination $\boxed{\texttt{Strg}}$ + $\boxed{1}$, um den Dialog *Zellen formatieren* aufzurufen.
3. Wechseln Sie auf die Registerkarte *Zahlen*.
4. Stellen Sie im Listenfeld *Kategorie* den Eintrag *Benutzerdefiniert* ein.
5. Erfassen Sie im Feld *Typ* das Format @*
6. Bestätigen Sie mit *OK*.

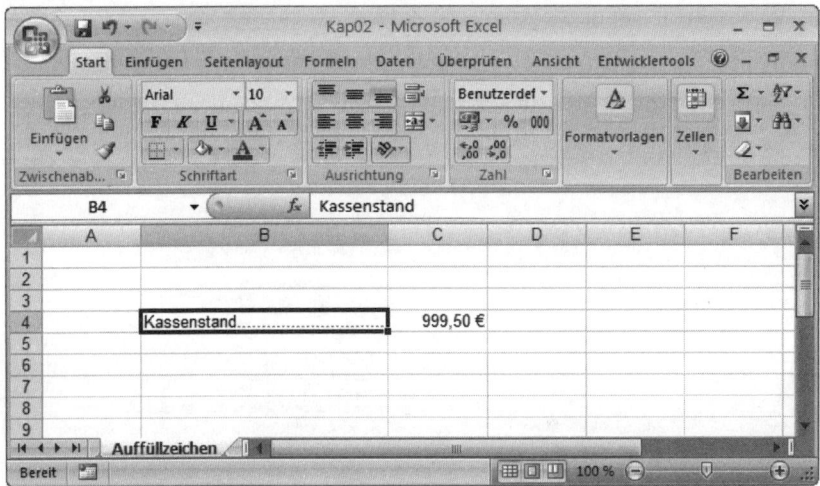

Abbildung 2.12: Den Punkt als Auffüllzeichen einsetzen

Hinweis

Der Platzhalter @ steht für den Text in der Zelle, mit dem * leiten Sie die Füllung ein. Und das nächste Zeichen ist dann das Füllzeichen, in diesem Beispiel also der Punkt.

2.3.9 Werte oder Texte verstecken

Oft findet man in Excel-Tabellen versteckte Werte, die dann über die Schriftfarbe *Weiß* formatiert sind und somit nicht mehr auf den ersten Blick wahrgenommen werden können, sofern auch der Hintergrund der Zelle *Weiß* bleibt. Eine bessere Methode, um Texte oder Zahlen zu verstecken, liefert der folgende Trick.

1. Markieren Sie den Zellenbereich, in dem Werte versteckt werden sollen.
2. Drücken Sie die Tastenkombination ⎡Strg⎤ + ⎡1⎤, um den Dialog *Zellen formatieren* aufzurufen.
3. Wechseln Sie auf die Registerkarte *Zahlen*.
4. Stellen Sie im Listenfeld *Kategorie* den Eintrag *Benutzerdefiniert* ein.
5. Erfassen Sie im Feld *Typ* das Format ; ; ;
6. Bestätigen Sie mit *OK*.

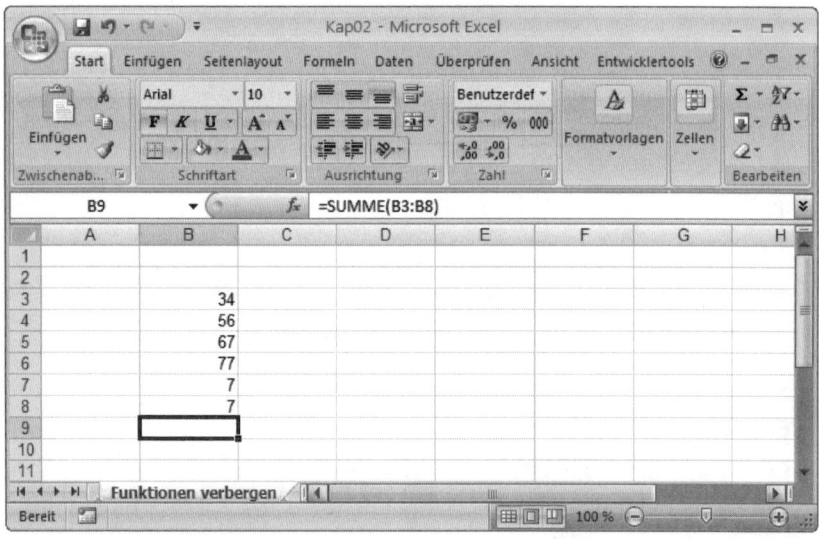

Abbildung 2.13: Formel ist nur in der Bearbeitungsleiste sichtbar, nicht in der Zelle selbst

2.3.10 Nachkommastellen nur bei Werten größer Null anzeigen

Beim folgenden Beispiel werden nur bei Zahlen, die größer als Null sind, die Nachkommastellen angezeigt. Über ein benutzerdefiniertes Format kann diese Aufgabe gelöst werden.

1. Markieren Sie den Zellenbereich, der diese Formatierung erhalten soll.
2. Drücken Sie die Tastenkombination ⌈Strg⌉ + ⌈1⌉, um den Dialog *Zellen formatieren* aufzurufen.
3. Wechseln Sie auf die Registerkarte *Zahlen*.
4. Stellen Sie im Listenfeld *Kategorie* den Eintrag *Benutzerdefiniert* ein.
5. Erfassen Sie im Feld *Typ* das Format [>0]#.##0,00;[=0] #.##0;#.##0
6. Bestätigen Sie mit *OK*.

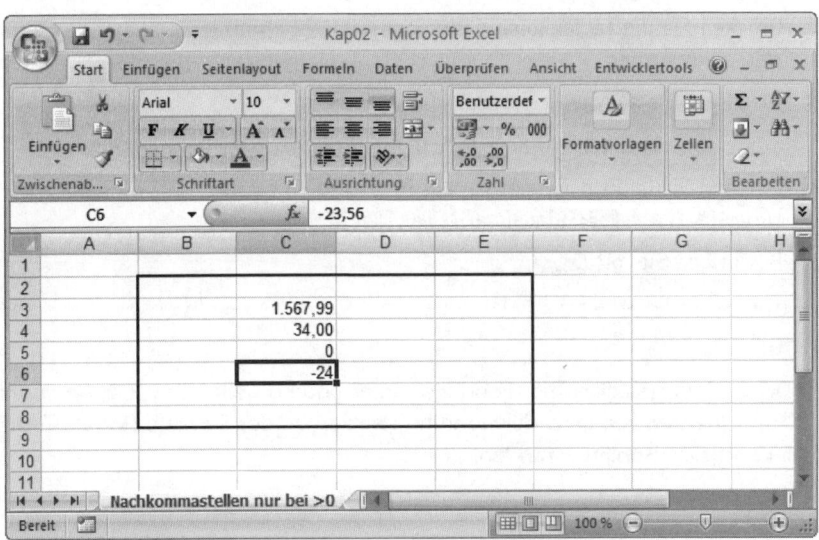

Abbildung 2.14: Nachkommastellen nur bei positiven Zahlen über Null anzeigen

Übrigens können Sie in diesem Bedingungsformat drei Bedingungen angeben, die von links nach rechts gelten: [Erste Bedingung];[Zweite Bedingung];[Dritte Bedingung].

2.3.11 Werte nach Wertgröße färben mit Bedingungsformat

Über das Bedingungsformat der benutzerdefinierten Formatierung können Sie Zahlenwerte nach ihrer Größe formatieren. Bei folgendem Beispiel gelten folgende Formatierungsregeln:

Bedingung	Farbe
Größer Null	Rot
Größer Null und kleiner 250	Blau
Größer 250	Grün

Tabelle 2.3: Die Formatierungsregeln

1. Markieren Sie den Zellenbereich, der diese Formatierung erhalten soll.
2. Drücken Sie die Tastenkombination Strg + 1, um den Dialog *Zellen formatieren* aufzurufen.
3. Wechseln Sie auf die Registerkarte *Zahlen*.
4. Stellen Sie im Listenfeld *Kategorie* den Eintrag *Benutzerdefiniert* ein.
5. Erfassen Sie im Feld *Typ* das Format
   [Grün][>=250]#,##0;[Blau][>=0]#,##0;[Rot]#,##0
6. Bestätigen Sie mit *OK*.

Hinweis

Der hier vorgestellte Trick kann eleganter und schneller über die *Bedingte Formatierung* von Excel durchgeführt werden, zu der Sie viele Tipps & Tricks im nächsten Kapitel vorfinden.

2.3.12 Kubikmeter als Format verwenden

Beim folgenden Trick wird gezeigt, wie Sie die Einheit Kubikmeter in Excel als benutzerdefiniertes Format anwenden können. Verfahren Sie dazu wie folgt:

1. Markieren Sie den Zellenbereich, der diese Formatierung erhalten soll.

2. Drücken Sie die Tastenkombination $\boxed{\text{Strg}}$ + $\boxed{1}$, um den Dialog *Zellen formatieren* aufzurufen.

3. Wechseln Sie auf die Registerkarte *Zahlen*.

4. Stellen Sie im Listenfeld *Kategorie* den Eintrag *Benutzerdefiniert* ein.

5. Erfassen Sie im Feld *Typ* die Einheit Kubikmeter wie in Abbildung 2.15 angezeigt. Um die hochgestellte Zahl einzufügen, drücken Sie die Tastenkombination $\boxed{\text{Alt Gr}}$ + $\boxed{3}$.

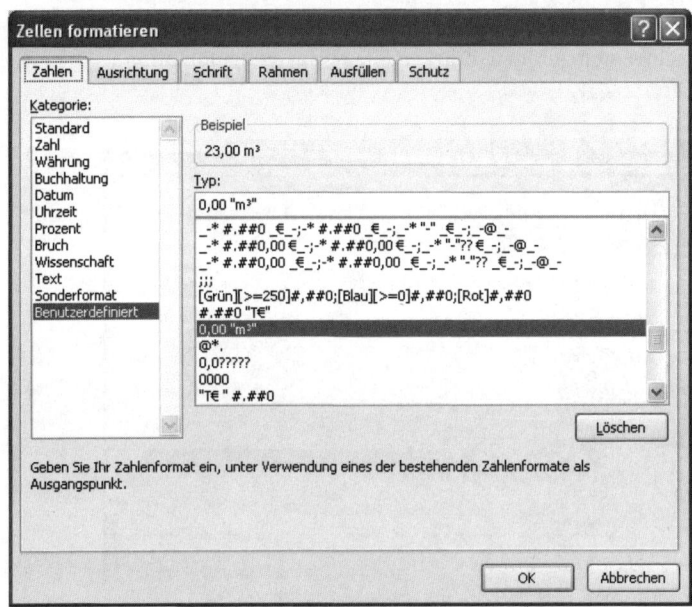

Abbildung 2.15: Die Einheit Kubikmeter einstellen

6. Bestätigen Sie mit *OK*.

2.3.13 Das Grad-Zeichen für heiße Temperaturen

Um bei Wettertabellen das Gradzeichen einzufügen, stellen Sie ein benutzerdefiniertes Format wie folgt ein:

1. Markieren Sie den Zellenbereich, der diese Formatierung erhalten soll.
2. Drücken Sie die Tastenkombination Strg + 1, um den Dialog *Zellen formatieren* aufzurufen.
3. Wechseln Sie auf die Registerkarte *Zahlen*.
4. Stellen Sie im Listenfeld *Kategorie* den Eintrag *Benutzerdefiniert* ein.
5. Erfassen Sie im Feld *Typ* die Einheit *Grad* wie in Abbildung 2.16 angezeigt. Um das Grad-Zeichen einzufügen, drücken Sie die Tastenkombination Alt + 248 auf dem Ziffernblock.

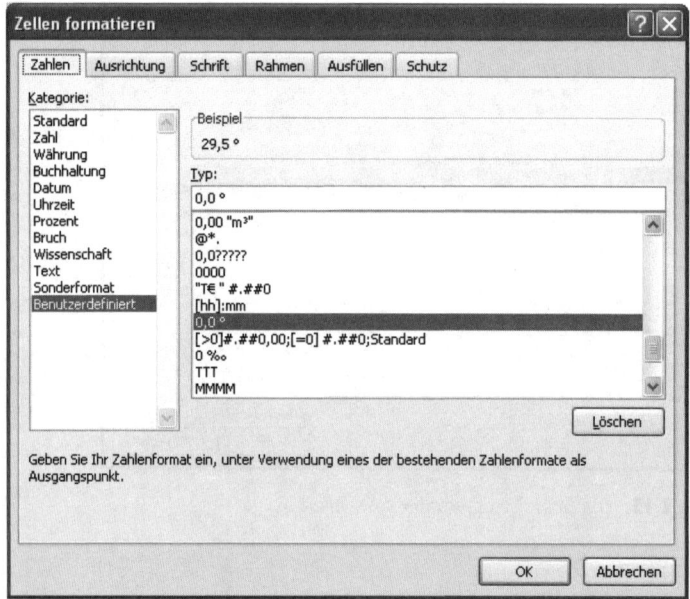

Abbildung 2.16: Temperaturen über das Grad-Zeichen kennzeichnen

6. Bestätigen Sie mit *OK*.

2.3.14 Alkoholtest mit Excel

Auch das Promillezeichen kann in Excel über ein benutzerdefiniertes Format eingestellt werden. Dazu verfahren Sie wie folgt:

1. Markieren Sie den Zellenbereich, der diese Formatierung erhalten soll.

2. Drücken Sie die Tastenkombination $\boxed{\text{Strg}}$ + $\boxed{1}$, um den Dialog *Zellen formatieren* aufzurufen.

3. Wechseln Sie auf die Registerkarte *Zahlen*.

4. Stellen Sie im Listenfeld *Kategorie* den Eintrag *Benutzerdefiniert* ein.

5. Erfassen Sie im Feld *Typ* die Einheit *Promille* wie in Abbildung 2.17 angezeigt. Um
das Promille-Zeichen einzufügen, drücken Sie die Tastenkombination $\boxed{\text{Alt}}$ +
$\boxed{0137}$ auf dem Ziffernblock.

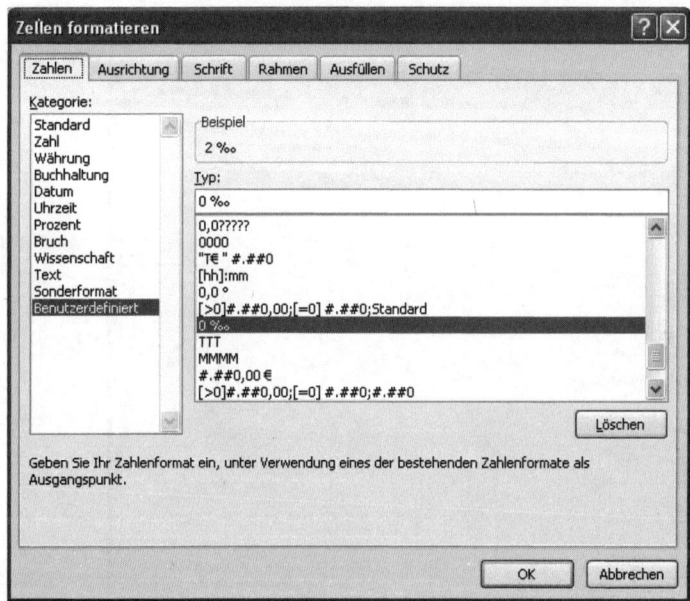

Abbildung 2.17: Das Promille-Zeichen angeben

2.4 Ausrichtung und Zeilenumbruch

Über die Ausrichtung von Daten in den Zellen können Sie bemerkenswerte Effekte erzielen, die jetzt beschrieben werden.

2.4.1 Texte einrücken

Für die bessere Optik ist es vorteilhaft, bestimmte Daten vom linken Zellenrand her gesehen einzurücken. Dazu müssen Sie nicht die Leertaste quälen, sondern eben den Zellenbereich vorab so formatieren, dass der Einzug automatisch vorgenommen wird. Dabei verfahren Sie wie folgt:

1. Markieren Sie den Zellenbereich, der diese Formatierung erhalten soll.

2. Drücken Sie die Tastenkombination ⌷Strg⌷ + ⌷1⌷, um den Dialog *Zellen formatieren* aufzurufen.

3. Wechseln Sie auf die Registerkarte *Ausrichtung.*

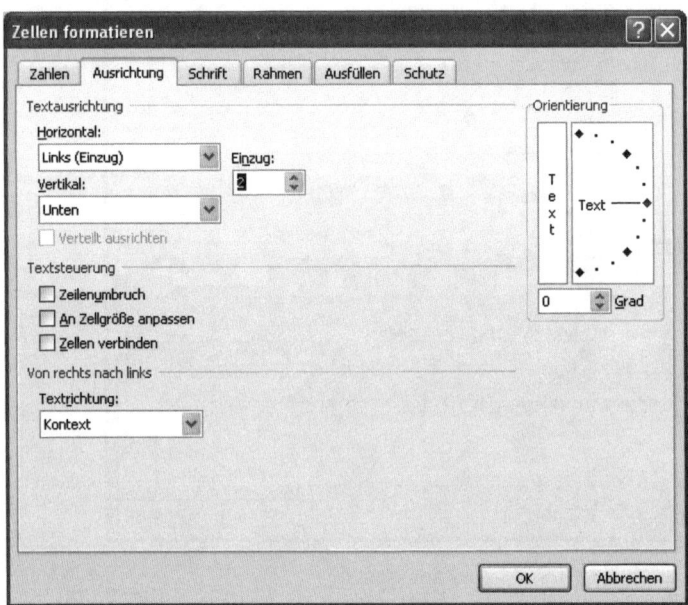

Abbildung 2.18: Einen linken Einzug einstellen

4. Wählen Sie aus dem Kombinationsfeld *Horizontal* den Eintrag *Links (Einzug)*.

5. Geben Sie im Drehfeld *Einzug* den gewünschten Einzug an. Möglich sind dabei Werte zwischen 1 und 15.

6. Bestätigen Sie mit *OK*.

Hinweis

Auf der Symbolleiste *Format* finden Sie alternativ zur noch schnelleren Bearbeitung der Daten die beiden Symbole *Einzug verkleinern* bzw. *Einzug vergrößern*.

2.4.2 Zelle automatisch auffüllen

Eine weitere sehr bemerkenswerte Formatierung ist das Ausfüllen einer Zelle beispielsweise mit Buchstaben oder Zahlen. Dazu reicht bereits ein einziger Buchstabe – Excel füllt den Rest der Zelle mit diesem Buchstaben auf. Gehen Sie dazu wie folgt vor:

1. Geben Sie zum Beispiel den Buchstaben X in Zelle A1 ein.

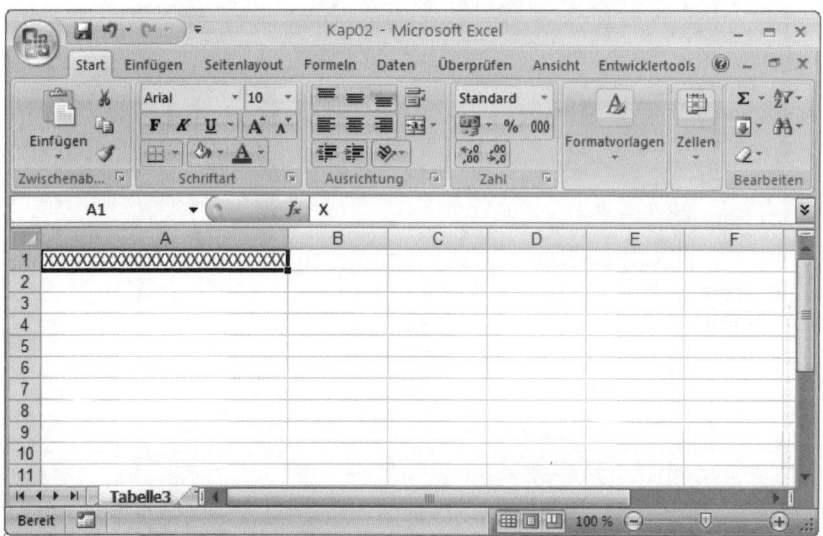

Abbildung 2.19: Der Buchstabe muss nur einmal eingegeben werden

2. Drücken Sie die Tastenkombination ⌊Strg⌋ + ⌊1⌋.

3. Wechseln Sie auf das Register *Ausrichtung*.

4. Aus dem Kombinationsfeld *Horizontal* wählen Sie den Eintrag *Ausfüllen*.

5. Bestätigen Sie Ihre Wahl mit *OK*.

Der Buchstabe wird nur ein einziges Mal erfasst. Excel füllt diesen Buchstaben solange auf, bis die ganze Breite der Zelle erreicht ist. Verändern Sie die Breite der Spalte, wird die Formatierung automatisch angepasst.

2.4.3 Buchstaben untereinander ausrichten

Möchten Sie einen Text Buchstabe für Buchstabe in einer Zelle untereinander ausrichten, dann befolgen Sie die nächsten Schritte:

1. Markieren Sie die Zelle, die diese Formatierung erhalten soll.

2. Drücken Sie die Tastenkombination ⌊Strg⌋ + ⌊1⌋, um den Dialog *Zellen formatieren* aufzurufen.

3. Wechseln Sie auf die Registerkarte *Ausrichtung*.

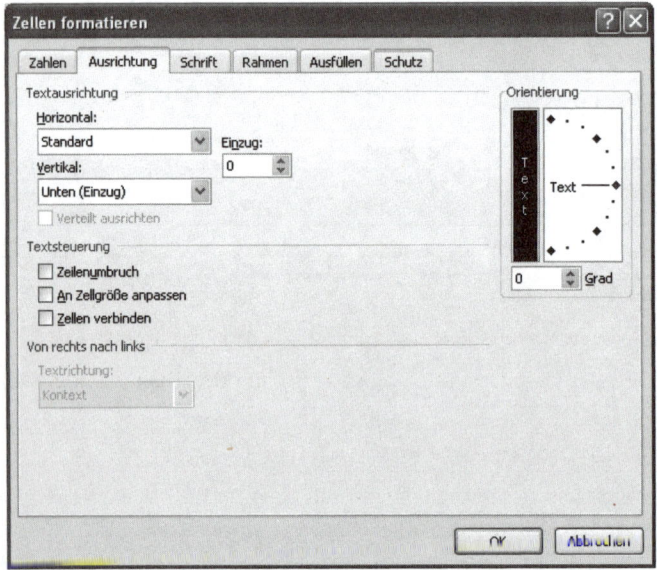

Abbildung 2.20: Texte untereinander ausrichten

4. Im Gruppenfeld *Orientierung* klicken Sie das linke Feld an.

5. Bestätigen Sie Ihre Wahl mit *OK*.

2.4.4 Mit Zeilenumbrüchen arbeiten

Wenn Sie innerhalb einer Zelle mehrere Zeilen eingeben möchten, ist die eleganteste Vorgehensweise, zuerst die erste Zeile zu erfassen, dann die Tastenkombination `Alt` + `↵` zu drücken, mit der zweiten Zeile zu beginnen, dann wiederum dieselbe Tastenkombination zu drücken, dann die dritte Zeile zu schreiben usw. Haben Sie alle Zeilen eingegeben, drücken Sie die Taste `↵`. Excel passt die Zeilenhöhe der Zelle jetzt automatisch für Sie an, damit alle eingegebenen Daten auch sichtbar sind.

2.4.5 Schriftgröße an Zellenbreite anpassen

Soll die Schriftgröße so gewählt werden, dass der Text genau in die Zelle passt, dann gehen Sie wie folgt vor:

1. Markieren Sie den Zellenbereich, der diese Ausrichtung erhalten soll.

2. Drücken Sie die Tastenkombination `Strg` + `1`, um den Dialog *Zellen formatieren* aufzurufen.

3. Wechseln Sie auf die Registerkarte *Ausrichtung*.

4. Aktivieren Sie das Kontrollkästchen *An Zellgröße anpassen*.

5. Bestätigen Sie Ihre Wahl mit *OK*.

2.4.6 Zellen miteinander verbinden

Sollen mehrere Zellen miteinander verbunden werden, dann gehen Sie folgendermaßen vor:

1. Markieren Sie den Zellenbereich, der diese Formatierung erhalten soll.

2. Drücken Sie die Tastenkombination `Strg` + `1`, um den Dialog *Zellen formatieren* aufzurufen.

3. Wechseln Sie auf die Registerkarte *Ausrichtung*.

4. Aktivieren Sie das Kontrollkästchen *Zellen verbinden*.

5. Bestätigen Sie Ihre Wahl mit *OK*.

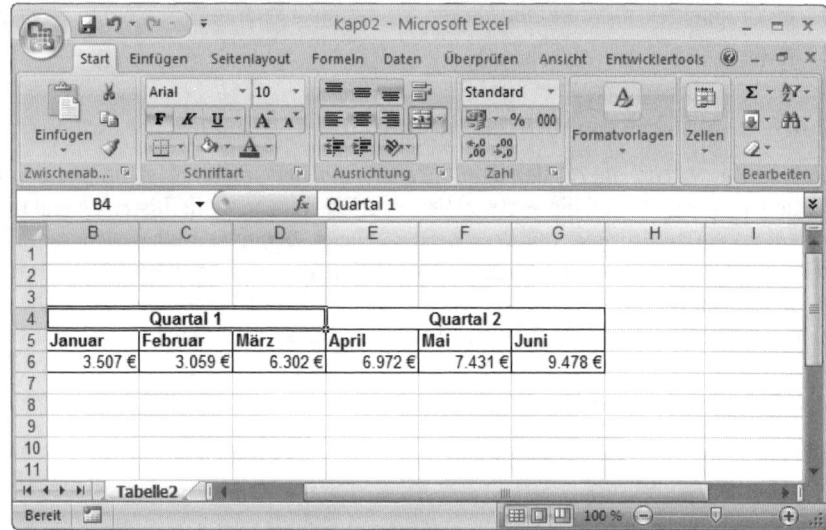

Abbildung 2.21: Zellen verbinden und zentrieren

Hinweis

Die verbundenen Zellen können wie eine einzelne Zelle behandelt werden. Sie dienen in erster Linie der Optik von Daten.

2.4.7 Zeilenumbrüche mit Formeln

Der Zeilenumbruch ist, wie Sie sicher wissen, eine Kombination aus Formatierung (Ausrichtung) und Zeilenschaltung im Zellinhalt. Ist die Zelle mit Zeilenumbruch formatiert, »bricht« der Text an der rechten Spaltenlinie, wenn die Spalte zu klein ist. Sitzt im Text ein gezielter Zeilenumbruch (mit $\boxed{\text{Alt}}$ + $\boxed{\hookleftarrow}$ erzeugt), bricht der Text an dieser Stelle.

So weit, so gut, aber das sind nicht alle Geheimnisse. Sie können einen Zeilenumbruch auch per Formel erzeugen, was zum Beispiel ganz nützlich ist, um ein paar Leerzeilen einzubauen:

="Text zum Testen" & ZEICHEN(10)

Mit Zeilenumbruch formatiert, wird die Zelle auch entsprechend höher.

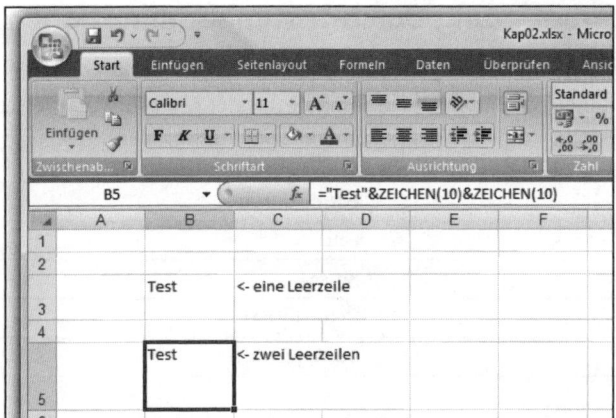

Abbildung 2.22: Zeilenumbruch in der Formel

Übrigens: ZEICHEN(10) ist eine Funktion, die das ASCII-Zeichen 10 ausgibt, und das ist der Zeilenumbruch.

Wenn Sie mehrere Zellen miteinander verbinden und dabei Zeilenumbrüche einbauen wollen, benutzen Sie das &-Zeichen für die Verbindung und ZEICHEN(10) für den Zeilenumbruch und verketten das Ganze:

A1: Hugo

B1: Habicht

C1: =A1 & ZEICHEN(10) & B1

Visitenkarten, Briefadressfelder, Organigramme oder Ähnliches sollten mit diesem Trick kein Problem mehr sein.

	D8	▼	fx	=A8&ZEICHEN(10)&B8&ZEICHEN(10)&C8		
▲	A	B	C	D	E	F	G
7	Name	Vorname	Position				
8	Fritz	Meier	Leitung	FritzMeierLeitung			
9							
10							=$D$8
11				Fritz			
12				Meier			
13				Leitung			
14							
15							
16							

Abbildung 2.23: Formelzeilenumbruch, hier mit einem Organigramm-Kästchen

2.5   Schnellformatierung durch Tastenkombinationen

Wenn Sie Zellen mit einem bestimmten Zellenformat wie mit dem Fettdruck formatieren möchten, dann können Sie entweder die Symbole aus der Multifunktionsleiste einsetzen oder noch schneller folgende Tastenkombinationen anwenden:

Tastenkombination	Formatierung
Strg + 2	Fett
Strg + 3	Kursiv
Strg + 4	Unterstrichen
Strg + 5	Durchgestrichen

Tabelle 2.4: Die gebräuchlichsten Formate

2.6   Automatisch formatieren

2.6.1   Autoformate anwenden

Eine Zahlentabelle kann auf schnelle Art und Weise vollautomatisch formatiert werden. Bei der folgenden Aufgabe gehen Sie von der Tabelle aus Abbildung 2.24 aus.

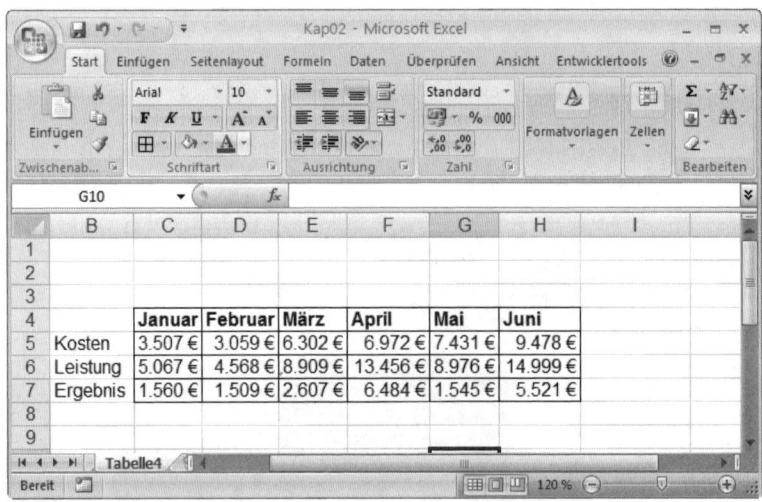

Abbildung 2.24: Die noch etwas unformatierte Tabelle

Um diese Tabelle auf schnelle Art und Weise zu formatieren, stellt Excel Ihnen die Funktion *AutoFormat* zur Verfügung, die Sie wie folgt einsetzen können:

1. Markieren Sie Ihre noch nicht formatierte Zahlentabelle.
2. Klicken Sie in der Gruppe *Start* auf die Schaltfläche *Als Tabelle formatieren*.

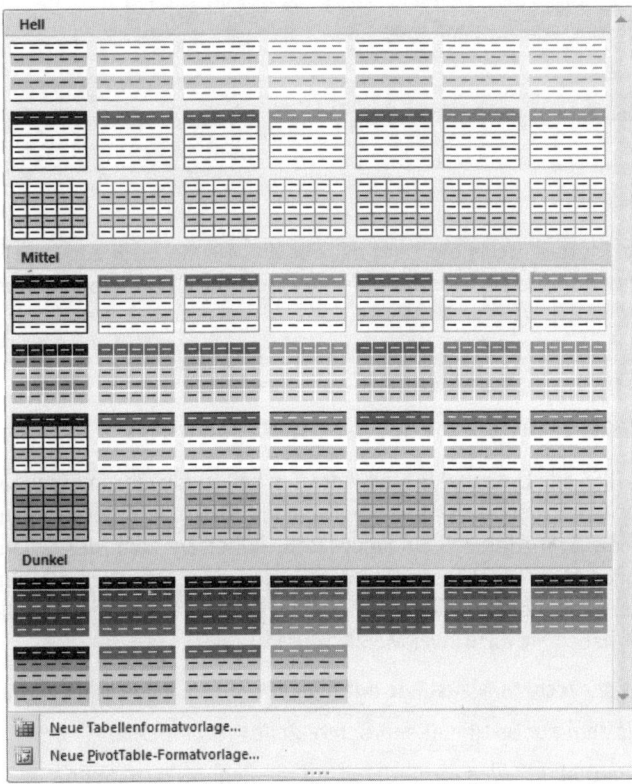

Abbildung 2.25: Dutzende von Tabellenvorlagen

3. Entscheiden Sie sich für ein bereits fertiges Tabellenformat.
4. Bestätigen Sie die Rückfrage mit *OK*.

◢	B	C	D	E	F	G	H
1							
2							
3							
4	Spalte1 🔽	Januar 🔽	Februar 🔽	März 🔽	April 🔽	Mai 🔽	Juni 🔽
5	Kosten	3.507 €	3.059 €	6.302 €	6.972 €	7.431 €	9.478 €
6	Leistung	5.067 €	4.568 €	8.909 €	13.456 €	8.976 €	14.999 €
7	Ergebnis	1.560 €	1.509 €	2.607 €	6.484 €	1.545 €	5.521 €
8							
9							

Abbildung 2.26: Eine ganz hübsch formatierte Tabelle

Achtung

Achten Sie aber darauf, dass die Liste mit der Zuweisung auch zur Tabelle erklärt wird und damit ganz anders auf Eingaben oder Formelberechnungen reagiert.

2.7 Formatierung von Hyperlinks ändern

Standardmäßig werden alle URLs und E-Mail-Adressen bei der Eingabe in Excel-Tabellen automatisch in das Hyperlink-Format umgewandelt. Dabei wird der Zelleninhalt unterstrichen und die Schriftfarbe *Blau* zugewiesen. Außerdem kann der Zellentext danach mit der linken Maus nicht mehr aktiviert werden, da sonst gleich das hinterlegte Hyperlink-Ziel angesprungen wird. Möchten Sie die Schriftart sowie die Schriftfarbe ändern, dann haben Sie dazu zwei Möglichkeiten:

1. Klicken Sie mit der rechten Maustaste auf die Zelle, die den Hyperlink enthält.

2. Wählen Sie aus dem Kontextmenü den Befehl *Zellen formatieren.*

3. Wechseln Sie im Dialog *Zellen formatieren* auf die Registerkarte *Schrift.*

4. Hier können Sie die Schriftart, die Schriftfarbe, den Schriftschnitt sowie die Schriftgröße des Hyperlinks bestimmen.

5. Übertragen Sie die so eingestellte Formatierung mithilfe des Symbols *Übertragen* aus der Gruppe *Start* auch auf andere Zellen, die Hyperlinks enthalten.

Soll die Änderung der Hyperlinks dauerhaft in Excel angepasst werden, dann gehen Sie wie folgt vor:

1. Klicken Sie in der Tabelle, die die Hyperlinks enthält, aus der Gruppe *Start* auf die Schaltfläche *Zellenformatvorlagen*.

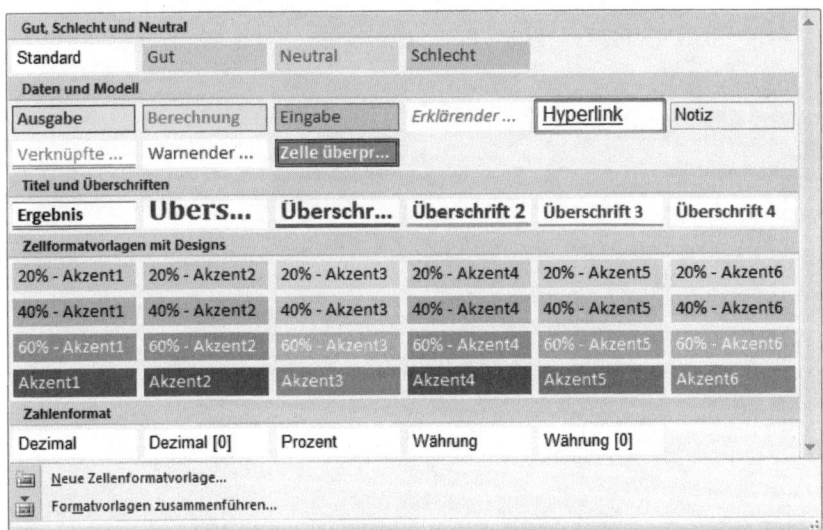

Abbildung 2.27: Die Formatierung von Hyperlinks dauerhaft anpassen

2. Klicken Sie mit der rechten Maustaste auf den Text *Hyperlink* und wählen Sie den Befehl *Ändern* aus dem Kontextmenü.

3. Im Dialogfeld *Formatvorlage* aktivieren Sie das Kontrollkästchen *Schrift* und klicken anschließend auf die Schaltfläche *Formatieren*.

4. Im Dialog *Zellen formatieren* können Sie die Schriftart, die Schriftfarbe, den Schrift-schnitt sowie die Schriftgröße des Hyperlinks bestimmen und mit *OK* bestätigen.

Hinweis

Ist diese Formatvorlage einmal angepasst, werden alle neuen Hyperlinks, die Sie in Ihre Tabellen einfügen, mit dieser Formatierung belegt.

KAPITEL 3

Highlights der beding-
ten Formatierung

Die bedingte Formatierung gibt es in Excel schon seit der Version Excel 97. Seit dieser Zeit ist es möglich, sehr viel Automatismus in Tabellen zu bringen, ohne eine einzige Zeile in VBA programmieren zu müssen. Gerade in der neuen Excel-Version 2007 wurde dieses Feature stark erweitert.

In den Vorgängerversionen von Excel war es bereits möglich, über das Zusammenspiel der bedingten Formatierung mit diversen Tabellenfunktionen Aufgaben wie beispielsweise das Aufspüren von doppelten Daten zu realisieren. Gerade diese Aufgabe kann in der neuen Version direkt eingestellt werden. Dazu wird der Bereich, in dem die doppelten Werte herausgesucht werden sollen, vorher markiert und anschließend mit dem bedingten Format *Doppelte Werte* belegt. Dabei werden alle doppelten Daten automatisch durch eine spezielle Formatierung hervorgehoben.

Auch das Hervorheben von Datumswerten ist in dieser Version stark vereinfacht worden. So können Sie beispielsweise anhand von Datumsangaben bestimmte Daten einfärben, indem Sie etwa die Option *In den letzten 7 Tagen* auswählen.

Über die Einstellung *Obere/Untere Regel* können Sie beispielsweise Werte automatisch kennzeichnen die in einem bestimmten Wertebereich liegen. Auch möglich sind automatische Formatierungen von Daten, die über oder unter dem Durchschnitt der markierten Daten liegen. Auch Texte, die einen bestimmten Text erhalten können nun zukünftig automatisch gefunden und formatiert werden.

Geradezu revolutionär ist die Option *Datenleisten* der bedingten Formatierung. Dabei wird der Wert einer Zelle über einen vertikalen farbigen Balken verdeutlicht. So bekommt eine Zelle mit einem kleinen Wert einen kleinen Farbbalken in der Zelle, eine Zelle mit einem großen Wert wird dementsprechend mit einem größeren Farbbalken formatiert.

Dieses Kapitel beschreibt Speziallösungen sowie Tipps und Tricks, die mithilfe der bedingten Formatierung in Excel umgesetzt werden können.

3.1 Die erweiterte Umsatzdarstellung über die Farbbalken

Sehen Sie sich einmal die folgende Ausgangsituation an. Sie sehen dort eine noch unformatierte Umsatzdarstellung.

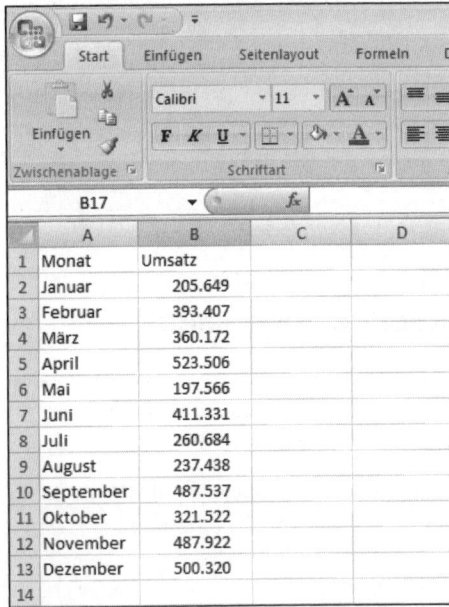

Abbildung 3.1: Die noch unformatierte Umsatztabelle

Schön wäre es jetzt, wenn man mittels eines Datenbalkens die jeweilige Umsatzhöhe kennzeichnen könnte. Um diesen Farbbalken einzusetzen, gehen Sie wie folgt vor:

1. Markieren Sie den Zellenbereich A1:B13.
2. Klicken Sie in der Gruppe *Start* auf die Schaltfläche *Bedingte Formatierung.*
3. Wählen Sie aus dem Kontextmenü den Befehl *Datenbalken* und entscheiden Sie sich im Untermenü für eine Variante.

	A	B	C
1	Monat	Umsatz	
2	Januar	205.649	
3	Februar	393.407	
4	März	360.172	
5	April	523.506	
6	Mai	197.566	
7	Juni	411.331	
8	Juli	260.684	
9	August	237.438	
10	September	487.537	
11	Oktober	321.522	
12	November	487.922	
13	Dezember	500.320	
14			

Abbildung 3.2: Die Datenbalken zeigen die Höhe des Umsatzes an

3.2 Daten über eine Ampel kennzeichnen

Ein weiteres neues Feature innerhalb der bedingten Formatierung sind die so genannten Farbskalen. Dabei können Sie einen bestimmten Satz von Farben definieren, die ähnlich einer Ampel (Rot, Gelb, Grün) die Dringlichkeit bzw. die Größe symbolisieren.

In der folgenden Abbildung sehen Sie die Absatzmengen einiger Produkte.

	A	B	C	D
1	Verkaufsanalyse des laufenden Monats			
2				
3	Monitore	299		
4	PCs	150		
5	Drucker	755		
6	Scanner	65		
7	MP3-Player	979		
8				
9				
10				

Abbildung 3.3: Der noch nicht aufbereitete Absatz von Produkten

Legen Sie nun über den Datenbereich eine so genannte Ampel, indem Sie wie folgt vorgehen:

1. Markieren Sie den Zellenbereich B3:B7.

2. Klicken Sie in der Gruppe *Start* auf die Schaltfläche *Bedingte Formatierung*.

3. Wählen Sie aus dem Kontextmenü den Befehl *Farbskalen* und entscheiden Sie sich im Untermenü für eine Variante.

◢	A	B	C	D
1	Verkaufsanalyse des laufenden Monats			
2				
3	Monitore	299		
4	PCs	150		
5	Drucker	755		
6	Scanner	65		
7	MP3-Player	979		
8				
9				
10				

Abbildung 3.4: Anhand der Farbe können die Absätze noch besser erkannt werden

3.3 Mit Symbolen arbeiten

Selbst das Integrieren von Symbolen in Zellen über die bedingte Formatierung ist in dieser Version eine komfortable und leichte Angelegenheit.

Gehen Sie bei der folgenden Darstellung von der Abbildung 3.1 aus und erweitern die Darstellung mit Symbolen wie folgt:

1. Markieren Sie den Zellenbereich B2:B7.

2. Klicken Sie in der Gruppe *Start* auf die Schaltfläche *Bedingte Formatierung*.

3. Wählen Sie aus dem Kontextmenü den Befehl *Symbolsätze* und entscheiden sich für einen der dort angebotenen Symbolsätze.

	A	B	C	D
1	Monat	Umsatz		
2	Januar ⬇	330.267		
3	Februar ⬆	488.889		
4	März ⬆	498.746		
5	April ⬆	525.310		
6	Mai ⬆	503.410		
7	Juni ⬇	300.032		
8	Juli ⬇	296.342		
9	August ⮕	381.255		
10	September ⮕	449.655		
11	Oktober ⬆	518.037		
12	November ⬇	325.982		
13	Dezember ⬇	369.256		
14				

Abbildung 3.5: Mit Symbolen noch mehr Effekt erzielen

3.4   Zeilen im Wechsel färben

In einer Tabelle sollen die Zeilen abwechselnd mit *Grau* und *Weiß* eingefärbt werden, ohne dass dafür ein Makro verwendet werden darf. Um diese Aufgabe zu lösen, führt man folgende Arbeitsschritte durch:

1. Über die Tastenkombination ⌨Strg + ⌨a werden alle Zellen der Tabelle markiert.
2. Klicken Sie in der Gruppe *Start* auf die Schaltfläche *Bedingte Formatierung*.

Abbildung 3.6: Formatierungsregel angeben

3. Wählen Sie aus dem Kontextmenü den Befehl *Neue Regel.*

4. Im Feld *Regeltyp auswählen* stellen Sie den Eintrag *Formel zur Ermittlung der zu formatierenden Zelle verwenden* ein.

5. Geben Sie die Formel =REST(ZEILE();2)=0 im Feld *Werte formatieren, die für die diese Formel wahr ist* ein.

6. Klicken Sie auf die Schaltfläche *Formatieren.*

7. Wechseln Sie auf die Registerkarte *Ausfüllen.*

8. Klicken Sie auf der Farbpalette auf die Farbe *Grün.*

9. Klicken Sie auf *OK.*

Über die Tabellenfunktion ZEILE wird die aktuelle Zeilennummer ermittelt. Mithilfe der Funktion REST wird diese Zeilennummer durch den Wert 2 dividiert. Bleibt dabei kein Rest übrig, handelt es sich um eine gerade Zeilennummer, die dann über die bedingte Formatierung eingefärbt wird.

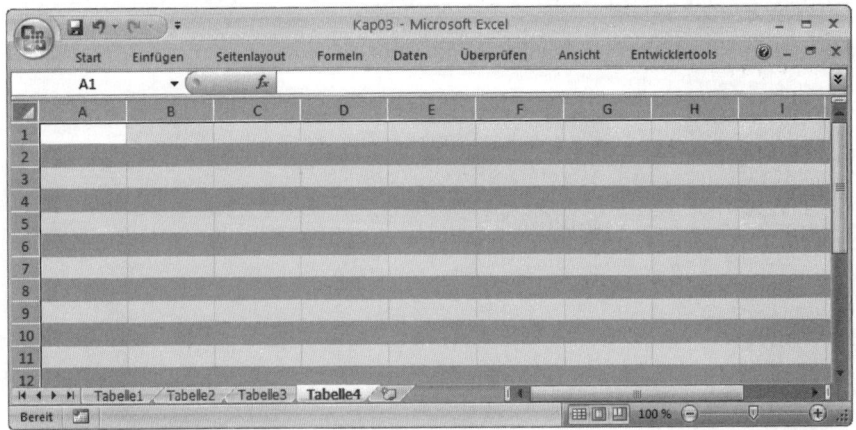

Abbildung 3.7: Zeilen im Wechsel einfärben

Hinweis

Analog zur ersten Aufgabe ist es selbstverständlich auch möglich, Spalten im Wechsel einzufärben. Die dazugehörige Formel, die als bedingte Formatierung eingestellt werden muss, lautet: =REST(SPALTE();2)=0.

3.5   Letzten Eintrag hervorheben

Im nächsten Beispiel soll jeweils der letzte Eintrag in einer Spalte mit einer Hintergrundfarbe hervorgehoben werden. Um diese Aufgabe zu lösen, müssen folgende Arbeitsschritte durchgeführt werden:

1. Die Spalte A wird komplett markiert, indem auf den Spaltenbuchstaben geklickt wird.

2. Klicken Sie in der Gruppe *Start* auf die Schaltfläche *Bedingte Formatierung*.

3. Wählen Sie aus dem Kontextmenü den Befehl *Neue Regel*.

4. Im Feld *Regeltyp auswählen* stellen Sie den Eintrag *Formel zur Ermittlung der zu formatierenden Zelle verwenden* ein.

5. Als Formel wird =ANZAHL2(A:A)=ZEILE(A1) eingegeben.

6. Klicken Sie auf die Schaltfläche *Formatieren*.

7. Wechseln Sie auf die Registerkarte *Ausfüllen*.

8. Klicken Sie auf der Farbpalette auf die Farbe *Blau*.

9. Klicken Sie auf *OK*.

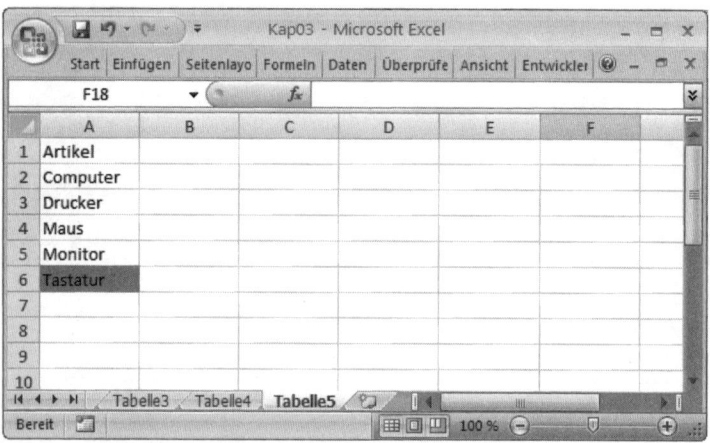

Abbildung 3.8: Letzte belegte Zelle in Spalte A kennzeichnen

3.6 Einen bestimmten Tag kennzeichnen

Wenn Sie in einer Excel-Tabelle beispielsweise in Zeile 3 eine Datumsleiste haben und nun ein bestimmtes Datum auf dieser Leiste automatisch kennzeichnen möchten, dann können Sie für diesen Zweck die bedingte Formatierung einsetzen. Das Vergleichsdatum, das auf der Datumsleiste gefunden werden soll, wird in Zelle A1 erfasst.

Um diese Aufgabe zu lösen, werden folgende Arbeitsschritte durchgeführt:

1. Markieren Sie den Zellenbereich A3:F3.

2. Klicken Sie in der Gruppe *Start* auf die Schaltfläche *Bedingte Formatierung*.

3. Wählen Sie aus dem Kontextmenü den Befehl *Neue Regel*.

4. Im Feld *Regeltyp auswählen* stellen Sie den Eintrag *Formel zur Ermittlung der zu formatierenden Zelle verwenden* ein.

5. Als Formel geben Sie =$A$1=A$3 ein.

6. Klicken Sie auf die Schaltfläche *Formatieren*.

7. Wechseln Sie auf die Registerkarte *Ausfüllen*.

8. Klicken Sie auf der Farbpalette auf die Farbe *Orange*.

9. Klicken Sie auf *OK*.

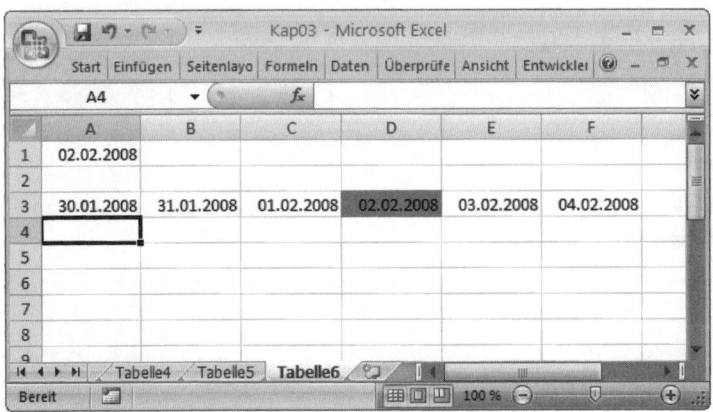

Abbildung 3.9: Einen Tag finden und kennzeichnen

Bei dieser Aufgabe wird jeweils die Zeile 3 mit dem Datum verglichen, das in Zelle A1 steht. Kann eine Übereinstimmung festgestellt werden, dann wird der vorher markierte Bereich am linken und rechten Rand des aktuellen Tages mit einem Hintergrund in der Farbe *Orange* versehen.

3.7 Den größten Wert in einem Bereich finden

Beim folgenden Tipp wird der größte Wert in einem Bereich gefunden und gekennzeichnet. Gehen Sie dazu wie folgt vor:

1. Geben Sie in einer neuen Tabelle im Bereich B2:E10 beliebige Zahlenwerte ein.

2. Markieren Sie diesen Bereich.

3. Klicken Sie in der Gruppe *Start* auf die Schaltfläche *Bedingte Formatierung*.

4. Wählen Sie aus dem Kontextmenü den Befehl *Neue Regel*.

5. Im Feld *Regeltyp auswählen* stellen Sie den Eintrag *Formel zur Ermittlung der zu formatierenden Zelle verwenden* ein.

6. Als Formel wird =B2=MAX($B$2:$E$10) eingegeben.

7. Klicken Sie auf die Schaltfläche *Formatieren*.

8. Wechseln Sie auf die Registerkarte *Ausfüllen*.

9. Klicken Sie auf der Farbpalette auf die Farbe *Hellblau*.

10. Klicken Sie auf *OK*.

Hinweis

Soll der kleinste Wert im Bereich gefunden werden, dann verwenden Sie die Funktion MIN.

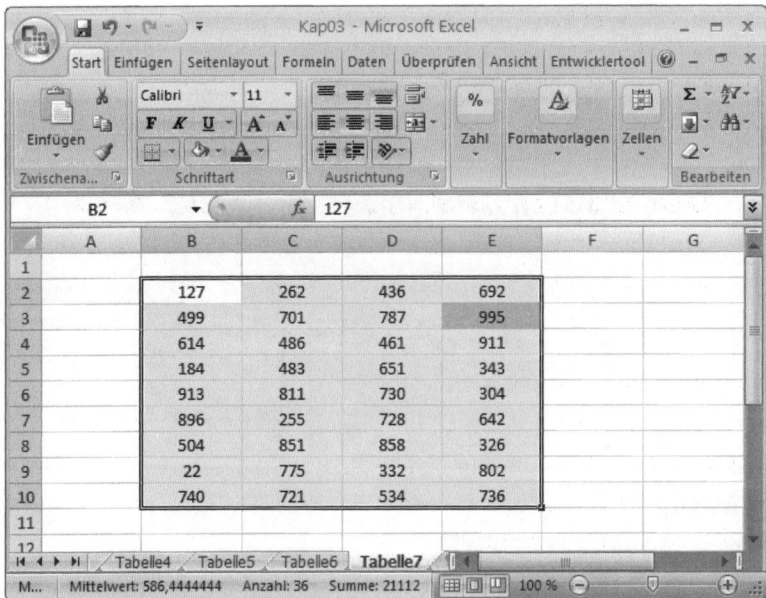

Abbildung 3.10: Den größten Wert eines Bereichs finden und kennzeichnen

3.8 Die drei größten Werte eines Bereichs ermitteln

Wenn Sie die drei größten Werte in einem Bereich kennzeichnen möchten, dann gehen Sie wie folgt vor:

1. Geben Sie in einer neuen Tabelle im Bereich B2:E10 beliebige Zahlenwerte ein.

2. Markieren Sie diesen Bereich.

3. Klicken Sie in der Gruppe *Start* auf die Schaltfläche *Bedingte Formatierung*.

4. Wählen Sie aus dem Kontextmenü den Befehl *Obere/Untere Regel/Obere 10 Elemente*.

5. Im Dialog *Obere 10 Elemente* geben Sie die gewünschte Anzahl ein und stellen die Formatierung im daneben stehenden Dropdown-Menü ein.

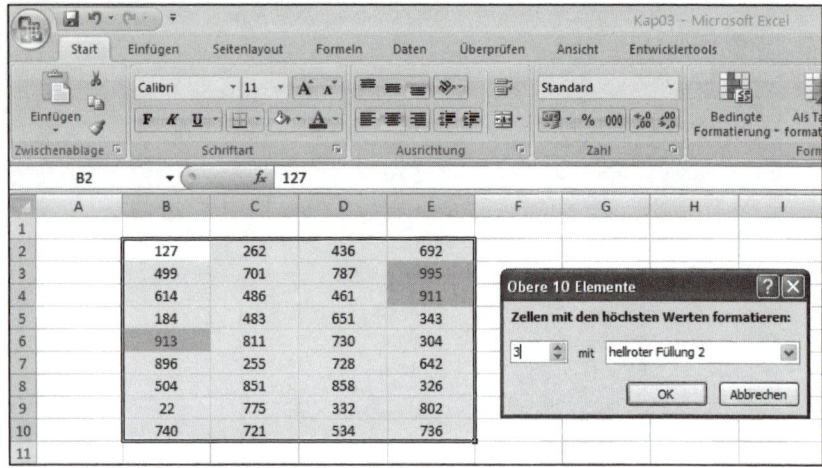

Abbildung 3.11: Bei drei Bedingungen ist Schluss

6. Klicken Sie auf *OK*.

Hinweis

Wenn zwei Werte gleich hoch sind, dann werden beide Werte gleichermaßen eingefärbt. Sollen die drei kleinsten Werte gefunden werden, dann setzen Sie die Funktion Unterste Elemente ein.

3.9 Wochenenden hervorheben

Wenn Sie sich einen Kalender in Excel basteln, dann können Sie sich mit Hilfe der bedingten Formatierung die Wochenenden kennzeichnen lassen.

1. Geben Sie in einer neuen Tabelle in Zelle A1 das Startdatum ein.

2. Ziehen Sie das Ausfüllkästchen nach unten, um die Datumsleiste nach unten fortzusetzen.

	A	B	C	D
1	Datum			
2	02.02.2008			
3	03.02.2008			
4	04.02.2008			
5	05.02.2008			
6	06.02.2008			
7	07.02.2008			
8	08.02.2008			
9	09.02.2008			
10	10.02.2008			
11	11.02.2008			
12	12.02.2008			
13	13.02.2008			
14	14.02.2008			
15	15.02.2008			
16	16.02.2008			
17	17.02.2008			

Abbildung 3.12: Der noch unformatierte Kalender

Gehen Sie wie folgt vor, um die Wochenenden einzufärben:

1. Markieren Sie den gerade gefüllten Bereich.

2. Klicken Sie in der Gruppe *Start* auf die Schaltfläche *Bedingte Formatierung*.

3. Wählen Sie aus dem Kontextmenü den Befehl *Neue Regel*.

4. Im Feld *Regeltyp auswählen* stellen Sie den Eintrag *Formel zur Ermittlung der zu formatierenden Zelle verwenden* ein.

5. Als Formel wird =WOCHENTAG(A1)=7 eingegeben.

6. Klicken Sie auf die Schaltfläche *Formatieren*.

7. Wechseln Sie auf die Registerkarte *Ausfüllen*.

8. Klicken Sie auf der Farbpalette auf die Farbe *Hellgrau*.

9. Klicken Sie auf *OK*.

10. Klicken Sie nochmals in der Gruppe *Start* auf die Schaltfläche *Bedingte Formatierung* und wählen Sie den Befehl *Regeln verwalten* aus dem Kontextmenü.

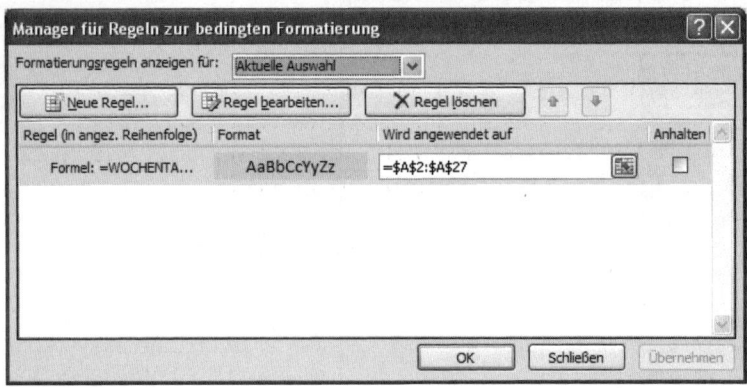

Abbildung 3.13: Die bisher eingestellten Regeln im Überblick

11. Klicken Sie auf die Schaltfläche *Neue Regel.*

12. Im Feld *Regeltyp auswählen* stellen Sie den Eintrag *Formel zur Ermittlung der zu formatierenden Zelle verwenden* ein.

13. Als Formel wird =WOCHENTAG(A1)=1 eingegeben.

14. Führen Sie die Schritte 5 bis 8 durch.

	A	B	C	D
	A2	▼	f_x	02.02.2008
1	Datum			
2	02.02.2008			
3	03.02.2008			
4	04.02.2008			
5	05.02.2008			
6	06.02.2008			
7	07.02.2008			
8	08.02.2008			
9	09.02.2008			
10	10.02.2008			
11	11.02.2008			
12	12.02.2008			
13	13.02.2008			
14	14.02.2008			
15	15.02.2008			
16	16.02.2008			
17	17.02.2008			

Abbildung 3.14: Samstage und Sonntage hervorheben

Hinweis

Die Funktion WOCHENTAG(Datum;Typ) meldet einen Wert zwischen 1 und 7 zurück. Ein wenig ungewöhnlich ist hier, dass die neue Woche mit dem Sonntag (1) beginnt. Sehen Sie in der Hilfe zu dieser Funktion nach, wie das zweite Argument Einfluss nimmt auf die Berechnung:

=WOCHENTAG(Datum;1) oder =WOCHENTAG(Datum)	1 = Sonntag, 7 = Samstag
=WOCHENTAG(Datum;2)	1 = Montag, 7 = Sonntag
=WOCHENTAG(Datum;3)	0 = Montag, 6 = Sonntag

3.10 Fehlermeldungen ausblenden

Excel quittiert den Versuch, eine Zahl durch den Wert 0 zu teilen, mit der Fehlermeldung »DIV/0«. Diese Meldung sieht in Zellen immer etwas unschön aus und kann über den Einsatz der bedingten Formatierung ausgeblendet werden. Gehen Sie bei der folgenden Aufgabe von einer Tabelle aus, die in etwa wie in der folgenden Abbildung gezeigt aussieht.

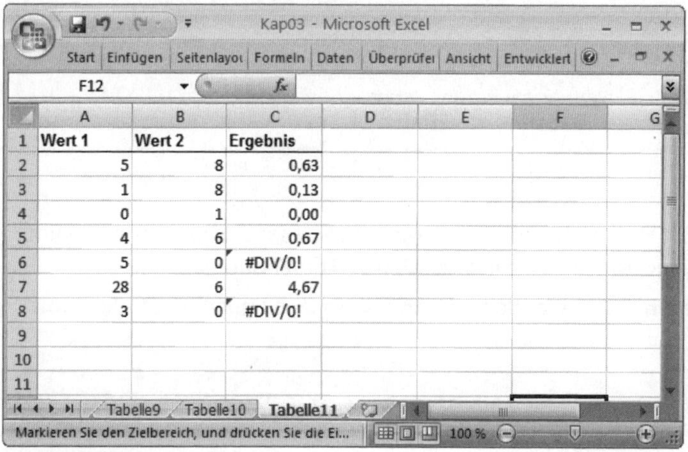

Abbildung 3.15: Fehlerwerte werden angezeigt

Um die Fehler wegzublenden, verfahren Sie folgendermaßen:

1. Markieren Sie den Bereich C2:C8.
2. Klicken Sie in der Gruppe *Start* auf die Schaltfläche *Bedingte Formatierung*.
3. Wählen Sie aus dem Kontextmenü den Befehl *Neue Regel*.
4. Im Feld *Regeltyp auswählen* stellen Sie den Eintrag *Formel zur Ermittlung der zu formatierenden Zelle verwenden* ein.
5. Als Formel wird =ISTFEHLER($A2/$B2)eingegeben.
6. Klicken Sie auf die Schaltfläche *Formatieren*.
7. Wechseln Sie auf die Registerkarte *Schrift*.
8. Wählen Sie im Kombinationsfeld *Farbe* die Farbe *Weiß* aus.
9. Bestätigen Sie mit *OK*.

	A	B	C	D
1	Wert 1	Wert 2	Ergebnis	
2	5	8	0,63	
3	1	8	0,13	
4	0	1	0,00	
5	4	6	0,67	
6	5	0		
7	28	6	4,67	
8	3	0		
9				
10				

Abbildung 3.16: Fehlerwerte wurden unsichtbar gemacht

Hinweis

Eine andere Fehlermeldung in Excel ist »NV«. Diese Meldung erscheint, wenn ein gesuchter Wert nicht gefunden werden kann.

Um diese Zellen wegzublenden, setzen Sie als Bedingung folgende Formel ein:

=ISTNV(C2)

3.11 Doppelte Werte aufspüren

Beim nächsten Trick geht es darum, mithilfe der bedingten Formatierung doppelte Werte in einer Spalte aufzuspüren. Sehen Sie sich als Ausgangssituation einmal die Abbildung 3.17 an.

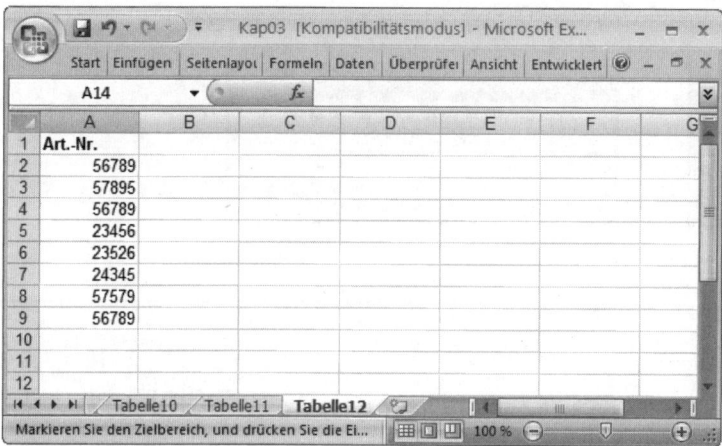

Abbildung 3.17: In dieser Liste sind doppelte Werte vorhanden

Um die doppelten Werte zu finden und zu kennzeichnen, verfahren Sie wie folgt:

1. Markieren Sie den Bereich A2:A9.

2. Klicken Sie in der Gruppe *Start* auf die Schaltfläche *Bedingte Formatierung*.

3. Wählen Sie aus dem Kontextmenü den Befehl *Regeln zum Hervorheben von Zellen/Doppelte Werte aus*.

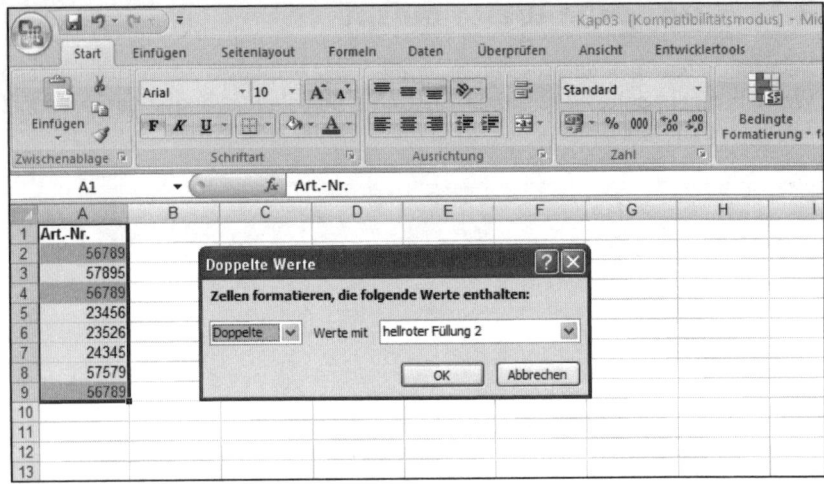

Abbildung 3.18: Doppelte Werte hervorheben

4. Stellen Sie sicher, dass im ersten Dropdown-Menü der Befehl Doppelte eingestellt ist.

5. Legen Sie die Art der gewünschten Formatierung im Dropdown-Menü fest. Im
   Hintergrund sehen Sie diese Umsetzung des Formats.

6. Klicken Sie auf OK.

3.12 Eine Kontrollspalte definieren

Beim folgenden Tipp soll in einer Tabelle eine Kontrollspalte geführt werden. Über eine
Eingabe in diese Spalte soll je nach Eintrag die ganze dazugehörige Zeile eingefärbt
werden.

Sehen Sie sich dazu vorab einmal die Abbildung 3.19 an.

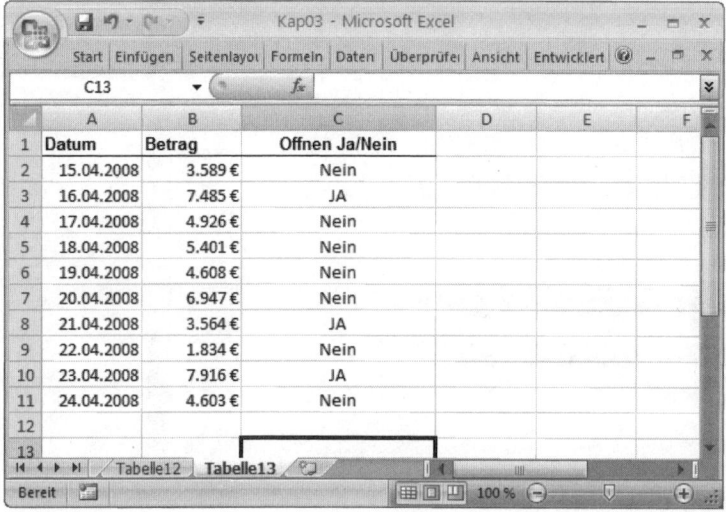

Abbildung 3.19: Die Ausgangsposition – eine Liste mit noch offenen Rechnungen

Um nun die Zeilen automatisch einzufärben, die noch einen offenen Rechnungs-status haben, gehen Sie wie folgt vor:

1. Markieren Sie den Bereich A2:C11.

2. Klicken Sie in der Gruppe *Start* auf die Schaltfläche *Bedingte Formatierung*.

3. Wählen Sie aus dem Kontextmenü den Befehl *Neue Regel*.

4. Im Feld *Regeltyp auswählen* stellen Sie den Eintrag *Formel zur Ermittlung der zu formatierenden Zelle verwenden* ein.

5. Als Formel wird =$C2="JA" eingegeben.

6. Klicken Sie auf die Schaltfläche *Formatieren*.

7. Wechseln Sie auf die Registerkarte *Ausfüllen*.

8. Klicken Sie in der Farbpalette auf die Farbe *Rot*.

9. Bestätigen Sie mit *OK*.

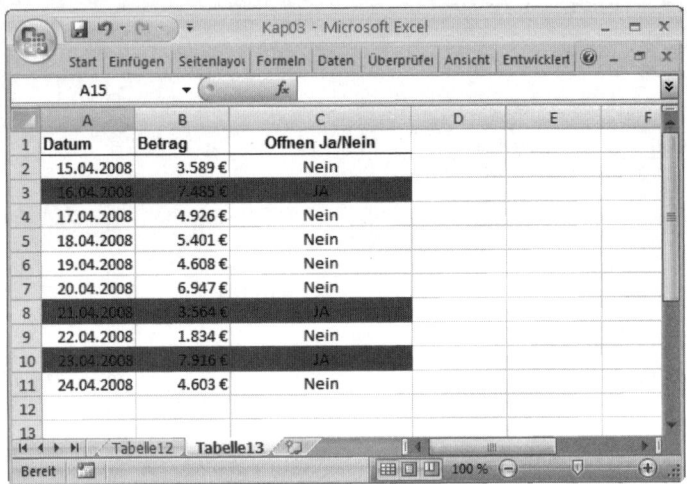

Abbildung 3.20: Alle noch offenen Positionen

3.13 Prozentuale Abweichungen feststellen

In einer Liste werden die Kosten zweier Jahre verglichen. Jetzt soll festgestellt werden, welche Positionen eine Abweichung von -5% oder +5% haben. Sehen Sie sich zunächst die Ausgangstabelle aus Abbildung 3.21 an.

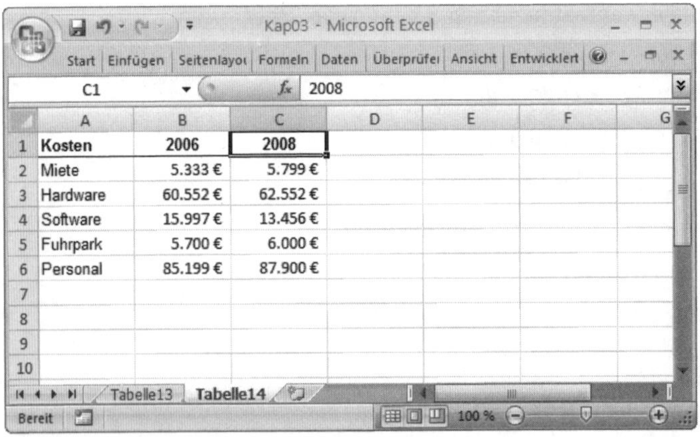

Abbildung 3.21: Welche Kosten sind um mehr als 5% gestiegen bzw. gesunken?

1. Markieren Sie den Bereich C2:C6.

2. Klicken Sie in der Gruppe *Start* auf die Schaltfläche *Bedingte Formatierung*.

3. Wählen Sie aus dem Kontextmenü den Befehl *Neue Regel*.

4. Im Feld *Regeltyp auswählen* stellen Sie den Eintrag *Formel zur Ermittlung der zu formatierenden Zelle verwenden* ein.

5. Als Formel wird =ODER((C2/B2)-1>5%;(C2/B2)-1<-5%) eingegeben.

6. Klicken Sie auf die Schaltfläche *Formatieren*.

7. Wechseln Sie auf die Registerkarte *Ausfüllen*.

8. Klicken Sie in der Farbpalette auf die Farbe *Grau*.

9. Bestätigen Sie mit *OK*.

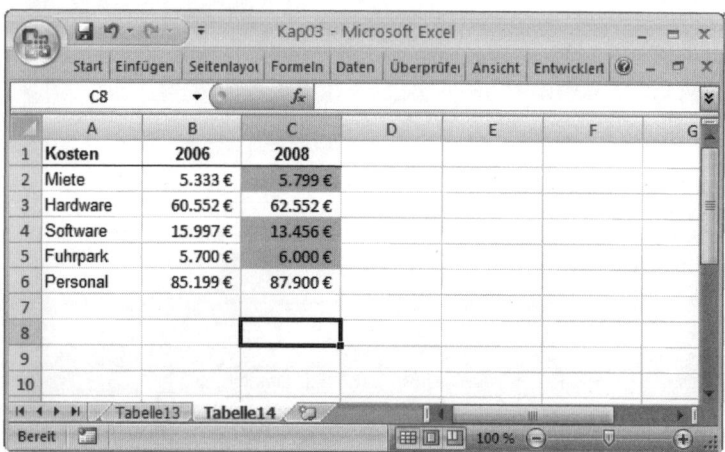

Abbildung 3.22: Mehr als 5% Zuwächse/Reduktionen werden grau hinterlegt

3.14   Datensuche in Spalte

Bei der Tabelle aus Abbildung 3.23 wird in Zelle A2 ein Suchbegriff eingegeben. Über die bedingte Formatierung von Excel sollen anschließend alle darunter liegenden Zellen (A4:A14), die den Suchbegriff enthalten, farbig gekennzeichnet werden.

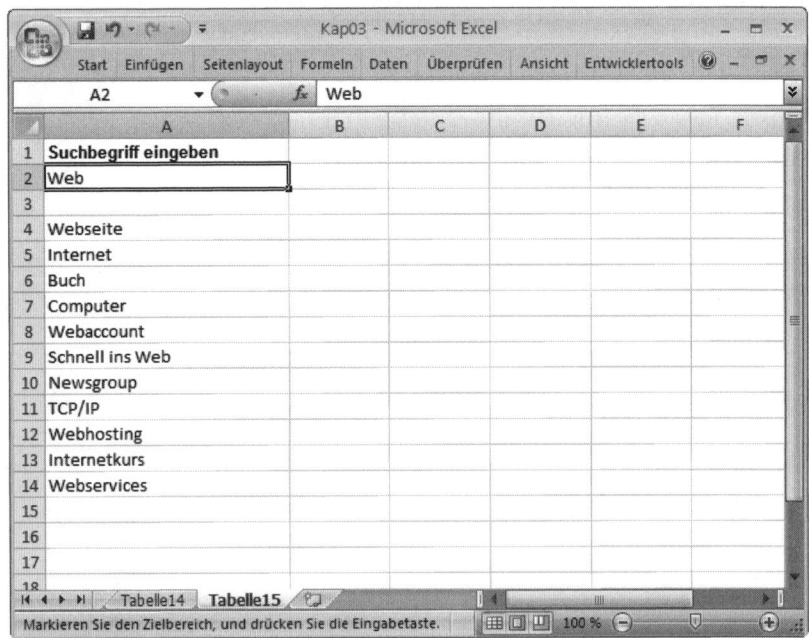

Abbildung 3.23: Alle Zellen mit »Web« sollen formatiert werden

Um diese Aufgabe zu lösen, befolgen Sie die nächsten Arbeitsschritte:

1. Markieren Sie den Bereich A4:A14.

2. Klicken Sie in der Gruppe *Start* auf die Schaltfläche *Bedingte Formatierung*.

3. Wählen Sie aus dem Kontextmenü den Befehl *Neue Regel*.

4. Im Feld *Regeltyp auswählen* stellen Sie den Eintrag *Formel zur Ermittlung der zu formatierenden Zelle verwenden* ein.

5. Als Formel wird =FINDEN($A$2;A4)>0 eingegeben.
6. Klicken Sie auf die Schaltfläche *Formatieren*.
7. Wechseln Sie auf die Registerkarte *Ausfüllen*.
8. Klicken Sie in der Farbpalette auf die Farbe *Orange*.
9. Bestätigen Sie mit *OK*.

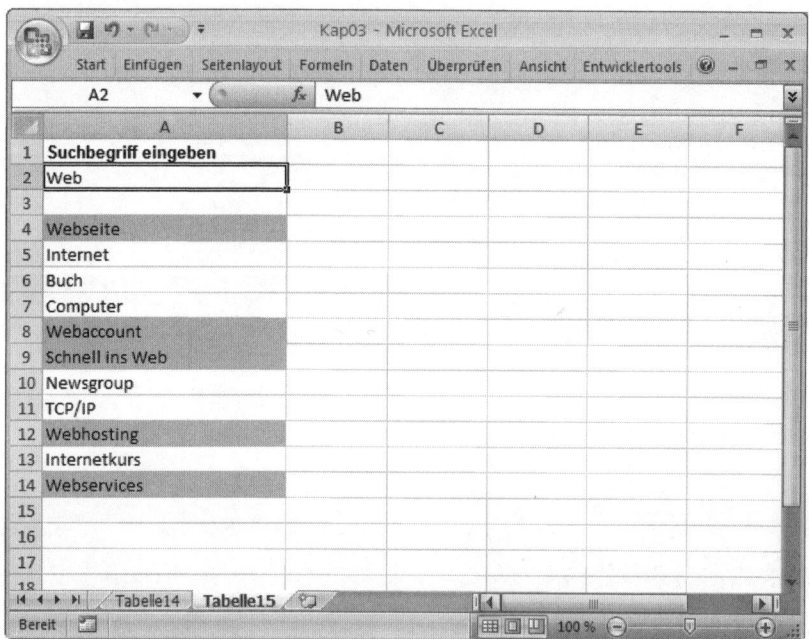

Abbildung 3.24: Alle Zellen mit dem Suchbegriff werden gefärbt

KAPITEL 4

Diagrammtipps

Umschlagbar ist Excel bei der Produktion von Diagrammen, was die Anzahl der Werkzeuge und die Fülle der Möglichkeiten angeht. In diesem Kapitel werden Sie zahlreiche Tipps und Tricks rund um das Thema Diagramm kennen lernen.

4.1 Das schnellste Diagramm überhaupt

Um ein Standarddiagramm auf die schnellste Art und Weise zu erzeugen, markieren Sie Ihre Datenbasis und drücken die Taste F11 . Dadurch wird standardmäßig ein Säulendiagramm auf einer separaten Tabelle erstellt.

Wollen Sie das Diagramm als Objekt in einer Tabelle sehen, schalten Sie um auf *Diagrammtools/Entwurf* und klicken in der Gruppe *Ort* auf *Diagramm verschieben*. Geben Sie die Zieltabelle an und verschieben Sie das Diagrammblatt als Objekt in die Tabelle.

4.2 Standard oder benutzerdefiniert?

4.2.1 Standarddiagramm ändern

Verwenden Sie bei Ihrer täglichen Arbeit eher einen anderen Diagrammtyp als das Säulendiagramm, dann können Sie den Standarddiagrammtyp wie folgt ändern:

1. Erstellen Sie zunächst ein Diagramm nach Ihren Wünschen.

2. Klicken Sie mit der rechten Maustaste auf die Diagrammfläche und wählen Sie den Befehl Diagrammtyp aus dem Kontextmenü.

3. Markieren Sie einen Diagrammtyp und klicken Sie auf *Als Standarddiagrammtyp festlegen*.

4. Schließen Sie die Dialogbox und erstellen Sie ein neues Diagramm, zum Beispiel mit F11 .

Das neue Diagramm wird automatisch mit dem gewählten Standarddiagrammtyp angelegt.

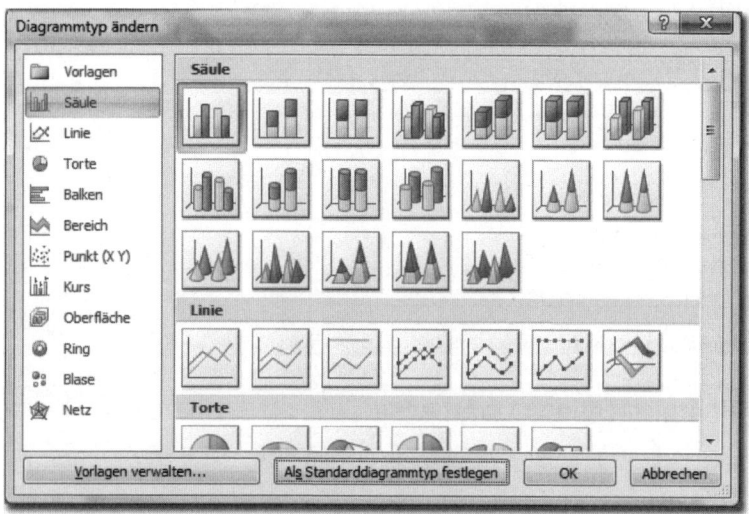

Abbildung 4.1: Hier wird das Standarddiagramm festgelegt

4.2.2 Diagrammvorlagen verwenden

Sie haben sich viel Mühe gemacht und ein Diagramm nach allen Regeln der Kunst formatiert. Jetzt wollen Sie diese Formatierungen irgendwie sichern, damit sie auch beim nächsten Diagramm zur Verfügung stehen. So gehen Sie vor:

1. Formatieren Sie das Diagramm über die Diagrammtools oder verwenden Sie fertige Diagrammlayouts.

2. Wählen Sie *Diagrammtools/Entwurf* und klicken Sie unter *Typ* auf *Als Vorlage speichern*.

3. Geben Sie einen Dateinamen für die Vorlage ein und bestätigen Sie mit Klick auf OK.

4. Um die Vorlage einem neuen Diagramm zuzuweisen, markieren Sie dieses und wählen *Diagrammtyp ändern* (unter *Diagrammtools/Entwurf/Typ* oder im Kontextmenü der rechten Maustaste).

5. Klicken Sie auf den ersten Eintrag *Vorlagen*. Jetzt sehen Sie alle gespeicherten Vorlagen, und Sie können eine davon auf das neue Diagramm anwenden.

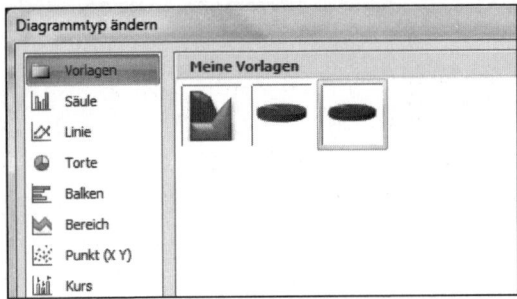

Abbildung 4.2: Vorlage zuweisen aus der Liste der Diagrammtypen

4.2.3 Diagrammvorlagen erforschen

Die Diagrammvorlagen speichert Excel 2007 in diesem Pfad:
Windows Vista:

C:\Users\<benutzername>\AppData\Roaming\Microsoft\Templates\Charts

Windows XP:

C:\Documents and Settings\<benutzername>\Application Data\Microsoft\Templates\Charts

Die Vorlagen sind in CRTX-Dateien gespeichert, und das sind HTML-Archive. Wenn Sie den Dateityp einer Vorlage von CRTX auf ZIP umbenennen, können Sie das Archiv erforschen: Klicken Sie es doppelt an, und Sie sehen den Inhalt, zwei Ordner und eine XML-Datei.

Und sollten Sie sich mit XML-Programmierung auskennen, dann finden Sie sicher eine Möglichkeit, Vorlagendateien über diese Schnittstelle zu erstellen oder zu bearbeiten.

4.3 Tricks mit 3D-Diagrammen und Layouts

4.3.1 Mehr Tiefe erreichen

Sollen 3D-Diagramme noch räumlicher wirken, dann können Sie dies wie folgt erreichen:

1. Erstellen Sie zunächst ein 3D-Diagramm, beispielsweise den Diagrammtyp *3D-Säulen gruppiert*.

2. Klicken Sie eine beliebige Säule mit der rechten Maustaste an und wählen Sie aus dem Kontextmenü den Befehl *3D-Drehung*.

3. Auf der gleichnamigen Registerkarte setzen Sie unter *Diagrammskalierung* die Tiefe der Basis um einige Prozentpunkte höher. Klicken Sie auf die Drehpfeile.

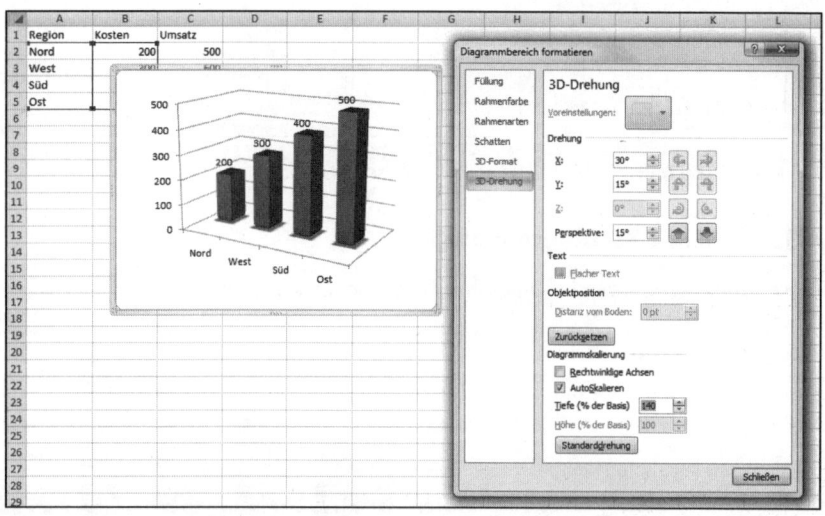

Abbildung 4.3: Mehr Diagrammtiefe über die 3D-Drehung

Übrigens: Die Registerkarte 3D-Drehung erhalten Sie nicht, wenn Sie Datenreihen formatieren aufrufen.

4.3.2 Perspektive mit der Maus ändern

Für die Perspektivenänderung des 3D-Diagramms finden Sie auf der Registerkarte *3D-Drehung* passende Symbole.

1. Klicken Sie das 3D-Diagramm mit der rechten Maustaste an und wählen Sie *3D-Drehung*.

2. Ändern Sie die Betrachtungshöhe, die Winkel und die Perspektive, klicken Sie dazu auf die Drehpfeile unter *Drehung*.

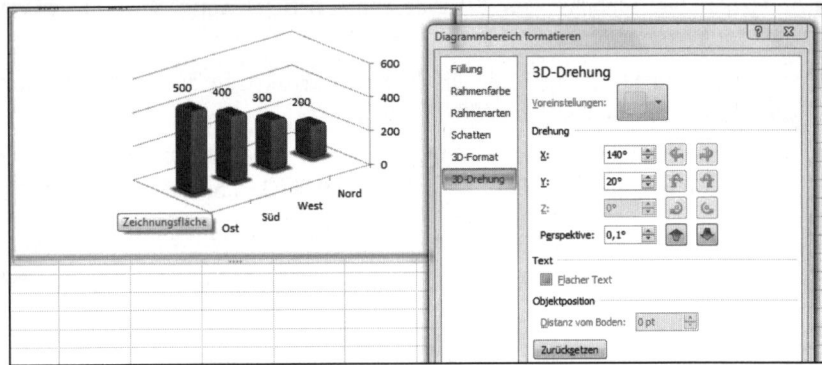

Abbildung 4.4: 3D-Perspektive und Betrachtungshöhe ändern

4.3.3 Neue 3D-Diagrammtypen

Diese 3D-Typen werden im Diagrammlayout schon angeboten:

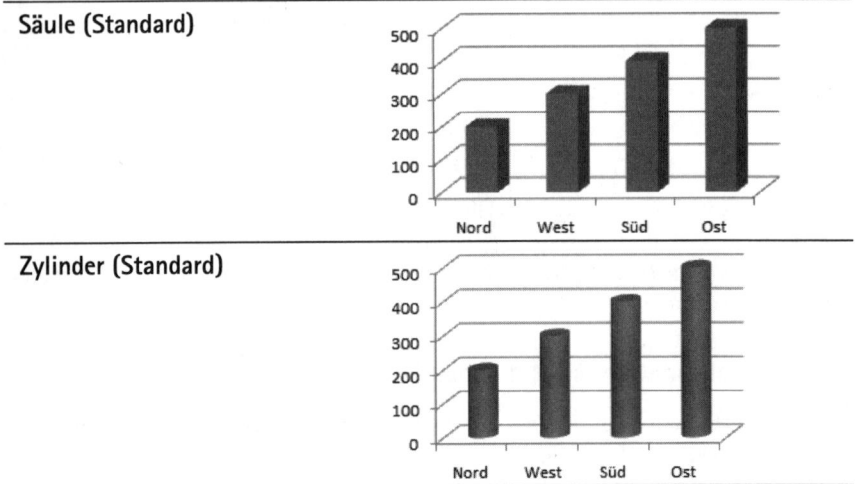

Kegel (Standard)

Pyramide (Standard)

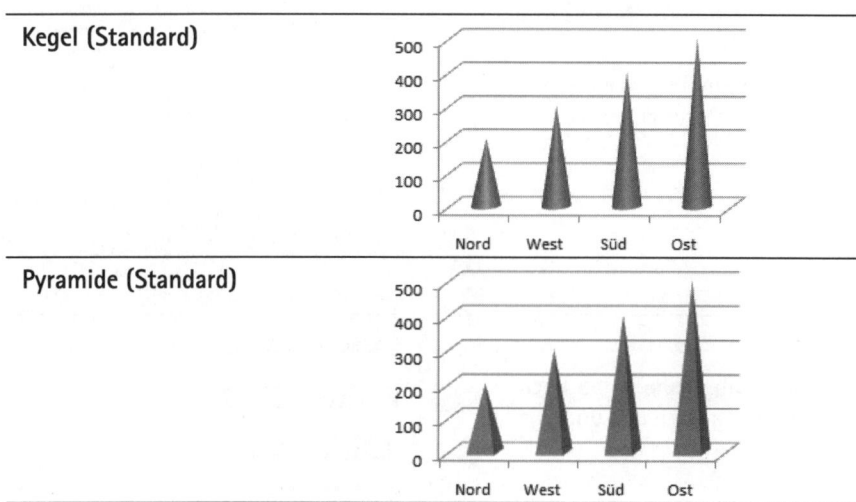

Mit etwas Geduld und Geschick können Sie zusätzlich zu den Standardtypen weitere 3D-Diagrammtypen erschaffen. Hier ein paar neue 3D-Diagrammtypen:

Torpedo

(Zylinder, Datenreihe formatieren, 3D-Format Abschrägung oben:

1. Symbol,

Breite 20 pt,

Höhe 20 pt)

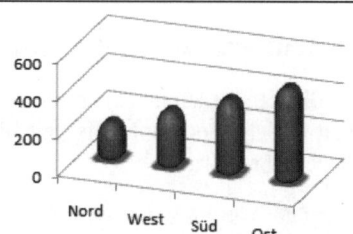

Zapfsäule

(Säule, Datenreihe formatieren, 3D-Format, Abschrägung oben.

1. Symbol,

Breite 10 pt,

Höhe 6 pt)

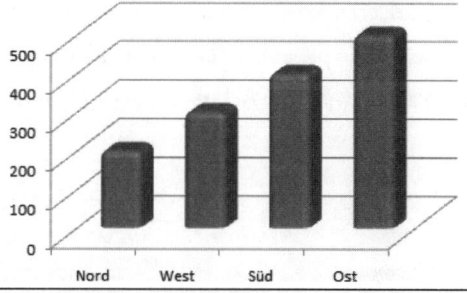

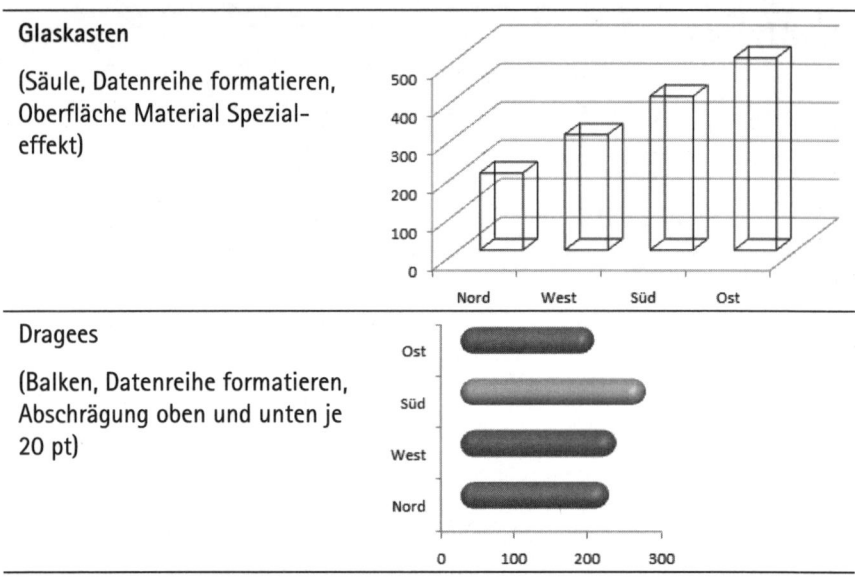

Glaskasten

(Säule, Datenreihe formatieren, Oberfläche Material Spezial-effekt)

Dragees

(Balken, Datenreihe formatieren, Abschrägung oben und unten je 20 pt)

4.4 Variablen Titel im Diagramm erstellen

Den Titel eines Diagramms können Sie so einstellen, dass er sich auf einen bestimmten Zelleninhalt bezieht. So können Sie den Titel eines Diagramms in Abhängigkeit von einer Zelle variabel halten.

1. Erstellen Sie ein Diagramm und weisen Sie ihm über *Diagrammtools/Layout/Beschriftungen* einen Diagrammtitel zu.

2. Schreiben Sie den gewünschten Titel in eine Zelle der Tabelle.

3. Markieren Sie das Element auf dem Diagramm, das den Diagrammtitel enthält.

4. Schreiben Sie ein =-Zeichen, und klicken Sie auf die Zelle mit dem Titeltext.

5. Schließen Sie die Aktion mit der ⏎-Taste ab.

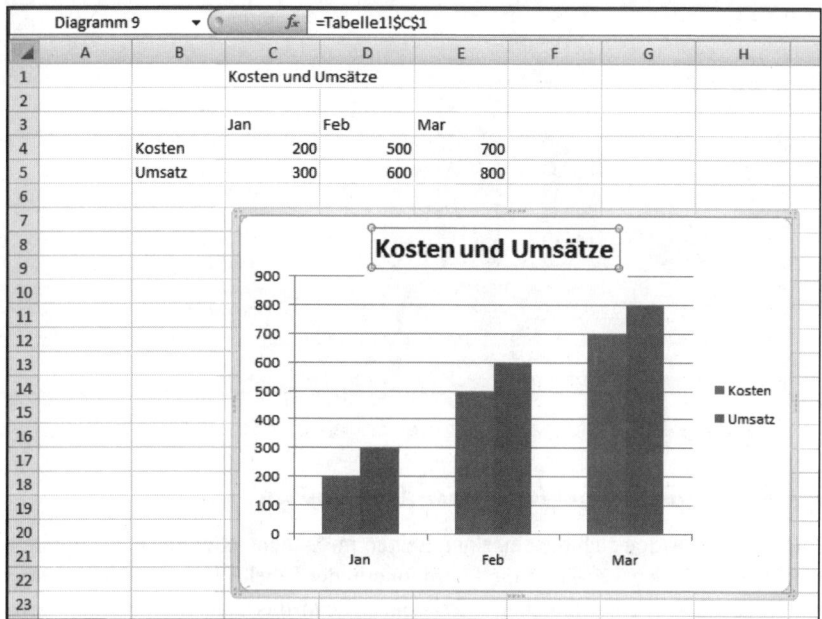

Abbildung 4.5: Der Titel wird per Verknüpfung aus der Tabelle geholt

4.4.1 Abstand zwischen Säulen anpassen

Kleben Säulen in einem Diagramm zu eng aneinander, dann geht viel an Übersichtlichkeit verloren. Sie haben daher die Möglichkeit, den Abstand der einzelnen Säulen voneinander zu beeinflussen.

Gehen Sie dazu wie folgt vor:

1. Klicken Sie eine beliebige Säule mit der rechten Maustaste an und wählen Sie den Befehl *Datenreihen formatieren* aus dem Kontextmenü.

2. Auf der Registerkarte *Reihenoptionen* finden Sie die Abstandsbreite und die Reihenachsenüberlappung. Ziehen Sie den Schieberegler, um die Abstände zu ändern.

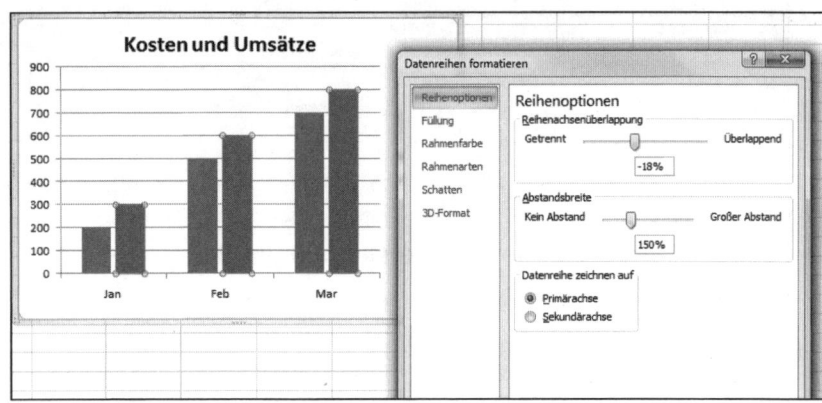

Abbildung 4.6: Abstände zwischen den Säulen anpassen

4.4.2   Reihenfolge der Datenreihen ändern

An welcher Position sich die einzelnen Reihen im Säulen- oder Balkendiagramm oder die Linien befinden, bestimmt die Anordnung in der Tabelle. Holt das Diagramm seine Daten aus Zeilen, steht die oberste Zeile links. Zeigt das Diagramm Spaltenwerte an, bildet die erste Spalte von links die erste Datenreihe. So tauschen Sie die Reihenfolgen:

1. Klicken Sie mit der rechten Maustaste auf eine der Reihen und wählen Sie aus dem Kontextmenü den Befehl *Daten auswählen*.

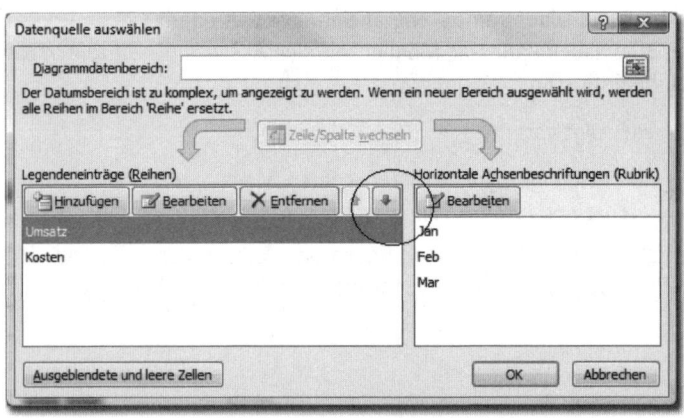

Abbildung 4.7: So ändern Sie die Reihenfolge der einzelnen Datenreihen

Markieren Sie eine der angezeigten Reihen, und klicken Sie auf ein Pfeilsymbol, um diese nach oben oder nach unten zu setzen.

Stellen Sie die gewünschte Reihenfolge für alle Datenreihen ein.

Das geht aber auch schneller, wenn Sie die Funktion kennen, die Excel für die Herstellung von Diagrammen verwendet. In der Funktion DATENREIHE() verbirgt sich nämlich unter anderem auch die Information über die Position der Datenreihe:

1. Markieren Sie eine Datenreihe im Diagramm per Klick.

2. Überprüfen Sie die Funktion DATENREIHE(), die jetzt in der Bearbeitungsleiste angezeigt wird. Das letzte Argument zeigt die Position (1 = erste Reihe von links).

3. Schreiben Sie einfach die Positionsnummer in die Funktion, um die Datenreihe umzupositionieren.

Die übrigen Reihen werden automatisch neu nummeriert, wenn Sie die Positionsnummer einer Reihe ändern.

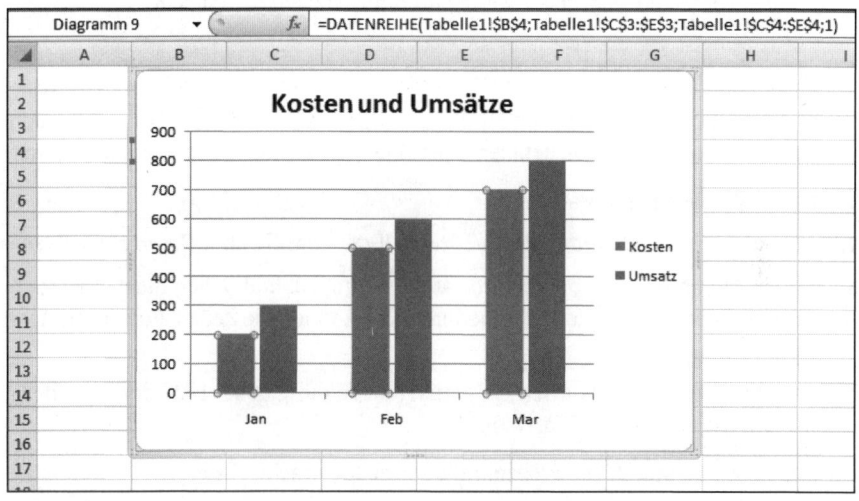

Abbildung 4.8: Die Position der Reihe lässt sich auch über die Funktion DATENREIHE() ändern

4.4.3   Negative Werte invertieren

Um die negativen Werte, d.h. die Werte im Säulendiagramm, die von der Rubriken-achse abwärts gezeichnet werden, zu invertieren, gehen Sie so vor:

1. Klicken Sie mit der rechten Maustaste in die Datenreihe und wählen Sie *Datenreihen formatieren*.

2. Wählen Sie *Füllung*, und geben Sie eine einfarbige oder automatische Füllung an.

3. Kreuzen Sie diese Option an:

   Invertieren, falls negativ.

Damit werden die negativen Werte im Diagramm in der Hintergrundfarbe *Weiß* formatiert.

Übrigens: Der Trick, dem Diagramm zuerst einen Farbverlauf mit zwei Farben zuzuweisen und dann wieder einfarbig zu füllen, um die Hintergrundfarbe zu behalten, funktioniert leider nicht mehr in Excel 2007. Laden Sie ein entsprechend formatiertes Diagramm, werden die negativen Werte automatisch weiß gefüllt sein.

4.4.4   Datenreihen hinzufügen

Um in ein bestehendes Diagramm zusätzliche Daten aufzunehmen, können Sie den Weg über die Diagrammtools nehmen oder eine ganz einfache Technik anwenden:

1. Markieren Sie das Diagramm.

2. Wählen Sie unter *Diagrammtools/Entwurf/Daten* das Symbol *Daten auswählen*.

3. Klicken Sie unter *Legendeneinträge* auf *Hinzufügen*, und geben Sie den Bereich an, in dem sich die neuen Daten befinden (Sie können die Zellen auch im Hintergrund markieren).

4. Um eine Datenreihe zu entfernen, markieren Sie diese in der Liste der Legendeneinträge und klicken auf *Löschen*.

Für diese doch umständliche Prozedur gibt es eine einfache Lösung:

1. Markieren Sie die Daten, die Sie in das Diagramm aufnehmen wollen, vergessen Sie die Beschriftung nicht, damit diese in der Legende auftaucht.

2. Kopieren Sie die Markierung mit ⌷Strg⌷+⌷c⌷.

3. Markieren Sie das Diagrammobjekt, und drücken Sie ⏎, um die Kopie abzuschließen.

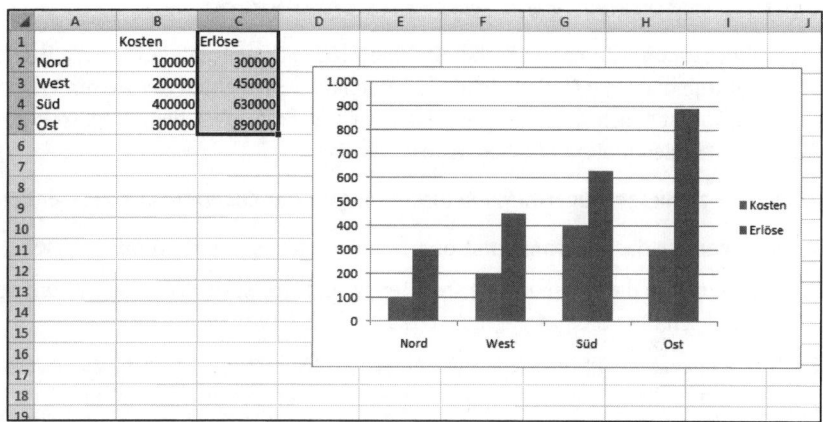

Abbildung 4.9: Neue Datenreihen einfach kopieren und einfügen

4.4.5 Datenreihen aus Diagramm entfernen

Um eine bereits bestehende Datenreihe aus einem Diagramm herauszunehmen, markieren Sie diese und drücken die Taste Entf. Dabei wird lediglich die Datenreihe im Diagramm, nicht aber in der Datenbasis entfernt.

4.4.6 Diagramm verschieben

In Excel haben Sie standardmäßig die Möglichkeit, ein Diagramm auf einer Tabelle als Objekt einzufügen oder auf einem separaten Diagrammblatt zu speichern.

Diese beiden Einstellungen lassen sich jederzeit ändern. Um beispielsweise ein Diagrammobjekt auf einer Tabelle in ein separates Diagrammblatt zu überführen, verfahren Sie wie folgt:

1. Klicken Sie das Diagrammobjekt in der Tabelle mit der rechten Maustaste an.

2. Wählen Sie aus dem Kontextmenü den Befehl *Diagramm verschieben*.

3. Aktivieren Sie die Option *Als neues Blatt*.

4. Bestätigen Sie mit *OK*.

4.5 Tipps zur Skalierung

4.5.1 Größenachse mit Tausenderformatierung

Wenn Ihr Diagramm Zahlen in größeren Dimensionen präsentiert, enthält die Größen-achse naturgemäß viele Nullen, denn die Zahlen der senkrechten Achse werden direkt aus dem Datenbereich gebildet. Das macht sich in Präsentationen nicht so gut, die Zahlen sind in den hinteren Reihen schlecht lesbar.

Greifen Sie zu diesem Supertrick, um Ihre Zahlen im Tausenderformat zu präsentieren:

1. Zeichnen Sie das Diagramm mit den Tausenderwerten in der Größenachse.

2. Markieren Sie die Achse mit der rechten Maustaste, wählen Sie *Achse formatie-ren* und schalten Sie auf die Registerkarte *Achsenoptionen*.

3. Unter *Anzeigeeinheiten* stehen die einzelnen Skalierungsvarianten zur Auswahl, Sie können die Achse von Hundertern bis Billionen herunterformatieren.

4. Schalten Sie auf die Kategorie *Zahl* um, hier lässt sich diese Skalierung ebenfalls eintragen. Geben Sie unter *Benutzerdefiniert* diesen Formatcode ein:

    #.##0.;-#.##0

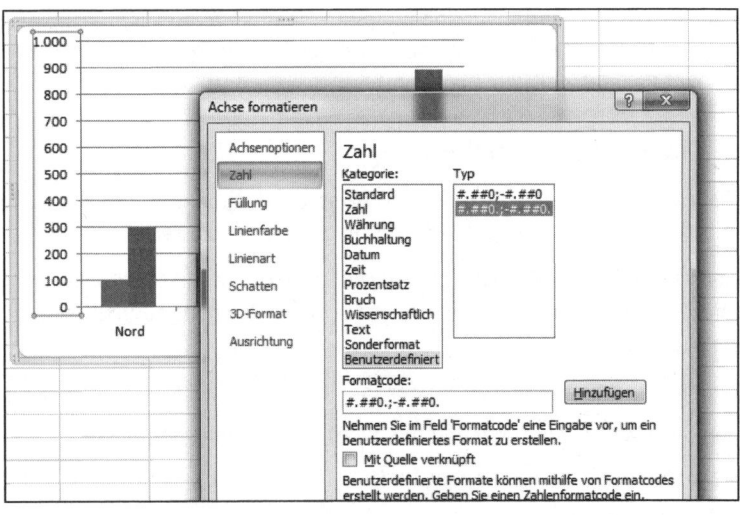

Abbildung 4.10: Achsenformatierung per Zahlenformat

Der Punkt hinter der Null reduziert die Anzeige um drei Nullen, ein weiterer Punkt würde sechs Nullen (Million) ausblenden. Wollen Sie die halben Tausender anzeigen, schreiben Sie:

0,0

Die Zahlen in der Tabelle bleiben bei dieser optischen Anpassung der Größenachse unverändert. Sie können dieses Zahlenformat natürlich auch auf Zellbezüge anwenden.

4.5.2 Daten auf zwei Achsen darstellen

Wenn mehrere Datenreihen für ein Diagramm vorgesehen sind, die in unterschiedlichen Größenordnungen vorliegen, dann lassen sich diese Informationen nicht auf einer Achse darstellen. So wird beispielsweise ein Diagramm nicht gleichzeitig Drehzahl und Öldruck darstellen können, da diese Daten sehr unterschiedliche Maximalwerte haben. Verwenden Sie für diese Diagramme den Datentyp *Verbunddiagramm*.

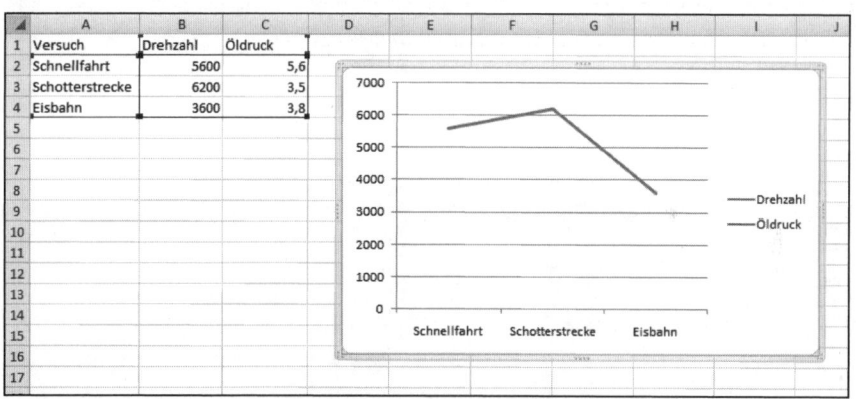

Abbildung 4.11: Sehr unterschiedliche Maximalwerte passen nicht im Diagramm

1. Markieren Sie den Datenbereich inklusive Beschriftungen.
2. Wählen Sie *Einfügen/Diagramm*.

153

3. Erstellen Sie ein Standardsäulendiagramm.

4. Schalten Sie unter *Diagrammtools/Layout* auf *Aktuelle Auswahl* und öffnen Sie die Liste der Elemente links oben. Suchen Sie hier die Datenreihe mit den kleineren Werten (im Beispiel Öldruck).

5. Wählen Sie *Auswahl formatieren* und schalten Sie unter *Reihenoptionen* die Sekundärachse ein.

Damit wird die markierte Datenreihe auf einer neuen Achse am rechten Rand aufgetragen, und diese orientiert sich wieder am Maximalwert der Datenreihe.

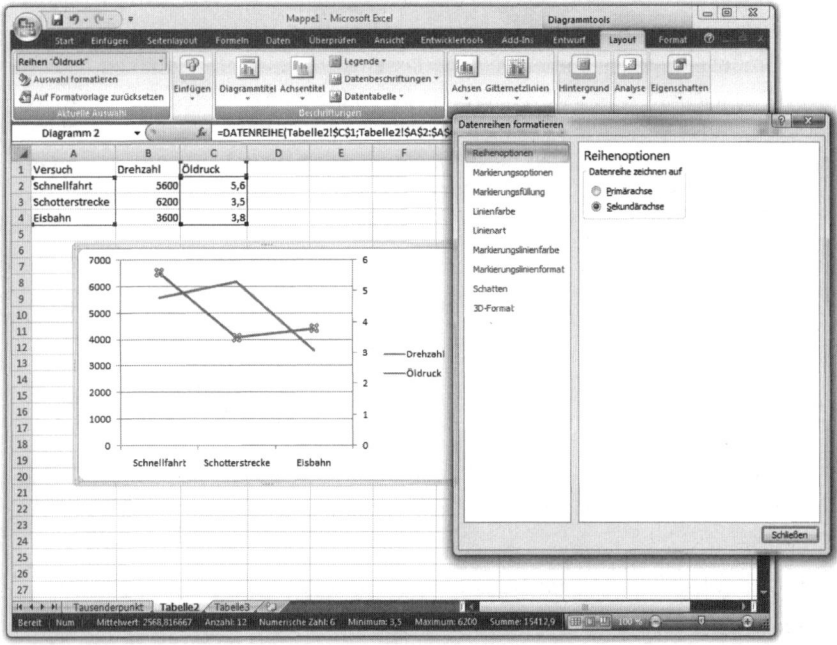

Abbildung 4.12: Eine zweite Achse, und die Daten werden richtig angezeigt

4.5.3 Leerzellen im Liniendiagramm

Wenn die Datenreihe für ein Liniendiagramm nicht durchgehend gefüllt ist, sondern leere Zellen aufweist, werden diese standardmäßig nicht gezeichnet. Das Liniendiagramm wird an den Datenpunkten unterbrochen, die keine Daten aufweisen. Das Bild zeigt ein Beispiel.

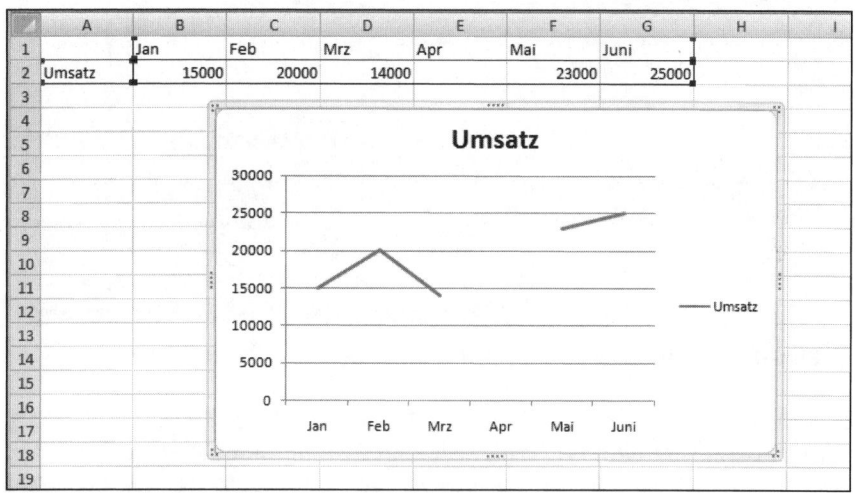

Abbildung 4.13: Leere Zellen werden im Liniendiagramm nicht gezeichnet

Wollen Sie die Linie im Diagramm durchziehen, gehen Sie so vor:

1. Markieren Sie das Diagramm und wählen Sie *Diagrammtools/Entwurf/Daten/ Daten auswählen.*

2. Klicken Sie auf *Ausgeblendete und leere Zellen.*

3. Stellen Sie die Anzeige der Leerzellen ein:
   - **Lücken**: Die Linie wird bei jeder Leerzelle unterbrochen.
   - **Null**: Die Linie wird auf den Nullpunkt der Achse zurückgesetzt.
   - **Datenpunkte mit einer Linie verbinden**: Die Linie wird durchgezeichnet.

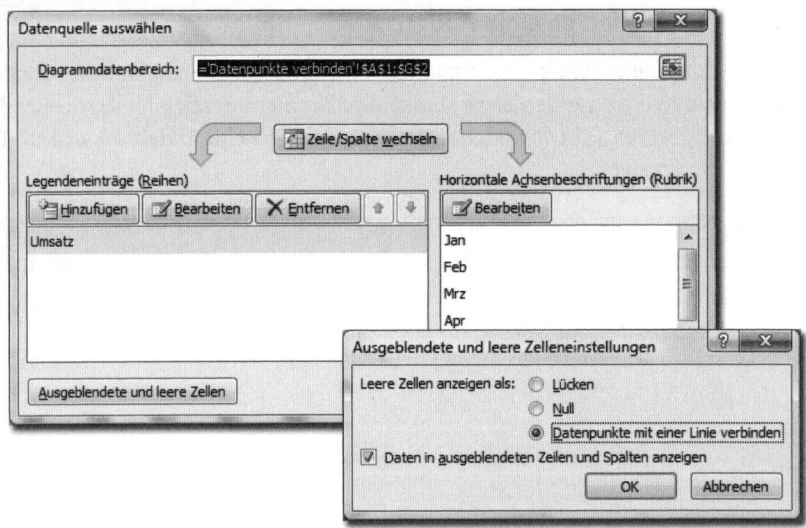

Abbildung 4.14: So werden die Datenpunkte mit einer Linie verbunden

Übrigens: Enthält eine Zelle den Fehlerwert #NV, wird die Linie automatisch durchge-zeichnet. Sie können auch #NV in die Zelle schreiben, um diesen Effekt zu erzwingen.

4.5.4 Diagramm an Fenstergröße anpassen

Soll ein Diagrammblatt an die aktuelle Zoomstufe angepasst werden, aktivieren Sie es und wählen *Ansicht/Zoom/Zoommodus: Auswahl.*

Das Fenster wird so weit hochgezoomt, dass das Diagramm den Fensterbereich aus-füllt.

4.6 Füllungen spezial

4.6.1 Grafiken als Füllmaterial verwenden

Für das folgende Beispiel legen Sie zunächst eine Datentabelle an und fügen ein Säulendiagramm unterhalb der Datenbasis ein. Zeichnen Sie dann eine Grafik in die Säulen ein:

1. Klicken Sie die Säulenreihe mit der rechten Maustaste an und wählen Sie den Befehl *Datenreihen formatieren* aus dem Kontextmenü.

2. Wechseln Sie auf die Registerkarte *Füllung.*

3. Klicken Sie auf *Bild- oder Textfüllung.*

4. Unter *Einfügen aus* können Sie eine Datei suchen oder das Bild aus der Zwischenablage holen oder eine ClipArt-Grafik auswählen. *Zwischenablage* ist nur auswählbar, wenn vorher ein Bild kopiert wurde.

5. Wählen Sie *Strecken,* wenn Sie die Grafik auf die Länge der Balken oder Säulen verteilen wollen, oder *Stapeln,* um die Grafik in der Säule oder im Balken zu stapeln. Mit der dritten Option haben Sie die Möglichkeit, die Einheiten für die gestapelte Grafik festzulegen.

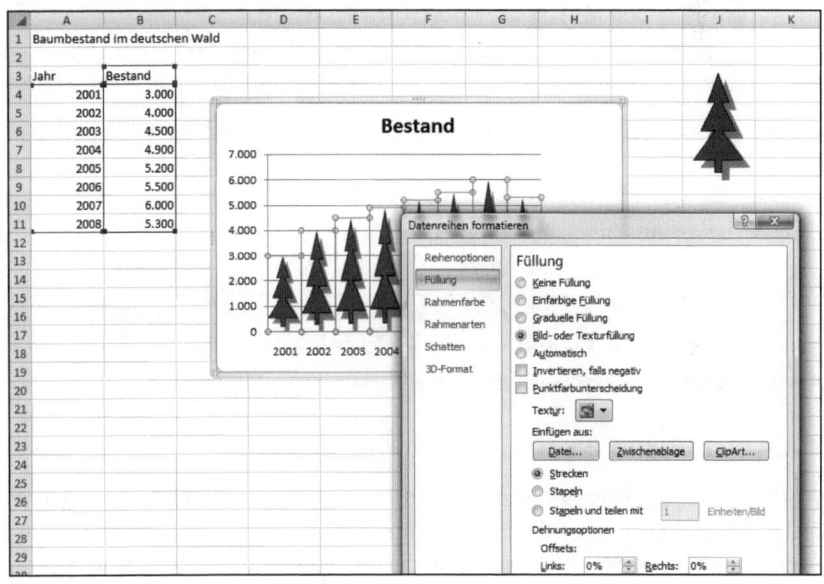

Abbildung 4.15: Bild aus der Zwischenablage oder aus ClipArts und Dateien holen

Die Größe der Grafik wird für das Diagramm zwar entsprechend angepasst, Sie sollten aber nur Grafiken verwenden, die sich auch auf kleinstem Raum darstellen lassen. Fotos und hochauflösende Bildgrafiken sind nicht so passend wie Logos und ClipArts. Hier einige Beispiele:

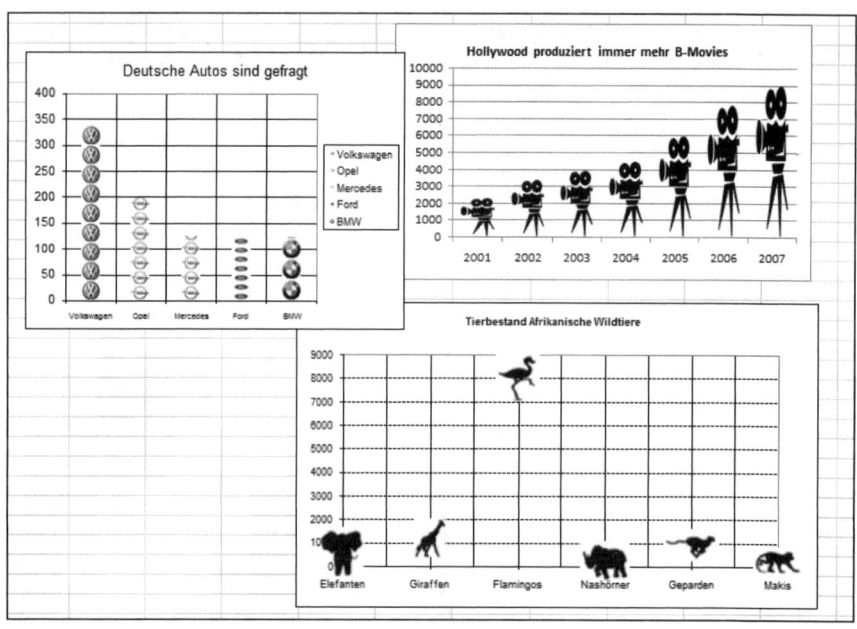

Abbildung 4.16: So wirkt die Grafik auf dem Diagramm

4.6.2 WordArt als Füllung einsetzen

WordArt heißt das Spezialformat für Texteffekte in Tabellen oder Diagrammen. Excel bietet WordArt in der Liste der Grafikwerkzeuge für Texteffekte an. Nutzen Sie Word-Art auch, um Füllmuster für Diagramme (Säulen, Balken, Linien) zu erzeugen.

1. Wählen Sie *Einfügen/Text/WordArt*.
2. Suchen Sie ein Textmuster aus und klicken Sie es an.

3. Schreiben Sie den gewünschten Text in das Objekt, und drehen Sie dieses vertikal, wenn Sie den Text entsprechend sehen wollen (Drehpunkt oben anfassen und mit gedrückter Maustaste drehen).

4. Formatieren Sie das Objekt über die Registergruppe *Zeichentools*, weisen Sie aus der Gruppe *Formenarten* Fülleffekte und Rahmen zu.

5. Kopieren Sie das Objekt in die Zwischenablage, und markieren Sie im Diagramm eine Säulen-, Balken- oder Linienreihe.

6. Drücken Sie ⌨Strg⌨+⌨v⌨, um die kopierte WordArt-Grafik auf die Datenreihe zu setzen.

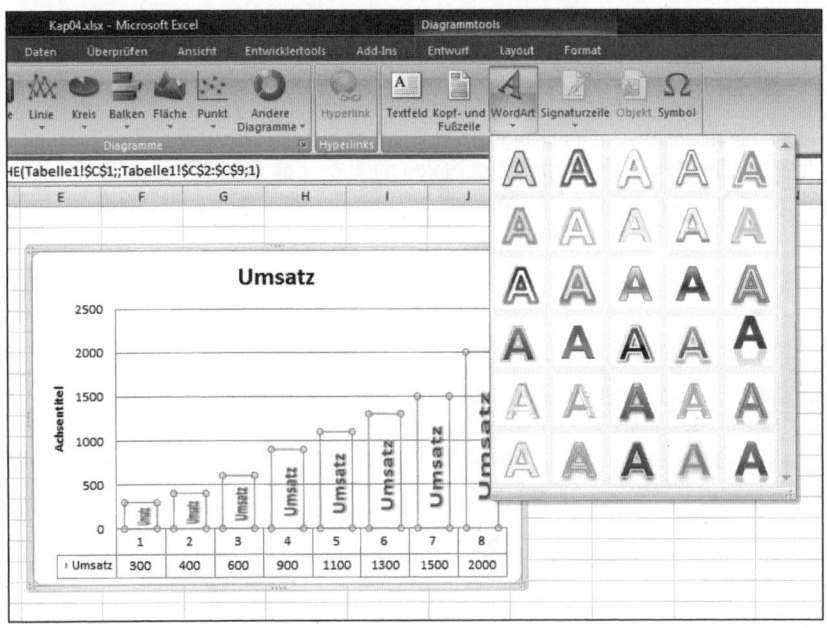

Abbildung 4.17: WordArt als Diagrammfüllung

Übrigens: Wenn Sie eine Diagrammgrafik nur auf einen einzelnen Datenpunkt setzen wollen, markieren Sie zuerst die ganze Reihe und dann mit einem weiteren Klick den Datenpunkt.

4.6.3 Punktmarkierung im Liniendiagramm verstärken

Mit der Grafik auf der Datenreihe lösen Sie ein Gestaltungsproblem bei Liniendia-
grammen: Die Markierungen auf den einzelnen Datenpunkten sind in der Regel nicht
besonders groß, je nach Drucker und Bildschirmauflösung meist sogar winzig klein.
So können Sie die Markierungspunkte verstärken:

1. Erstellen Sie ein Liniendiagramm mit Punktmarkierung.

2. Zeichnen Sie über *Einfügen/Illustrationen/Formen* einen Kreis in die Tabelle, formatieren Sie diesen mit passendem Rahmen, Muster und Fülleffekten.

3. Kopieren Sie den Kreis mit ⌈Strg⌋ + ⌈c⌋ in die Zwischenablage.

4. Markieren Sie im Liniendiagramm eine Linie.

5. Drücken Sie ⌈Strg⌋+⌈v⌋, um den Kreis als neue Punktmarkierung auf die Linie zu
   setzen.

Wenn die neue Punktmarkierung zu groß oder zu klein geraten ist, ändern Sie die Größe
des gezeichneten Objekts und wiederholen die Prozedur. An Stelle eines Kreises können
Sie natürlich jede andere Form verwenden, zum Beispiel Pfeile oder Sterne.

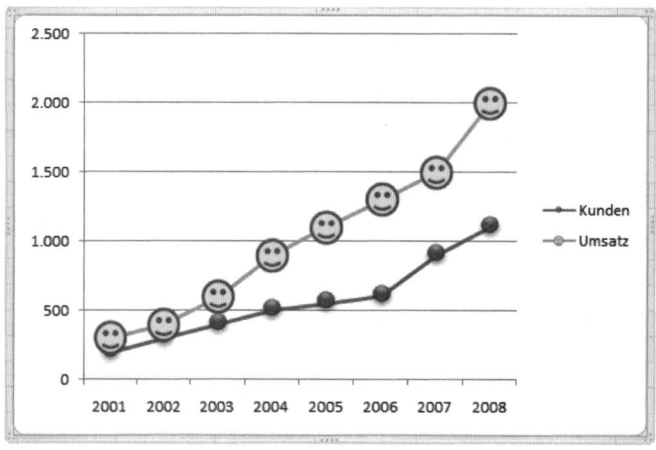

Abbildung 4.18: Punktmarkierung einfach durch Grafik ersetzen

4.7 Mehr Diagrammtipps

4.8 Diagramm drucken und exportieren

4.8.1 Nur Diagrammobjekt drucken

Wenn Sie nur das Diagrammobjekt auf einer Tabelle drucken wollen, markieren Sie dieses und wählen *Drucken* im Office-Menü. Klicken Sie noch einmal auf *Drucken*, und der Druck-Dialog bietet an Stelle von *Markierung* das Diagramm zum Drucken an.

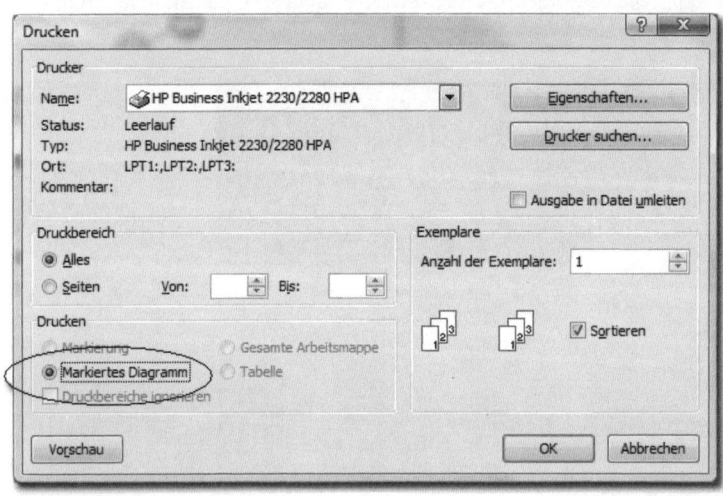

Abbildung 4.19: Nur das Diagramm drucken

4.8.2 Diagramm als Bildkopie exportieren

Excel-Diagramme kommen beim Export in andere Programme nicht immer so an, wie man möchte. Speziell mit PowerPoint gibt es Probleme; hier werden die aus Excel importierten Diagramme oft an den Seiten abgeschnitten oder falsch proportioniert. Nutzen Sie die Technik der Bildkopie, um die Qualität des Objekts zu verbessern.

Die Bildkopie, die in der Vorgängerversion mit gedrückter ⇧-Taste im Bearbeiten-Menü angeboten wurde, gibt es immer noch, auch wenn sie gut versteckt ist:

1. Markieren Sie das Diagrammobjekt in der Tabelle oder das Diagramm im Diagrammblatt.

2. Öffnen Sie unter *Start/Zwischenablage* das Symbol *Einfügen*.

3. Wählen Sie *Als Bild/Als Grafik kopieren*.

4. Kopieren Sie das Diagramm *Wie angezeigt* oder *Wie ausgedruckt*, variieren Sie je nach Bildschirmauflösung oder Drucker. Bei guten Farbdruckern bringt die Option *Wie ausgedruckt* die beste Qualität.

5. Wechseln Sie in eine Tabelle, zu Word, zu PowerPoint oder in eine andere Anwendung, und fügen Sie das Objekt aus der Zwischenablage in das aktuelle Programm ein.

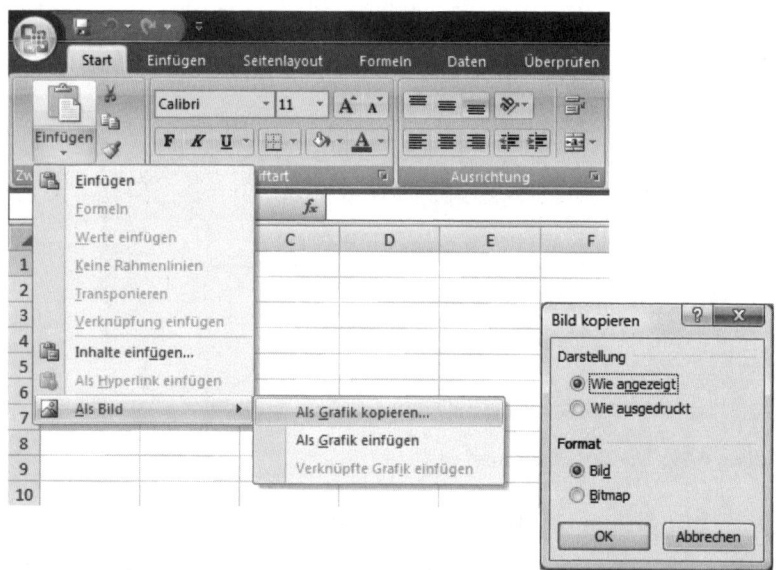

Abbildung 4.20: Gut versteckt: Die Bildkopie

Übrigens: Die Bildkopie kann keine Verknüpfung mit den Daten in der Tabelle liefern.

4.8.3 Verknüpfung zur Tabelle entfernen

Wenn Sie ein Diagramm als Objekt exportieren oder in eine andere Mappe kopieren, kann die Verknüpfung auf die Tabelle Probleme bereiten. Sie können die Verbindung jederzeit lösen und das Diagramm völlig unabhängig von den Daten in der Tabelle gestalten:

1. Erstellen Sie ein Diagramm aus einem Zahlenbereich der Tabelle.
2. Klicken Sie auf die erste Reihe (Balken, Linien oder Torten ...).
3. In der Bearbeitungsleiste wird jetzt die Funktion DATENREIHE() angezeigt. Markieren Sie diese, ziehen Sie den Mauszeiger über die Formel.
4. Drücken Sie $\boxed{\text{F9}}$ und bestätigen Sie mit $\boxed{\leftarrow}$.
5. Verfahren Sie so mit allen weiteren Datenreihen.

Jetzt ist das Diagramm unabhängig von den Tabellenwerten; diese wurden mit der Formelberechnung mit $\boxed{\text{F9}}$ direkt in das Diagramm eingebaut.

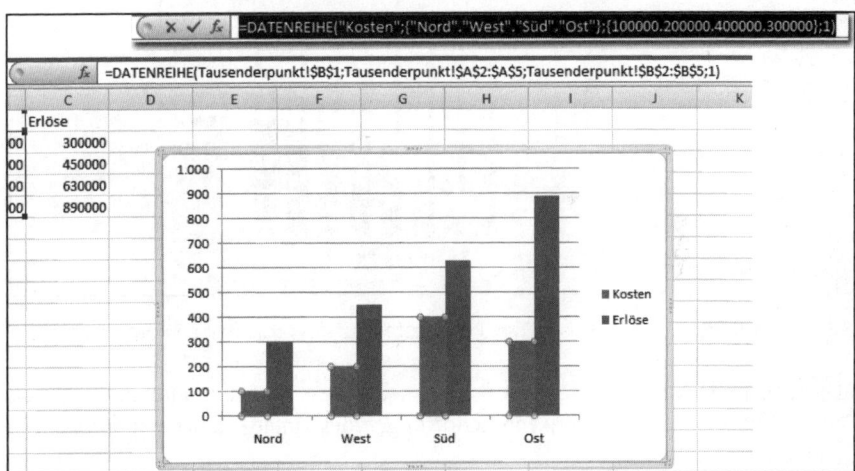

Abbildung 4.21: Datenreihe mit $\boxed{\text{F9}}$ auflösen

4.8.4   Jahreszahlen im Diagramm

Jahreszahlen im Diagramm sind nicht immer einfach, denn Excel behandelt sie wie alle anderen Zahlen, was bei der Umwandlung der Tabellendaten dazu führt, dass auch die Jahreszahlenreihe als Diagrammreihe gewertet wird. Eine Tabelle mit Jahreszahlen wird deshalb drei Datenreihen, aber keine Rubrikenachse haben, wenn Sie diese markieren und auf ein Diagrammsymbol unter *Einfügen/Diagramm* klicken.

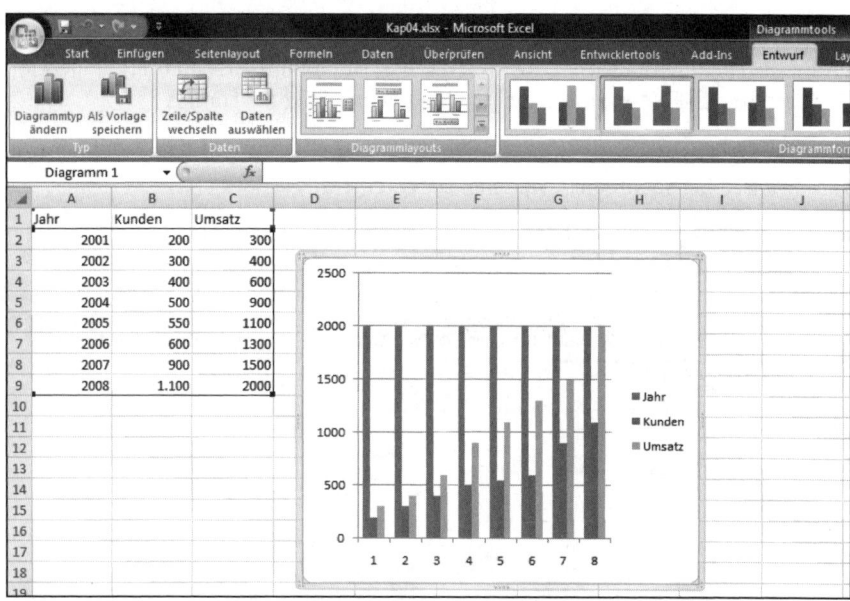

Abbildung 4.22: So ist es falsch: Die Jahreszahlen werden als Reihe interpretiert

Es gibt mehrere Möglichkeiten, Excel zu verdeutlichen, dass die Jahreszahl nicht als Datenreihe, sondern als Rubrikenbeschriftungen des Linien-, Balken- oder Säulendiagramms gewertet wird:

- Wenn die Tabelle es zulässt, formatieren Sie die Jahreszahlen als Texte. Schreiben Sie dazu je einen Apostroph vor die Zahl.

Hinweis

Die Formatierung mit dem Zahlenformat Text funktioniert nicht, das Diagramm erkennt die Jahreszahlen nicht als Beschriftung an.

■ Der lange Weg über das Menü führt im markierten Diagramm über *Diagramm-tools/Entwurf/Daten auswählen*. Hier können Sie die Datenreihe löschen und den Bereich für die Beschriftung oder Legende wählen.

Der schnellste Weg:

1. Löschen Sie die falsche Datenreihe aus dem Diagramm und markieren Sie die erste richtige Reihe.

2. Setzen Sie in der Bearbeitungsleiste den Cursor zwischen die beiden Strichpunkte an die Stelle, an der die Rubrikenbeschriftung stehen sollte.

3. Ziehen Sie die Maus über die Jahreszahlen, und bestätigen Sie mit der ⏎-Taste.

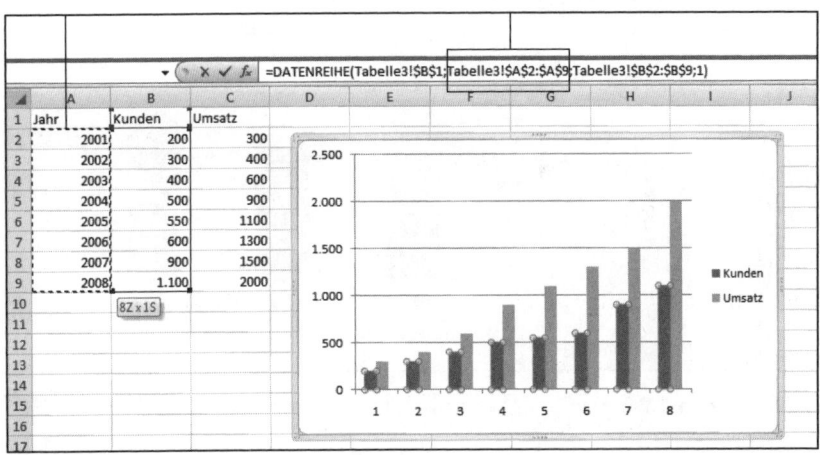

Abbildung 4.23: Fügen Sie den Rubrikenbereich einfach in die Datenreihe-Formel ein

4.9   Spezialdiagramme

4.9.1   Dynamisches Diagramm erzeugen

Erzeugen Sie ein dynamisches Diagramm, das sich seine Daten selbstständig aus der Tabelle holt. Ändert sich die Anzahl der Datenpunkte, passt das Diagramm automatisch seine Reihen (Säulen, Balken, Linien oder Kreissegmente) an. Erstellen Sie zuerst ein Diagramm mit einer ganz normalen Verknüpfung auf Daten in der Tabelle:

1. Legen Sie ein neues Tabellenblatt an, nennen Sie dieses *DynDia*.

2. Tragen Sie die Daten für das Diagramm ein (siehe Bild).

3. Markieren Sie den Datenbereich inklusive Beschriftung, und erstellen Sie ein Säulendiagramm.

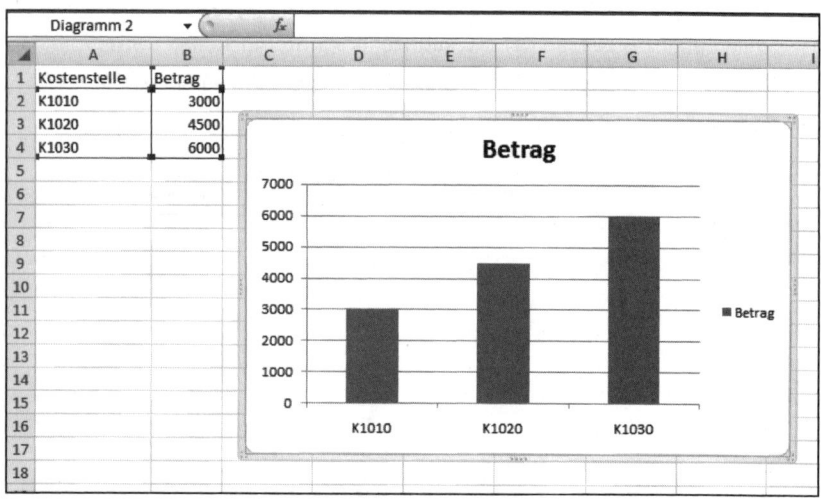

Abbildung 4.24: Ein Säulendiagramm als Ausgangsbasis für das dynamische Diagramm

4. Aktivieren Sie den Namens-Manager, um Bereichsnamen für das dynamische Diagramm anzulegen (*Formeln/Definierte Namen/Namens-Manager*).

5. Ein Klick auf *Neu*, und Sie können den ersten Namen für die Rubrikenachse eintragen. Schreiben Sie:

Rubrik

6. Als Bereich wählen Sie die aktuelle Tabelle. Unter *Bezieht sich auf* tragen Sie den Bezug ein, der automatisch die Zellen berechnet, die für die Rubrikenachse benötigt werden:

=BEREICH.VERSCHIEBEN($A$2;0;0;ANZAHL2($A:$A)-1;1)

7. Legen Sie einen weiteren Bereichsnamen an, der auf die Daten für das dynamische Diagramm verweist:

Name: Daten

Bezieht sich auf:

=BEREICH.VERSCHIEBEN($B$2;0;0;ANZAHL($B:$B);1)

Achten Sie auf den Unterschied: Die zweite Formel verwendet ANZAHL(), um die Anzahl der Zahlen in Spalte B zu zählen (ANZAHL2() zählt die Einträge).

Jetzt können Sie diese beiden Bereichsnamen, die den Rubriken- bzw. Datenbereich jeweils dynamisch über die Anzahl der Einträge in Spalte A und B berechnen, in die Datenreihe-Formel des Diagramms übernehmen. So sieht diese aus, nachdem Sie das Diagramm aus der Verknüpfung auf die Tabelle gezeichnet hatten:

=DATENREIHE(DynDia!$B$1;;DynDia!$B$2:$B$4;2)

Ändern Sie diese über *Diagrammtools/Entwurf/Daten auswählen*:

Horizontale Achsenbeschriftung (Rubrik):

=DynDia!Rubrik

Datenreihe Betrag:

=DynDia!Daten

Bestätigen Sie mit der ⏎ -Taste. So sieht die Datenreihe-Formel anschließend aus:

=DATENREIHE(DynDia!$B$1;DynDia!Rubrik;DynDia!Daten;1)

Das Diagramm holt sich ab sofort automatisch alle Rubrikenbeschriftungen aus Spalte A und alle Daten aus Spalte B. Schreiben Sie weitere Monate und Umsatzbeträge in die Tabelle, wird das Diagramm diese automatisch und dynamisch anzeigen.

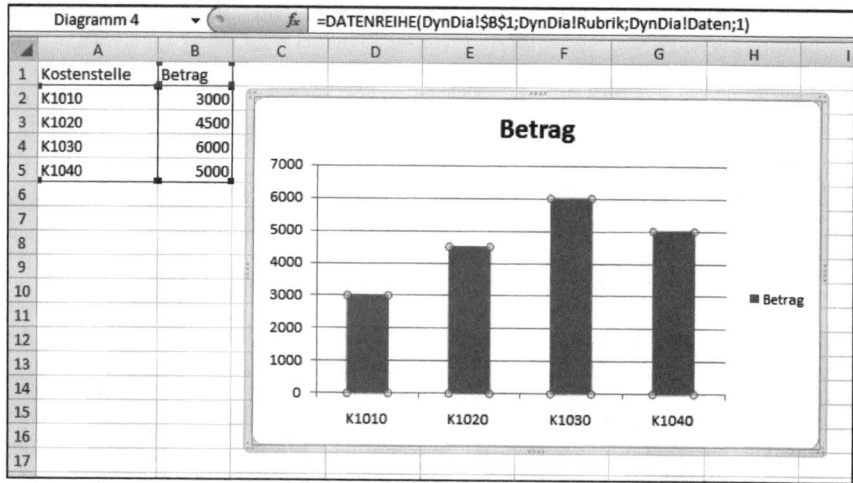

Abbildung 4.25: Das dynamische Diagramm passt sich an die Datenmenge an

Übrigens: Schreiben Sie die berechneten Bereiche nicht direkt in die Bearbeitungsleiste, Excel versieht diese dabei mit einem Apostroph und die Datenreihe wird ungültig. Diese Bereichsnamen dürfen Sie natürlich auch für dynamische Berechnungen verwenden. So würde beispielsweise die Formel aussehen, die automatisch alle Monatsumsätze summiert:

=SUMME(Daten)

4.9.2 Das Wasserfalldiagramm

Im Wasserfalldiagramm, ein Diagrammtyp, der leider nicht standardmäßig angeboten wird, sind nur die Zuwächse zu sehen, so dass zum Beispiel bei steigenden Umsätzen eine Art Treppe oder Wasserfalleffekt entsteht.

Erstellen Sie zunächst ein Diagramm vom Typ Säule mit gestapelten Säulen aus den Daten einer Tabelle. Die erste Datenreihe bildet die jährlichen Kosten ab, in der zweiten Reihe tragen Sie die zusätzlichen Kosten ein. Die Kosten vom folgenden Jahr ergeben sich immer aus den Kosten des Vorjahres und dem Kosten-Plus.

B4: Umsatz

B5:Umsatzplus

C4: =B4+B5

C5: nächstes Umsatzplus ...

Stellen Sie diese Tabelle in einem Diagramm mit gestapelten Säulen dar. Markieren Sie dazu den Bereich A4:G5 und klicken Sie unter *Einfügen/Diagramm/Säule* auf das zweite Diagrammsymbol der *Rubrik 2D-Säule.*

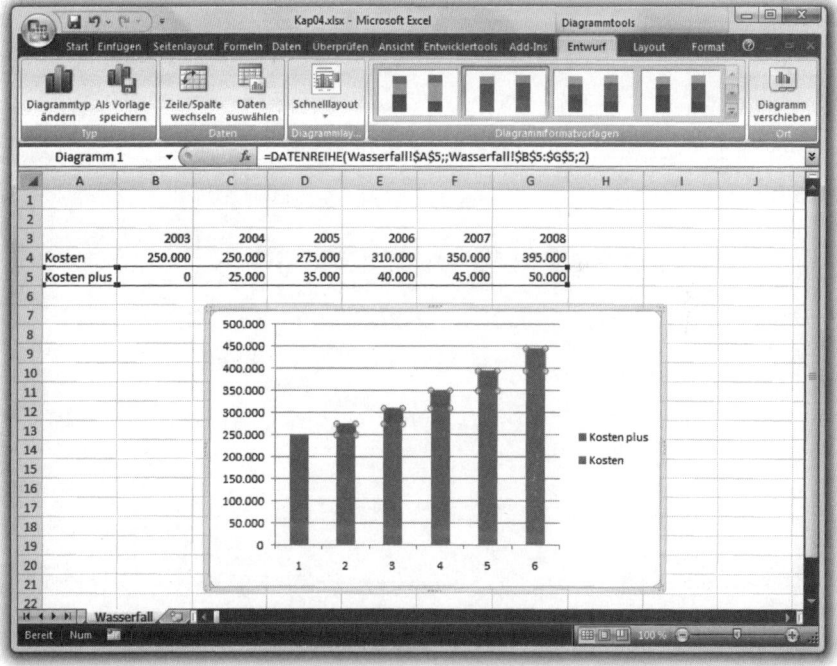

Abbildung 4.26: Stapelsäulen als Basis für das Wasserfalldiagramm

1. Markieren Sie die untere (blaue) Säulenreihe, und wählen Sie *Datenreihen formatieren* im Kontextmenü der rechten Maustaste.

2. Wählen Sie:

   Füllung: Keine Füllung

   Rahmenfarbe: Keine Linie

3. Markieren Sie die zweite, sichtbare Datenreihe, und schalten Sie auf der Registerkarte *Reihenoptionen* die Abstandsbreite auf 0%, damit die Säulen ohne Zwischenraum im Diagramm stehen.

4. Unter *Füllung* können Sie den Säulen einen 3D-Effekt zuweisen, wählen Sie dazu *Graduelle Füllung* und eines der voreingestellten Muster.

5. Die Datenbeschriftung fügen Sie über *Diagrammtools/Layout/Beschriftungen* ein. Wählen Sie *Weitere Datenbeschriftungsoptionen*, um die Beschriftung auszurichten.

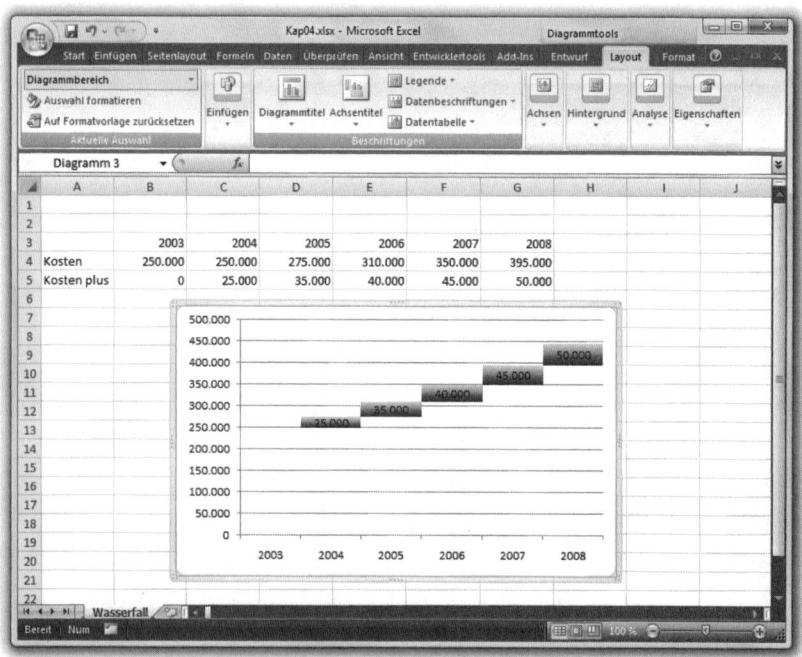

Abbildung 4.27: Das Wasserfalldiagramm

6. Löschen Sie die Beschriftung der unteren Reihe mit der $\boxed{\text{Entf}}$-Taste.

7. Löschen Sie die Legende, und fügen Sie die Rubrikenachsenbeschriftung in die Datenreihe-Funktion ein:

=DATENREIHE(Wasserfall!$A$5;Wasserfall!$B$3:$G$3;Wasserfall!$B$5:$G$5;2)

4.9.3 Das Ringdiagramm

Sicher haben Sie im Fernsehen schon einmal die Diagramme gesehen, die bei Bundes- oder Landtagswahlen die Verteilung von Stimmen oder Sitzen für die einzelnen Parteien anzeigen. Hier gibt es diverse Diagramme, von denen wir zwei herausgreifen möchten: das Ringdiagramm, um das Ergebnis der Wahl in Prozenten optisch besser darzustellen, und das Halbringdiagramm, um die Sitzverteilung im Parlament zu präsentieren.

Eine Tabelle mit entsprechenden Zahlen als Basis ist schnell erstellt, schreiben Sie die Parteien in die erste und die Prozentzahlen (dezimal) in die zweite Spalte.

	A	B
1	Bundestagswahlen 2005	
2		
3	CDU/CSU	35,2
4	SPD	34,2
5	FDP	9,8
6	Die Grünen/Bündnis 90	8,1
7	Die Linke	8,7
8	Sonstige	7,8

Abbildung 4.28: Zahlen aus den Wahlen

Das erste Diagramm gehört zum Standardumfang der Diagramme in Excel und kann über den Diagrammassistenten auf Basis der Daten aus dem folgenden Bild eingefügt werden.

1. Markieren Sie den Datenbereich A3:B8.

2. Wählen Sie *Einfügen/Diagramme/Andere Diagramme*.

3. Klicken Sie auf das Symbol *Ring*, um ein Ringdiagramm zu erstellen.

4. Zeigen Sie über *Diagrammtools/Layout/Beschriftungen* die Prozentwerte der einzelnen Parteien als Datenbeschriftung an.

5. Markieren Sie die Beschriftungsreihe, und wählen Sie im Kontextmenü der rechten Maustaste *Datenbeschriftung formatieren*. Schalten Sie *Wert* und *Prozentsatz* ein und setzen Sie als Trennzeichen *Neue Zeile*, damit die beiden Informationen untereinander stehen.

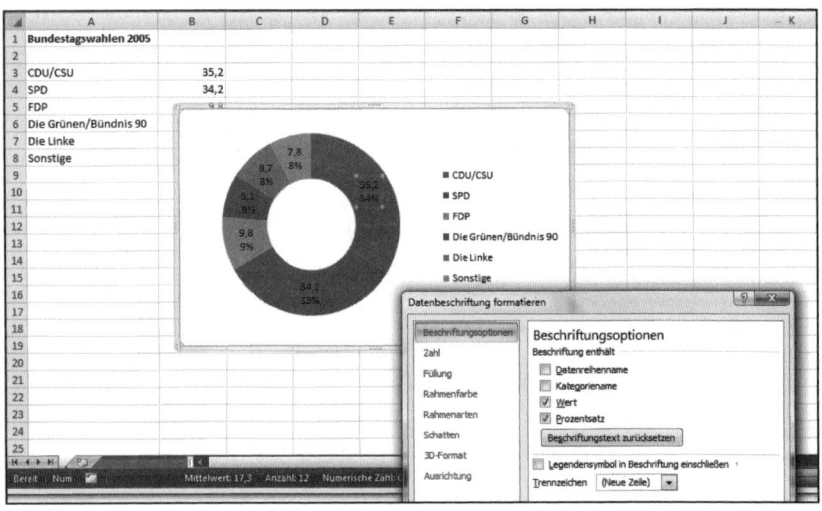

Abbildung 4.29: Das Ringdiagramm mit doppelter Beschriftung

4.9.4   Ein Halbringdiagramm für die Sitzverteilung

Bei der nächsten Aufgabenstellung müssen Sie zu einem Trick greifen. Es soll die Sitzverteilung im Parlament dargestellt werden. Da dieses Halbringdiagramm nicht zum Standard von Excel gehört, erstellen Sie zuerst einen Ring und halbieren diesen anschließend. Die Ausgangsbasis ist wieder die Datentabelle, fügen Sie aber eine weitere Zeile ein, in der die Summe der Stimmen berechnet wird.

B9	▼		f_x	=SUMME(B3:B8)	
◢	A	B	C	D
1	**Bundestagswahlen 2005**			
2	*Sitzverteilung*			
3	CDU/CSU	223		
4	SPD	222		
5	FDP	61		
6	Die Grünen/Bündnis 90	51		
7	Die Linke	53		
8	Fraktionslose	2		
9	Leer	612		
10				

Abbildung 4.30: Die Sitzverteilung als Basis für das Halbringdiagramm

1. Erstellen Sie aus den Daten im markierten Bereich A3:B9 über *Einfügen/Diagramm* ein Ringdiagramm.

2. Markieren Sie die Ringfläche, und wählen Sie im Kontextmenü der rechten Maustaste *Datenreihen formatieren.*

3. Auf der Registerkarte *Reihenoptionen* finden Sie einen Schieberegler, mit dem Sie das Diagramm drehen können. Drehen Sie es so, dass die große zweite Hälfte nach unten zeigt (Winkel: 270 Grad).

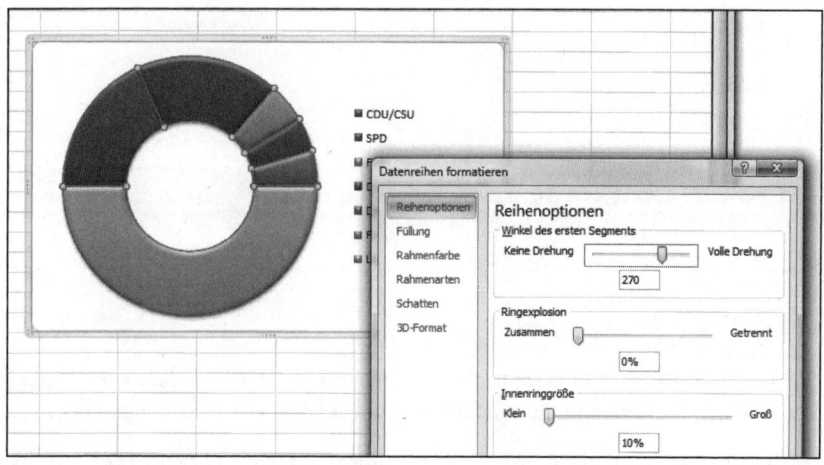

Abbildung 4.31: Das Ringdiagramm wird gedreht

Um die zweite Hälfte des Ringes auszublenden, markieren Sie den Datenpunkt mit einem weiteren Klick. Das Dialogfenster zeigt jetzt als Titel *Datenpunkt formatieren*, und Sie können die Füllung und den Rahmen entfernen.

Fügen Sie noch die Datenbeschriftung und einen Diagrammtitel ein. Die überflüssigen Elemente aus der Datenbeschriftung und der Legende löschen Sie einfach mit der Entf-Taste.

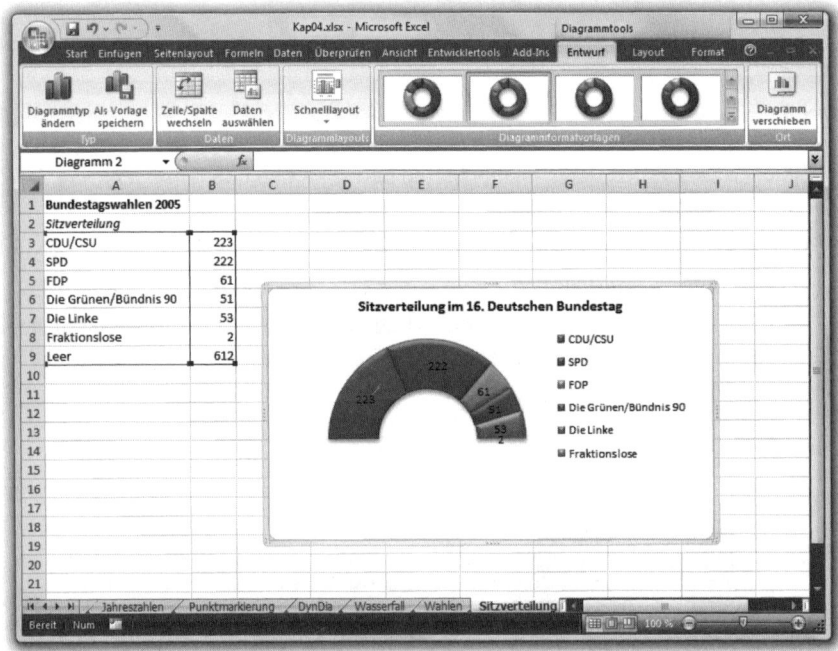

Abbildung 4.32: Das Halbringdiagramm zeigt die Sitzverteilung an

4.9.5 Ein Histogramm

Möchten Sie Werte einer statistischen Zählung als Histogramm darstellen, dann können Sie dazu das Standarddiagramm *Punkt* verwenden. Diese Datenbasis liegt vor:

Nach einer Marketingumfrage enthält ein Tabellenbereich 50 Zahlen von 1 bis 6. Mit der Funktion ZÄHLENWENN() wird ermittelt, wie häufig jede Zahl vorkommt.

	E5		▼	●	*fx*	=ZÄHLENWENN($A$5:$A$50;D5)		
◢	A	B	C	D	E	F	G
1	**Marketingumfrage**						
2	Sind Sie zufrieden mit dem Kundencenter? (1 = sehr zufrieden, 6 = nicht zufrieden)						
3							
4	Bewertung			Note	Häufigkeit		
5	5			1	10		
6	6			2	8		
7	4			3	13		
8	3			4	4		
9	5			5	8		
10	2			6	3		
11	4						
12	4						
13	1						
14	3						
15	2						
16	1						

Abbildung 4.33: Die Bewertungen werden gezählt

Für das Histogramm markieren Sie die Noten und die Häufigkeiten, im Beispiel also den Bereich D4:E10. Erstellen Sie über *Einfügen/Diagramm* ein Punktdiagramm ohne Linien.

Die Skalierung der horizontalen Achse berechnet Excel etwas zu großzügig:

1. Markieren Sie die Achse und wählen Sie *Achse formatieren* im Kontextmenü.
2. Stellen Sie den Minimalwert der Skala auf 1 und den Maximalwert auf 6.

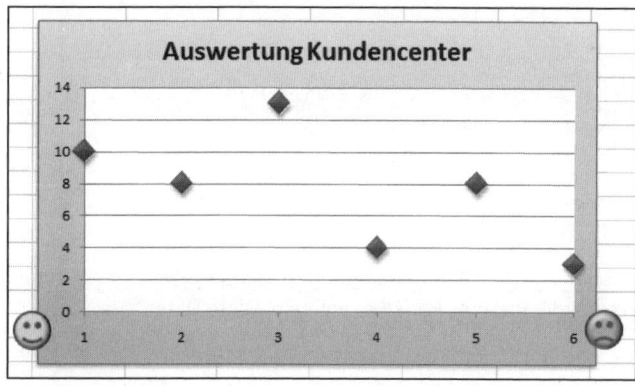

Abbildung 4.34: Ein Punktediagramm für die Statistik

4.9.6   Das spezielle OrgChart

Bei der folgenden Lösung wird ein Organigramm erstellt, das die Daten für die Beschriftung der einzelnen Knoten aus einer Tabelle bezieht. Diese Tabelle enthält zunächst eine Liste mit Name und Abteilung der einzelnen Mitarbeiter. In der letzten Spalte wird eine Verknüpfung erstellt, die alle Spalten zusammenfasst.

1. Schreiben Sie diese Formel in die freie Spalte neben der Tabelle:

    =A2&""&B2&""&C2&""&D2

2. Fügen Sie zwischen die Anführungszeichen jeweils einen Zeilenumbruch ein, drücken Sie dazu die Tasten [Alt] und [↵].

3. Kopieren Sie die Formel nach unten bis zur letzten Zeile, klicken Sie dazu doppelt auf das Füllkästchen.

Übrigens: Die Bearbeitungsleiste können Sie an der unteren Linie ziehen und vergrößern, so dass die Formel sichtbar bleibt.

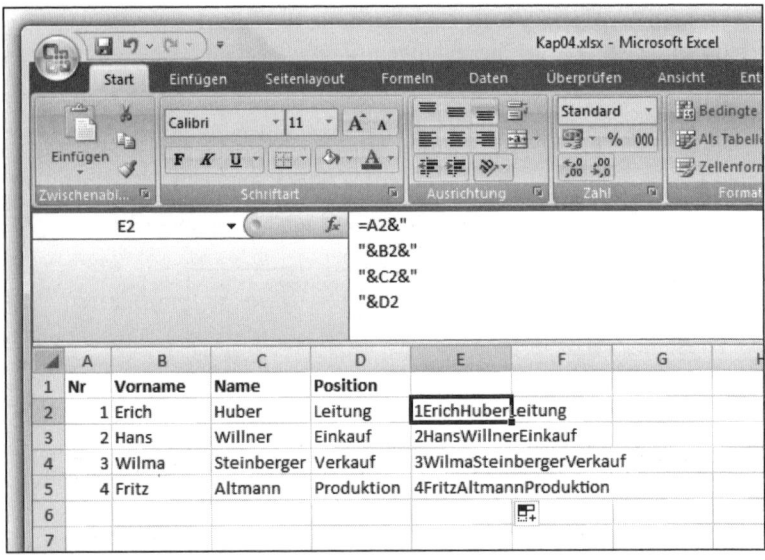

Abbildung 4.35: Personalliste mit Verknüpfungsspalte

4. Zeichnen Sie über *Einfügen/Illustrationen/Formen* ein Rechteck in die Tabelle.

5. Klicken Sie die Form an, und schreiben Sie in die Bearbeitungsleiste die Verknüpfung auf die Textkette mit den zusammengefassten Informationen:

=$E$2

6. Stellen Sie die Größe des Objekts so ein, dass alle Zeilen sichtbar sind, verkleinern Sie die Schrift evt.

7. Kopieren Sie dann das Objekt mit gedrückter ⌷Strg⌷-Taste für jeden weiteren Namen und ändern Sie nur die Verknüpfung.

8. Die Verbindungslinien zwischen den Objekten finden Sie ebenfalls in der Formen-Bibliothek unter *Einfügen/Illustrationen/Formen*.

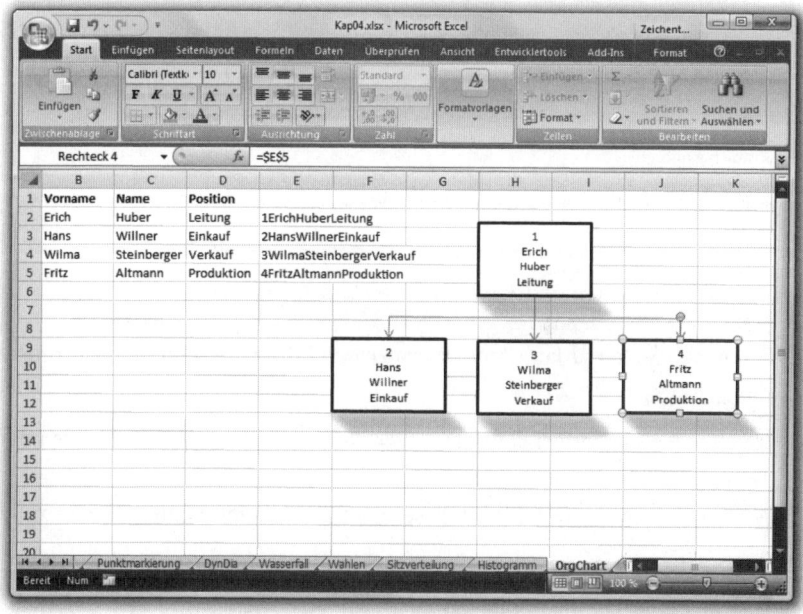

Abbildung 4.36: Das Org-Chart zeigt die Informationen aus der Tabelle zeilenweise an

Übrigens: Drücken Sie die ⌷Alt⌷-Taste, wenn Sie ein Objekt positionieren, damit dieses am nächsten Zellrand ausgerichtet wird.

4.9.7 Ein Gantt-Diagramm für die Urlaubsplanung

Das Gantt-Diagramm gehört zur Standardausstattung von Projektmanagement-Software wie beispielsweise Microsoft Project. Es verdeutlicht die Zeitdauer von Projektvorgängen über Balken, die auf einer Zeitreihe aufgetragen werden. Jeder Vorgang bekommt dabei seinen eigenen Balken, Verschiebungen auf Vorgangs- oder Projektebene lassen sich so leicht erkennen. Excel führt zwar in seinem Angebot an Diagrammtypen nichts Vergleichbares, mit ein paar Tricks lässt sich aber auch ein praktisches Gantt-Chart mit Bordmitteln erzeugen.

Sie haben die Aufgabe, den Urlaubsplan der Mitarbeiter Ihrer Firma zu zeichnen. Die Anträge liegen bereits vor, berechnen Sie nur noch die Anzahl der Urlaubstage aus den Datumswerten in Spalte B und C.

	A	B	C	D
1	Name	Urlaubsbeginn	Urlaubsende	Anzahl Tage
2	Heinz Müller	16.07.2008	07.08.2008	
3	Sabine Frisch	20.08.2008	08.09.2008	
4	Robert Dietrich	12.09.2008	01.10.2008	
5	Gustav Neumaier	15.09.2008	02.10.2008	
6	Hans Häberle	01.08.2008	26.08.2008	
7	Gerda Braun	01.08.2008	21.08.2008	
8				

Abbildung 4.37: Die Urlaubstabelle für die Mitarbeiter

1. Berechnen Sie die Urlaubstage der einzelnen Mitarbeiter mit dieser Formel:

   D2: =C2-B2+1

2. Kopieren Sie die Formel per Doppelklick auf das Füllkästchen nach unten auf die übrigen Zeilen der Tabelle.

3. Weisen Sie dem Bereich D2:D7 dieses benutzerdefinierte Zahlenformat zu:

   0" Tage"

Jetzt können Sie das Diagramm erstellen. Die erste Reihe wird den Namen in der Rubrik erhalten und den ersten Urlaubstag als Datenreihe:

1. Markieren Sie den Bereich A1:B7.

2. Erstellen Sie über *Einfügen/Diagramm* ein Balkendiagramm, entscheiden Sie sich für den zweiten Untertyp *Stapelbalken*.

Die zweite Datenreihe im Diagramm wird aus der Anzahl der Urlaubstage gebildet; kopieren Sie diese einfach in das Objekt:

1. Markieren Sie den Bereich D1:D7.

2. Kopieren Sie die Auswahl mit ⌷Strg⌷ + ⌷c⌷.

3. Klicken Sie das Diagrammobjekt an, und drücken Sie die ⌷↵⌷-Taste, um die kopierte Reihe einzufügen.

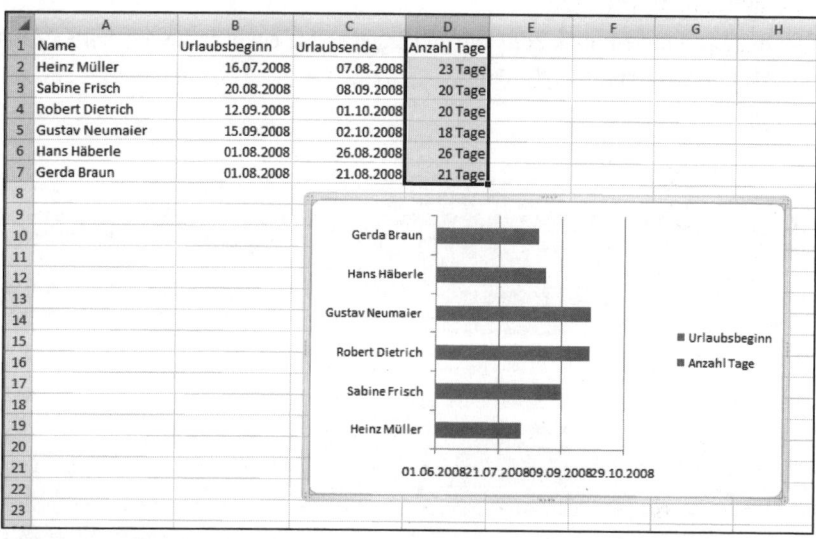

Abbildung 4.38: Die Daten für die zweite Reihe werden einfach in das Diagramm kopiert

Im nächsten Schritt entfernen Sie die erste Reihe, aber nur optisch, damit der Effekt erhalten bleibt, und passen die Skalierung so an, dass die Monate der 2. Jahreshälfte angezeigt werden:

1. Markieren Sie die erste Datenreihe mit der rechten Maustaste, und wählen Sie Datenreihen formatieren.

2. Entfernen Sie die Füllung und den Rahmen der Reihe:

   Füllung: Keine

   Rahmenfarbe: Keine Linie

3. Formatieren Sie die Rubrikenachse so, dass die Monate der 2. Jahreshälfte angezeigt werden. Tragen Sie dazu die Datumszahlen als feste Skalierungswerte ein (Excel wird sie wieder in Zahlen umwandeln):

Achsenoptionen:

Minimum: 1.8.08

Maximum: 31.12.08

Hauptintervall: 31

Schalten Sie auf die Rubrik *Zahl* um, und erstellen Sie ein benutzerdefiniertes Zahlenformat für die Anzeige der Monate:

MMMM

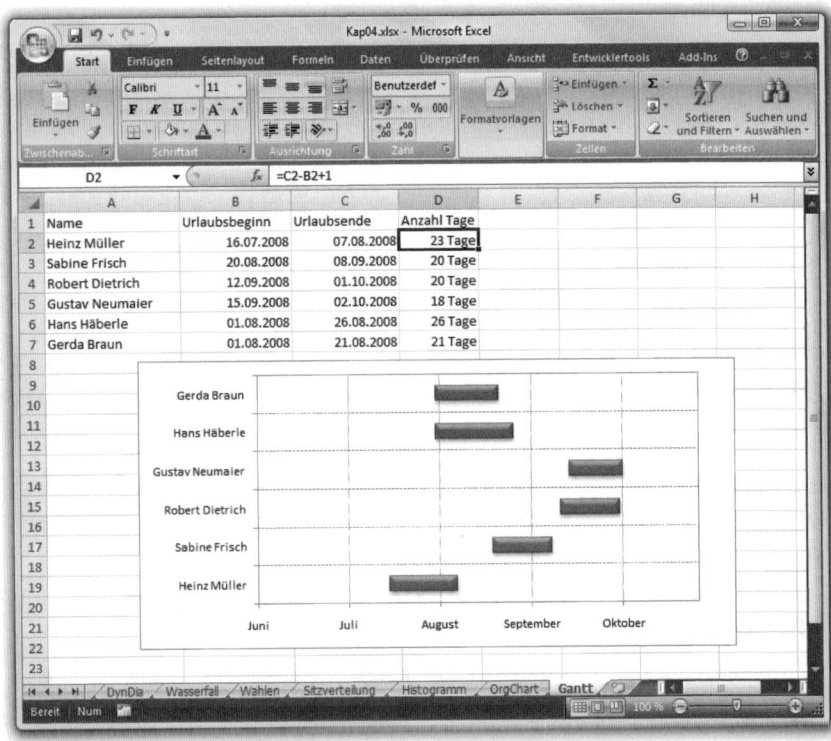

Abbildung 4.39: Das Gantt-Diagramm mit Monatsrubrik

Noch ein heißer Tipp dazu: Berechnen Sie Ihren Mitarbeitern die Anzahl der Arbeitstage (Nettoarbeitstage), die sie mit ihrer Urlaubssequenz belegen. Schreiben Sie diese
als Datenbeschriftung auf oder neben die Balken:

1. Schreiben Sie die Datumswerte der Feiertage und freien Tage des Jahres in eine
   Spalte oder berechnen Sie diese mithilfe der Feiertagsberechnung (siehe Kapitel 6).
2. Geben Sie dieser Liste den Bereichsnamen *FreieTage*.
3. Berechnen Sie die Nettotage zwischen Urlaubsbeginn und Urlaubsende. Die freien
   Tage werden als drittes Argument angegeben, fallen einzelne Feiertage auf Samstage oder Sonntage, werden sie nicht abgezogen:

   E1: Netto-Arbeitstage

   E2: =NETTOARBEITSTAGE(C2;D2;FreieTage)

Wenn Sie der zweiten Reihe des Diagramms über *Diagramm/Diagrammoptionen* dann
die Datenbeschriftung *Werte* zuweisen, können Sie die einzelnen Bruttowerte markieren und gegen die Nettowerte austauschen.

*Übrigens: In Kapitel 12 finden Sie ein Makro, das die Datenbeschriftung aus einer
anderen Spalte berechnen kann.*

KAPITEL 5

Grafik und Layout

Ein gelungenes Tabellenlayout ist ebenso wichtig wie die gute Kalkulation. Der Eindruck zählt, die Präsentation der Tabelle sollte hohen Ansprüchen gerecht werden. In diesem Kapitel finden Sie Tipps & Tricks zur Erstellung von Vorlagen und über den Umgang mit Grafiken in Excel.

5.1 Tabellenvorlage mit Kopf/Fußzeilen erstellen

Standardmäßig startet Excel mit einer leeren Mappe, die drei unformatierte Tabellenblätter enthält. Weitere Blätter lassen sich bequem per Klick auf das Symbol rechts an der Registerleiste oder per Symbol einfügen, und neue Mappen sind schnell mit der Tastenkombination Strg + n erstellt.

Wie Sie eine Startmappe präparieren, damit diese bereits vordefinierte und vorformatierte Tabellenblätter enthält, lesen Sie in Kapitel 1.18 (Mappe mit der Bezeichnung MAPPE.XLTX im Ordner XLSTART speichern). Auch für neue Tabellenblätter gibt es eine Vorlage, nennen Sie diese einfach TABELLE.XLTX.

Um diese Tabellenvorlage mit Informationen in den Kopf- und Fußzeilen zu versehen, verfahren Sie wie folgt:

1. Schalten Sie auf das Register *Ansicht* um und wählen Sie die Ansicht *Seitenlayout*.

2. Klicken Sie in den Bereich der Kopfzeile, in dem Sie Informationen sehen wollen, und tragen Sie diese ein.

3. Holen Sie automatische Elemente wie Datum, Uhrzeit oder Seitenzahl aus der Gruppe Kopf- und Fußzeilenelemente.

4. Schalten Sie zur Fußzeile und tragen Sie auch hier die gewünschten Informationen ein.

Jetzt können Sie die Tabellenvorlage speichern. Löschen Sie alle anderen Tabellen aus der Mappe und speichern Sie die Mappe unter dem Dateinamen TABELLE.XLTX im XLSTART-Ordner.

Pfad:

C:\Users\<benutzername>\AppData\Roaming\Microsoft\Excel\XLSTART

Legen Sie per Klick auf das letzte Symbol im Tabellenregisterbereich oder über die Multifunktionsleiste (*Start/Zellen/Einfügen/Blatt einfügen*) ein neues Tabellenblatt an, erhalten Sie eine Kopie dieses Tabellenblattes.

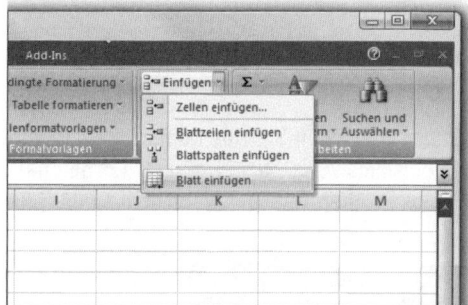

Abbildung 5.1: Hier werden die eigenen Vorlagen für neue Mappen angeboten

5.2   Kopfzeilen/Fußzeilen

Zu den wichtigsten Elementen des gedruckten Tabellenlayouts gehören die Kopf-
und die Fußzeile. Excel bietet mit einem eigenen Register eine große Auswahl an
Formatierwerkzeugen. Die Kopf- und Fußzeilentools werden aber nur in der Seitenlayout-Ansicht angeboten.

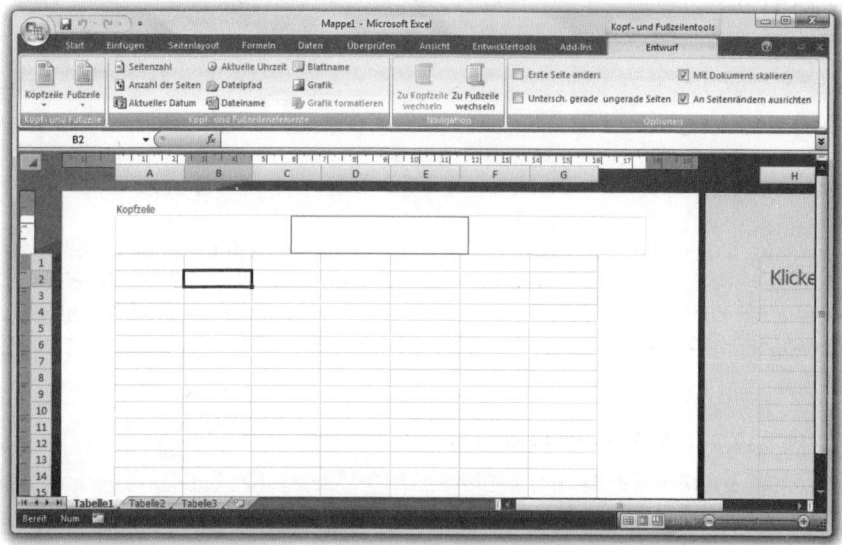

Abbildung 5.2: Kopf- und Fußzeilentools in der Seitenlayout-Ansicht

5.2.1   Die Ignoranz des Zeichens &

Haben Sie gewusst, dass Excel in der Kopf- bzw. Fußzeile das kaufmännische Und-Zeichen & ignoriert?

Schalten Sie auf die Ansicht *Seitenlayout* um, und legen Sie eine Kopfzeile an, die im mittleren Bereich einen Firmennamen wie beispielsweise *Mustermann & Co.* beinhaltet. Wenn Sie den Bereich verlassen, wird das Zeichen verschwunden sein.

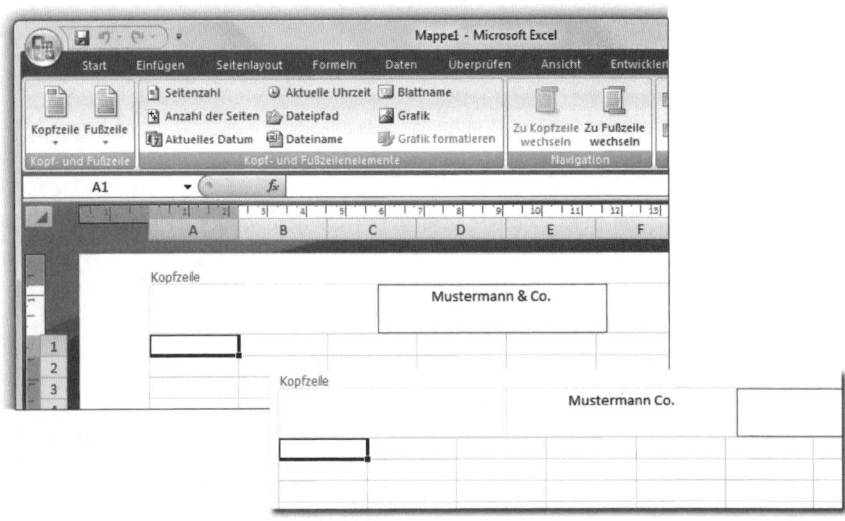

Abbildung 5.3: Das &-Zeichen wird in Kopf- und Fußzeilenbereichen verschluckt

Excel verschluckt standardmäßig das Zeichen &, weil es in Kopf- und Fußzeilen als Steuerzeichen interpretiert wird. Um Excel dazu zu bewegen, dieses Zeichen dennoch in der Kopf- oder Fußzeile anzuzeigen, geben Sie einfach dieses Zeichen zweimal ein, also

Mustermann && Co.

5.2.2 Mehrzeilige Kopf- und Fußzeilen

Auch das Definieren von mehrzeiligen Kopf- und Fußzeilen ist in Excel kein Problem. Wenn Sie beispielsweise eine dreizeilige Fußzeile erstellen möchten, dann gehen Sie wie folgt vor:

1. Wechseln Sie im Register *Ansicht* zur Seitenlayout-Ansicht.
2. Tragen Sie die erste Zeile in die Kopf- oder Fußzeile ein und drücken Sie die ⏎-Taste.
3. Schreiben Sie die weiteren Zeilen.
4. Ziehen Sie im Lineal am linken Rand die Randlinie mit gedrückter Maustaste nach unten bzw. oben, bis die mehrzeilige Kopf- oder Fußzeile genügend Platz hat.

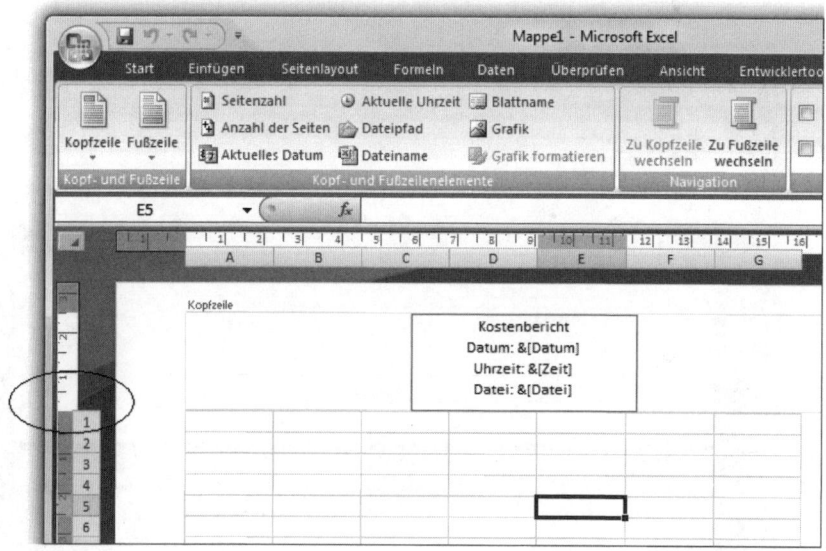

Abbildung 5.4: Platz schaffen für die Kopfzeile

5.2.3 Bei 255 ist Schluss

Sie können für die Gestaltung der Kopf- und Fußzeilen maximal 255 Zeichen einschließlich Formatierzeichen (&) einsetzen. Diese Grenze kann nicht umgangen werden.

5.2.4 Horizontalen Trennstreifen in Fußzeile einziehen

Möchten Sie in einer mehrzeiligen Fußzeile einen horizontalen Trennstreifen einziehen, dann befolgen Sie die nächsten Arbeitsschritte:

1. Schalten Sie um auf die Ansicht *Seitenlayout*, und klicken Sie in den mittleren Fußzeilenbereich der Tabelle.

2. Drücken Sie die Tastenkombination ⌊Alt⌋ + ⌊196⌋. Geben Sie dabei die Zahl auf dem Ziffernblock der Tastatur ein.

3. Kopieren Sie das Zeichen mit ⌊Strg⌋+⌊c⌋, und fügen Sie es mit ⌊Strg⌋+⌊v⌋ so lang ein, bis der Trennstrich die gesamte Seitenbreite einnimmt.

4. Drücken Sie die ⌊⏎⌋-Taste und fügen Sie die Seitennummer, das Datum oder andere Informationen unter dem Strich ein.

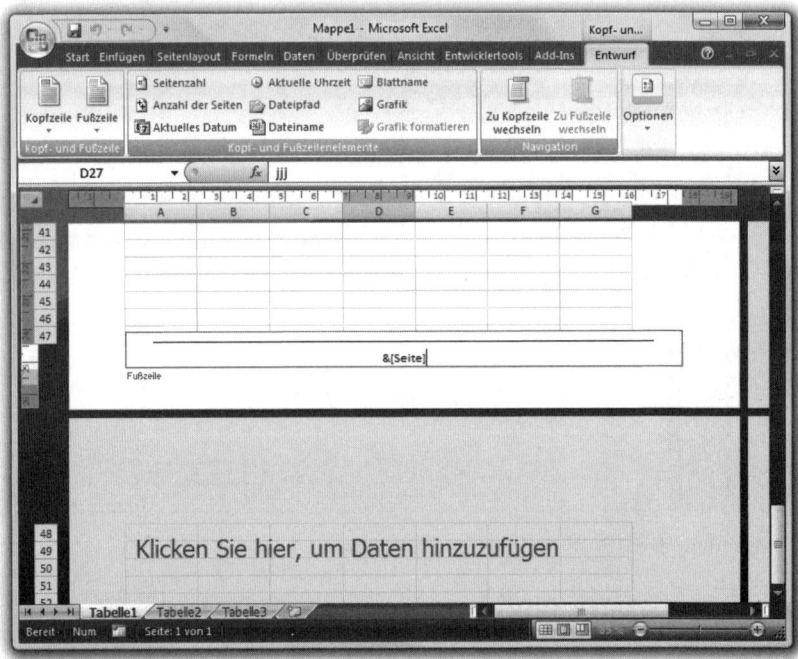

Abbildung 5.5: Ein Trennstrich in der Fußzeile

5.2.5 Alle Tabellen einer Mappe mit Kopf- und Fußzeile ausstatten

Wenn alle Tabellen einer Arbeitsmappe mit einer einheitlichen Kopf- und Fußzeile ausgestattet werden sollen, dann verfahren Sie wie folgt:

1. Klicken Sie die erste Tabelle in der Arbeitsmappe mit der rechten Maustaste am Tabellenreiter an und wählen Sie den Befehl *Alle Blätter auswählen* aus dem Kontextmenü.

Schalten Sie im Ansicht-Menü auf die Seitenlayout-Ansicht um und formatieren Sie das aktuelle Tabellenblatt nach Ihren Wünschen. Alle weiteren Blätter übernehmen diese Formatierungen und Textinhalte automatisch.

Ein Klick auf ein beliebiges Tabellenregister löst die Gruppe wieder auf, kontrollieren Sie die Kopf- und Fußzeilen der einzelnen Blätter.

Übrigens: Wenn Sie nur einzelne Blätter formatieren wollen und nicht alle Tabellen in der Mappe, markieren Sie die betreffenden Register mit gedrückter Strg *-Taste.*

5.2.6 Seitenränder in Kopf- und Fußzeilen

Wenn Sie bereits mit Kopf- und Fußzeileneinträgen experimentiert hatten, werden Sie festgestellt haben, dass die Bereiche unabhängig vom Rest der Tabelle sind. Das hat einen Grund: Kopf- und Fußzeilen sollten sich generell über die Breite der Seite erstrecken, unabhängig davon, wie groß die Seitenränder oder die Spaltenbreiten der Tabelle gewählt werden. Sie können diese Einstellungen aber beeinflussen:

1. Schalten Sie unter *Ansicht* auf die Seitenlayout-Ansicht um, und setzen Sie den Cursor in einen Bereich der Kopf- oder Fußzeile.

2. Klicken Sie unter *Kopf- und Fußzeilentools/Entwurf* auf *Optionen*.

3. Kreuzen Sie die Option *Mit Dokument skalieren* an, wenn Sie die Kopf- und Fußzeilen zusammen mit dem Tabellenblatt skalieren und mit der gleichen Schriftart formatieren wollen. Wenn Sie die Option *Mit Dokument skalieren* nicht setzen, können Sie den Kopf/Fußbereich frei skalieren und formatieren.

4. Kreuzen Sie die Option *An Seitenrändern ausrichten* an, wird der Bereich der Kopf- und Fußzeile automatisch auf die Randeinstellungen der Tabelle ausgerichtet.

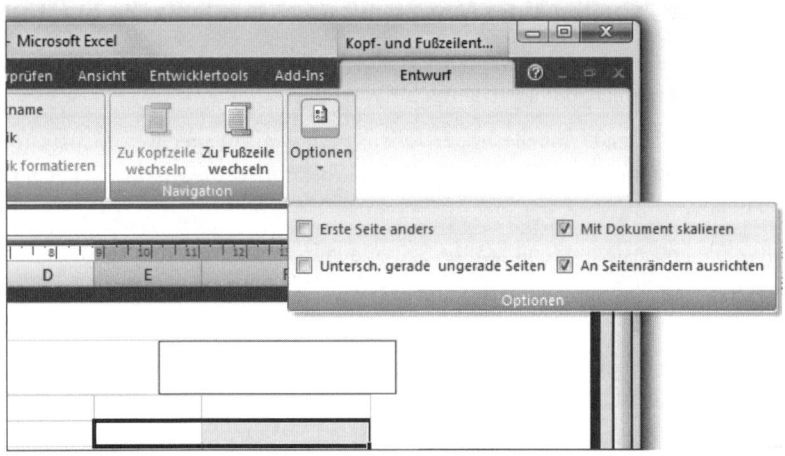

Abbildung 5.6: Optionen für die Seitenränder und Skalierung der Kopf- und Fußzeile

5.2.7 Schriftgröße in Kopfzeile verändern

Die Schriftgröße in einem der drei Kopf- oder Fußzeilenbereiche ändern Sie einfach durch Zuweisung einer Größe über *Start/Schriftart* oder mit dem Symbol *Schriftgrad vergrößern/Schriftgrad verkleinern*. Es gibt aber auch einen versteckten Trick, um die Schriftgröße anzupassen, der das Umschalten auf das erste Register erspart:

1. Schalten Sie unter *Ansicht* auf die Seitenlayout-Ansicht um, und setzen Sie den Cursor in einen Bereich der Kopf- oder Fußzeile.

2. Tragen Sie ein &-Zeichen und die Schriftgröße ein, zum Beispiel Schriftgröße 8:

   &8

3. Drücken Sie die ⏎-Taste und klicken Sie in einen Bereich der Tabelle.

4. Wenn Sie den Cursor wieder in den Bereich setzen, werden Sie feststellen, dass dieser mit der angegebenen Schriftgröße formatiert wurde.

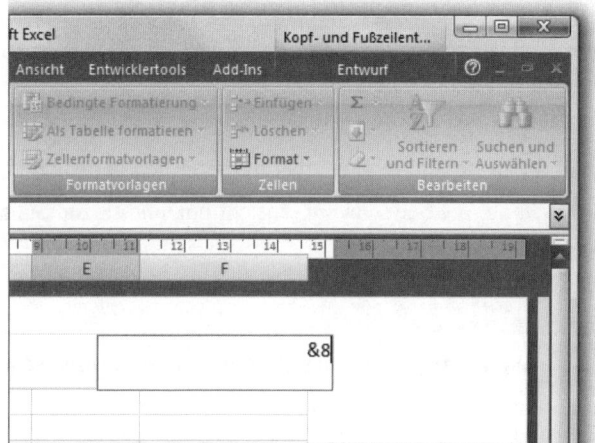

Abbildung 5.7: Schriftgröße setzen einmal anders

5.2.8 Kopf/Fußzeilen und Tabellenschutz

Haben Sie gewusst, dass Sie die Möglichkeit haben, alle Kopf- und Fußzeilenbereiche zu beschreiben oder abzuändern, obwohl ein Tabellenblatt vorher mit einem Tabellenschutz versehen wurde (*Überprüfen/Änderungen/Blatt schützen*)?

Das gilt auch für den Arbeitsmappenschutz, der alle Tabellenblätter in der Mappe vor Überschreibung und Formatierung schützt, auch dieser sieht keinen Schutz für die Kopf- und Fußzeilen vor.

5.2.9 Copyright-Zeichen in der Kopf/Fußzeile

So fügen Sie das Copyright-Zeichen © in die Kopf- oder Fußzeile ein:

1. Schalten Sie unter *Ansicht* auf die Seitenlayout-Ansicht um, und setzen Sie den Cursor in einen der drei Bereiche der Kopf- oder Fußzeile.
2. Drücken Sie die [Alt]-Taste und halten Sie sie fest.
3. Tippen Sie auf der Zehnertastatur die Kombination

   0169
4. Lassen Sie die [Alt]-Taste los, und das Zeichen wird geschrieben. Fügen Sie den restlichen Text an.

5.2.10 Benutzerdefinierte Seitennummerierung einstellen

Eine besonders nützliche und elegante Seitennummerierung ist die Angabe der Seitennummer in Verbindung mit der Gesamtzahl der Seiten:

Seite x von y

Erstellen Sie dieses Format am besten im rechten oder mittleren Teil der Fußzeile:

1. Schalten Sie unter *Ansicht* auf die Seitenlayout-Ansicht um, und setzen Sie den Cursor in den Fußzeilenbereich.

2. Geben Sie ein:

   Seite <Leerzeichen>

3. Wählen Sie in den Kopf- und Fußzeilentools das Element *Seitenzahl*, und schreiben Sie weiter:

   Seite &[Seite]<Leerzeichen>von<Leerzeichen>

4. Klicken Sie auf das Symbol für die Anzahl der Seiten:

   Seite &[Seite]<Leerzeichen>von<Leerzeichen>&[Seiten]

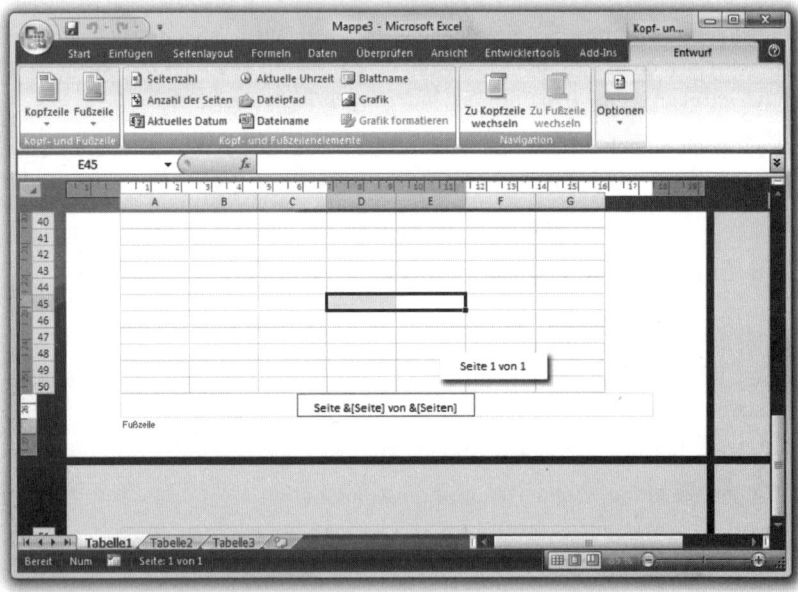

Abbildung 5.8: Seitenzahl und Anzahl Seiten

Wenn Sie den Cursor aus dem Bereich herausnehmen und in die Tabelle klicken, sehen Sie zunächst eine Raute (#) als Ersatz für die Zeilennummer. Schalten Sie in die Seitenansicht um oder drucken Sie das Tabellenblatt, wird automatisch die richtige Seitenzahl eingetragen.

5.2.11 Formatcodes für Kopf- und Fußzeilen

Haben Sie sich schon einmal gefragt, warum Excel ein &-Zeichen und einen bestimmten Buchstaben einträgt, wenn Sie ein Symbol aus den Kopf- und Fußzeilenelementen benutzen? Das ist ein Anachronismus, ein Überbleibsel aus früheren Versionen: Excel konnte lange die automatischen Informationen wie Seitenzahl, Datum und Registername nicht am Bildschirm darstellen, und die Möglichkeit, den vollständigen Pfad zur Mappe oder eine Grafik einzufügen, bestand sogar erst in den letzten Updates.

Erst der Druck oder die Seitenansicht wandelten die im Kopf/Fußzeilenbereich verwendeten Codes in echte Informationen um.

Damit eine Excel 2007-Mappe kompatibel zu früheren Versionen bleibt, wurde das Verfahren beibehalten. Nach wie vor enthält die Kopf- und Fußzeile Codes für automatische Informationen wie Seitenzahlen. Datum oder Dateipfad, Excel 2007 zeigt als erste Version das Ergebnis bereits in der Seitenlayout-Ansicht an.

Geübte Excel-Nutzer verwenden diese Formatcodes an Stelle von manuellen Formatierungen, für die auf die entsprechenden Register umgeschaltet werden muss. Sehen Sie sich die Liste aller Formatcodes an, Sie werden auch einige entdecken, die nicht per Symbol erzeugbar sind:

Nachfolgende Zeichen linksbündig:	&L
Nachfolgende Zeichen zentriert:	&Z
Nachfolgende Zeichen rechtsbündig:	&R
Doppelt Unterstreichen ein- oder ausschalten:	&E
Hochstellen ein- oder ausschalten:	&X
Tiefstellen ein- oder ausschalten:	&Y
Fettdruck ein- oder ausschalten:	&F
Kursivdruck ein- oder ausschalten:	&K
Unterstreichen ein- oder ausschalten:	&T

Durchstreichen ein- oder ausschalten:	&H
Konturschrift ein oder aus (nur Macintosh):	&O
Schattieren ein oder aus (nur Macintosh):	&H
Das aktuelle Datum:	&D
Die aktuelle Zeit:	&U
Name des Dokuments:	&N
Name des Registers einer Arbeitsmappe:	&B
Seitenzahl:	&S
Seitenzahl plus Zahl:	&S+Zahl
Seitenzahl abzüglich Zahl:	&S-Zahl
Gesamtseitenzahl:	&A
Ein einzelnes kaufmännisches Und-Zeichen:	&&
Schriftart:	&»Schriftart«
Schriftgröße:	&nn

Wenn Sie mit der Makrosprache VBA Kopf- und Fußzeilen anprogrammieren, müssen Sie die englischsprachigen Codes verwenden, aus &F für »Fettdruck« wird dann eben &B für »Bold«. So sieht ein Makro aus, das in der Kopfzeile links den Namen des Dokuments fettgedruckt einträgt, rechts das Datum und in der Mitte der Fußzeile »Seite x von y« schreibt:

```
Sub KopfUndFußzeile()
  With ActiveSheet.PageSetup
    .LeftHeader = "&B&F"
    .RightHeader = "&D"
    .CenterFooter = "&ISeite &N von &P"
  End With
End Sub
```

Hier die Liste mit Kopf-/Fußzeilencodes, die in der Makrosprache VBA an Stelle der deutschen Codes verwendet werden müssen:

Nachfolgende Zeichen linksbündig:	&L
Nachfolgende Zeichen zentriert:	&C
Nachfolgende Zeichen rechtsbündig:	&R
Doppelt Unterstreichen ein- oder ausschalten:	&E
Hochstellen ein- oder ausschalten:	&X
Tiefstellen ein- oder ausschalten:	&Y
Fettdruck ein- oder ausschalten:	&B
Kursivdruck ein- oder ausschalten:	&I
Unterstreichen ein- oder ausschalten:	&U
Durchstreichen ein- oder ausschalten:	&S
Das aktuelle Datum:	&D
Die aktuelle Zeit:	&T
Name des Dokuments:	&F
Name des Registers einer Arbeitsmappe:	&A
Seitenzahl:	&N
Seitenzahl plus Zahl:	&N+Zahl
Seitenzahl abzüglich Zahl:	&N-Zahl
Gesamtseitenzahl:	&P
Ein einzelnes kaufmännisches Und-Zeichen:	&&
Schriftart:	&»Schriftart«
Schriftgröße:	&nn

5.3 Mit Grafikobjekten trickreich arbeiten

Grafische Objekte lockern das Tabellenlayout auf und bieten Darstellungsmöglichkeiten jenseits von Zellen, Zeilen und Spalten. Lernen Sie einige Tricks mit gezeichneten Objekten und Bildelementen in der Tabelle kennen.

5.3.1 Drei Smileys

Schalten Sie auf das Register *Einfügen* um und suchen Sie unter *Illustrationen/Formen* das passende Objekt für Ihre Zeichnung. Der »Smiley« gehört zur Grundausstattung, er ist in der Gruppe der Standardformen zu finden. Zeichnen Sie ihn und weisen Sie über das Kontextmenü die passende Hintergrundfarbe (natürlich gelb) zu.

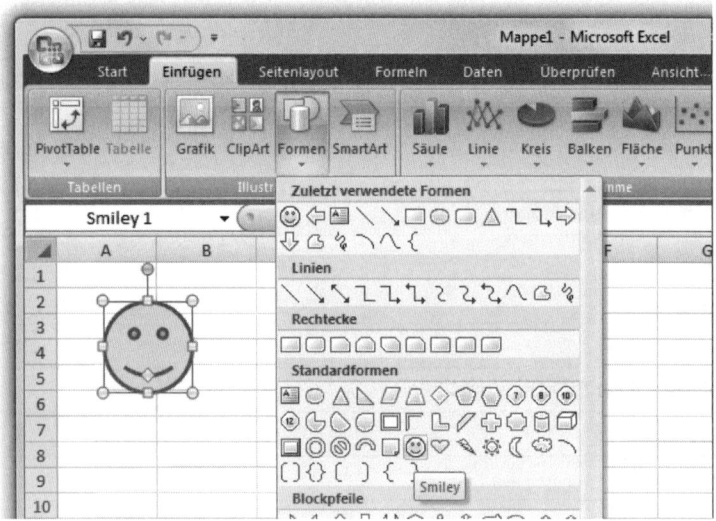

Abbildung 5.9: Ein Smiley aus der Formenbibliothek

Wussten Sie, dass es auch einen weniger fröhlichen Smiley und auch einen neutralen Smiley gibt? Kopieren Sie das zuvor gezeichnete Mondgesicht und ziehen Sie den gelben Punkt an der Mundlinie nach oben. Damit ändern Sie seine Gemütslage und es entsteht ein zweiter und dritter Smiley. Die Symbole werden zum Beispiel zur Illustration von guten/schlechten Zahlen oder Ergebnissen verwendet.

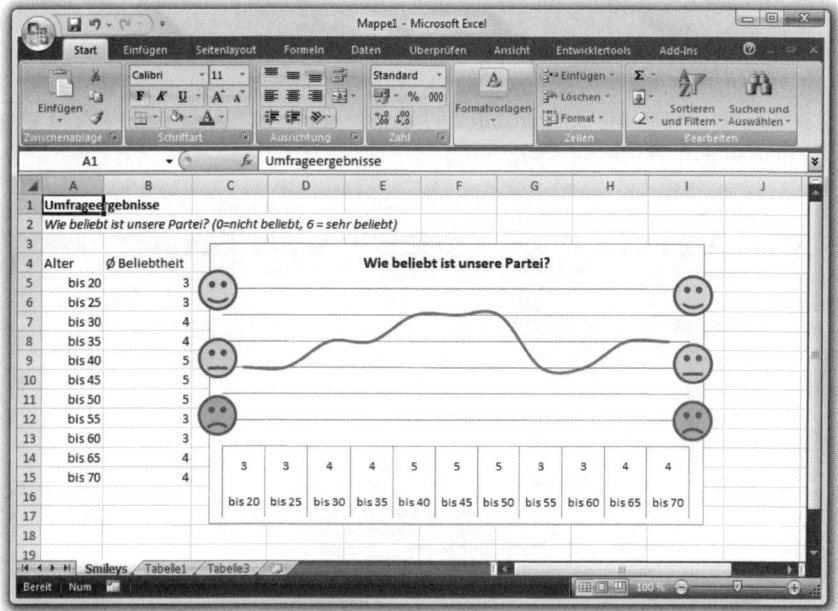

Abbildung 5.10: Ein Grundobjekt, drei Smileys

5.3.2 Textfelder: Spaltenweise setzen

Textfelder sind nützlich, wenn es um die Unterbringung von Textpassagen geht, die nicht an Zellen gebunden oder mit Zellen verbunden sein sollen. In der Formenbibliothek oder unter *Einfügen/Text* finden Sie ein passendes Werkzeug zum Zeichnen von Textfeldern.

Bei sehr großen Textmengen kann es sinnvoll sein, diese mehrspaltig zu setzen, und dazu finden Sie eine Option im Kontextmenü.

1. Zeichnen Sie mit Hilfe des Textfeld-Werkzeugs aus *Einfügen/Text* ein Textfeld in die Tabelle.

2. Kopieren Sie den Langtext über die Zwischenablage in das Objekt.

3. Klicken Sie das Textfeld mit der rechten Maustaste an, und wählen Sie *Form formatieren*.

4. Schalten Sie um auf die Kategorie *Textfeld* und klicken Sie auf *Spalten*.

5. Jetzt können Sie die Spaltenzahl und den Abstand zwischen den Spalten eingeben und mit Klick auf *OK* bestätigen.

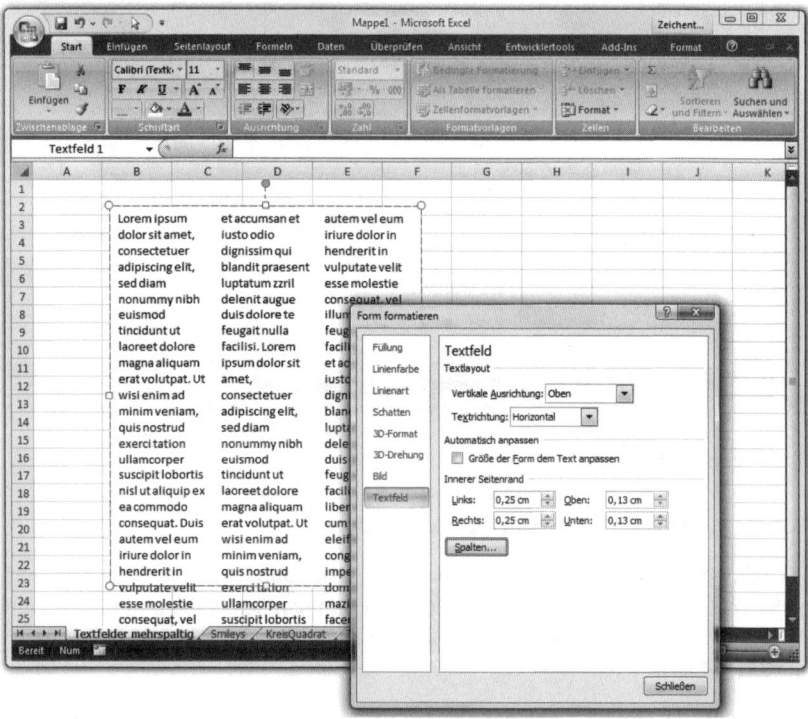

Abbildung 5.11: Auch möglich: Ein dreispaltiges Testfeld in der Tabelle

Übrigens: Blindtexte wie »Lorem Ipsum« finden Sie im Internet in sogenannten Blindtext-Generatoren. Geben Sie bei Google »Blindtext« ein.

5.3.3 Textfelder: Nicht druckbare Informationen hinterlegen

Möchten Sie in einer Tabelle Informationen hinterlegen, die zwar gesehen, aber nicht ausgedruckt werden können, dann verfahren Sie dabei wie folgt:

1. Schalten Sie in der Multifunktionsleiste um auf *Einfügen* und holen Sie aus der Gruppe *Text* ein Textfeld.

2. Zeichnen Sie das Textfeld in der gewünschten Größe in das Tabellenblatt und geben Sie den Text ein.

3. Klicken Sie mit der rechten Maustaste auf den Rand des Textfeldes und wählen Sie den Befehl *Größe und Eigenschaften* aus dem Kontextmenü.

4. Deaktivieren Sie unter *Eigenschaften* die Option *Objekt drucken* und schließen Sie das Dialogfenster wieder.

5. Das Textfeld ist jetzt zwar in der Tabelle sichtbar, auf dem Ausdruck fehlt es jedoch.

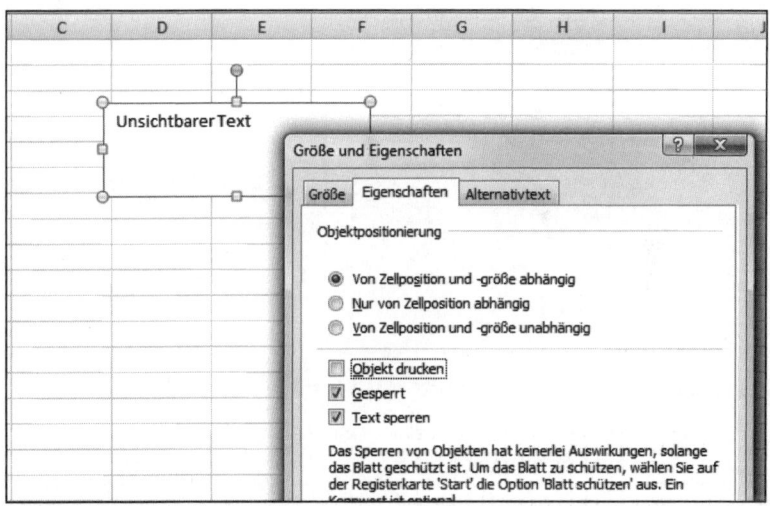

Abbildung 5.12: Das Textfeld wird nicht gedruckt

5.3.4 Besser zeichnen mit der Alt-Taste

Wenn Sie mit Zeichnungsobjekten wie Rechtecken, Textfeldern, AutoFormen und dergleichen in der Tabelle arbeiten und diese Objekte an den Gitternetzlinien ausrichten müssen, orientieren Sie sich am besten an dem Raster, das bereits vorhanden ist, nämlich der Zelleneinteilung der Tabelle:

Markieren Sie das gezeichnete Objekt oder eine Gruppe von Objekten (mit `Strg`-Taste).

Halten Sie die `Alt`-Taste gedrückt, und ziehen Sie das Objekt an einem Markierungspunkt, um es an einem Zellrand auszurichten.

Verschieben Sie das Objekt mit dem Mauszeiger am Rand, wird es ebenfalls am nächsten erreichbaren Zellrand ausgerichtet.

Wenn Sie größere Zeichnungen planen, sollten Sie sich ein entsprechendes Raster aus Zeilen und Spalten zurechtlegen.

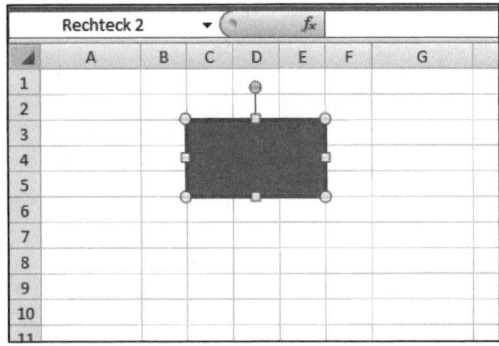

Abbildung 5.13: Zeichnen mit Raster und `Alt`-Taste

5.3.5 Kreise und Quadrate

Mit dem Kreiswerkzeug aus der Formenbibliothek zeichnen Sie einen Kreis oder besser eine Ellipse, denn ein Kreis wird's nur, wenn Sie diesen Trick kennen:

1. Halten Sie die Taste `⇧` gedrückt, während Sie den Kreis in der gewünschten Größe auf Ihrer Tabelle aufziehen oder ihn durch Ziehen eines Markierungspunktes nachträglich verändern.

Das gilt natürlich auch für das Quadrat, das bekanntlich ein Rechteck mit gleich großen Kantenlängen ist. Ziehen Sie das Rechteck mit gedrückter ⟨⇧⟩-Taste auf, wird
es ein Quadrat.

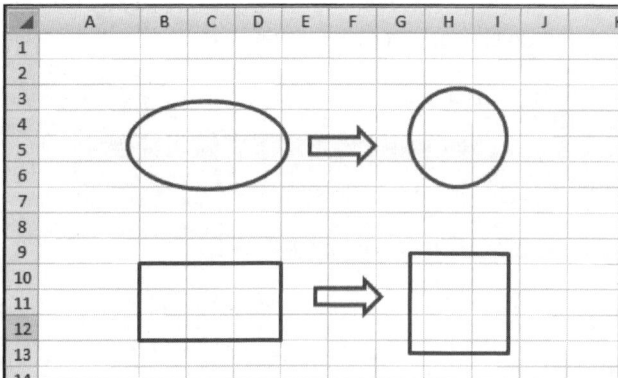

Abbildung 5.14: Kreise und Quadrate zeichnen

5.3.6 Aus dem Mittelpunkt zeichnen

Wenn Sie die ⟨Strg⟩-Taste drücken und festhalten, wird das neue Objekt aus dem Mittelpunkt heraus, d.h. von dem Punkt, an dem der Mauszeiger angesetzt wird, gezeichnet. Die Kombination ⟨Strg⟩ und ⟨⇧⟩ zeichnet einen Kreis oder ein Quadrat oder ein
symmetrisches Objekt aus dem Mittelpunkt heraus.

5.3.7 Mit dem Objektmarkierer arbeiten

Dieses Werkzeug sollten Sie kennen, wenn Sie mit grafischen Objekten arbeiten. Der
Objektmarkierer ist für Vielzeichner so wichtig, dass sie ihn aus seinem Versteck holen
und in die Symbolleiste für den Schnellzugriff packen sollten, damit er sofort zur Verfügung steht:

1. Unter *Start/Bearbeiten/Suchen und Auswählen* finden Sie die Option *Objekt markieren* (weißer Pfeil).

2. Klicken Sie diese an, verwandelt sich der Mauszeiger in einen weißen Pfeil, und ab
   sofort können nur noch Objekte markiert werden, keine Zellen oder Zellbereiche
   mehr.

3. Klicken Sie gezeichnete Objekte an oder ziehen Sie mit dem Objektmarkierer einen Rahmen um eine Objektgruppe.

4. Wenn Sie mehrere Objekte zusammenfassen wollen, drücken Sie die $\boxed{\text{Strg}}$-Taste und markieren nacheinander die Objekte.

5. Mit $\boxed{\text{Esc}}$ schalten Sie den Objektmarkierer wieder aus.

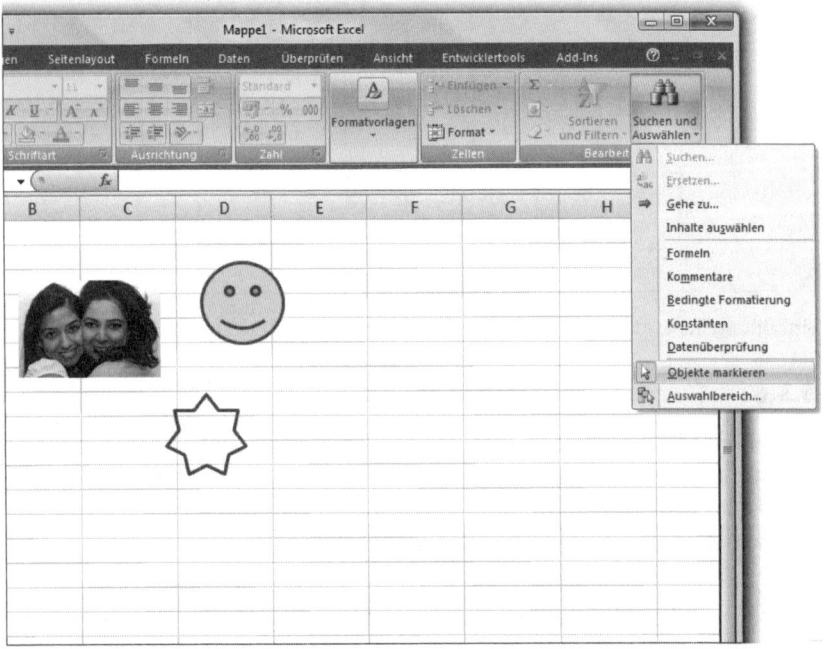

Abbildung 5.15: Hier ist der Objektmarkierer zu finden

Um dieses nützliche Symbol schneller zur Verfügung zu haben, holen Sie es in die Symbolleiste für den Schnellzugriff.

1. Öffnen Sie dazu das Menü unter *Start/Bearbeiten/Suchen und Auswählen* und klicken Sie mit der rechten Maustaste auf die Option *Objekte markieren*.

2. Wählen Sie *Zu Symbolleiste für den Schnellzugriff hinzufügen*.

Damit lässt sich der Objektmarkierer mit einem Klick aus der Leiste über (bzw. unter je nach Einstellung) der Multifunktionsleiste aktivieren.

Abbildung 5.16: Der Objektmarkierer in der Symbolleiste für den Schnellzugriff

5.3.8 Objekte ausrichten

Das Ausrichten gezeichneter Objekte kann viel Zeit in Anspruch nehmen, und ein gutes Zellenraster ist hier sehr wertvoll. Nutzen Sie vor allem aber die automatischen Ausrichtungen in den Zeichentools:

1. Markieren Sie mit dem Objektmarkierer oder mit gedrückter [Strg]-Taste mehrere Objekte, die Sie an einer Linie oder zentriert ausrichten wollen.

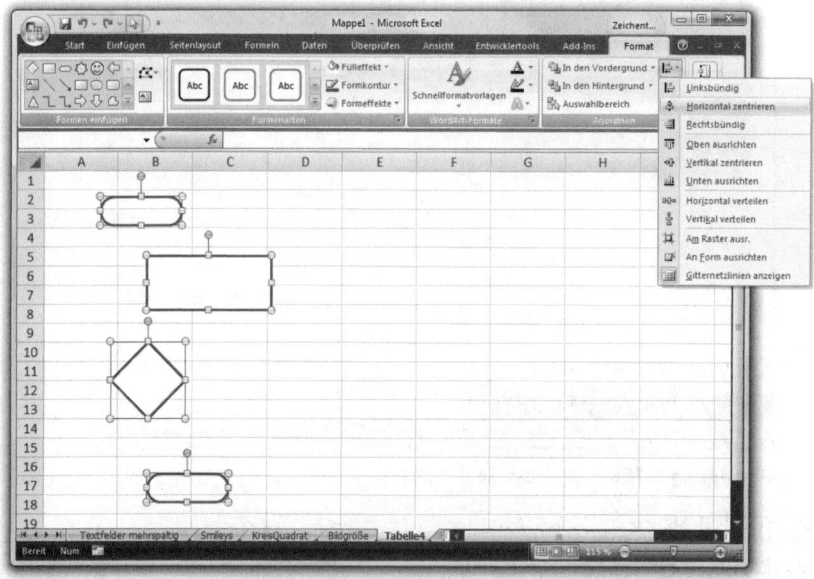

Abbildung 5.17: Flussdiagrammobjekte ausrichten

2. Wählen Sie *Zeichentools/Format/Anordnen*.

3. Klicken Sie auf die passende Anordnung, um die Objekte auszurichten. Im Beispielbild werden die Flussdiagrammobjekte horizontal zentriert und damit in einer Linie ausgerichtet.

5.3.9 Bildgröße anpassen

Wenn Sie in einer Tabelle ein Bild vergrößern oder verkleinern möchten und dabei den Maßstab behalten, dann nehmen Sie das Bild an der rechten unteren Ecke ab und ziehen es im 45-Grad-Winkel nach unten, um es zu vergrößern, bzw. im 45-Grad-Winkel in Richtung Mitte des Bildes, um es zu verkleinern. Halten Sie dazu beim Zeichnen die ⟨⇧⟩-Taste gedrückt, damit der Winkel erhalten bleibt.

Möchten Sie hundertprozentig sicherstellen, dass das Bild auch wirklich maßstabsgerecht in der Größe angepasst wird, dann gehen Sie wie folgt vor:

1. Klicken Sie das eingefügte Bild mit der rechten Maustaste an und wählen den Befehl *Größe und Eigenschaften* aus dem Kontextmenü.

Abbildung 5.18: Bildgröße zurücksetzen

2. Unter *Größe/Skalierung* geben Sie die gewünschte Größe in Prozent an.

3. Setzen Sie die Grafik auf die Originalmaße zurück, klicken Sie dazu auf die Schaltfläche in der Kategorie *Größe*.

5.3.10 Gruppierte Objekte

Zum Gruppieren von Objekten markieren Sie diese mit dem Objektmarkierer und klicken auf *Zeichentools/Gruppierung*.

Wenn Sie einen Klick auf ein Objekt in einer Gruppierung durchführen, werden alle Objekte, die sich in der Gruppierung befinden, markiert. Ein zweiter Klick auf das gleiche Objekt markiert genau dieses Objekt. Die anderen bleiben davon unberührt. So ist es möglich, auch einzelne Objekte innerhalb einer Gruppierung individuell zu bearbeiten oder zu formatieren.

5.3.11 ClipArts zerlegen

ClipArts sind kleine Strichzeichnungen, die in einer internen Bibliothek zur Auswahl stehen. Die ClipArt-Bibliothek, die sich Excel übrigens mit den anderen Office-Programmen (Word, Powerpoint ...) teilt, finden Sie unter *Einfügen/Illustrationen/ClipArt.*

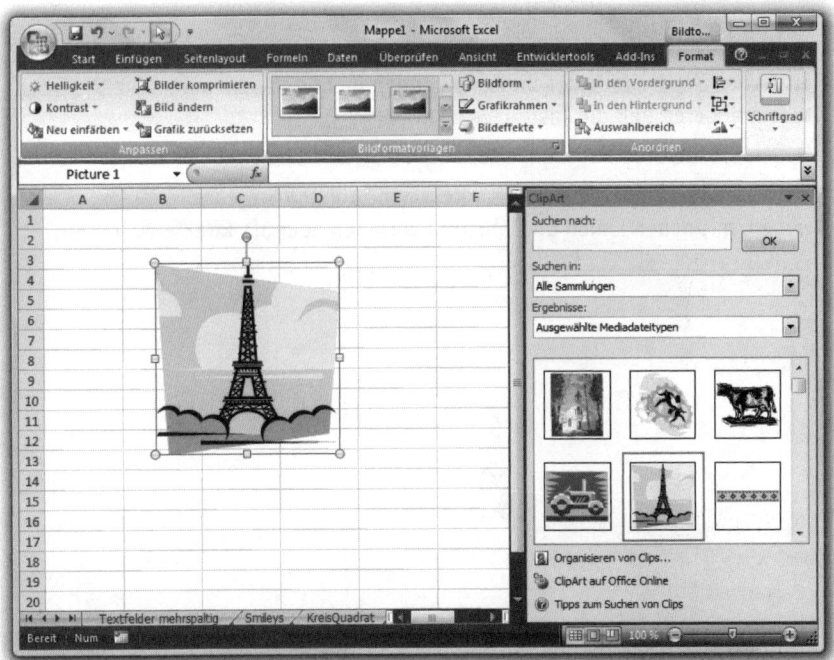

Abbildung 5.19: ClipArts aus der ClipArt-Bibliothek

Diese ClipArts setzen sich aus vielen kleinen Einzelobjekten zusammen, was Ihnen die Möglichkeit bietet, ein solches Bild zu zerlegen und in künstlerischer Freiheit umzugestalten. Zerlegen Sie ein ClipArt nach Ihren Wünschen:

1. Klicken Sie das ClipArt mit der rechten Maustaste an und wählen Sie aus dem Kontextmenü den Befehl *Gruppierung/Gruppierung aufheben*. Dieser Befehl kann besonders bei ClipArts öfters wiederholt werden, da ein ClipArt sehr oft aus mehreren gruppierten Objekten besteht.

2. Bestätigen Sie die Folgemeldung mit *Ja*.

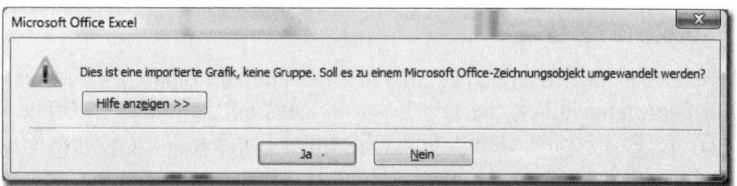

Abbildung 5.20: Meldung: ClipArt wird aufgelöst

3. Entfernen Sie die Teile des Bildes, die Ihnen nicht gefallen, indem Sie die Einzelteile markieren und die Taste Entf drücken.

4. Heben Sie die Gruppierung weiter auf, bis Sie alle Einzelteile bearbeiten können.

5. Mit *Form formatieren* aus dem Kontextmenü können Sie jedes Teilobjekt neu einfärben, mit neuen Linien und Mustern versehen oder 3D-Effekte zuweisen.

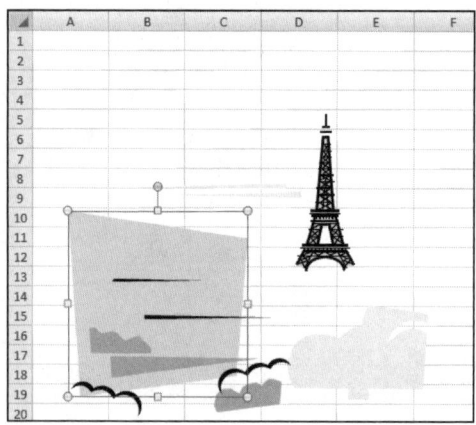

Abbildung 5.21: ClipArts bearbeiten: Der Eiffelturm ist frei gestellt

5.3.12 Objekte beschriften

Für freie Texte in der Tabelle gibt es das Textfeld-Werkzeug. Objekte, die mit diesem Werkzeug aus *Einfügen/Text* produziert werden, enthalten ausschließlich Text.

Was auf den ersten Blick nicht transparent ist: Sie können jedes gezeichnete Objekt beschriften und sparen sich damit die Kombination aus Textfeldern und Formobjekten. Tragen Sie den Text einfach ein, nachdem das Objekt erstellt und markiert ist. Zeichnen Sie beispielsweise ein Banner:

1. Ziehen Sie das Banner-Objekt aus den Formen auf (*Einfügen/Formen/Sterne und Banner*).

2. Markieren Sie das Objekt, und schreiben Sie:

   Die Geschichte unserer Firma

3. Klicken Sie mit der rechten Maustaste in den Text und wählen Sie *Texteffekte formatieren*.

4. Stellen Sie die vertikale und die horizontale Ausrichtung ein.

5. Wenn Sie die Bannergröße auf die Abmessungen des Textes reduzieren wollen, markieren Sie die Option *Größe der Form des Textes anpassen*.

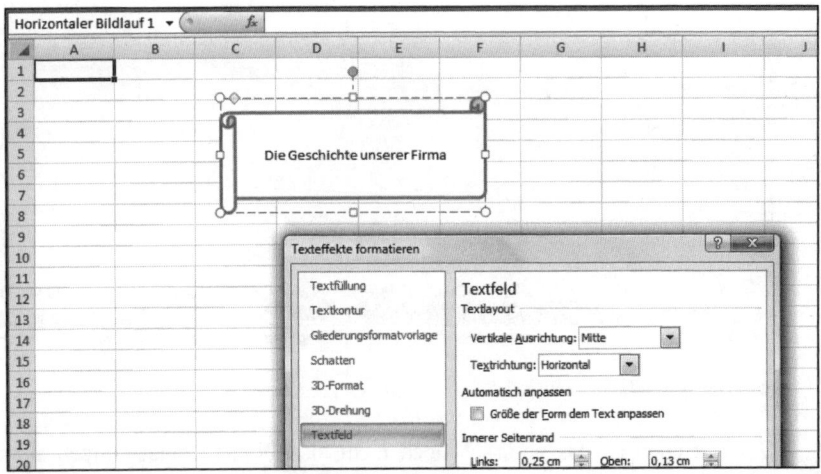

Abbildung 5.22: Der Text im Objekt

5.3.13 Wasserzeichen erstellen

Ein Wasserzeichen in der Tabelle erzeugen Sie mit WordArt. Die Auswahlbox bietet bereits passende Formate:

1. Wählen Sie *Einfügen/Text/WordArt*.
2. Markieren Sie ein WordArt-Objekt mit weißem Hintergrund und schattiertem Rand.
3. Schreiben Sie den Text in die Dialogbox und bestätigen Sie mit Klick auf *OK*.
4. Drehen Sie das Objekt über den Anfasser am oberen Rand.

Abbildung 5.23: Der WordArt-Text als Wasserzeichen

Ein Wasserzeichen ist das natürlich noch nicht, das Objekt prangt einfach auf der Tabelle und kann vom Benutzer angeklickt, verschoben und entfernt werden. Als Hintergrunddatei erfüllt es seinen Zweck besser:

1. Schneiden Sie das Objekt mit `Strg`+`x` in die Zwischenablage aus.

2. Fügen Sie es in ein Grafikprogramm, zum Beispiel Paint von Windows, ein und speichern Sie die Datei im JPG-Format.

3. Wählen Sie *Seitenlayout/Seite einrichten/Hintergrund.*

4. Suchen Sie die gespeicherte Datei und bestimmen Sie diese als Hintergrunddatei.

Jetzt wird das Wasserzeichen auf allen Seiten angezeigt, es kann nicht verändert, sondern nur als Hintergrund wieder entfernt werden, und das lässt sich mit Blattschutz oder Arbeitsmappenschutz verhindern.

5.4 Formularelemente

Excel bietet einige nützliche Formularwerkzeuge, die ganz ohne Makroprogrammierung auskommen und Tabellen zu funktionellen Formularen umgestalten. Sie finden diese Formularwerkzeuge in den Entwicklertools, eine Gruppe der Multifunktionsleiste, die standardmäßig nicht aktiv ist. So aktivieren Sie die Entwicklertools:

1. Klicken Sie auf das Office-Menü links oben, und wählen Sie *Excel-Optionen.*

2. Kreuzen Sie in der ersten Kategorie *Häufig verwendet* diese Option an:

Entwicklerregisterkarte in der Multifunktionsleiste anzeigen

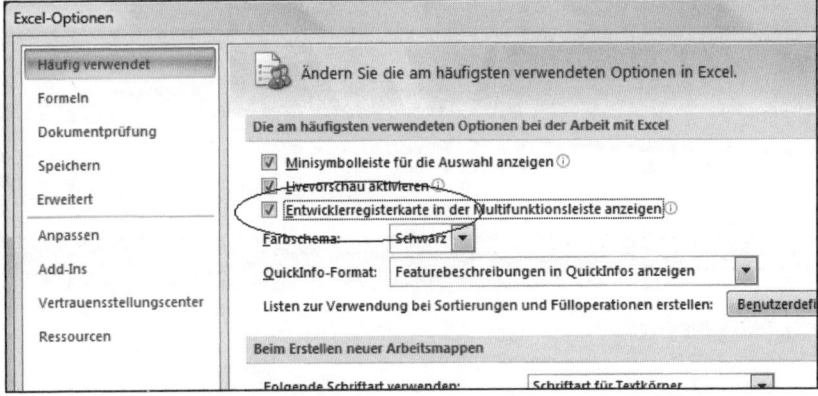

Abbildung 5.24: Für die Formularelemente muss die Entwicklerregisterkarte aktiv sein

5.4.1 Dropdown-Elemente für Kundennummer und Firmenname

In Ihrer Kundendatenbank sind die vollständigen Adressen der Kunden hinterlegt. Werden Rechnungen und Angebote an Kunden geschickt, muss der Sachbearbeiter immer die Daten von einem Blatt in das andere kopieren. Das wird jetzt automatisiert:

■ Die Kundenliste wird zur Datenbank erklärt.

■ Spalte A und Spalte B erhalten Bereichsnamen, damit sie in Dropdownlisten eingesetzt werden können.

■ Ein Rechnungsvordruck wird Dropdowns für die Kundennummer und die Firma anbieten.

Alle weiteren Daten werden über Verknüpfungsformeln automatisch übernommen.

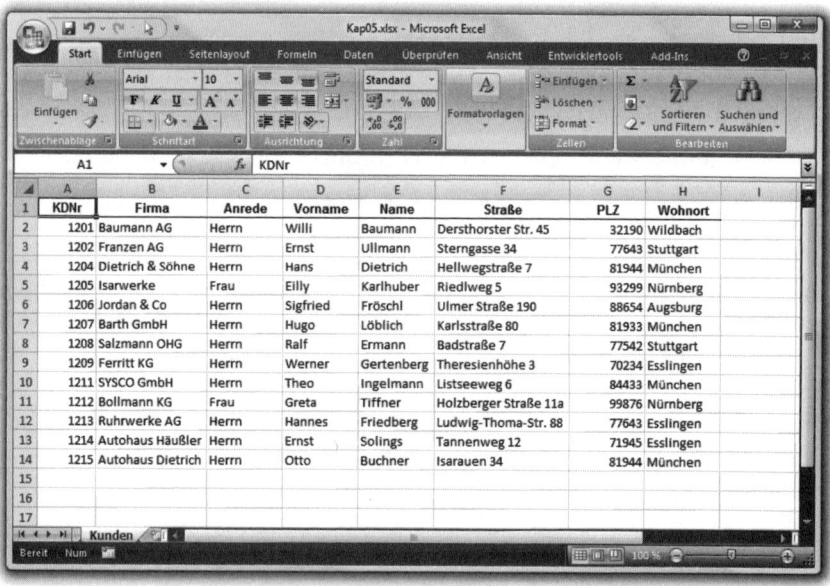

Abbildung 5.25: Eine Kundendatenbank als Basis für die Formulartechniken

1. Klicken Sie in die Liste, drücken Sie ⌈Strg⌉ + ⌈⇧⌉ + ⌈*⌉, um alle Daten zu markieren.

2. Erstellen Sie den Bereichsnamen *Datenbank* für die markierte Liste, tragen Sie diesen in das Namensfeld links oben ein und bestätigen Sie mit der ⌈↵⌉-Taste.

3. Erstellen Sie über den Namens-Manager (*Formeln/Definierte Namen*) drei weitere Bereichsnamen:

Name	Bereich	Bezieht sich auf
Daten	Arbeitsmappe	=BEREICH.VERSCHIEBEN(Datenbank; 1;;ZEILEN(Datenbank)-1;)
KdNr	Arbeitsmappe	=INDEX(Daten;;1)
Firmen	Arbeitsmappe	=INDEX(Daten;;2)

4. Verwenden Sie die nächste freie Tabelle oder fügen Sie ein Tabellenblatt ein. Geben Sie ihm den Registernamen *Rechnungsvordruck*.

5. Schalten Sie um auf das Register Entwicklertools. In der Gruppe *Steuerelemente* finden Sie ein Symbol *Einfügen*, öffnen Sie es per Klick und markieren Sie das Werkzeug *Kombinationsfeld*.

6. Zeichnen Sie mit gedrückter Maustaste ein Kombinationsfeld in die Tabelle.

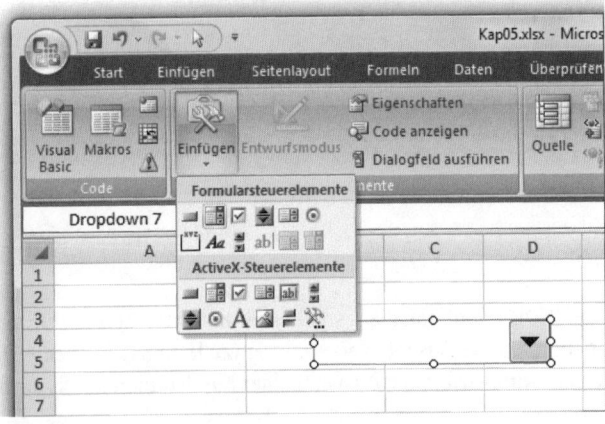

Abbildung 5.26: Ein Kombinationsfeld aus der Werkzeugsammlung der Entwicklertools

7. Im Kontext-Menü der rechten Maustaste finden Sie auf dem Element die Menü-option *Steuerelement formatieren*. Wählen Sie dieses Menü, und tragen Sie in die Dialogbox ein:

   Eingabebereich: =KdNr

   Zellverknüpfung: $E$1

   Dropdownzeilen: 8

8. Schließen Sie mit *OK* ab, und zeichnen Sie ein weiteres Element rechts neben das erste Element. Weisen Sie zu:

   Eingabebereich: =Firmen

   Zellverknüpfung: $E$1

   Dropdownzeilen: 8

9. Schließen Sie mit Klick auf *OK* die Zuweisungen ab. Mit einem Klick in eine beliebige Zelle wird das Element aktiv, und ein Klick auf den Pfeil präsentiert die per Bereichsnamen berechneten Spalten aus der Datenbank.

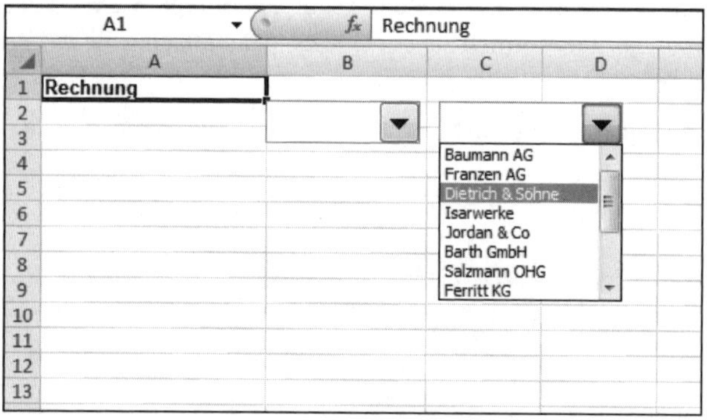

Abbildung 5.27: Zwei Formularelemente bieten die Kundennummern und die Firmennamen an

Jetzt können Sie mit der INDEX-Funktion die restlichen Firmendaten berechnen, die Sie in der Rechnung brauchen. Da die Ausgabeverknüpfung (Zelle $E$1) für beide Drop-down-Elemente gleich ist, wird sowohl die Auswahl einer Kundennummer als auch die

Auswahl eines Firmennamens die Nummer des gewählten Listenelements in dieser Zelle hinterlassen, und die können Sie wiederum als Zeilennummer des Bereichs Daten (die Datenbank ohne Kopfzeile) verwenden.

1. Fügen Sie die INDEX-Funktionen ein, die mithilfe der Ausgabeverknüpfung auf die Einzeldaten aus der Datenbank verweisen:

A5 =INDEX(Daten;$E$1;2)

A6 =INDEX(Daten;$E$1;3)

A7 =INDEX(Daten;$E$1;4)&" "&INDEX(Daten;$E$1;5)

A8 =INDEX(Daten;$E$1;6)

A10 =INDEX(Daten;$E$1;7)&" "&INDEX(Daten;$E$1;8)

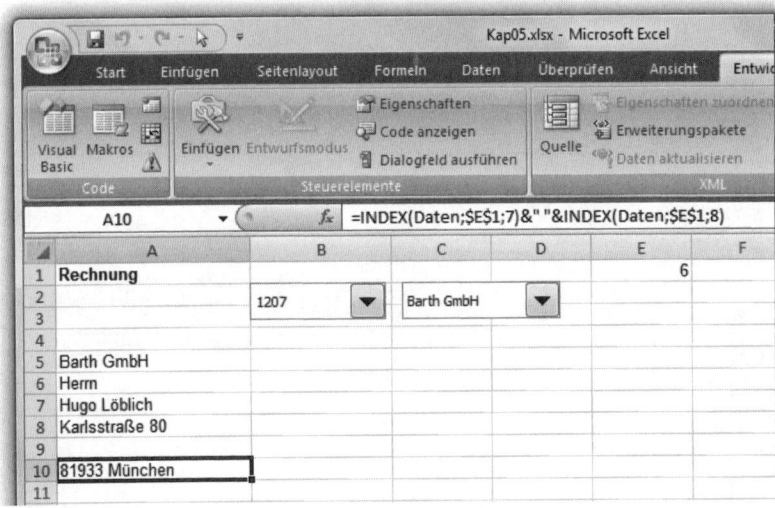

Abbildung 5.28: Mit der INDEX-Funktion wird die Adresse aus der Datenbank geholt

5.4.2 Optionsfelder für die Zahlungsart

Das Rechnungsformular soll für die Zahlungsart drei Optionen zur Auswahl anbieten:

1. Zeichnen Sie eine Optionsfeldgruppe und drei Optionsfelder in die Tabelle.

2. Weisen Sie den drei Optionsfeldern einheitlich die Zelle $H$1 als Ausgabeverknüpfung zu.

3. Um die gewählte Ausgabeart im Formular zu berechnen und als Text wiederzugeben, schreiben Sie diese Formel:

=WAHL($H$1;"bar";"gegen Rechnung";"per Nachnahme")

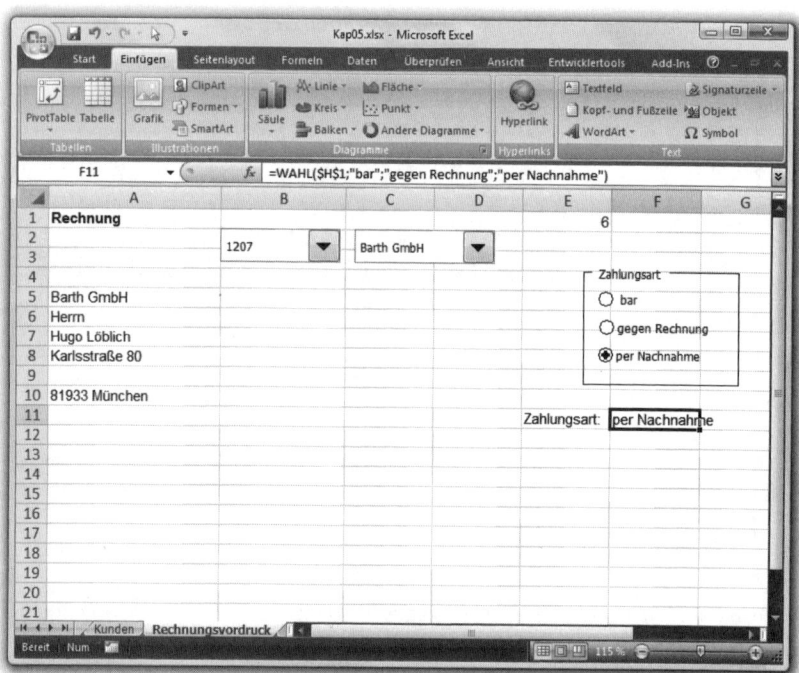

Abbildung 5.29: Optionsfelder für die Zahlungsart

KAPITEL 6

Formeln und Funktionen

Die Funktionen bilden das Getriebe im Mechanismus einer Tabellenkalkulation. Richtig eingesetzt und nach allen Regeln der Kunst verschachtelt, holen Sie mit Funktionen alles heraus aus Ihren Tabellenmodellen. In diesem Kapitel finden Sie die besten Tipps & Tricks zum Thema Formeln und Funktionen.

6.1 Formeln verstecken

Möchten Sie die Anzeige der Formeln in Ihren Tabellen verhindern, dann müssen Sie die Tabelle schützen. Dazu gehen Sie folgendermaßen vor:

1. Markieren Sie die Zellen, die Sie schützen möchten.

2. Drücken Sie die Tastenkombination [Strg] + [1], um den Dialog *Zellen formatieren* aufzurufen.

3. Wechseln Sie auf die Registerkarte *Schutz*.

4. Aktivieren Sie das Kontrollkästchen *Ausgeblendet*.

5. Klicken Sie in der Multifunktionsleiste *Überprüfen* auf die Schaltfläche *Blatt schützen*.

Danach werden die so geschützten Formeln in der Tabelle nicht mehr angezeigt.

Hinweis

Um die Formeln anzuzeigen bzw. zu ändern, müssen Sie den Blattschutz wieder über die Symbolgruppe *Überprüfen* und die Schaltfläche *Blattschutz aufheben* entfernen.

6.2 Formeln in Festwerte umwandeln

Da Formeln sich ändern, sobald Zellen, auf die sie sich beziehen, geändert werden, bieten Formeln somit die allergrößte Dynamik. Nicht immer ist dies aber gewünscht. Wenn Sie beispielsweise eine Kalkulation in Excel vorgenommen haben, die sich auf keinen Fall mehr ändern darf, dann wandeln Sie alle verwendeten Formeln in Festwerte um. Dazu befolgen Sie folgende Arbeitsschritte:

1. Markieren Sie den kompletten verwendeten Bereich in Ihrer Tabelle. Dazu setzen Sie den Mauszeiger in die Zelle A1 und drücken die Tastenkombination [Strg] + [⇧] + [Ende].

2. Kopieren Sie den markierten Bereich mit [Strg] + [c].

3. Klicken Sie in der Gruppe *Start* auf den Pfeil der Schaltfläche *Einfügen*. Wählen Sie dann aus dem Kontextmenü den Befehl *Inhalte einfügen*.

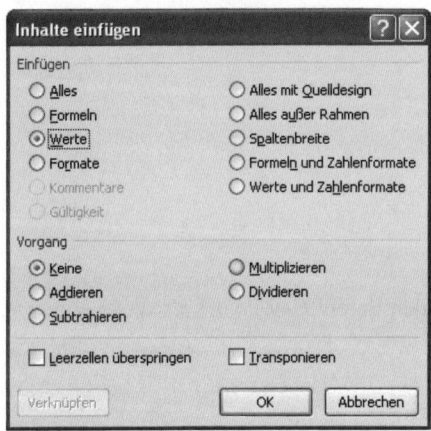

Abbildung 6.1: Formeln in Werte konvertieren

4. Aktivieren Sie im Dialog *Inhalte einfügen* die Option *Werte*.

5. Bestätigen Sie diese Aktion mit *OK*.

Danach werden alle Formeln in der Tabelle durch Festwerte ersetzt.

Alternativ können Sie auch folgende Vorgehensweise wählen:

1. Markieren Sie den Bereich, in dem Sie die Formeln in Festwerte umsetzen möchten.

2. Klicken Sie mit der rechten Maustaste auf den rechten Rand der Markierung und ziehen Sie den markierten Bereich eine Spalte weiter nach rechts. Halten Sie dabei die rechte Maustaste gedrückt.

3. Schieben Sie den markierten Bereich wieder an den Ausgangsort zurück und lassen Sie die rechte Maustaste wieder los. Dadurch wird automatisch ein Kontextmenü angeboten.

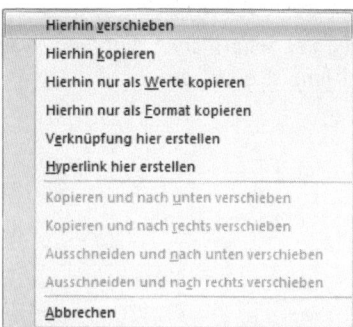

Hierhin verschieben

Hierhin kopieren

Hierhin nur als Werte kopieren

Hierhin nur als Format kopieren

Verknüpfung hier erstellen

Hyperlink hier erstellen

Kopieren und nach unten verschieben

Kopieren und nach rechts verschieben

Ausschneiden und nach unten verschieben

Ausschneiden und nach rechts verschieben

Abbrechen

Abbildung 6.2: Das Kontextmenü fürs Kopieren und Einfügen

4. Wählen Sie aus dem Kontextmenü den Befehl *Hierhin nur als Werte kopieren.*

Hinweis

Eine einzelne Formel können Sie in einer Zelle schneller umwandeln, wenn Sie den Zellenzeiger auf die Zelle setzen, dann die Taste [F2] und direkt im Anschluss die Taste [F9] drücken. Bestätigen Sie diese Aktion mit der Taste [↵].

6.3 Formelansicht aktivieren

Standardmäßig werden in Excel Formeln nur in der Bearbeitungsleiste von Excel angezeigt, sobald Sie eine Zelle, die eine Formel enthält, markieren. Für eine bessere Übersichtlichkeit kann aber auch die Formelansicht eingestellt werden.

Drücken Sie die Tastenkombination [Strg] + [#]. Damit werden alle Zellen vergrößert und der Formeltext angezeigt. Ebenso werden Funktionen und Verknüpfungen zu anderen Tabellen sowie Dateien in dieser leicht lesbaren Form angezeigt. Ein wiederholtes Drücken der Tastenkombination stellt die Normalansicht wieder her.

Tipp

Möchten Sie sehen, auf welche Zellen sich in einer Tabelle eine Formel bezieht, dann markieren Sie die Zelle und drücken die Taste F2 .

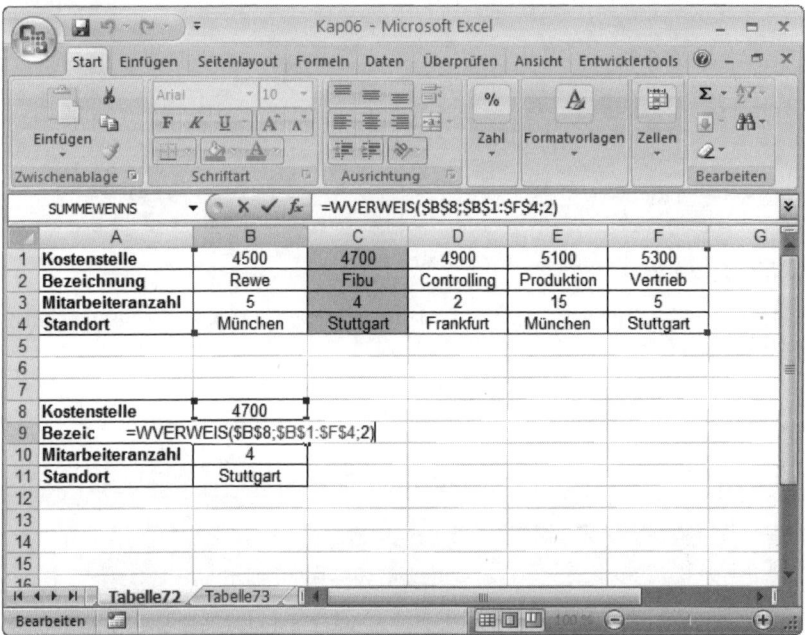

Abbildung 6.3: Alle beteiligten Zellen werden farbig umrandet und der Formeltext wird lesbar angezeigt

6.4   Nettowert errechnen

In der Tabelle aus der folgenden Abbildung liegen Bruttowerte vor. Wie kann man jetzt die dazugehörigen Nettopreise errechnen?

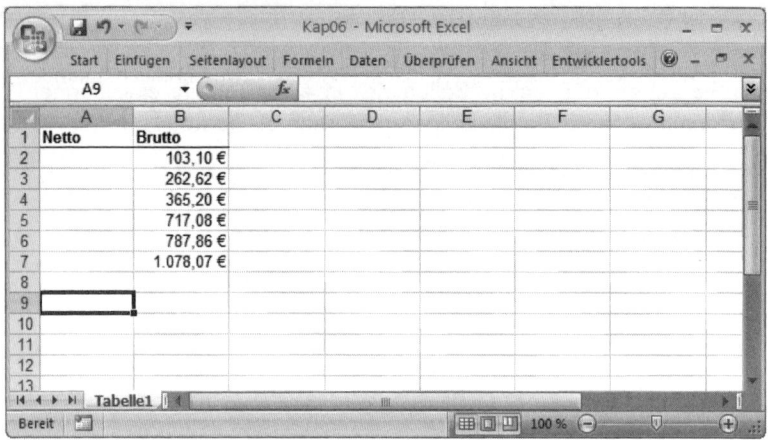

Abbildung 6.4: In der Tabelle fehlen die Nettopreise

Um die Nettopreise ausgehend von einem Mehrwertsteuersatz von 19% auszurechnen, verfahren Sie wie folgt:

1. Markieren Sie den Zellenbereich A2:A7.

2. Erfassen Sie die Formel =B2/(1+0,19)

3. Schließen Sie die Formel über die Tastenkombination ⎡Strg⎤ + ⎡↵⎤ ab.

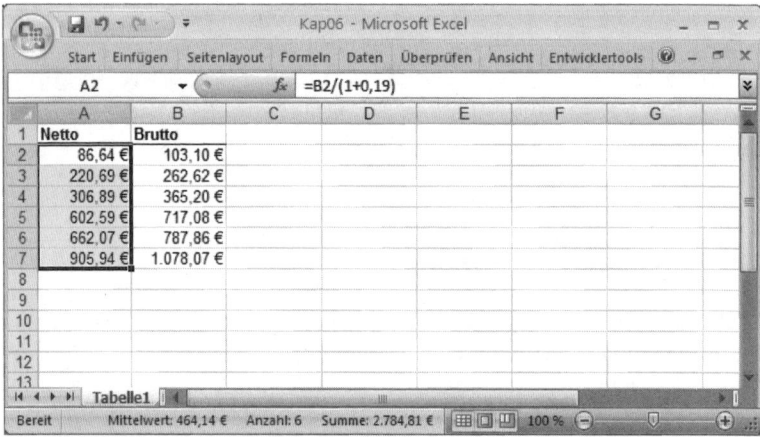

Abbildung 6.5: Die fehlenden Nettopreise wurden errechnet

6.5   Bruttowerte errechnen

In der Tabelle aus der folgenden Abbildung liegen Nettowerte vor. Wie kann man jetzt die dazugehörigen Bruttopreise errechnen?

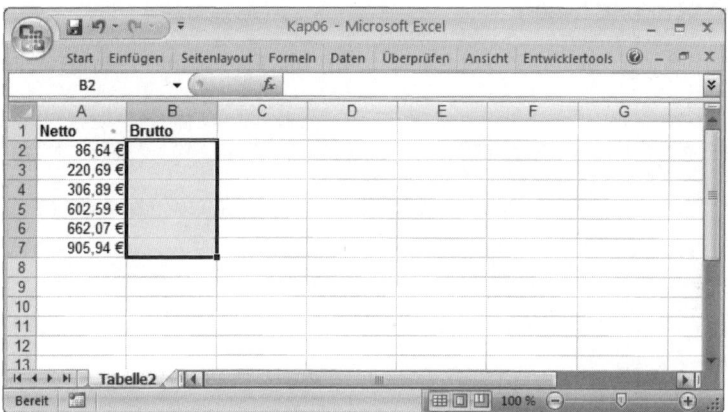

Abbildung 6.6: In der Tabelle fehlen die Bruttopreise

Um die Bruttopreise ausgehend von einem Mehrwertsteuersatz von 19% auszurechnen, verfahren Sie wie folgt:

1. Markieren Sie den Zellenbereich B2:B7.

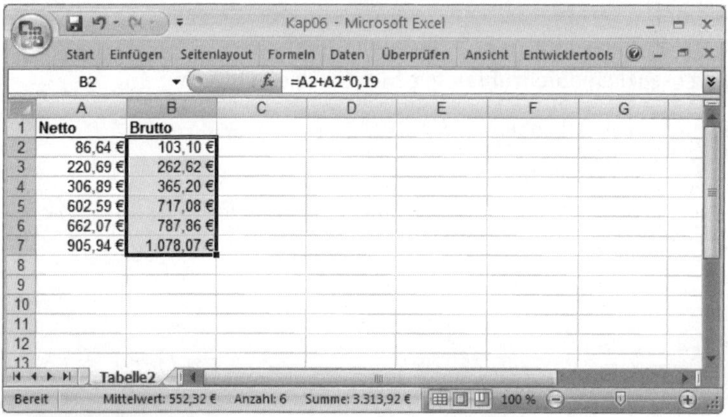

Abbildung 6.7: Die fehlenden Bruttowerte wurden errechnet

2. Erfassen Sie die Formel =A2+A2*0,19

3. Schließen Sie die Formel über die Tastenkombination Strg + ↵ ab.

6.6 Kosten senken

In der Tabelle aus der folgenden Abbildung sollen die Kosten um 15% gesenkt werden.

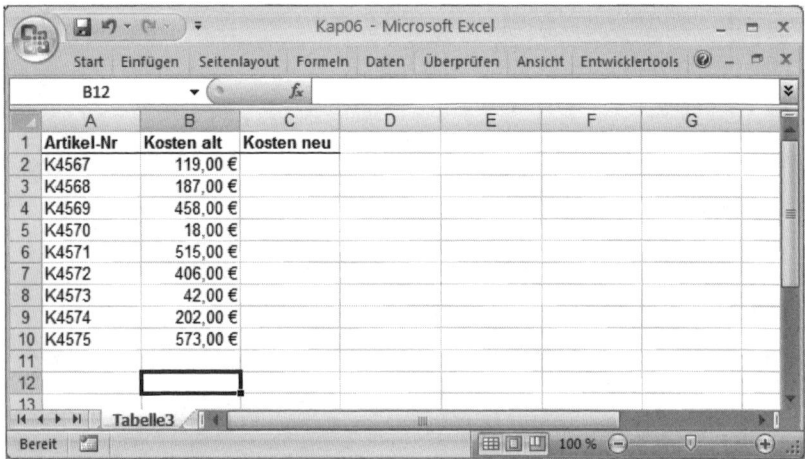

Abbildung 6.8: Die Kosten sollen um 15% gesenkt werden

Um die Kostensenkung durchzuführen, gehen Sie wie folgt vor:

1. Markieren Sie den Zellenbereich C2:C10.

2. Erfassen Sie die Formel B2*0,85

3. Schließen Sie die Formel über die Tastenkombination Strg + ↵ ab.

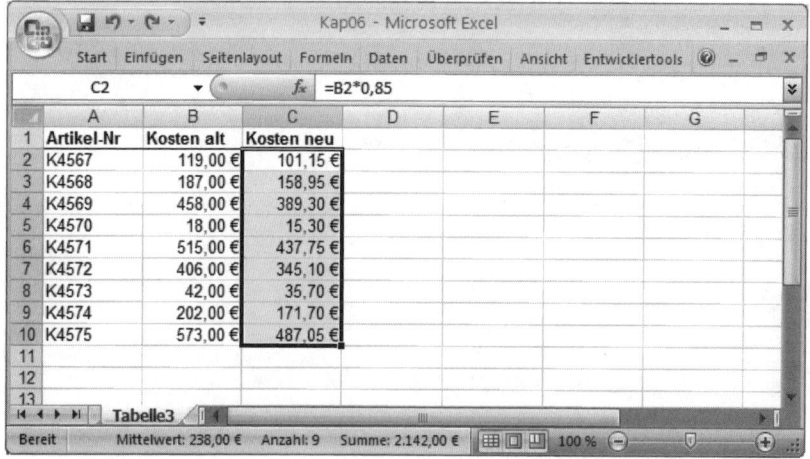

Abbildung 6.9: Die Preise wurden um 15% gesenkt

Kann die Spalte B direkt mit den neuen Preisen überschrieben werden, dann verfahren Sie wie folgt:

1. Geben Sie in Zelle D1 den Wert 0,85 ein.

2. Kopieren Sie diese Zelle über die Tastenkombination Strg + c.

3. Markieren Sie den Datenbereich B2:B10.

4. Klicken Sie in der Symbolgruppe *Start* auf den Pfeil der Schaltfläche *Einfügen*. Im Kontextmenü wählen Sie den Befehl *Inhalte einfügen*.

5. Im Dialog *Inhalte einfügen* aktivieren Sie die Option *Multiplizieren*.

6. Bestätigen Sie mit *OK*.

7. Löschen Sie den Inhalt der Hilfszelle D1.

6.7 Stunden in Minuten umrechnen

In der Tabelle aus der folgenden Abbildung liegen einige Stundenwerte vor, die in Minuten umgerechnet werden sollen.

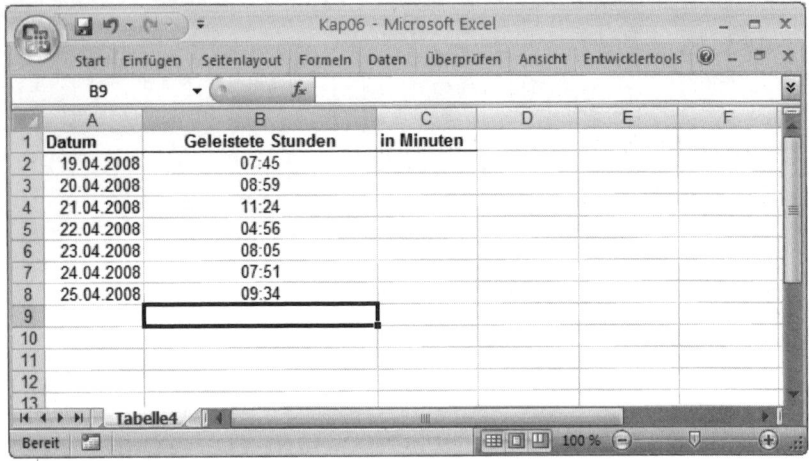

Abbildung 6.10: Stunden in Minuten umrechnen

Um die Stunden aus Spalte B in Minuten in Spalte C zu wandeln, gehen Sie wie folgt vor:

1. Markieren Sie den Zellenbereich B2:B8.

2. Erfassen Sie die Formel =B2*24*60

3. Schließen Sie die Formel über die Tastenkombination [Strg] + [↵] ab.

4. Drücken Sie die Tastenkombination [Strg] + [1], um den Dialog *Zellen formatieren* aufzurufen.

5. Wechseln Sie auf die Registerkarte *Zahlen*.

6. Stellen Sie im Listenfeld *Kategorie* den Eintrag *Standard* ein.

7. Bestätigen Sie diese Einstellung mit *OK*.

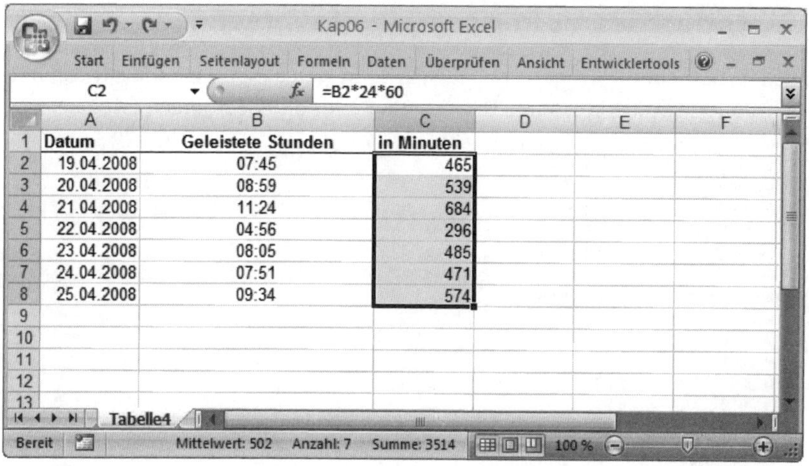

Kap06 - Microsoft Excel

C2 =B2*24*60

	A	B	C
1	Datum	Geleistete Stunden	in Minuten
2	19.04.2008	07:45	465
3	20.04.2008	08:59	539
4	21.04.2008	11:24	684
5	22.04.2008	04:56	296
6	23.04.2008	08:05	485
7	24.04.2008	07:51	471
8	25.04.2008	09:34	574

Bereit Mittelwert: 502 Anzahl: 7 Summe: 3514

Abbildung 6.11: Die Stunden wurden in Minuten umgerechnet

Hinweis

Der Wert 24 bedeutet, dass von 24 Stunden = 1 Tag ausgegangen wird. Der Wert 60 bedeutet, dass 60 Minuten genau 1 Stunde ausmacht. Die an die Umrechnung folgende Formatierung muss durchgeführt werden, da Sie sonst nur den Wert 0:00 in den Zellen sehen.

Alle Zeitangaben werden in Excel in Bruchteilen von Tagen intern behandelt und über die Zellenformatierung in das gewünschte Format gebracht. So gelten folgende Punkte:

- 1 Tag = 1
- 1 Stunde = 1/24
- 1 Min = 1/1440
- 1 Sekunde = 1/86400

6.8   Industriezeit in Normalzeit umrechnen

In manchen Betrieben wird noch mit Industriezeit gerechnet. Eine Industriestunde hat 100 Minuten. Daher muss eine Umrechnung auf normale Stunden erfolgen.

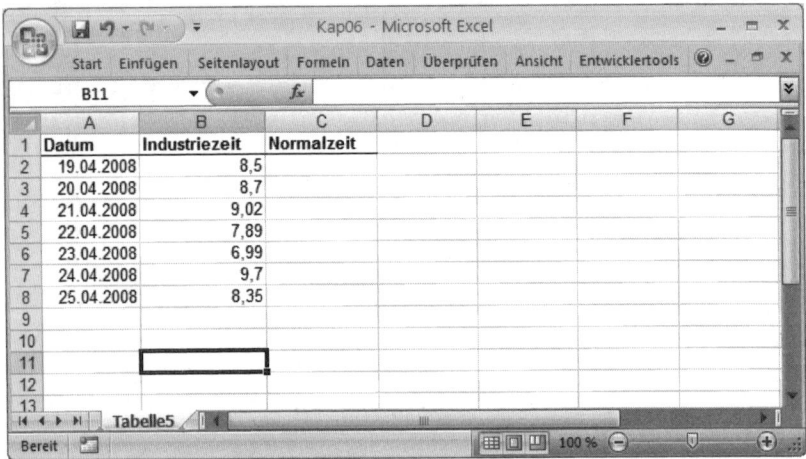

Abbildung 6.12: Die Tabelle soll umgerechnet werden

Um von Industriezeit auf Normalzeit zu kommen, gehen Sie wie folgt vor:

1. Markieren Sie den Zellenbereich C2:C8.

2. Erfassen Sie die Formel =B2/24

3. Schließen Sie die Formel über die Tastenkombination ⎡Strg⎤ + ⎡↵⎤ ab.

4. Drücken Sie die Tastenkombination ⎡Strg⎤ + ⎡1⎤, um den Dialog *Zellen forma-tieren* aufzurufen.

5. Wechseln Sie auf die Registerkarte *Zahlen*.

6. Stellen Sie im Listenfeld *Kategorie* den Eintrag *Benutzerdefiniert* ein.

7. Stellen Sie im Feld *Typ* das Format h:mm ein.

8. Bestätigen Sie diese Einstellung mit *OK*.

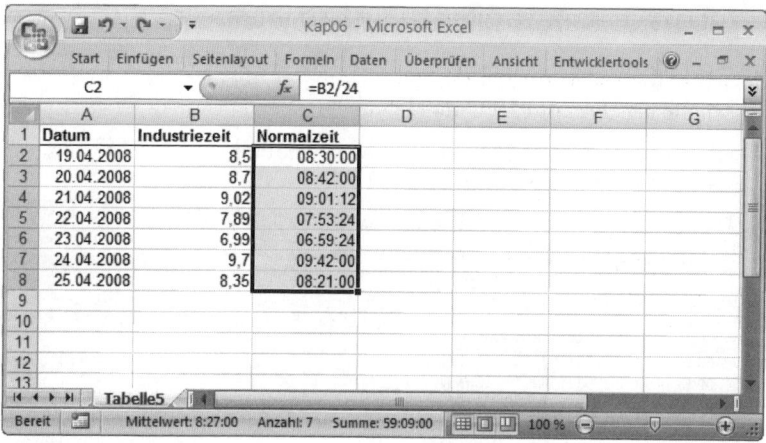

Abbildung 6.13: Die Umrechnung in Normalzeit ist erfolgt

6.9 Menge pro Stunde errechnen

In der Tabelle aus Abbildung 6.14 sind in Spalte A Produktionszeiten einer Maschine erfasst. In Spalte B sehen Sie die dazugehörigen Produktionsmengen.

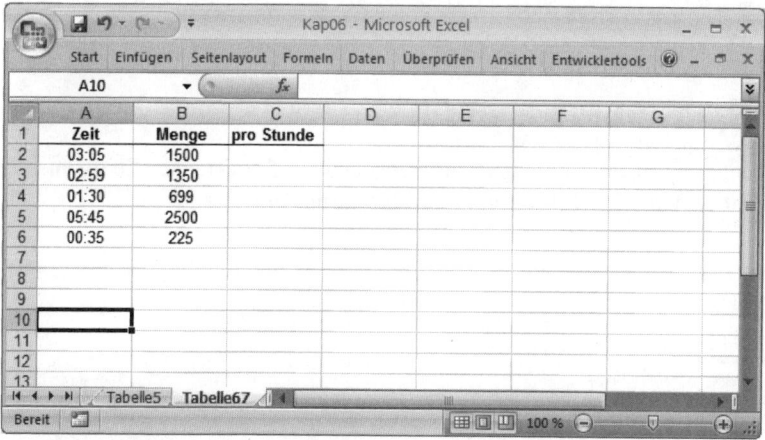

Abbildung 6.14: Wie viele Stück pro Stunde können produziert werden?

Um diese Aufgabe zu lösen, verfahren Sie folgendermaßen:

1. Markieren Sie den Zellenbereich C2:C6.
2. Erfassen Sie die Formel =B2/(A2*24)
3. Schließen Sie die Eingabe über die Tastenkombination [Strg] + [↵] ab.

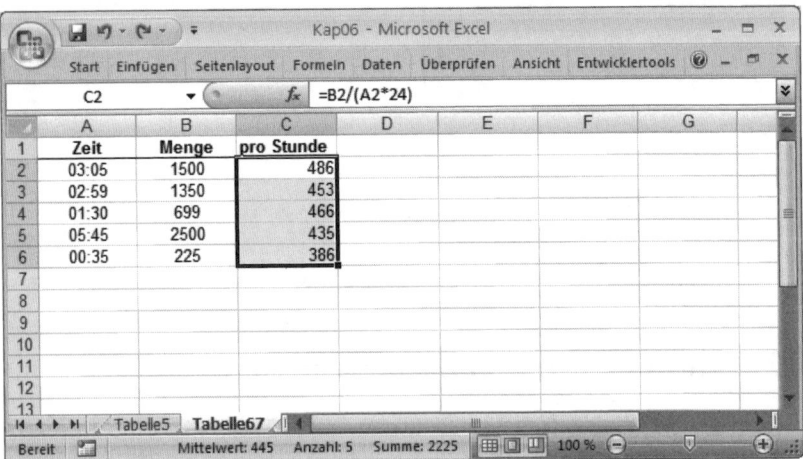

Abbildung 6.15: Die durchschnittliche Produktionsleistung pro Stunde wurde ausgewiesen

6.10 Spritverbrauch errechnen

In der folgenden Tabelle aus der folgenden Abbildung wurde über einen Zeitraum von einem Monat einmal der Benzinverbrauch eines Pkw dokumentiert.

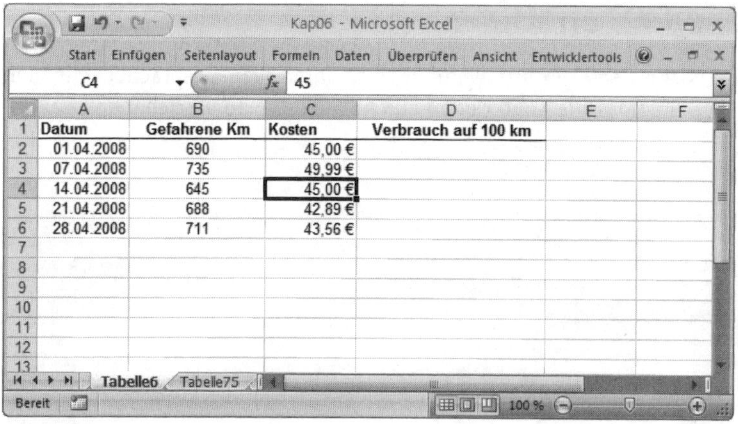

	A	B	C	D
1	Datum	Gefahrene Km	Kosten	Verbrauch auf 100 km
2	01.04.2008	690	45,00 €	
3	07.04.2008	735	49,99 €	
4	14.04.2008	645	45,00 €	
5	21.04.2008	688	42,89 €	
6	28.04.2008	711	43,56 €	

Abbildung 6.16: Spritverbrauch ermitteln

Um den durchschnittlichen Spritverbrauch auf 100 km zu ermitteln, befolgen Sie die nächsten Arbeitsschritte:

1. Markieren Sie den Zellenbereich D2:D6.
2. Erfassen Sie die Formel `=C2/B2*100`
3. Schließen Sie die Formel über die Tastenkombination [Strg] + [↵] ab.
4. In Zelle D8 erfassen Sie die Formel `=MITTELWERT(D2:D6)`

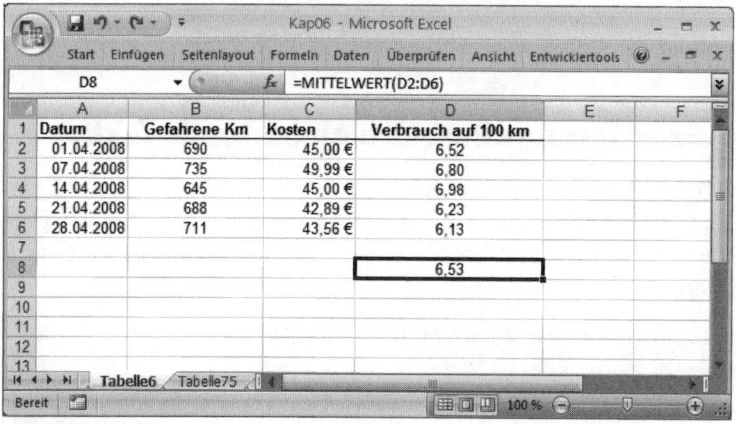

	A	B	C	D
1	Datum	Gefahrene Km	Kosten	Verbrauch auf 100 km
2	01.04.2008	690	45,00 €	6,52
3	07.04.2008	735	49,99 €	6,80
4	14.04.2008	645	45,00 €	6,98
5	21.04.2008	688	42,89 €	6,23
6	28.04.2008	711	43,56 €	6,13
7				
8				6,53

Abbildung 6.17: Der durchschnittliche Spritverbrauch liegt bei 6,53 Litern/100 km

6.11 Endpreis errechnen

Ein gebrauchtes Auto soll gekauft werden. Nach intensiven Gesprächen mit dem Verkäufer haben Sie folgende Konditionen aus Abbildung 6.18 ausgehandelt:

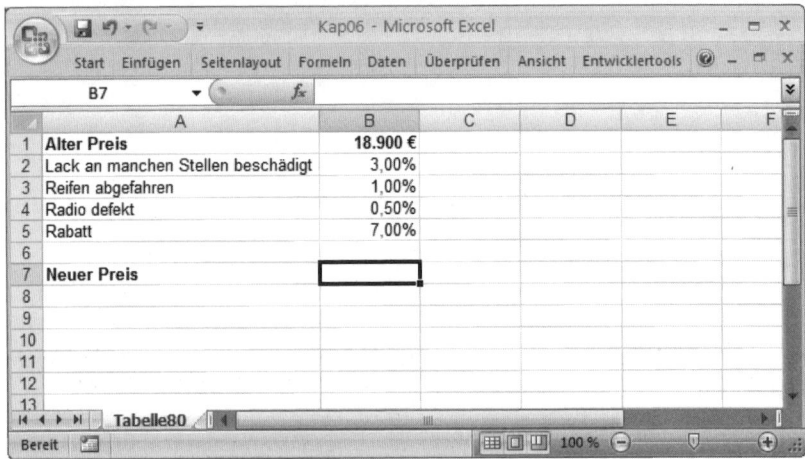

Abbildung 6.18: Diese Nachlässe haben Sie ausgehandelt

Um den Endpreis zu ermitteln, erfassen Sie in Zelle B7 die Formel

=B1*0,97*0,99*0,995*0,93

Die Reihenfolge der prozentualen Abzüge spielt keine Rolle.

6.12 Excel interpretiert Zahlenwerte als Texte

Wenn Sie Daten aus fremden Anwendungen in Excel einlesen, dann kann es hin und wieder passieren, dass diese Daten in Excel nicht richtig erkannt werden. So können beispielsweise Zahlenwerte plötzlich nicht mehr summiert werden, da diese von Excel als Text interpretiert werden.

Um Excel zum Erkennen der Zahlenwerte zu bewegen, müssen Sie auf einen Trick zurückgreifen:

1. Schreiben Sie zunächst in eine beliebige Zelle den Wert 1.

2. Kopieren Sie diese Zelle.

3. Markieren Sie jetzt alle Zellen, deren Werte von Excel nicht richtig erkannt werden.

4. Klicken Sie in der Symbolgruppe *Start* auf den Pfeil der Schaltfläche *Einfügen*. Im Kontextmenü wählen Sie den Befehl *Inhalte einfügen*.

5. Im Dialogfeld *Inhalte einfügen* aktivieren Sie die Option *Multiplizieren*.

6. Bestätigen Sie mit *OK*.

6.13   Formel als Text ausgeben

Jede Formel, die Sie in eine Zelle eingeben, liefert sofort das Ergebnis bzw. eben kein Ergebnis oder gar einen Fehlerwert, sofern die Formel nicht richtig arbeitet oder kein Ergebnis gefunden werden konnte. Möchten Sie den Formeltext dauerhaft in einer Zelle anzeigen, sodass eine Berechnung der Formel ausbleibt, dann geben Sie als erstes Zeichen in der Zelle einen Apostroph ein. Ebenso möglich ist, einen Leerschritt als erstes Zeichen einer Zelle einzugeben. In beiden Fällen kann danach die eigentliche Formel erfasst werden. Excel lässt diese Eingabe dann unberührt und führt keine Berechnung durch.

6.14   Formel unverändert übertragen

Wenn Sie in Excel aus einer Zelle kopieren und dann in eine andere Zelle einfügen, dann werden, sofern relative Bezüge in der Formel verwendet werden, diese auf die neue Zelle angepasst. Soll diese Anpassung unterbleiben, dann kopieren Sie die Zelle nicht, sondern schneiden die Zelle über die Tastenkombination $\boxed{\text{Strg}}$ + $\boxed{\text{x}}$ aus und fügen Sie in der Zielzelle ein. Dadurch unterbleibt die Formelanpassung selbst bei relativen Bezügen.

6.15   Kapazitätsbegrenzung für Formeln

Für die Formeleingabe in eine Zelle besteht eine Kapazitätsbegrenzung. So können maximal 1024 Zeichen als Formel eingegeben werden.

Die Begrenzung bei Texten liegt bei 32.767 Zeichen pro Zelle, wobei natürlich nicht alle Zeichen angezeigt werden können.

6.16 Ganzzahligen Restwert einer Division ermitteln

Bei einer Division zweier Zahlenwerte soll der Rest der Division ermittelt werden. Im Fall einer Division der Werte 20 und 6 muss der Wert 3 ermittelt werden. Des Weiteren muss der Wert 2 als ganzzahliges Ergebnis errechnet werden.

Um diese beiden Aufgaben zu lösen, setzen Sie folgende Formeln ein:

=GANZZAHL(20/6)

und

=REST(20;6)

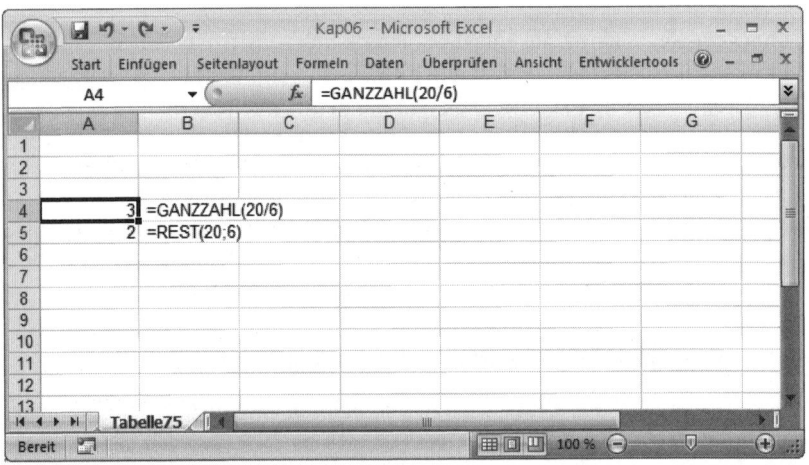

Abbildung 6.19: Beide Ergebnisteile separieren

6.17 Datumsdifferenzen errechnen

Gleich mehrere Möglichkeiten gibt es in Excel, um Datumsdifferenzen auszurechnen. Da Excel intern Datumsangaben in Zahlenwerte wandelt, ist es kein großes Problem, diese Aufgabe zu lösen. In Excel beginnt die Zeitrechnung am 1.1.1900. Dieses Datum repräsentiert die Zahl 1. Mit jedem Tag, der seit diesem Zeitpunkt verstrichen ist, wird jeweils der Wert 1 aufaddiert, sodass wir heute bei einem Wert so um die 39.500 sind.

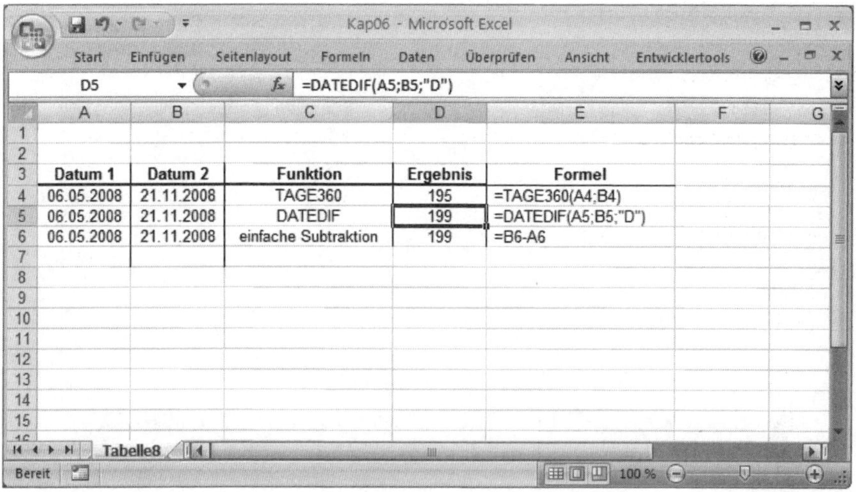

Abbildung 6.20: Alternative Möglichkeiten, um Datumsdifferenzen auszurechnen

Bei der Tabellenfunktion TAGE360 wird davon ausgegangen, dass jeder Monat genau 30 Tage hat. Diese Prämisse wurde aus Kompatibilitätsgründen zu anderen Systemen eingestellt, die aus Gründen der Vereinfachung mit dieser Methode arbeiten.

Über die undokumentierte, geheime Funktion DATEDIF können Datumsdifferenzen ermittelt und dabei sogar noch festgelegt werden, in welcher Form das Ergebnis ausgegeben werden soll. So steht das Kürzel »D« für Tage (engl. Days), das Kürzel »M« für Monate (engl. Month) und das Kürzel »Y« für Jahre (engl. Years).

Selbst eine einfache Subtraktion beider Datumswerte führt zum richtigen Ergebnis. Allerdings muss die Zielzelle direkt im Anschluss mit dem Format *Standard* belegt werden.

6.18 Text in Datum wandeln

Nicht immer können Daten, die aus fremden Programmen importiert werden, gleich verwendet werden. So müssen im folgenden Beispiel Textwerte in Excel-gültige Datumsangaben umgewandelt werden.

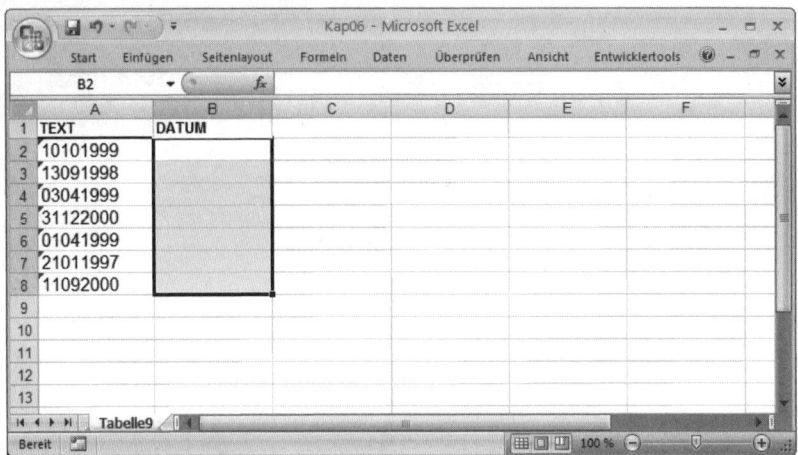

Abbildung 6.21: Textwerte sollen in Datumsangaben konvertiert werden

Um diese Aufgabe zu lösen, befolgen Sie die nächsten Arbeitsschritte:

1. Markieren Sie den Zellenbereich B2:B8.
2. Erfassen Sie die Formel =DATUM(RECHTS(A2;4);TEIL(A2;3;2);LINKS(A2;2))
3. Schließen Sie die Formel über die Tastenkombination [Strg] + [↵] ab.

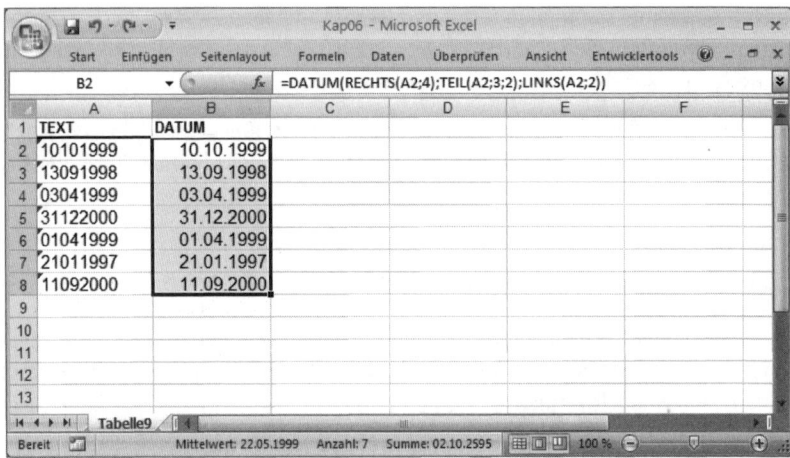

Abbildung 6.22: Die Datumsangaben liegen Excel-konform vor

6.19 Datumswert aus der Zukunft errechnen

Soll ein Datumswert aus der Zukunft errechnet und dabei mit ganzen Monaten gerechnet werden, dann können Sie die Tabellenfunktion EDATUM einsetzen.

So liefert die Formel

=EDATUM("06.05.2008";3)

das Ergebnis 06.08.2008.

Selbstverständlich kann über die Methode auch in die Vergangenheit gesprungen werden. So gibt die Formel

=EDATUM("06.05.2008";-3)

das Ergebnis 06.02.2008 aus.

Beide Ergebniszellen müssen noch in ein gültiges Excel-Datumsformat gebracht werden.

6.20 Aus Datum das Quartal ermitteln

Wenn Sie in eine Zelle die Formel =MONAT(HEUTE()) eingeben, dann wird Ihnen eine Zahl zwischen 1 und 12 ausgegeben. Diese Zahl können Sie einem Quartal zuordnen, indem Sie die Formel

=WENN(ODER(A2=1;A2=2;A2=3);"1.Quartal";WENN(ODER(A2=4;A2=5;A2=6);
"2. Quartal";WENN(ODER(A2=7;A2=8;A2=9);"3. Quartal";"4.Quartal")))

einsetzen.

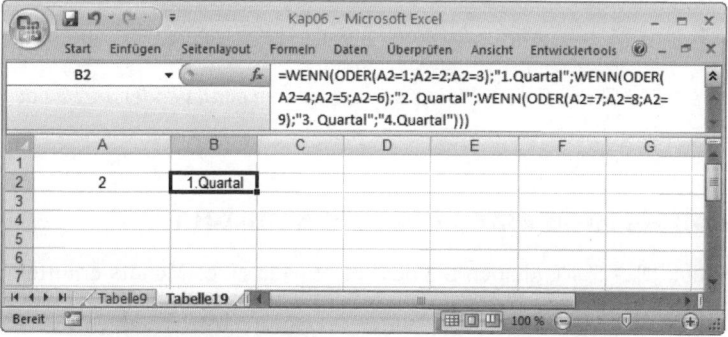

Abbildung 6.23: Aus dem Monatswert das dazugehörige Quartal ermitteln

Übrigens: Wie Sie sehen, kann in der neuen Excel-Version 2007 die Bearbeitungsleiste vergrößert werden, sodass die ganze Formel übersichtlich angezeigt werden kann. Ziehen Sie die untere Randleiste mit der Maus nach unten.

6.21 Die Kalenderwoche ausrechnen

Im Excel gibt es eine Tabellenfunktion mit dem Namen KALENDERWOCHE. Mithilfe dieser Funktion können Sie, wie der Name schon sagt, aus einem Datum die Kalenderwoche bestimmen. Diese Funktion rechnet jedoch nicht nach deutscher DIN-Norm. Sie geht davon aus, dass der 1. Januar der erste Tag der Kalenderwoche 1 ist. Nach DIN ist aber die erste Woche, die vier Tage hat, die KW 1.

Diese Formel berechnet die Kalenderwoche korrekt nach DIN:

```
=KÜRZEN((A1-WOCHENTAG(A1;2)-DATUM(JAHR(A1+4-WOCHENTAG(A1;2));1;-10))/7)
```

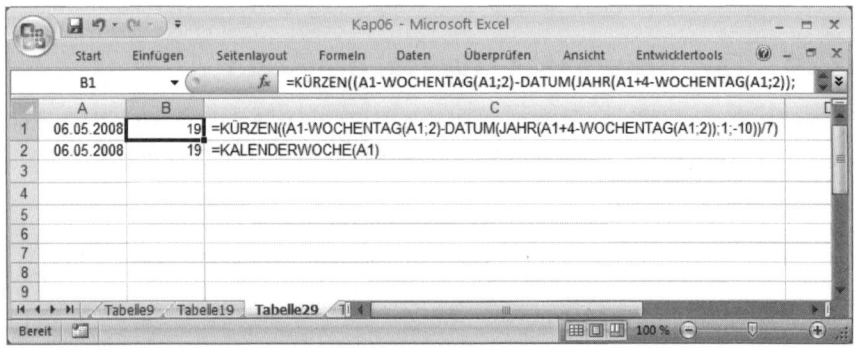

Abbildung 6.24: Zwei Möglichkeiten, die Kalenderwoche zu bestimmen

Übrigens: In Kapitel 12 finden Sie ein Makro zur Berechnung der Kalenderwoche nach DIN.

6.22 Monatsende eines Monats ermitteln

Über die Funktion MONATSENDE können Sie den letzten Tag eines Monats ermitteln. So gibt die Formel

```
=MONATSENDE("01.05.2008";0)
```

das Datum 31.05.2008 zurück. Über das zweite Argument der Tabellenfunktion können Sie noch einen Versatz in die Zukunft bzw. in die Vergangenheit einstellen. So liefert die Formel

=MONATSENDE("01.05.2008";3)

das Datum 31.08.2008 zurück.

6.23 Anzahl eines Wochentags in einem Zeitraum ermitteln

Interessant und nützlich ist auch die Beantwortung der Fragestellung, wie viele Montage es beispielsweise in einem bestimmten Zeitraum gibt. So beantwortet die Abbildung 6.25 die Frage, wie viele Montage es im Mai 2008 gibt.

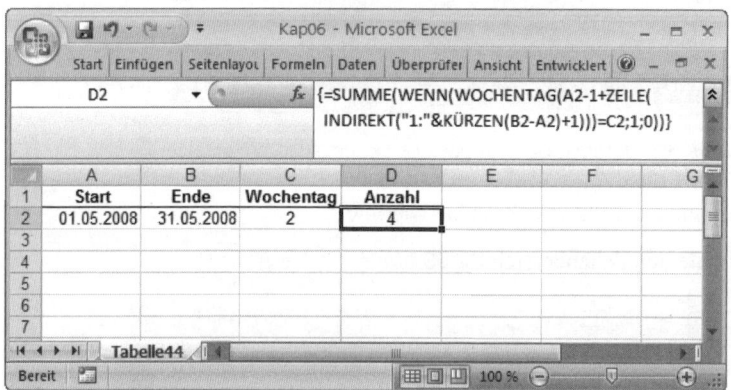

Abbildung 6.25: Es gibt 5 Montage im Monat Mai

Der Wochentag 2 in Zelle C2 steht für den Montag, da jede Woche mit dem Sonntag (=1) anfängt. Die Matrixformel

=SUMME(WENN(WOCHENTAG(A2-1+ZEILE(INDIREKT("1:"&KÜRZEN(B2-A2)+1)))=C2;1;0))

in Zelle D2 wird über die Tastenkombination ⌈Strg⌉ + ⌈⇧⌉ + ⌈↵⌉ abgeschlossen.

6.24 Datum zusammensetzen

Wenn ein Datum aus einzelnen Teilen zusammengesetzt werden soll, dann können Sie die Tabellenfunktion DATUM einsetzen. Im folgenden Beispiel aus Abbildung 6.26 wird aus den einzelnen Datumsteilen ein Excel-konformes Datum zusammengestellt.

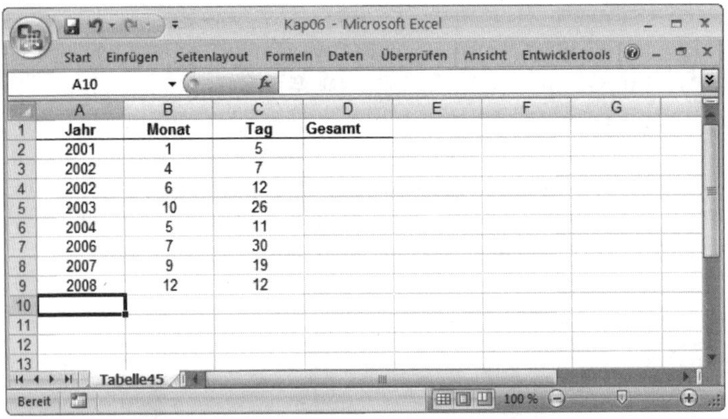

Abbildung 6.26: Aus Datumsteilen ein gültiges Datum zusammensetzen

Um diese Aufgabe zu lösen, verfahren Sie wie folgt:

1. Markieren Sie den Zellenbereich D2:D9.

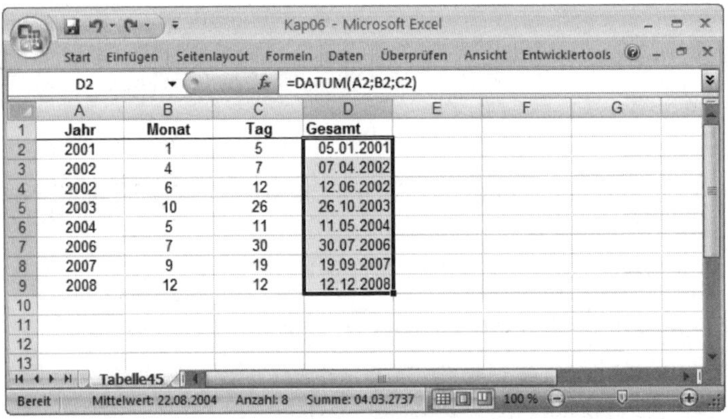

Abbildung 6.27: Die Datumsangaben werden von Excel richtig erkannt

2. Erfassen Sie die Formel =DATUM(A2;B2;C2)

3. Schließen Sie die Formel über die Tastenkombination ⌨Strg + ⏎ ab.

6.25 Datumsangaben umstellen

Wenn ein Datum in einer Form vorliegt, das von Excel nicht erkannt wird, und dazu noch die einzelnen Teile nicht wie gewünscht zusammengesetzt sind, dann können Sie die Reihenfolge der einzelnen Datumsteile verändern und das Datum in ein Excel-konformes Format bringen. Sehen Sie sich dazu einmal die Abbildung 6.28 an.

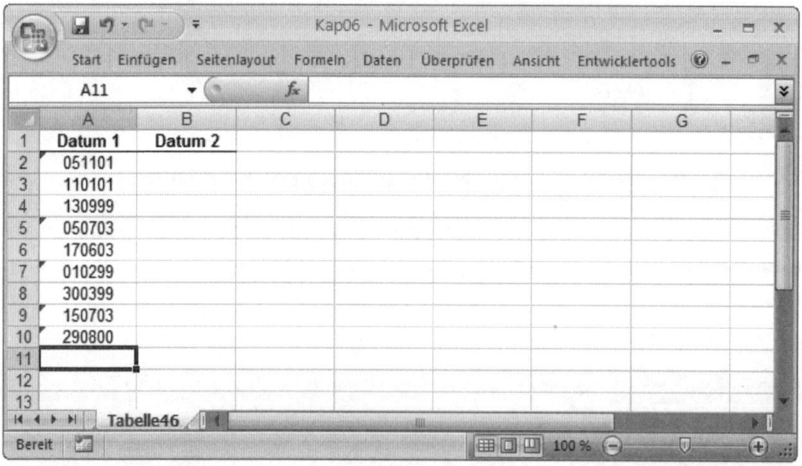

Abbildung 6.28: Diese Datumsangaben sollen erkannt und umgewandelt werden

Die Datumsangaben in Spalte A sind nach dem Format Tag-Monat-Jahr formatiert und werden von Excel momentan nicht als Datum erkannt. Die Aufgabe besteht jetzt darin, das Datum nach dem Format Jahr-Monat-Tag zu konvertieren. Dazu befolgen Sie die nächsten Arbeitsschritte:

1. Markieren Sie den Zellenbereich B2:B10.

2. Erfassen Sie die Formel
=TEXT(DATUM(TEIL(A2;5;2);TEIL(A2;3;2);TEIL(A2;1;2));"JJ-MM-TT")

3. Bestätigen Sie die Eingabe über die Tastenkombination ⌨Strg + ⏎.

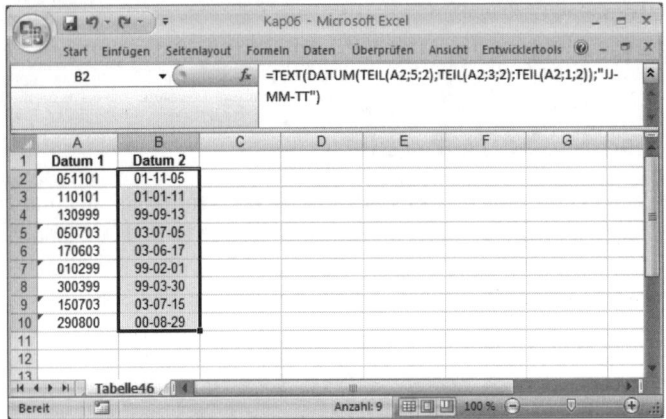

Abbildung 6.29: Das Datum wurde umgestellt

6.26 Geburtstage nach dem Monat sortieren

Möchten Sie eine Geburtstagsliste nach dem Monat/Tag sortieren, dann können Sie diese Aufgabe über eine Hilfsspalte durchführen. Sehen Sie sich zunächst einmal Abbildung 6.30 an.

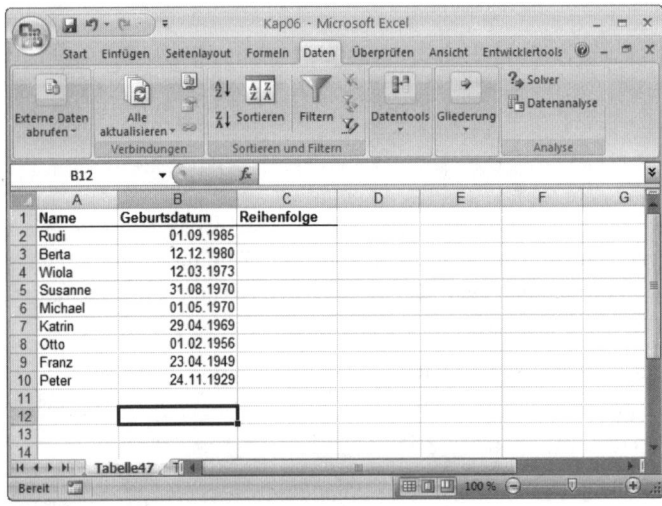

Abbildung 6.30: Eine unsortierte Geburtstagsliste

Diese Liste soll nun nach dem Monat sowie anschließend nach dem Tag sortiert werden. Um diese Aufgabe zu lösen, wenden Sie folgenden Trick an:

1. Markieren Sie den Zellenbereich C2:C10.

2. Erfassen Sie die Formel =MONAT(B2)*100+TAG(B2)

3. Schließen Sie die Eingabe über die Tastenkombination Strg + ↵ ab.

4. Setzen Sie den Mauszeiger in Zelle C1.

5. Klicken Sie in der Symbolgruppe *Daten* auf das Symbol *Nach Größe sortieren (aufsteigend)*.

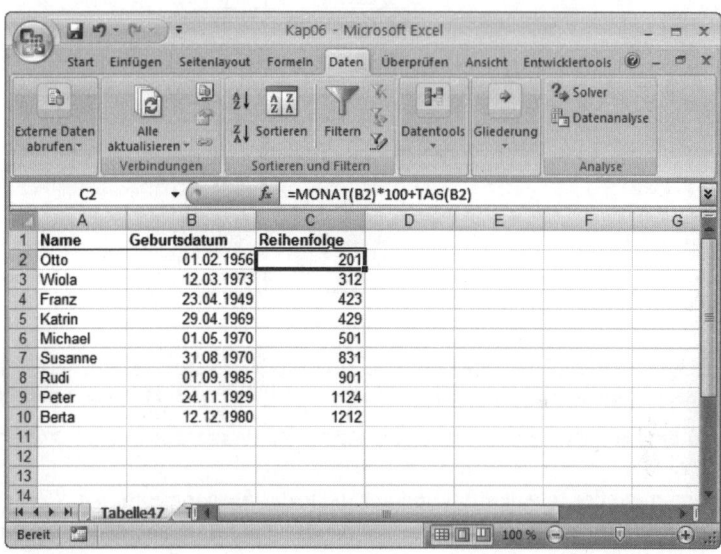

Abbildung 6.31: Die Geburtstage wurden nach Monat und Tag sortiert

6.27 Nettoarbeitstage berechnen

Bei der folgenden Aufgabe sollen die Nettoarbeitstage zwischen zwei Datumsangaben errechnet werden. Dabei sollen alle Wochenenden und Feiertage sowie sonstigen Tage, an denen nicht gearbeitet wird, eliminiert werden.

Für diese Aufgabe können Sie die Tabellenfunktion NETTOARBEITSTAGE() einsetzen.

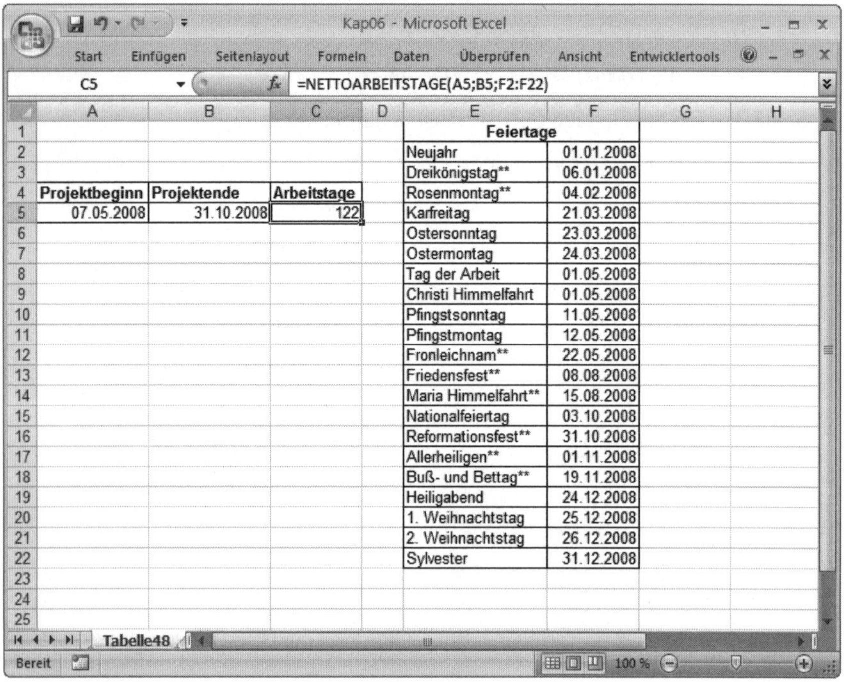

Abbildung 6.32: Die tatsächlich zur Verfügung stehenden Arbeitstage werden errechnet

Im ersten Argument der Tabellenfunktion geben Sie das Ausgangsdatum aus Zelle A5 an. Im zweiten Argument aus Zelle B5 geben Sie das Enddatum an. Im dritten Argument verweisen Sie auf einen Bereich (F2:F22), der die freien Tage sowie Feiertage enthält. Die Wochenenden werden von der Tabellenfunktion automatisch entfernt und gehen nicht in die Differenzberechnung mit ein.

6.28 Mit Arbeitstagen rechnen

Im nächsten Beispiel soll ausgehend von einem Startdatum ein Enddatum errechnet werden. Bei dieser Berechnung dürfen aber nur wirkliche Arbeitstage berücksichtigt werden. Dabei können Sie auf die Tabellenfunktion ARBEITSTAG() zurückgreifen.

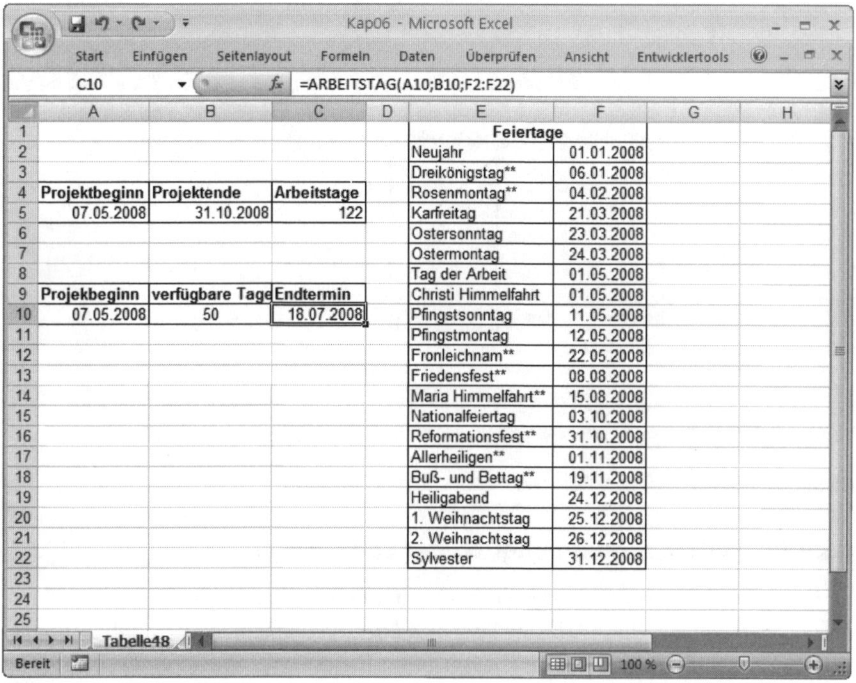

Abbildung 6.33: Der Endtermin wird errechnet

Im ersten Argument der Tabellenfunktion geben Sie das Ausgangsdatum aus Zelle A10 an. Im zweiten Argument aus Zelle B10 geben Sie die zur Verfügung stehenden Tage für das Projekt an. Im dritten Argument verweisen Sie auf einen Bereich (F2:F22), der die freien Tage sowie Feiertage enthält. Die Wochenenden werden von der Tabellenfunktion automatisch entfernt und gehen nicht in die Berechnung mit ein.

6.29 Lagerdauer bruchteilgenau ausrechnen

In der Tabelle aus Abbildung 6.34 sind einige Artikel etwas länger eingelagert und zum 2. Februar 2008 ausgelagert worden. Es soll jetzt ermittelt werden, wie lange diese Güter eingelagert wurden. Dabei soll die Lagerdauer bruchteilgenau errechnet werden.

Für diese Aufgabe können Sie die Tabellenfunktion BRTEILJAHRE() einsetzen.

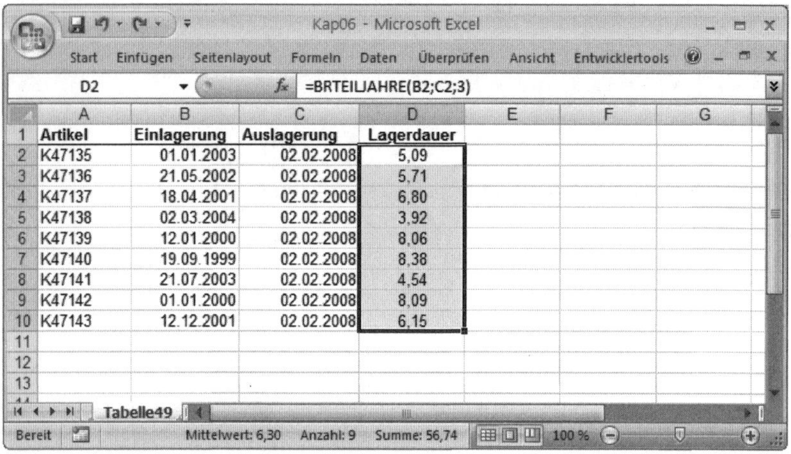

Abbildung 6.34: Genaue Berechnung der Lagerdauer

6.29.1 Noch genauere Angabe der Lagerdauer

Im folgenden Beispiel soll eine Lagerdauer in der Form »2 Tage 3 Monate und 10 Tage« ausgegeben werden. Diese Aufgabe lässt sich über die undokumentierte Tabellenfunktion DATEDIF() lösen.

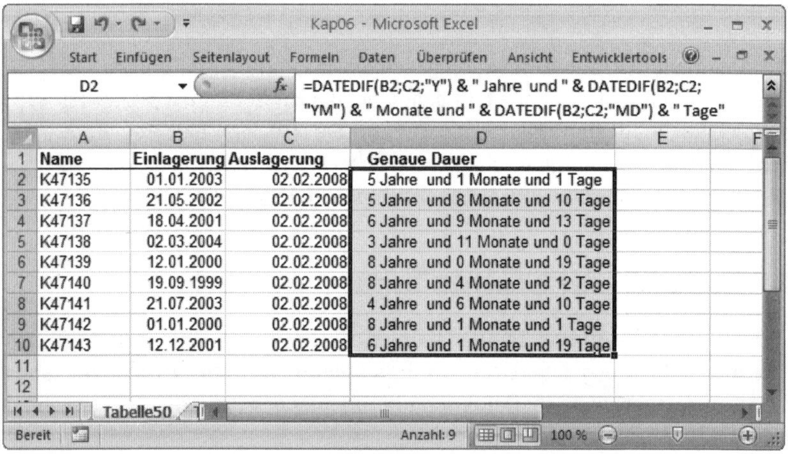

Abbildung 6.35: Noch genauere Bestimmung der Lagerdauer

Die Formel für diese Aufgabe lautet:

=DATEDIF(B2;C2;"Y") & " Jahre und " & DATEDIF(B2;C2;"YM") & " Monate
und " & DATEDIF(B2;C2;"MD") & " Tage"

6.30 Zeitwerte zusammensetzen

Nicht immer liegen Zeitwerte in der Form vor, wie Sie diese auch einsetzen möchten. In der Tabelle aus Abbildung 6.36 liegen die einzelnen Zeitteile (Stunden, Minuten und Sekunden) in einzelnen Spalten vor.

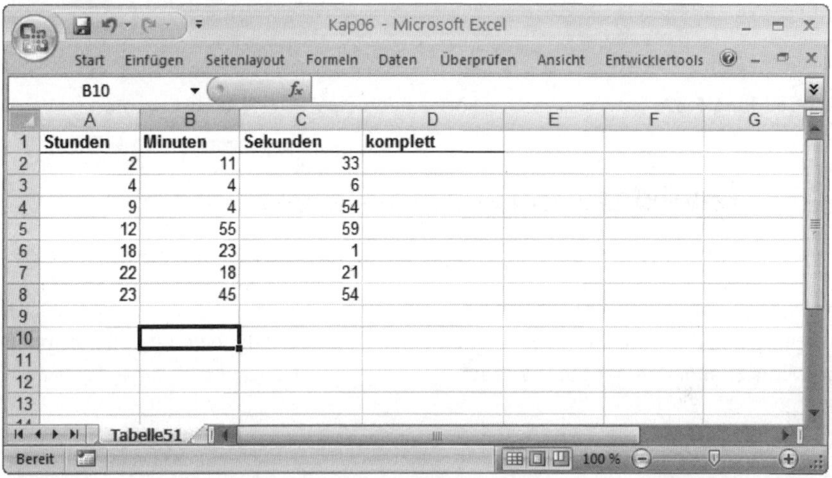

Abbildung 6.36: Die einzelnen Zeitteile sollen zusammengefasst werden

Um eine Excel-konforme Zeit aus den Spalten A, B und C zu erstellen, verfahren Sie wie folgt:

1. Markieren Sie den Zellenbereich D2:D8.

2. Erfassen Sie die Formel =ZEIT(A2;B2;C2)

3. Schließen Sie die Eingabe über die Tastenkombination ⎡Strg⎤ + ⎡↵⎤ ab.

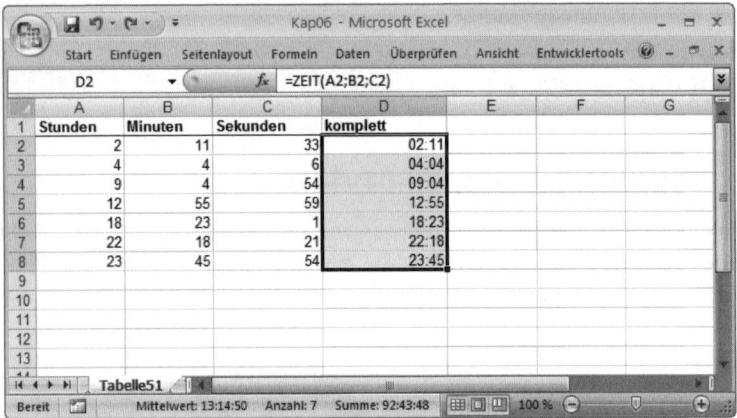

Abbildung 6.37: Die Zeitangaben können von Excel richtig erkannt werden

6.31 Rundungstipps

6.31.1 Zeiten runden

Das Runden von Zeiten können Sie über einen Trick sowie mit der Funktion RUNDEN vornehmen. In der Liste aus Abbildung 6.38 sollen die Zeitangaben auf volle Stunden und Minutenangaben gerundet werden.

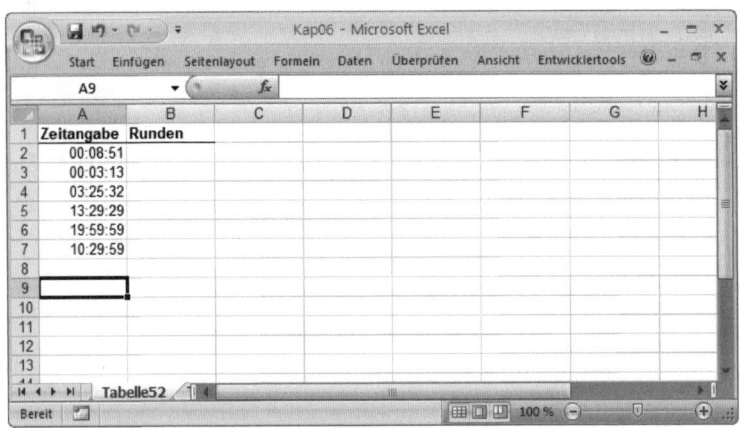

Abbildung 6.38: Auf Minutenbasis runden

Um die gewünschte Rundung durchzuführen, verfahren Sie wie folgt:

1. Markieren Sie den Zellenbereich B2:B7.

2. Erfassen Sie die Formel =RUNDEN(A2*1440;0)/1440

3. Schließen Sie die Eingabe über die Tastenkombination ⌨Strg + ⏎ ab.

Da ein Tag aus 24 Stunden mal 60 Minuten besteht, wird die ungerundete Zeit zuerst in Minuten umgerechnet, indem sie mit dem Faktor 1440 multipliziert wird. Danach erfolgt die Rundung auf die ganze Zahl. Anschließend erfolgt eine Division, um die nun gerundeten Zeitwerte wieder umzuwandeln.

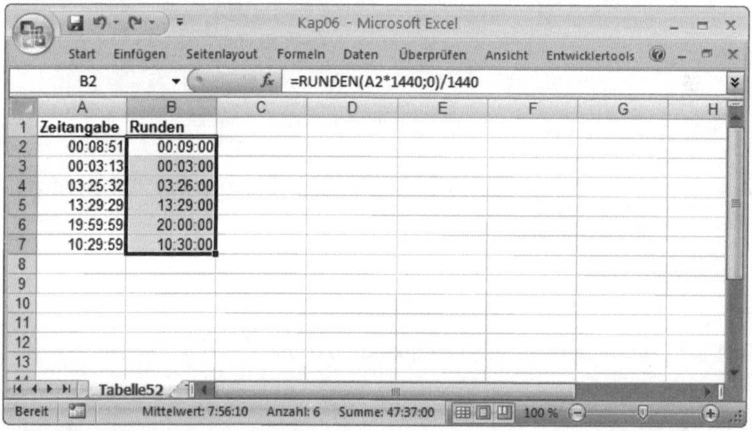

Abbildung 6.39: Die Rundung wurde erfolgreich durchgeführt

6.31.2 Rundung auf volle 5 Cents

Wenn Sie oft recht krumme Werte haben, dann könnten Sie sich entschließen, aufgrund der Vereinfachung alle Beträge auf volle 5 Cents zu runden. Sehen Sie sich dazu einmal die Tabelle aus Abbildung 6.40 an.

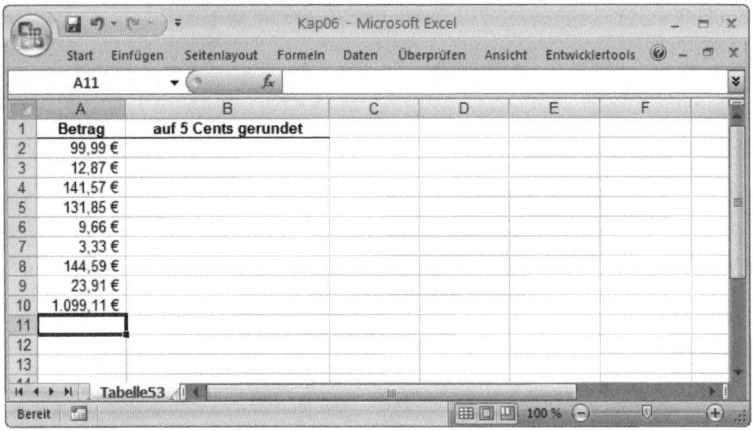

Abbildung 6.40: Diese Beträge sollen auf 5 Cents gerundet werden

Um diese Aufgabe auszuführen, können Sie die Tabellenfunktion VRUNDEN einsetzen. Gehen Sie dazu wie folgt vor:

1. Markieren Sie den Zellenbereich B2:B10.

2. Erfassen Sie die Formel =VRUNDEN(A2;0,05)

3. Schließen Sie die Eingabe mit der Tastenkombination ⌈Strg⌋ + ⌊↵⌋ ab.

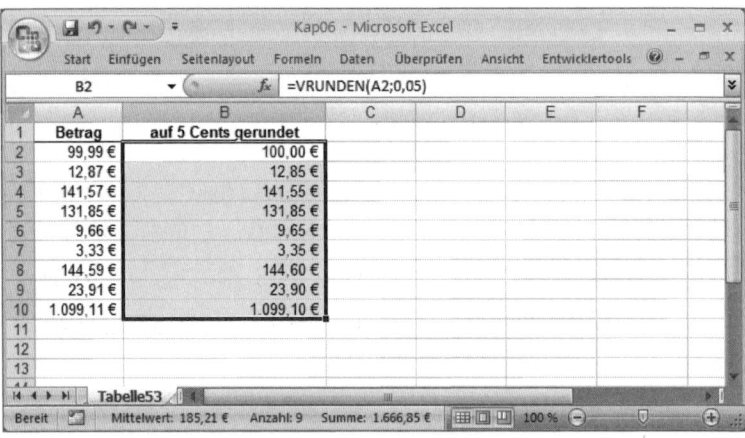

Abbildung 6.41: Die Beträge wurden auf volle 5 Cents gerundet

> **Hinweis**
>
> Sollen die Beträge vor dem Komma auf volle Zehner gerundet werden, dann erfassen Sie die Formel
>
> `=VRUNDEN(A2;10)`

6.31.3 Aufrunden auf 5-Euro-Basis

Eine Alternative zur Tabellenfunktion VRUNDEN bietet die Tabellenfunktion OBERGRENZE bzw. UNTERGRENZE. Sehen Sie sich zunächst einmal die Tabelle aus Abbildung 6.42 an.

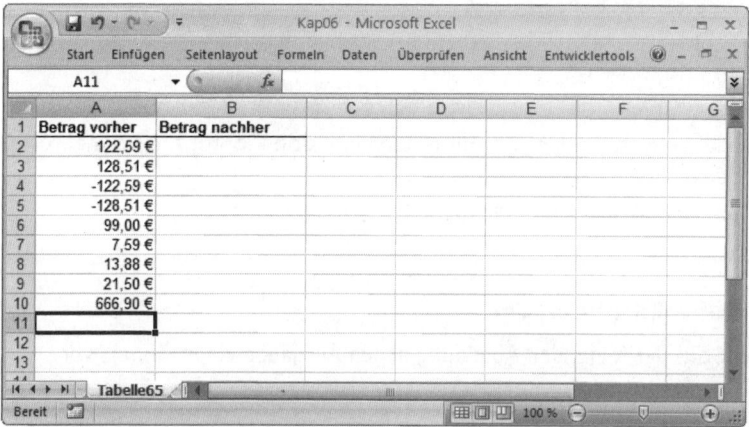

Abbildung 6.42: Diese Beträge sollen auf 5-Euro-Basis gerundet werden

Um die Beträge aus Spalte A auf 5-Euro-Basis aufzurunden, verfahren Sie wie folgt:

1. Markieren Sie den Zellenbereich B2:B10.
2. Erfassen Sie die Formel `=WENN(A2>0;OBERGRENZE(A2;5);UNTERGRENZE(A2;-5))`
3. Schließen Sie die Eingabe über die Tastenkombination `Strg` + `↵` ab.

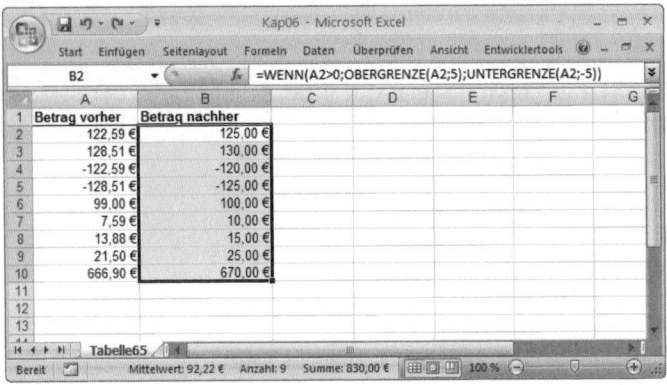

Abbildung 6.43: Die Beträge wurden aufgerundet

Hinweis

Soll anstatt aufgerundet abgerundet werden, dann lautet die Formel für Zelle B2:

`=WENN(A2>0;UNTERGRENZE(A2;5);OBERGRENZE(A2;-5))`

6.31.4 Auf volle 100 runden

In der Tabelle aus der folgenden Abbildung liegen Ausgaben eines Monats vor.

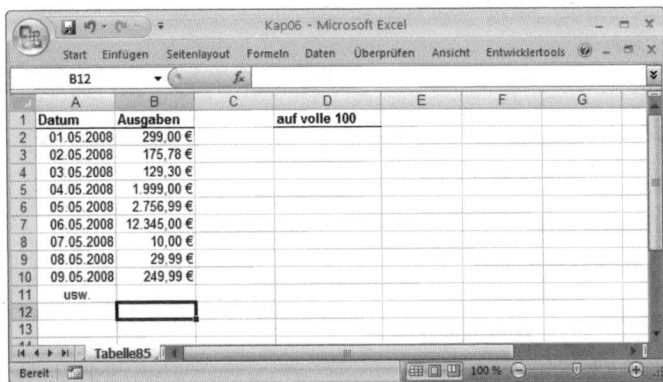

Abbildung 6.44: Diese Kosten sollen auf Hunderter-Basis gerundet werden

Um diese Aufgabe zu lösen, können Sie wie folgt verfahren:

1. Markieren Sie den Zellenbereich D2:D10.
2. Erfassen Sie die Formel =RUNDEN(B2;-2)
3. Schließen Sie die Eingabe über die Tastenkombination ⌨Strg + ⏎ ab.

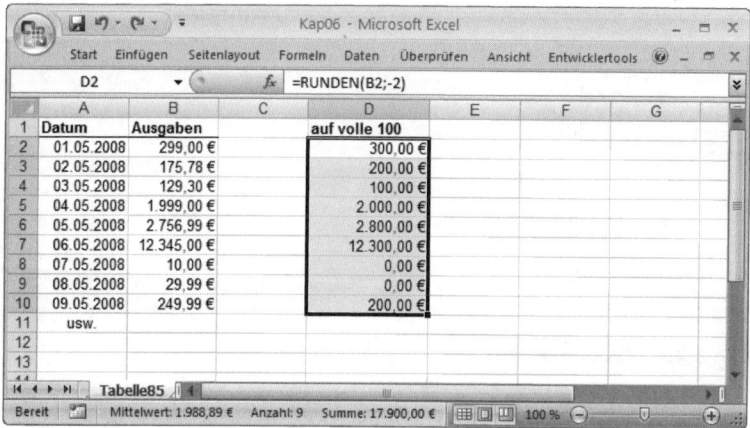

Abbildung 6.45: Die Rundung erfolgte auf volle Hunderter

Hinweis

Das zweite Argument der Tabellenfunktion RUNDEN() ist wie folgt zu verstehen:

- ▨ 0 rundet auf ganze Zahlen
- ▨ -1 rundet auf Zehner-Basis
- ▨ -2 rundet auf Hunderter-Basis
- ▨ -3 rundet auf Tausender-Basis

6.32 Datum und Text kombinieren

Ein interessantes Phänomen kann man beobachten, wenn man versucht, eine Datums-
zelle und eine Textzelle miteinander zu verknüpfen.

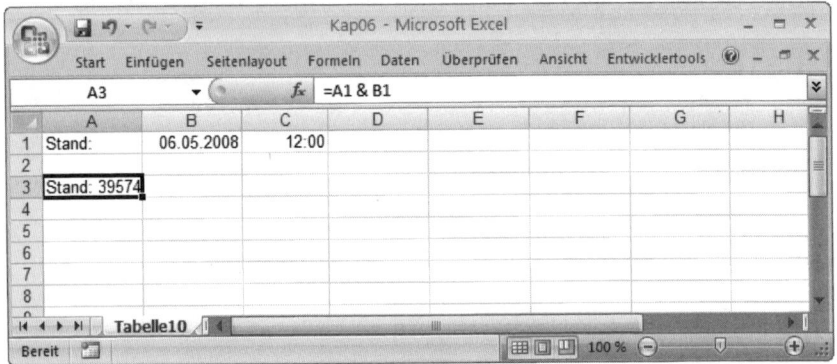

Abbildung 6.46: Das Datum wird als Zahl ausgegeben

Bei diesem Verhalten von Excel wird das Datum als Zahl ausgegeben, da Excel interne
Datumswerte in Zahlen umsetzt. Um Excel zum richtigen Format zu bewegen, erfassen
Sie die Formel:

=A1 & TEXT(B1;"TT.MM.JJJJ")

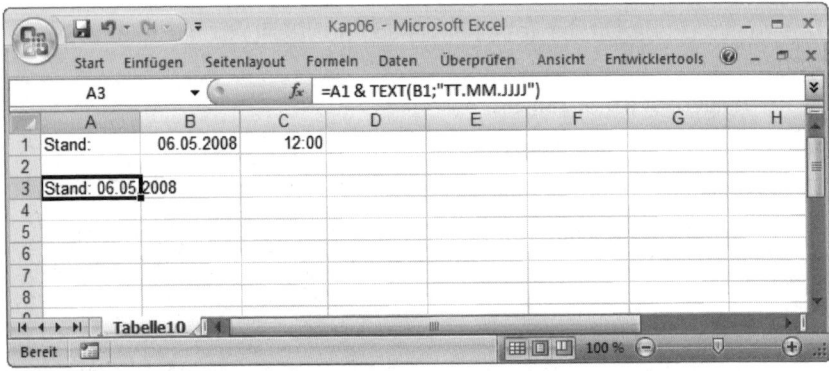

Abbildung 6.47: Datum wird in Excel nun richtig erkannt

Wenn Sie in Zelle C1 noch eine Uhrzeit schreiben, beispielsweise 12:00, und diese Zelle dann zusätzlich verknüpfen, erhalten Sie folgendes Ergebnis:

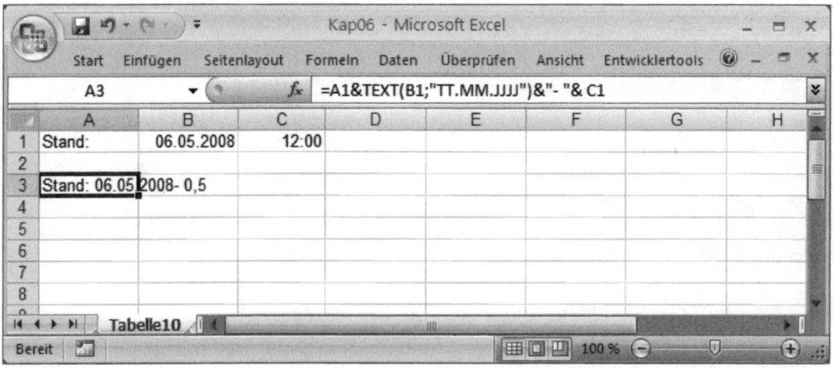

Abbildung 6.48: 12:00 Uhr bedeutet in Excel einen halben Tag, also 0,5

Auch Zeiten müssen in Excel bei Verknüpfungen mit Textzellen in das richtige Format gebracht werden. Dies gelingt Ihnen durch die folgende Formel:

=A1 & TEXT(B1;"TT.MM.JJJJ") & " - " & TEXT(C1;"hh:mm") & " Uhr"

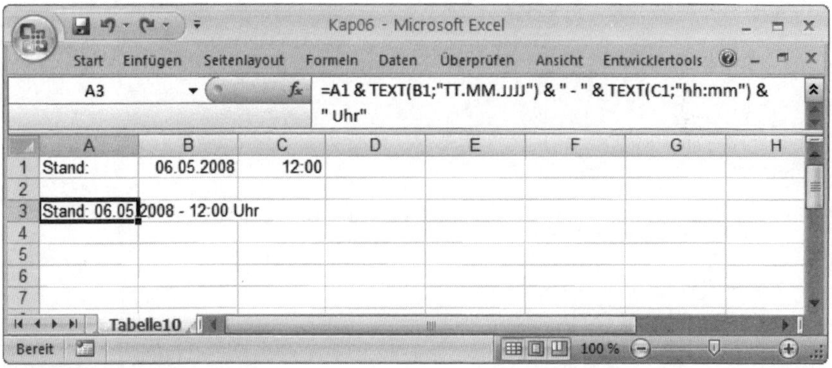

Abbildung 6.49: Datum und Uhrzeit werden jetzt richtig ausgegeben

Im folgenden Beispiel aus Abbildung 6.50 wird eine Berechnung zweier Zeiten durchgeführt und das Ergebnis in Zelle A4 dargestellt.

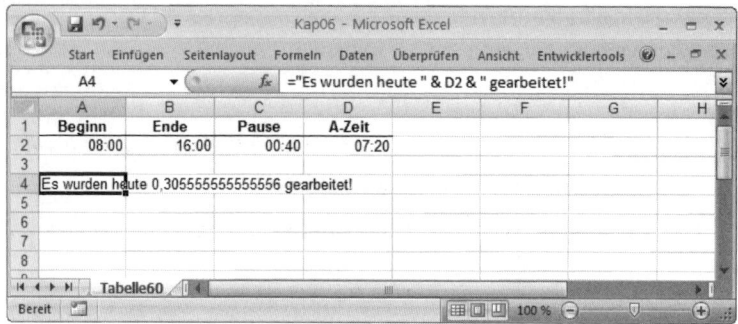

Abbildung 6.50: Ein etwas seltsam aussehendes Ergebnis

Um dieses Ergebnis zu korrigieren, setzen Sie die Formel

```
="Es wurden heute " & TEXT(D2;"hh:mm") & " gearbeitet!"
```

ein.

6.33 Datumszellen identifizieren

Bei der Tabelle aus Abbildung 6.51 sollen die Zellen mit gültigen Datumsangaben iden-
tifiziert werden.

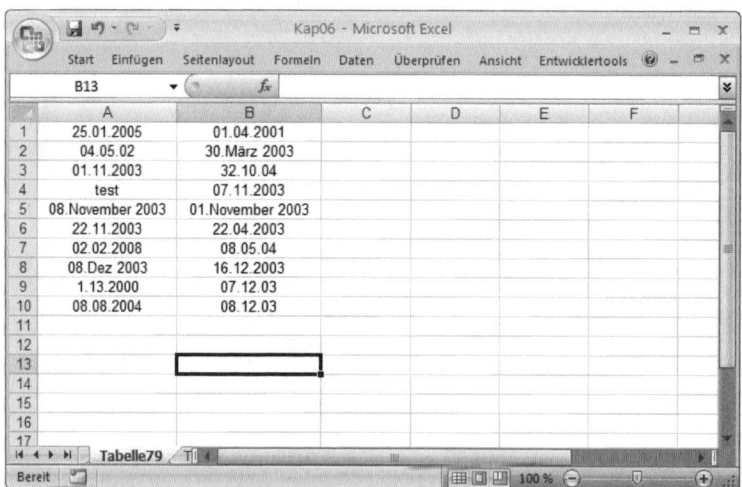

Abbildung 6.51: Einige Datumsangaben sind falsch bzw. Text

Um nun die von Excel richtig erkannten Datumsangaben zu identifizieren, befolgen Sie die nächsten Arbeitsanweisungen:

1. Markieren Sie den Zellenbereich A1:B10.

2. Klicken Sie in der Symbolgruppe *Start* auf die Schaltfläche *Bedingte Formatierung*.

3. Wählen Sie aus dem Kontextmenü den Befehl *Neue Regel*.

4. Im Feld *Regeltyp auswählen* stellen Sie den Eintrag *Formel zur Ermittlung der zu formatierenden Zelle verwenden* ein.

5. Erfassen Sie die Formel =LINKS(ZELLE("Format";A1);1)="D"

6. Klicken Sie auf die Schaltfläche *Formatieren*.

7. Wechseln Sie auf die Registerkarte *Ausfüllen*.

8. Wählen Sie einen gewünschten Farbton aus.

9. Bestätigen Sie mit *OK*.

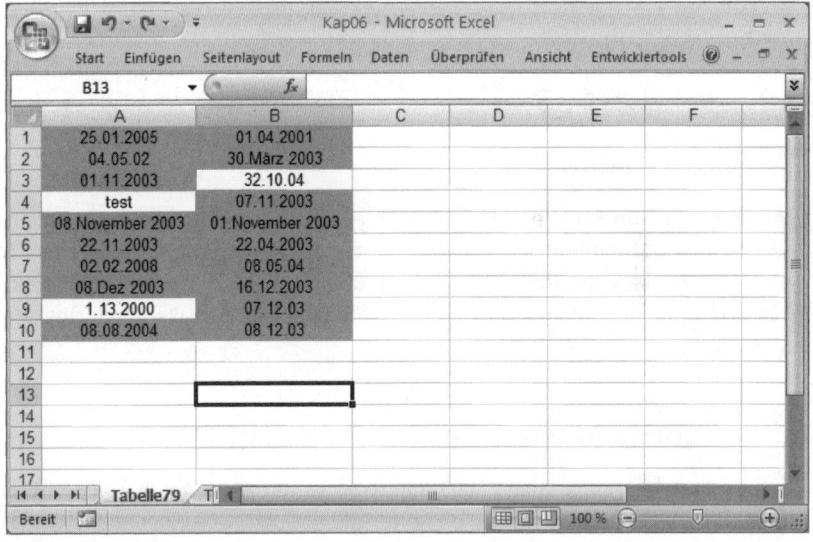

Abbildung 6.52: Nur die gültigen Datumsangaben werden farbig formatiert

6.34 Zellen mit Buchstaben zählen

In einem Bereich sind sowohl Zellen mit Zahlenwerten als auch Zellen mit einzelnen Buchstaben enthalten. Über eine Formel sollen nun die Zellen mit den Buchstaben gezählt werden.

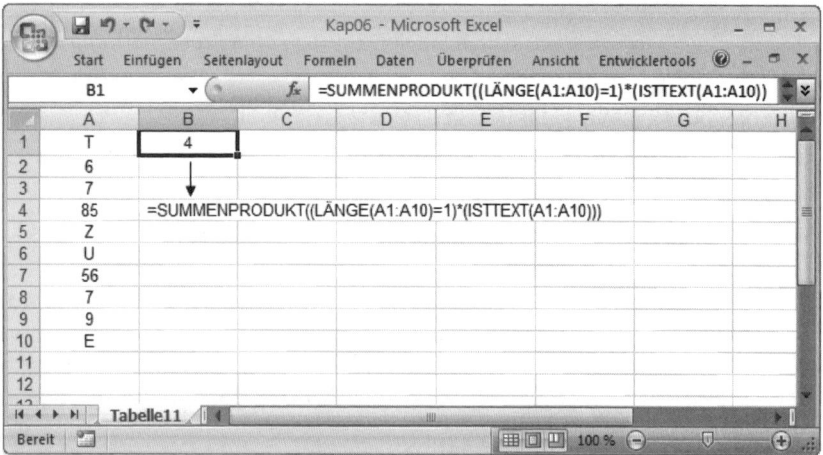

Abbildung 6.53: Buchstabenzellen zählen

Über die Tabellenfunktion SUMMENPRODUKT() können zwei Bedingungen abgefragt und anschließend multipliziert werden. Die erste Abfrage ist die Länge einer Zelle mithilfe der Funktion LÄNGE(). Die zweite Prüfung erfolgt über die Tabellenfunktion ISTTEXT(). Diese Funktion überprüft, ob ein Textwert (beispielsweise ein Buchstabe) in der jeweiligen Zelle vorliegt.

6.35 Suche in einer Spalte durchführen

Bei der folgenden Aufgabe aus Abbildung 6.54 wurde eine Zahl in Zelle B1 eingegeben. Daraufhin wurde ermittelt, ob diese Zahl in Spalte A vorkommt.

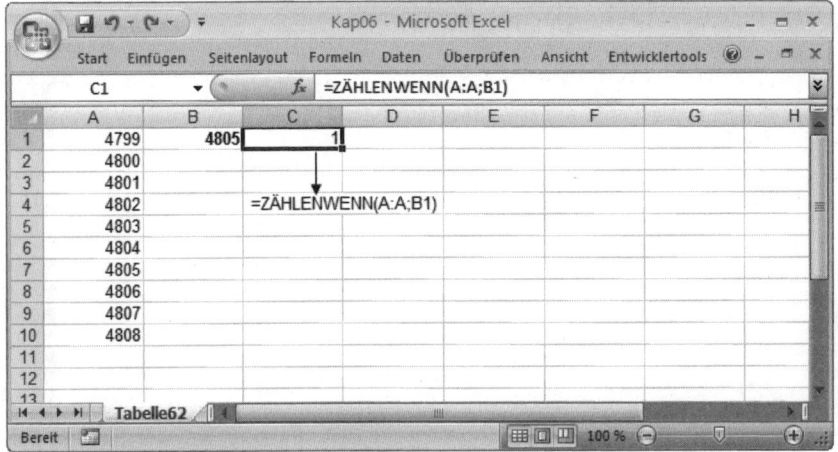

Abbildung 6.54: Der Inhalt der Zelle B1 konnte in Spalte A gefunden werden

Liefert die Zelle C1 den Wert 1, dann konnte der Wert aus Zelle B1 zumindest einmal in Spalte A gefunden werden. Ist das Ergebnis der Formel 0, dann kommt diese Zahl in Spalte A nicht vor.

6.36 Den kleinsten Wert <> Null ermitteln

Den kleinsten Wert in einem Zellenbereich können Sie standardmäßig über die Tabellenfunktion MIN ermitteln. Wenn in diesem Bereich jedoch eine Null vorkommt, dann wird dieser Wert richtigerweise als niedrigster Wert erkannt.

Möchten Sie den Wert 0 jedoch ausschließen, dann können Sie eine Matrixformel einsetzen. Im folgenden Beispiel wird der Bereich A1:A10 nach dem niedrigsten Wert durchsucht.

Erfassen Sie zu diesem Zweck die Formel

```
=MIN(WENN(A1:A10>0;A1:A10;""))
```

und schließen Sie über die Tastenkombination ⎣Strg⎦ + ⎣⇧⎦ + ⎣↵⎦ ab.

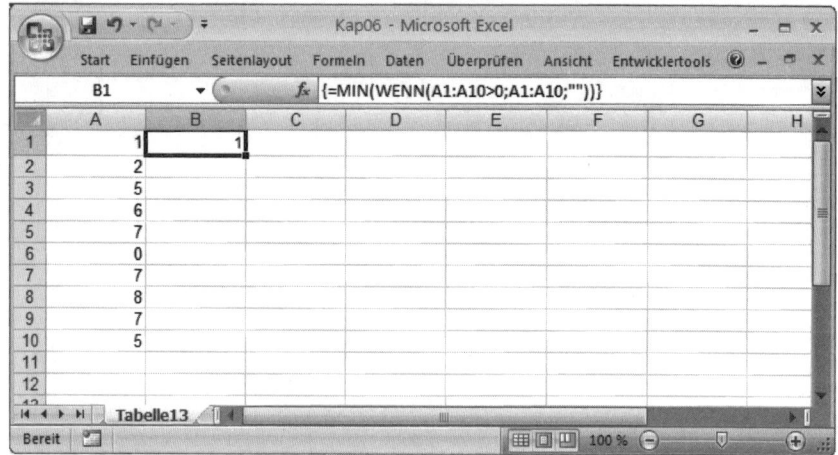

Abbildung 6.55: Der niedrigste Wert ungleich Null wird erkannt

---

Hinweis

Den kleinsten Wert größer Null können Sie übrigens auch über die Formel

=KKLEINSTE(A1:A10;ZÄHLENWENN(A1:A10;0)+1)

ermitteln.

6.37 Mehrere Bedingungen abfragen

Möchten Sie in einer Liste bestimmte Sätze zählen, die mehrere Bedingungen erfüllen müssen, dann kommen Sie standardmäßig mit der Funktion ZÄHLENWENN() nicht weiter. Für solche Fälle können Sie auf eine Matrixfunktion zurückgreifen.

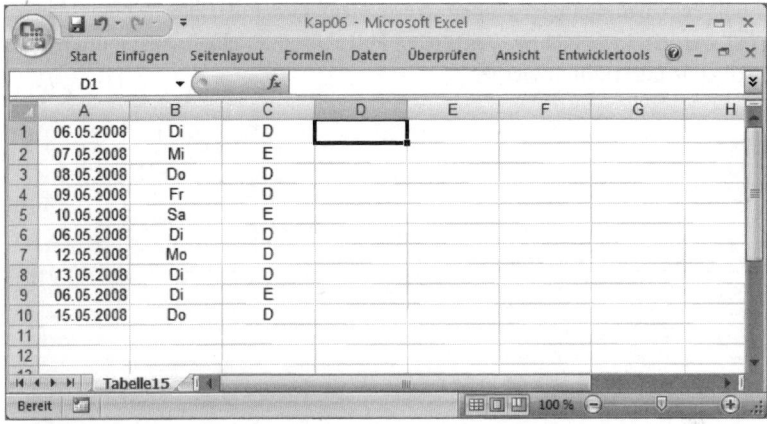

Abbildung 6.56: Bestimmte Sätze sollen gezählt werden

In der Liste aus Abbildung 6.56 sollen alle Sätze gezählt werden, die als Datum den 06.05.2008 haben und als Kürzel den Buchstaben D aufweisen.

Um diese Aufgabe zu lösen, geben Sie in Zelle D2 die Formel

=SUMME((A1:A10=DATWERT("06.05.2008"))*(C1:C10="D"))

ein und schließen die Formel über die Tastenkombination ⎡Strg⎤ + ⎡⇧⎤ + ⎡↵⎤ ab.

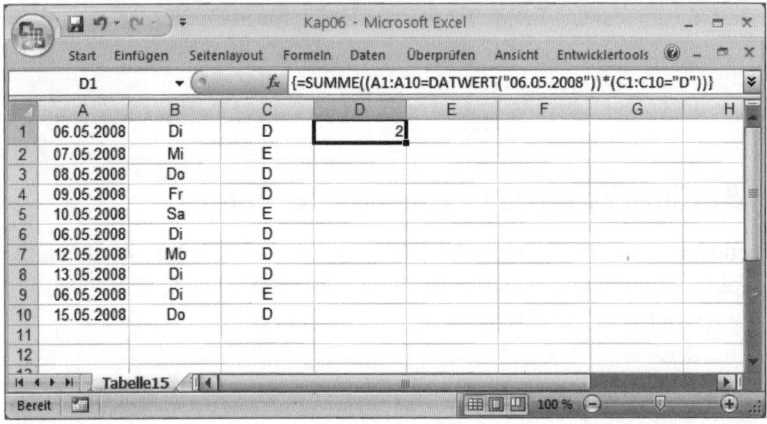

Abbildung 6.57: Es konnten genau zwei Sätze gefunden werden

Selbst mehr als zwei Bedingungen können spielend leicht über den Einsatz einer Matrix-formel gelöst werden. In Abbildung 6.58 sollen Festplatten zu einem bestimmten Preis und Speicherkapazität ermittelt werden.

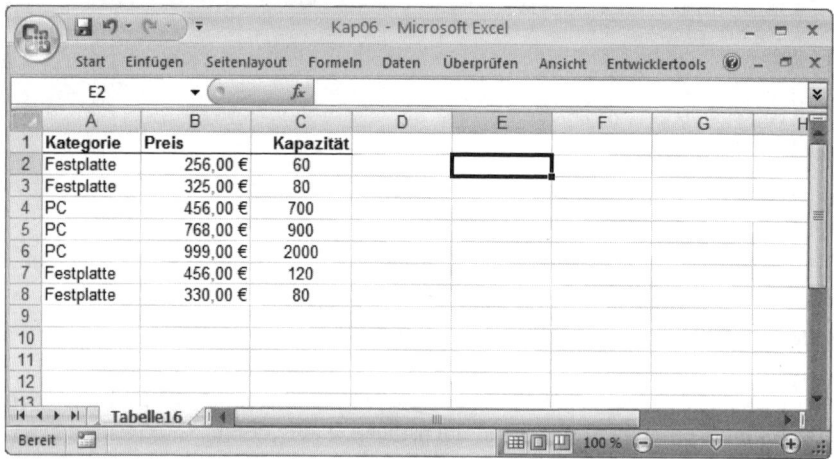

Abbildung 6.58: Die Computer-Zubehörliste

Die Aufgabe besteht jetzt darin, alle Festplatten zu zählen, die nicht teurer sind als 400 € und eine Mindestspeicherkapazität von 60 GB haben.

Um diese Aufgabe zu lösen, erfassen Sie in Zelle E2 die Matrixformel

=SUMME((A2:A8="Festplatte")*(B2:B8<=400)*(C2:C8>=60))

und schließen die Formel über die Tastenkombination ⌈Strg⌉ + ⌈⇧⌉ + ⌈↵⌉ ab.

6.38 Bedingtes Summieren von Zahlen

Um eine bedingte Summierung einer Tabelle durchzuführen, können Sie standard-mäßig die Tabellenfunktion SUMMEWENN() anwenden. In Abbildung 6.59 sollen alle Umsätze monatsweise ermittelt werden.

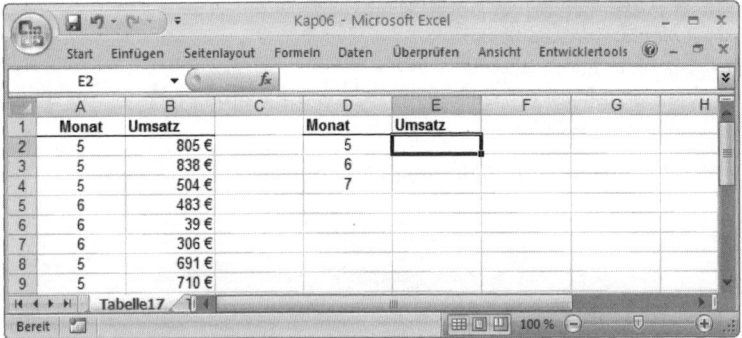

Abbildung 6.59: Eine Monatsauswertung durchführen

Um diese Aufgabe zu lösen, befolgen Sie die nächsten Arbeitsschritte:

1. Markieren Sie den Zellenbereich E2:E4.
2. Erfassen Sie die Formel =SUMMEWENN($A$2:$A$21;D2;$B$2:$B$21)
3. Schließen Sie die Formel über die Tastenkombination [Strg] + [↵] ab.

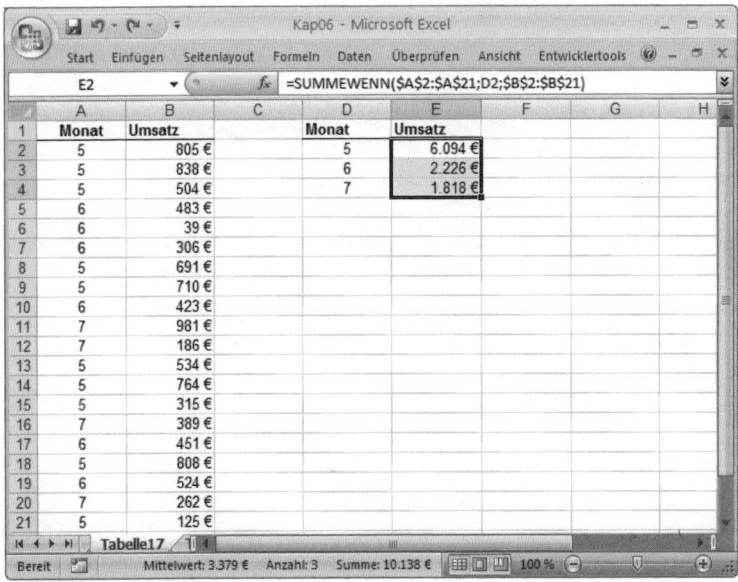

Abbildung 6.60: Die bedingte Summierung wurde durchgeführt

6.38.1 Noch mehr Kriterien berücksichtigen

Im folgenden Beispiel sollen die drei Spalten A–C miteinander abgeglichen werden. Nur wenn in allen drei Zellen der jeweiligen Spalte der Wert 1 steht, soll der dazugehörige Wert aus Spalte D addiert werden.

Sehen Sie sich zur Verdeutlichung Abbildung 6.61 an.

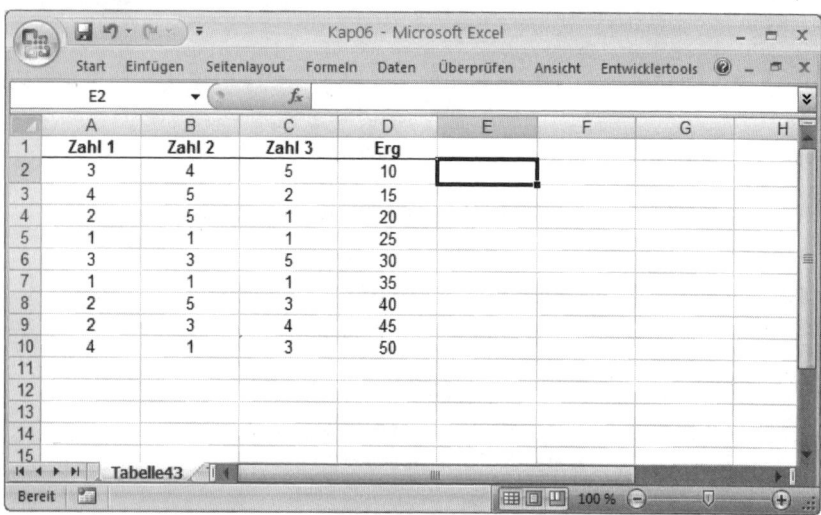

Abbildung 6.61: Bestimmte Werte aus Spalte D sollen summiert werden

Nur wenn in allen drei Spalten der Wert 1 vorkommt, soll der dazugehörige Wert aus Spalte D summiert werden. Dazu geben Sie in Zelle E2 die Formel

=SUMMENPRODUKT((A2:A10=1)*(B2:B10=1)*(C2:C10=1)*(D2:D10))

ein.

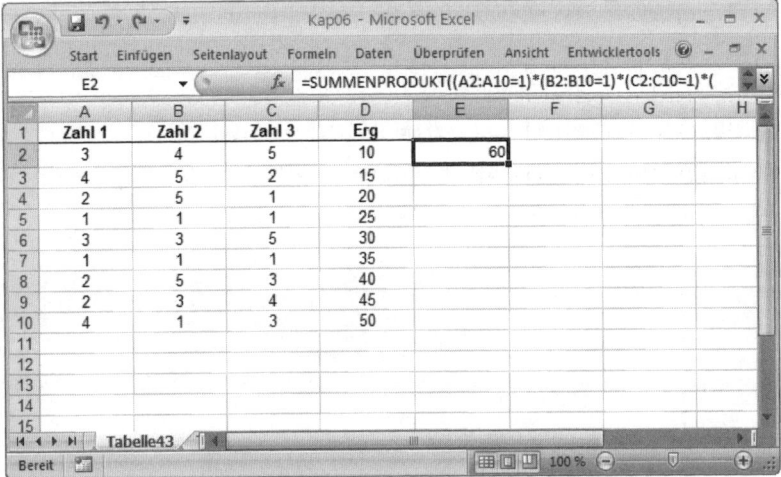

Abbildung 6.62: Für die Zeilen 5 und 7 werden die Werte aus Spalte D summiert

6.39 Automatisch das Kreuz setzen

In der folgenden Aufgabe wird auf automatische Art und Weise an die korrekte Stelle ein Kreuz gesetzt. Sehen Sie sich dazu einmal Abbildung 6.63 an.

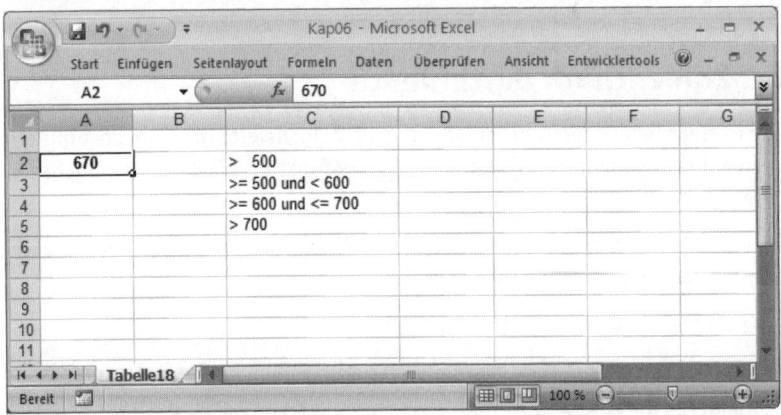

Abbildung 6.63: In Spalte B soll das Kreuz an die richtige Position gesetzt werden

Je nach Wert in Zelle A2 soll im Bereich B2:B5 an der zutreffenden Stelle ein Kreuz eingefügt werden. Um diese Aufgabe zu lösen, gehen Sie wie folgt vor:

1. Geben Sie in Zelle B2 die Formel =WENN($A$2<500;"X";"") ein.

2. In Zelle B3 erfassen Sie die Formel =WENN(UND($A$2>=500;$A$2<600);"X";"")

3. Der Zelle B4 wird die Formel =WENN(UND($A$2>=600;$A$2<=700);"X";"") zugewiesen.

4. In Zelle B5 schreiben Sie die Formel =WENN($A$2>700;"X";"")

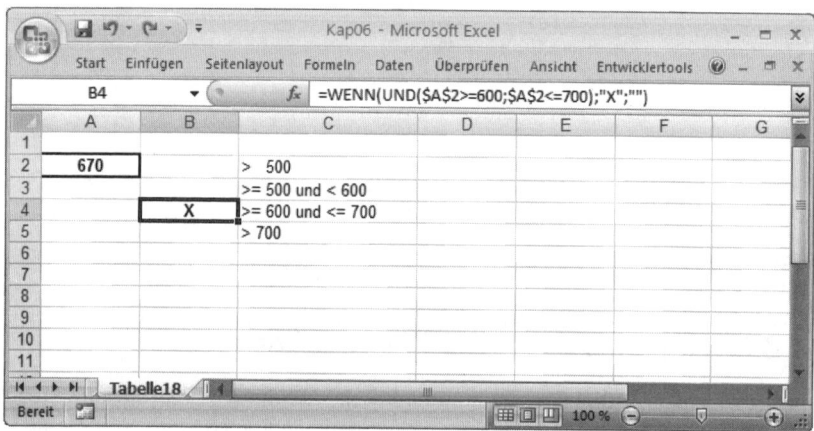

Abbildung 6.64: Das Kreuz wird an der richtigen Stelle gesetzt

6.40 Zahlencheck durchführen

Wenn Sie in einer Tabelle überprüfen möchten, ob Zahlenwerte in einem bestimmten Zahlenbereich liegen, dann können Sie die Tabellenfunktion WENN im Zusammenspiel mit der Tabellenfunktion UND einsetzen.

Geben Sie zu diesem Zweck in einer neuen Tabelle im Bereich A8:A13 Werte zwischen 10 und 30 ein. Gehen Sie danach wie folgt vor:

1. Markieren Sie den Zellenbereich B8:B13.

2. Erfassen Sie die Formel =WENN(UND(A8<=20;A8>=10);"Zahl OK!";"Zahl nicht OK")

3. Bestätigen Sie die Formel über die Tastenkombination ⌷Strg⌷ + ⌷↵⌷.

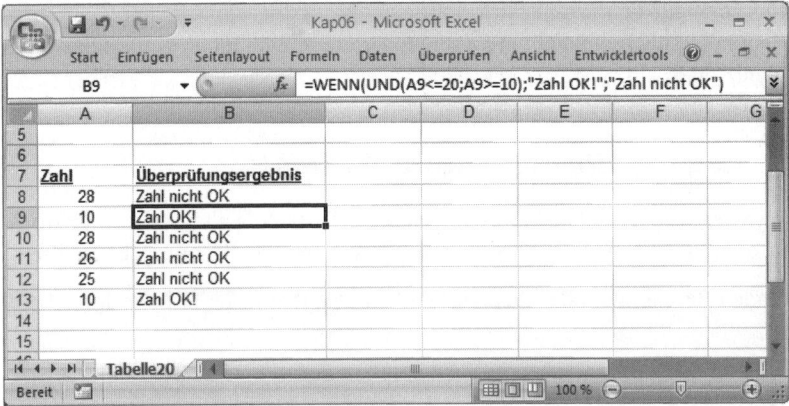

Abbildung 6.65: Der Zahlencheck wurde durchgeführt

6.41 WENN mit mehr als 7 Bedingungen

Oft liest man im Internet die Behauptung, dass bei mehr als 7 Bedingungen die Tabellenfunktion WENN am Ende ist. Diese Behauptung stimmt so nicht ganz. In der folgenden Abbildung wird demonstriert, dass bei 7 Bedingungen noch nicht Schluss sein muss.

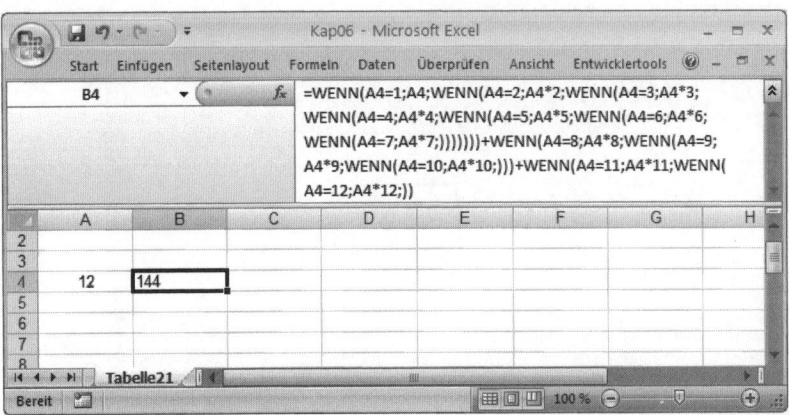

Abbildung 6.66: Mehr als 7 Bedingungen sind jederzeit möglich

Sie können den auf den ersten Blick limitierenden Faktor von 7 Bedingungen umgehen, indem Sie nach der siebten Bedingung weitere Bedingungen über das Plus-Zeichen anhängen.

6.42 Letzten Wert in Spalte A ermitteln

Neben diversen Möglichkeiten, die letzte belegte Zelle einer Spalte per VBA-Makro zu ermitteln, gibt es auch eine Variante über eine Matrixformel, diese Aufgabe zu lösen.

Im folgenden Beispiel wird der Wert der letzten belegten Zelle im Bereich A1:A100 ermittelt.

Erfassen Sie zu diesem Zweck die Matrixformel:

`=INDEX(A:A;MAX(ISTZAHL(A1:A100)*ZEILE($1:$100)))`

und schließen Sie die Formel über die Tastenkombination `Strg` + `⇧` + `↵` ab.

Hinweis

Alternativ können Sie auch die Matrixformel

`=INDIREKT(ADRESSE(MAX((ZEILE(1:100)*(A1:A100<>"")));SPALTE(A:A)))`

einsetzen und über die Tastenkombination `Strg` + `⇧` + `↵` abschließen.

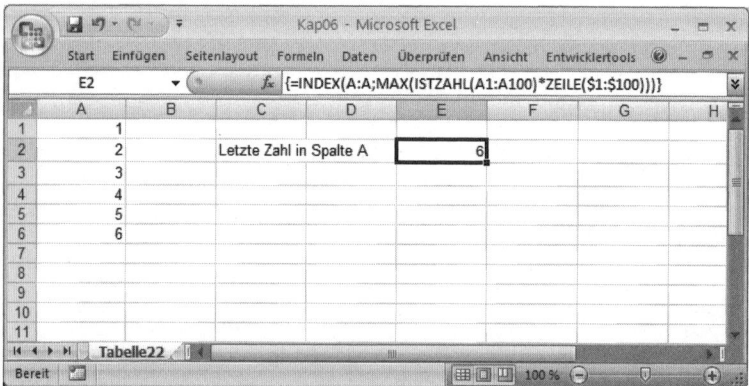

Abbildung 6.67: Die letzte belegte Zelle in Spalte A finden

6.43 Pfad- und Dateinamen ermitteln

Den Namen einer Arbeitsmappe, sofern Sie bereits einmalig gespeichert wurde, können Sie über die Tabellenfunktion ZELLE ermitteln. Geben Sie dazu in eine beliebige Zelle die Formel

```
=ZELLE("Dateiname")
```

ein.

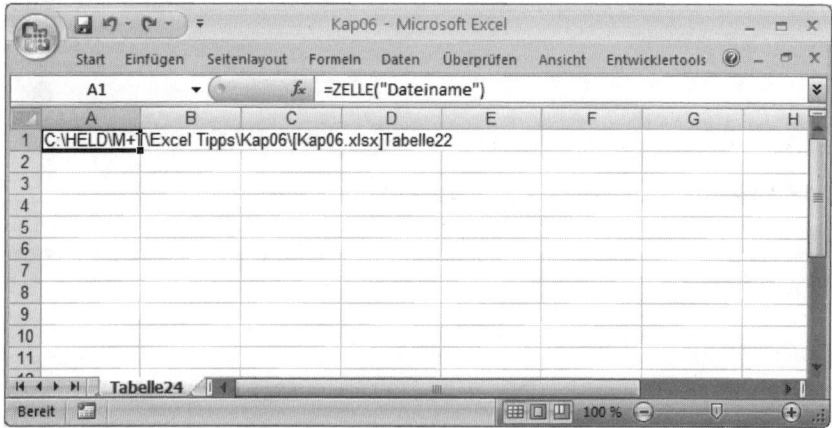

Abbildung 6.68: Den kompletten Pfadnamen der Arbeitsmappe ermitteln

Dieselbe Funktion wie gerade beschrieben können Sie einsetzen, um den Tabellennamen der aktiven Tabelle zu bestimmen.

Geben Sie hierzu die Formel

```
=TEIL(ZELLE("Dateiname";A1);FINDEN("]";ZELLE("Dateiname";A1))+1;
LÄNGE(ZELLE("Dateiname";A1))-FINDEN("]";ZELLE("Dateiname";A1)))
```

in eine beliebige Zelle ein.

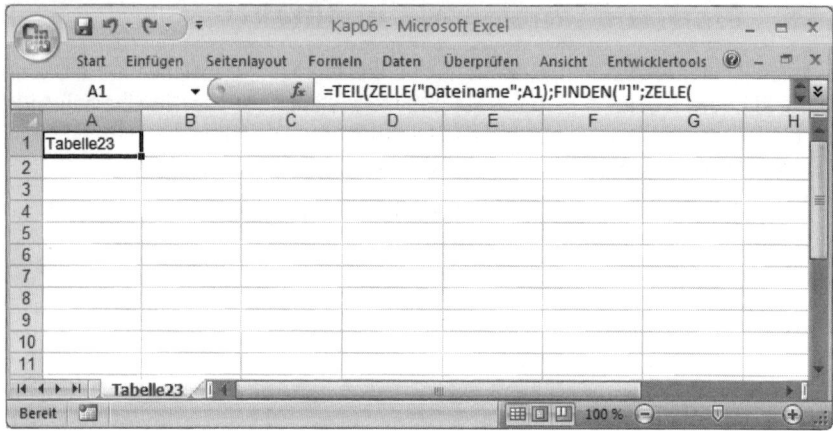

Abbildung 6.69: Den Tabellennamen extrahieren

In Abbildung 6.70 sind nochmals alle Möglichkeiten beschrieben, wie Sie aus der Zelle A1 den kompletten Text in Einzelteile zerlegen.

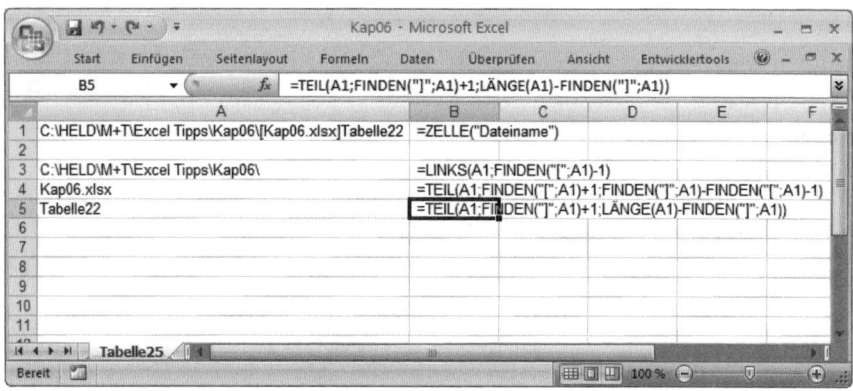

Abbildung 6.70: Alle Infos aus einer Zelle ziehen

Übrigens: Das zweite Argument A1 brauchen Sie, damit die Funktion automatisch das richtige Ergebnis anzeigt. Lassen Sie es weg, wird zum Beispiel nach einem Tabellenwechsel der falsche Name angezeigt.

6.44 Minuszeichen-Stellung korrigieren

Aus manchen Fremdsystemen bekommt Excel das Minuszeichen, anstatt wie erwartet auf der linken Seite, auf der rechten Seite dargestellt. Mit diesen Werten kann Excel aber nichts anfangen, d.h., Sie können mit diesen Werten nicht weiterrechnen, da sie von Excel als Texte interpretiert werden.

Sehen Sie sich dazu einmal Abbildung 6.71 an.

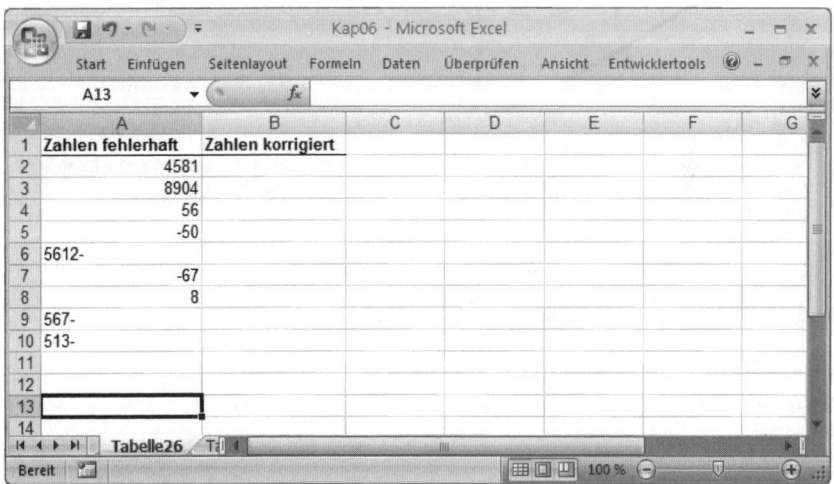

Abbildung 6.71: Einige Zahlenwerte werden von Excel nicht erkannt

Wenn Sie beispielsweise eine Summe in Zelle A12 ziehen, dann sehen Sie, dass die Werte mit dem rechten Minuszeichen in der Berechnung nicht berücksichtigt werden.

Um die Zahlen anzupassen, befolgen Sie die nächsten Arbeitsschritte:

1. Markieren Sie den Zellenbereich B2:B10.

2. Erfassen Sie die Formel
   =WENN(RECHTS(A2;1)="-";("-"&LINKS(A2;LÄNGE(A2)-1))*1;A2)

3. Schließen Sie die Formel über die Tastenkombination ⌈Strg⌉ + ⌈↵⌉ ab.

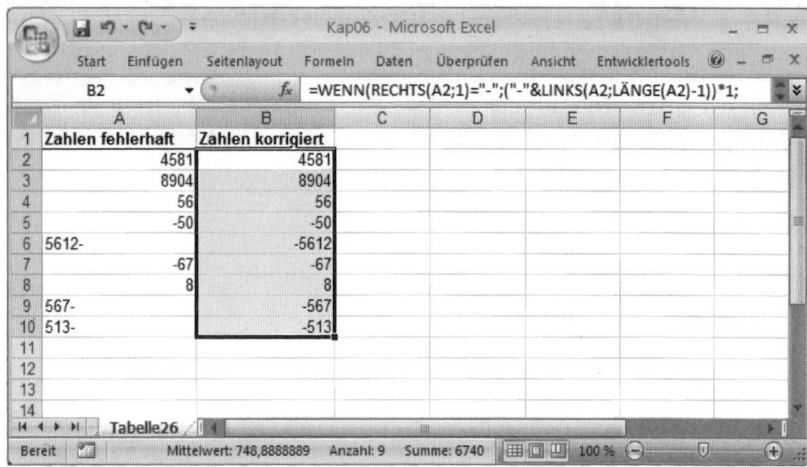

Abbildung 6.72: Alle Zahlen werden wie gewünscht von Excel richtig erkannt

6.45   Absolute Differenzen ermitteln

In einer Tabelle werden zwei Spalten miteinander verglichen. Dabei sollen diejenigen Zeilen gekennzeichnet werden, die eine Abweichung von mehr als 5 aufweisen.

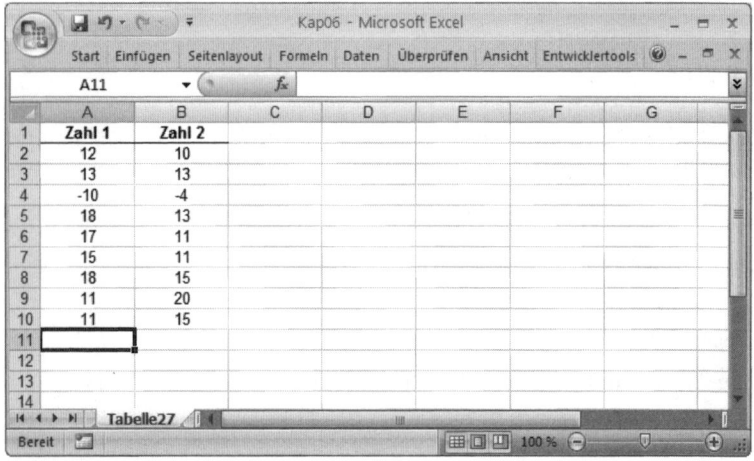

Abbildung 6.73: Die Ausgangstabelle

Um das Ergebnis des Vergleichs in Spalte C darzustellen, verfahren Sie wie folgt:

1. Markieren Sie den Zellenbereich C2:C10.

2. Erfassen Sie die Formel =WENN(ABS(B2-A2)>5;"Unterschied größer 5";"OK")

3. Bestätigen Sie die Eingabe über die Tastenkombination [Strg] + [←].

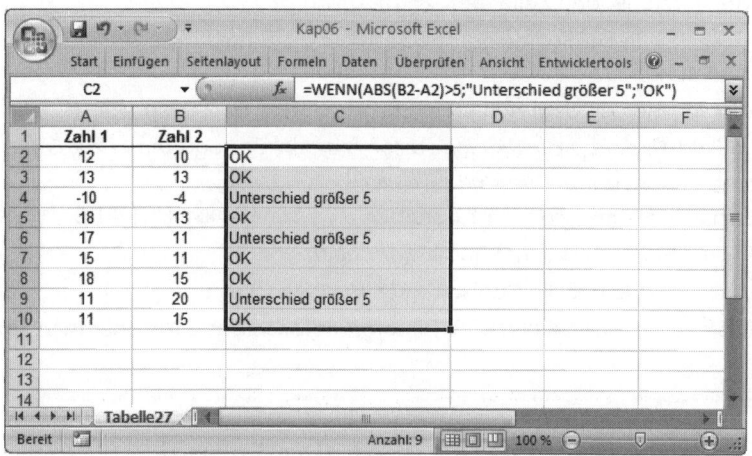

Abbildung 6.74: Abweichungen über 5 werden ermittelt

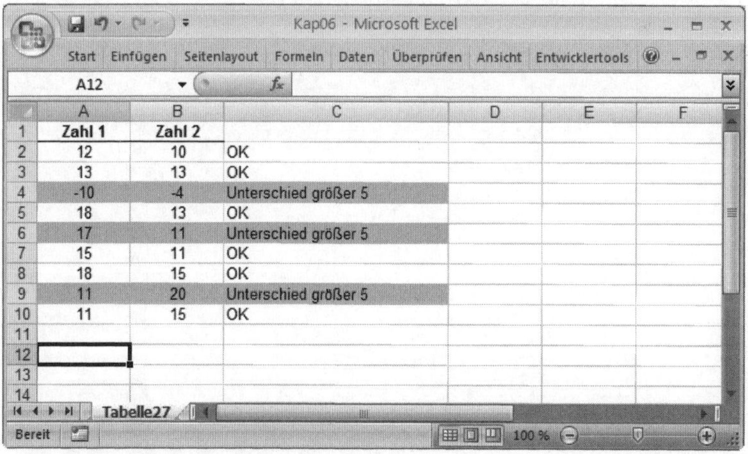

Abbildung 6.75: Abweichungen über 5 werden automatisch eingefärbt

> **Hinweis**
>
> Möchten Sie diese Aufgabe nicht über eine Zusatzspalte lösen, sondern statt-dessen die zutreffenden Zeilen einfärben, dann können Sie die bedingte For-matierung von Excel einsetzen.
>
> 1. Markieren Sie den Zellenbereich A2:C10.
> 2. Klicken Sie in der Symbolgruppe *Start* auf die Schaltfläche *Bedingte For-matierung*.
> 3. Wählen Sie aus dem Kontextmenü den Befehl *Neue Regel*.
> 4. Im Feld *Regeltyp auswählen* stellen Sie den Eintrag *Formel zur Ermitt-lung der zu formatierenden Zelle verwenden* ein.
> 5. Erfassen Sie im Feld rechts daneben die Formel =ABS($B2-$A2)>5
> 6. Klicken Sie auf die Schaltfläche *Formatierung*.
> 7. Wechseln Sie auf die Registerkarte *Ausfüllen*.
> 8. Wählen Sie eine gewünschte Hintergrundfarbe aus und bestätigen Sie mit *OK*.

6.46   Textteile ersetzen über eine Formel

Bei der folgenden Aufgabenstellung soll die Schreibweise von Straßennamen verein-heitlicht werden. Sehen Sie sich dazu die Abbildung 6.76 an.

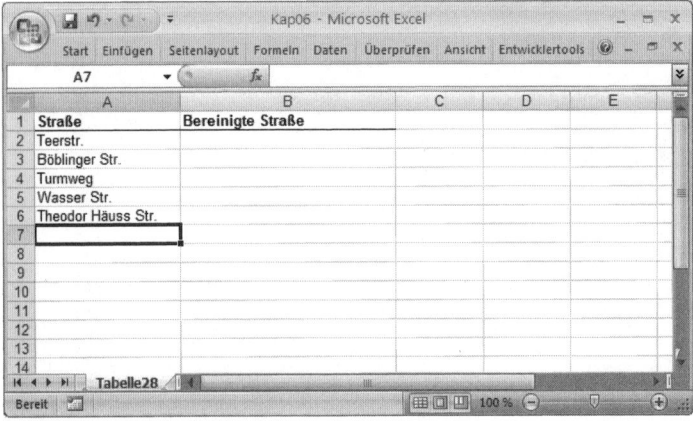

Abbildung 6.76: Straßennamen vereinheitlichen

Um diese Aufgabe über den Einsatz von Funktionen zu lösen, verfahren Sie wie folgt:

1. Geben Sie in Zelle B2 die Formel
   `=WENN(ISTFEHLER(SUCHEN("str.";A2)=0);A2;WENN(SUCHEN("str.";A2)=0;A2;`
   `LINKS(A2;SUCHEN("str.";A2)-1)&" Straße"))` ein.

2. Bestätigen Sie mit ⏎.

3. Führen Sie einen Doppelklick auf das Ausfüllkästchen der Zelle B2 durch, um die Formel nach unten zu kopieren.

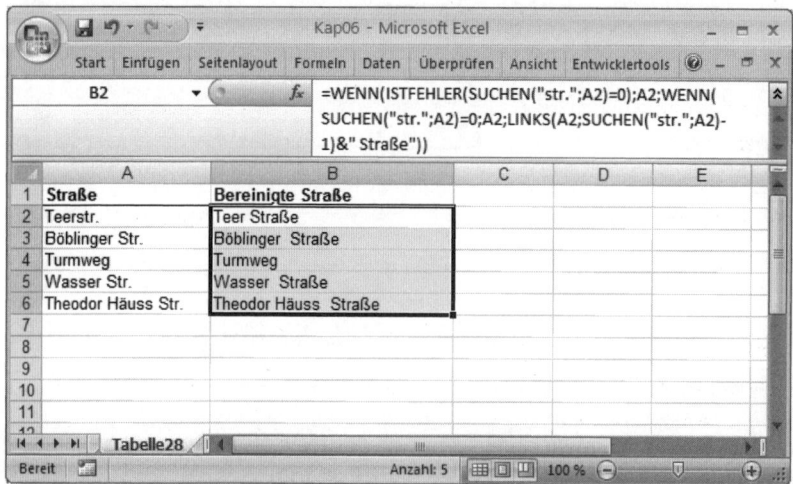

Abbildung 6.77: Die Straßennamen wurden einheitlich benannt

Übrigens: An Stelle der Kombination WENN(ISTFEHLER ... können Sie auch die Funktion WENNFEHLER() benutzen.

Hinweis

Die Tabellenfunktion SUCHEN unterscheidet nicht zwischen Groß- und Kleinschreibung im Gegensatz zur Funktion FINDEN.

6.47 Umsatzvergleich pro Kategorie durchführen

In der Tabelle aus Abbildung 6.78 werden die Umsätze zweier Jahre miteinander verglichen.

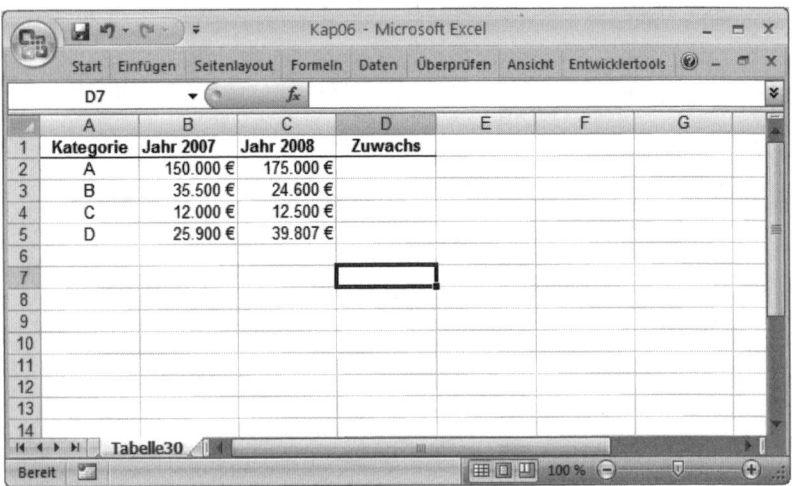

Abbildung 6.78: Der Zuwachs bzw. Verlust soll ermittelt werden

Um die prozentuale Entwicklung sowohl im positiven als auch im negativen Bereich festzuhalten, befolgen Sie die nächsten Arbeitsschritte:

1. Markieren Sie den Zellenbereich D2:D5.
2. Erfassen Sie die Formel =(C2-B2)/ABS(B2)
3. Schließen Sie die Eingabe über die Tastenkombination Strg + ↵ ab.
4. Drücken Sie die Tastenkombination Strg + 1, um den Dialog *Zellen formatieren* aufzurufen.
5. In Registerkarte *Zahlen* weisen Sie im Listenfeld *Kategorie* den Eintrag *Prozent* zu.
6. Bestätigen Sie mit *OK*.

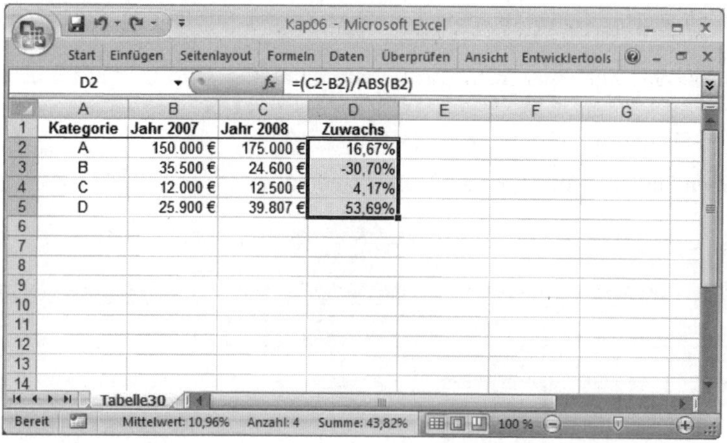

Abbildung 6.79: Die prozentualen Veränderungen wurden ermittelt

6.48 Duplikate erkennen

Eine Standardaufgabe, die Sie mit Excel-Tabellenfunktionen lösen können, ist das Aufspüren von doppelten Werten in einer Liste. Sehen Sie sich zunächst einmal Abbildung 6.80 an.

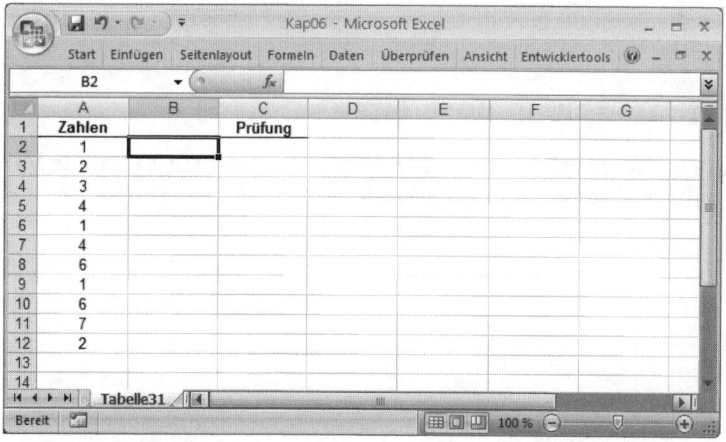

Abbildung 6.80: Einige der Zahlen kommen in der Liste doppelt vor

Um zu prüfen, welche Zahlen im Bereich A2:A12 doppelt vorkommen, gehen Sie wie folgt vor:

1. Markieren Sie den Zellenbereich C2:C12.
2. Erfassen Sie die Formel =ZÄHLENWENN($A$2:$A$11;A2)
3. Schließen Sie die Formel über die Tastenkombination [Strg] + [↵] ab.

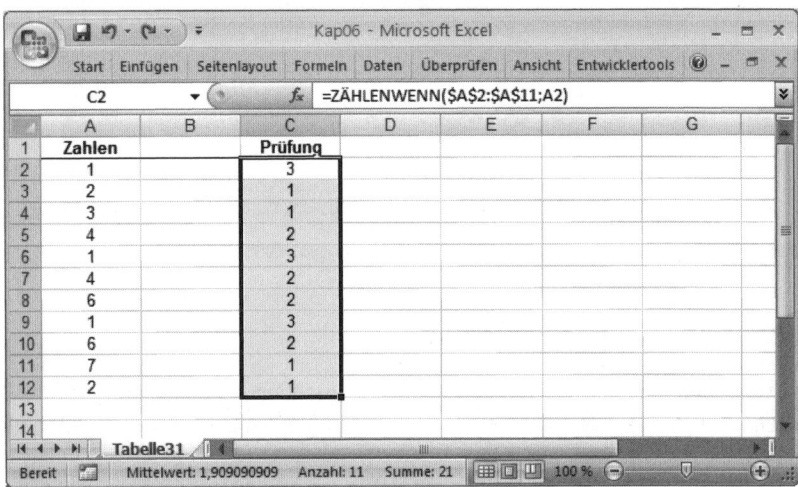

Abbildung 6.81: Die doppelten Werte weisen in Spalte C einen Wert größer 1 aus

6.49   Erste Dopplung ausweisen

Bei der Tabelle aus Abbildung 6.82 soll eine Artikelnummer, sofern sie das zweite Mal in einer Liste auftaucht, sofort kenntlich gemacht werden.

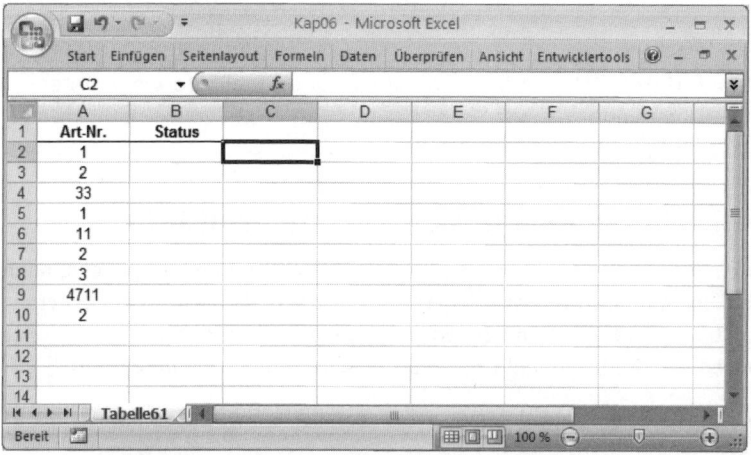

Abbildung 6.82: Wann tritt eine Dopplung das erste Mal auf?

Um diese Aufgabe zu lösen, verfahren Sie wie folgt:

1. Markieren Sie den Zellenbereich B2:B10.
2. Erfassen Sie die Formel =WENN(VERGLEICH(A2;A:A;0)=ZEILE();"OK";"Duplikat")
3. Schließen Sie die Eingabe über die Tastenkombination $\boxed{Strg}$ + $\boxed{\hookleftarrow}$ ab.

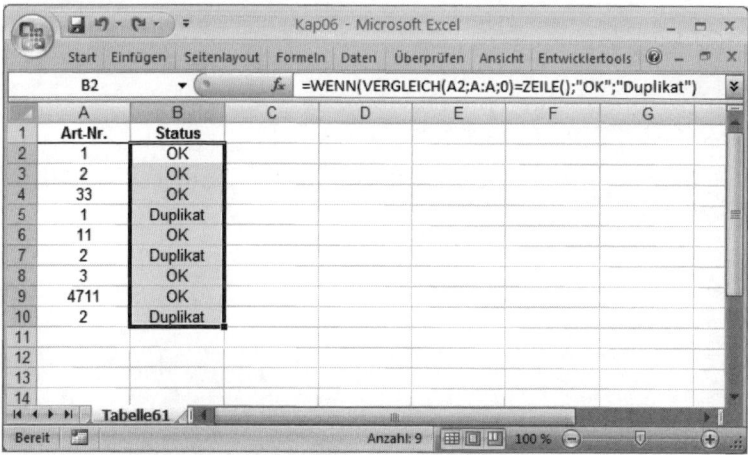

Abbildung 6.83: Die 1 tritt in Zelle A5 das erste Mal doppelt auf

---

Hinweis

Lesen Sie in Kapitel 11, wie Sie doppelte Eingaben mithilfe einer Datenüberprüfung verhindern können.

6.50 Maximalwerte aus einer Liste ermitteln

Sollen aus einer Liste die drei höchsten Werte ermittelt und addiert werden, dann
können Sie diese Aufgabe auf zweierlei Weisen erledigen. Sie wenden entweder die
Tabellenfunktion KGRÖSSTE() an und addieren danach die drei ermittelten Werte
oder Sie setzen eine Matrixformel ein, die beide Schritte in einem durchführt.

Variante 1

Um die Tabellenfunktion KGRÖSSTE() einzusetzen, verfahren Sie wie folgt:

Geben Sie in Zelle D1 die Formel
=KGRÖSSTE($A$1:$A$10;1)+KGRÖSSTE($A$1:$A$10;2)+KGRÖSSTE($A$1:$A$10;3)

ein.

Variante 2

Bei der zweiten Variante geben Sie in Zelle D2 die Matrixformel
=SUMME(KGRÖSSTE($A$1:$A$10;ZEILE(A1:A3)))

ein und schließen die Formel über die Tastenkombination ⌈Strg⌉ + ⌈⇧⌉ + ⌈⏎⌉ ab.

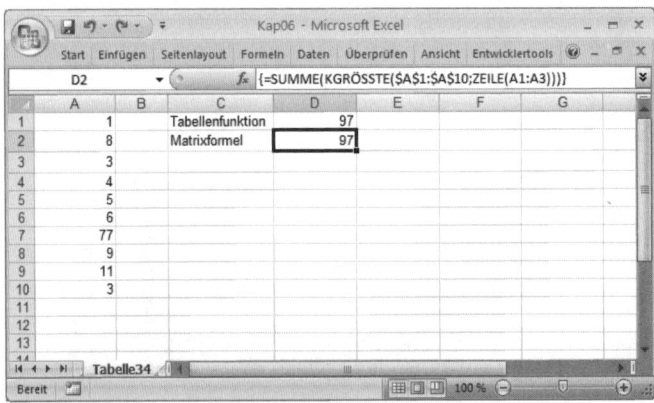

Abbildung 6.84: Zwei mögliche Lösungsansätze

6.51   Quersummen ermitteln

In der Tabelle aus Abbildung 6.85 sollen Quersummen ermittelt werden. Bei dieser Aufgabe muss Zeichen für Zeichen extrahiert und danach addiert werden.

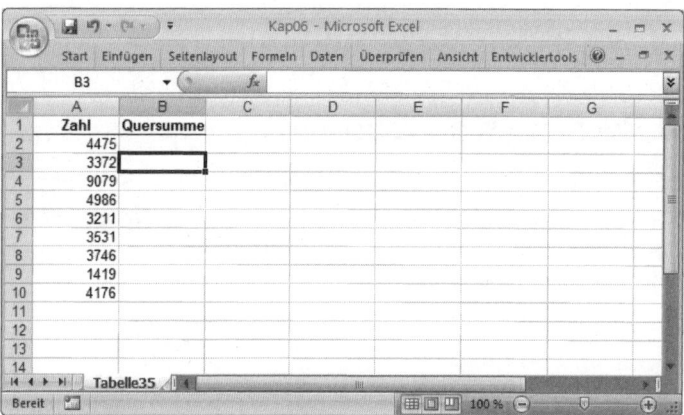

Abbildung 6.85: Die Ausgangstabelle für die Quersummenbildung

Um die Quersummen zu bilden, verfahren Sie wie folgt:

1. Markieren Sie den Zellenbereich B2:B10.

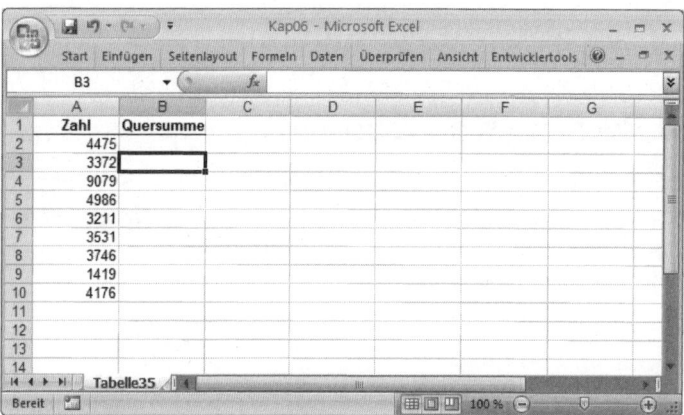

Abbildung 6.86: Die Quersummen wurden gebildet

2. Erfassen Sie die Formel =TEIL(A2;1;1)+TEIL(A2;2;1)+TEIL(A2;3;1)+TEIL(A2;4;1)

3. Schließen Sie die Formel über die Tastenkombination `Strg` + `↵` ab.

Wenn die Länge der Zahl nicht bekannt ist, erstellen Sie diese Formel (hier für den Wert in der Zelle A1):

=SUMME(WERT(TEIL(A1;ZEILE(INDIREKT("A1:A"&LÄNGE(A1)));1)))

6.52 Punkt durch Komma tauschen

Nach einem Datenimport liegen je nach Quelle manchmal bei Zahlenwerten anstatt Kommas Punkte als Dezimaltrennzeichen vor. Diese Punkte können in Excel aber leider nicht verarbeitet werden, sodass diese in Kommas umgewandelt werden müssen. Sehen Sie sich zunächst Abbildung 6.87 an.

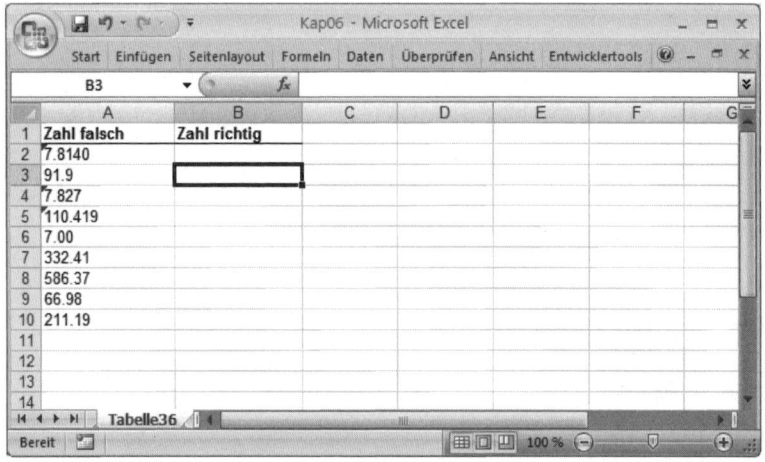

Abbildung 6.87: Diese Zahlen müssen gewandelt werden

Um die Punkte durch Kommas mithilfe einer Formel umzusetzen, verfahren Sie wie folgt:

1. Markieren Sie den Zellenbereich B2:B10.

2. Erfassen Sie die Formel =WERT(WECHSELN(A2;".";","))

3. Schließen Sie die Eingabe über die Tastenkombination `Strg` + `↵` ab.

4. Rufen Sie den Dialog *Zellen formatieren* über die Tastenkombination [Strg] + [1] auf.

5. In der Registerkarte *Zahlen* aktivieren Sie die Kategorie *Zahl* und definieren 2 Nachkommastellen.

6. Bestätigen Sie diese Einstellung mit *OK*.

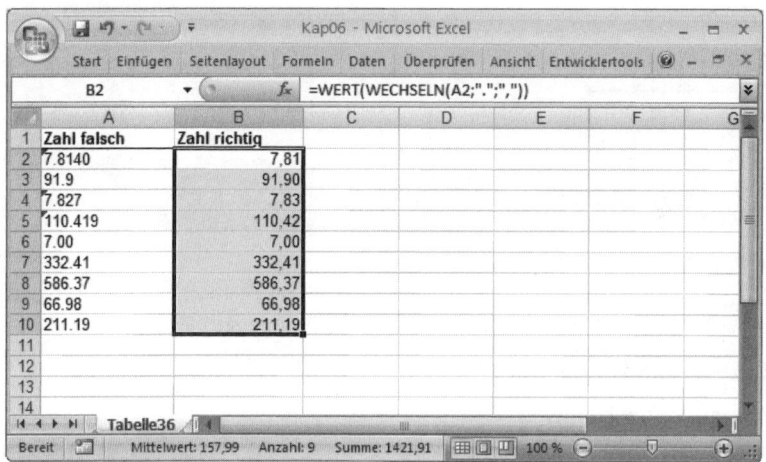

Abbildung 6.88: Die Zahlenwerte sind jetzt für Excel berechenbar

---

Hinweis

Alternativ können Sie diese Aufgabe auch über die Formel

`=ERSETZEN(A2;FINDEN(".";A2;1);1;",")`

lösen.

6.53 Umlaute tauschen

Sollen in einer Excel-Liste alle Umlaute wie Ä, ö, Ü und ß ersetzt werden, dann können Sie für diese Aufgabe die Tabellenfunktion WECHSELN einsetzen. Sehen Sie sich zunächst einmal die Ausgangssituation in Abbildung 6.89 an.

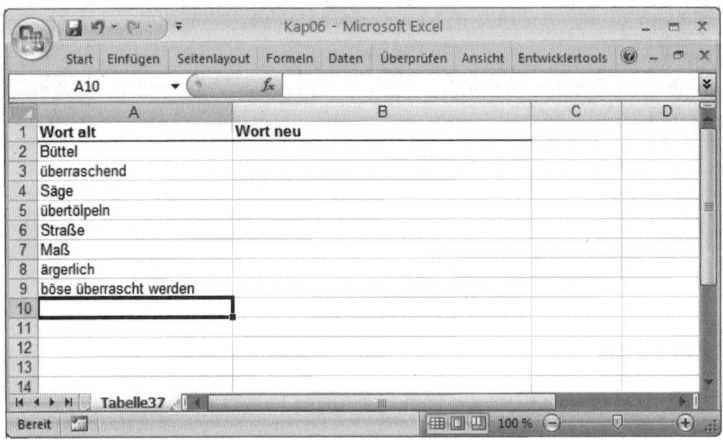

Abbildung 6.89: Texte umsetzen

Um diese Aufgabe schnell zu lösen, verfahren Sie folgendermaßen:

1. Markieren Sie den Zellenbereich B2:B9.

2. Erfassen Sie die Formel
=WECHSELN(WECHSELN(WECHSELN(WECHSELN(A2;"ä";"ae");"ö";"oe");"ü";"ue");"ß";"ss")

3. Schließen Sie die Formel über die Tastenkombination [Strg] + [⏎] ab.

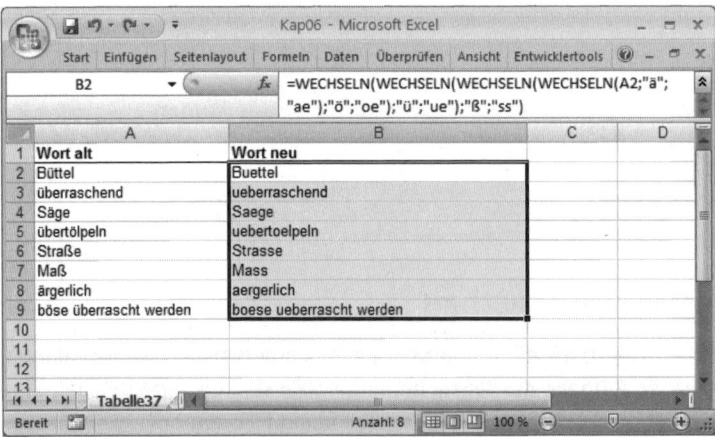

Abbildung 6.90: Das Ergebnis der Buchstabenkonvertierung liegt vor

6.54 Zeilenumbrüche entfernen

Wenn Sie mehrere Zeilen in eine einzige Zelle eingeben möchten, dann erfassen Sie zunächst die erste Zeile, drücken dann die Tastenkombination [Alt] + [↵], schreiben die nächste Zeile usw.

Soll eine mehrzeilige Zelle in einer anderen Zelle ohne Zeilenumbrüche ausgegeben werden, dann muss das Zeilenumbruchzeichen ersetzt werden. Dies können Sie über die folgende Formel bewerkstelligen:

```
=WECHSELN(A1;ZEICHEN(10);" ")
```

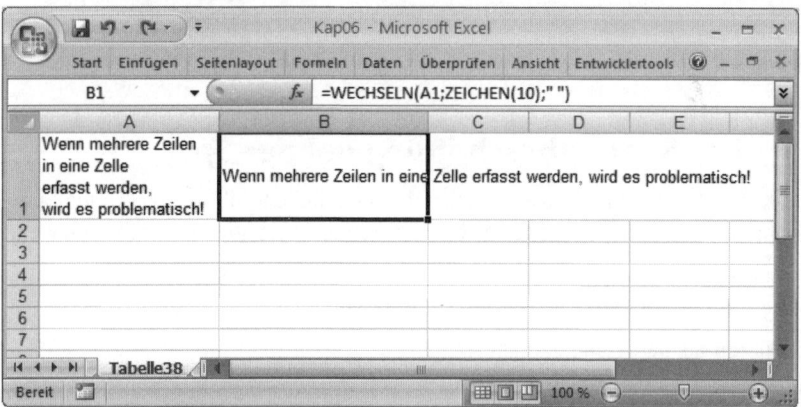

Abbildung 6.91: Aus mehreren Zeilen wurde eine gemacht

6.55 Eine eigene Zeilennummerierung erstellen

Möchten Sie eine eigene Zeilennummerierung erstellen, dann können Sie die Tabellenfunktion ZEILE dazu einsetzen.

> **Hinweis**
>
> Auf gleichem Wege können Sie selbstverständlich auch die Spaltennummerierung durchführen. Erfassen Sie dazu in Zelle A1 die Formel =SPALTE() und ziehen Sie das Ausfüllkästchen dieser Zelle nach rechts.

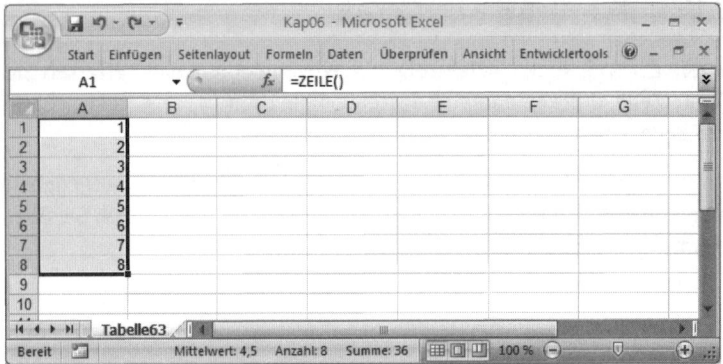

Abbildung 6.92: Die eigene Zeilennummerierung erzeugen

6.56 Der Spaltenbeschriftung auf der Spur

Gerade haben Sie erfahren, dass Sie mithilfe der Tabellenfunktion SPALTE die Spaltennummerierung der aktiven Spalte abfragen können. Wie aber gehen Sie vor, wenn Sie den Spaltenbuchstaben haben möchten?

Um diese Aufgabe zu lösen, gehen Sie wie folgt vor:

1. Markieren Sie den Zellenbereich A2:F2.
2. Erfassen Sie die Formel =ZEICHEN(SPALTE()+64)
3. Schließen Sie die Eingabe über die Tastenkombination [Strg] + [↵] ab.

Abbildung 6.93: Die Spaltenbuchstaben wurden ermittelt

6.57 Sonderzeichen eliminieren

In der Tabelle mit Artikelnummern aus Abbildung 6.94 werden oft Sonderzeichen wie Leerzeichen, Schräg- und Bindestriche eingegeben.

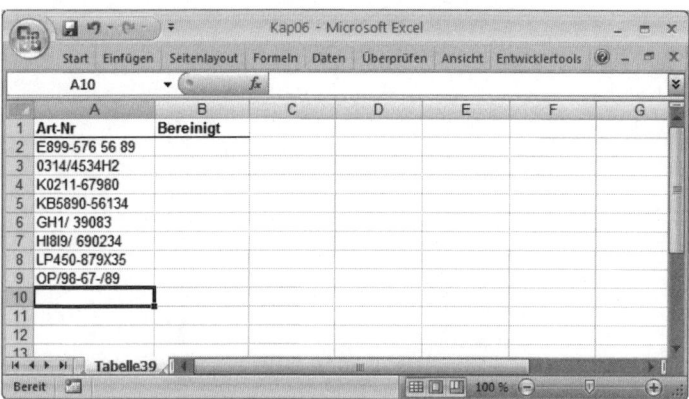

Abbildung 6.94: Die noch unbereinigte Artikelliste

Um die Sonderzeichen aus der Liste zu eliminieren, verfahren Sie wie folgt:

1. Markieren Sie den Datenbereich B2:B9.
2. Erfassen Sie die Formel =WECHSELN(WECHSELN(WECHSELN(A2;"-";"");" ";"");"/";"")
3. Schließen Sie die Formel über die Tastenkombination ⌈Strg⌉ + ⌈↵⌉ ab.

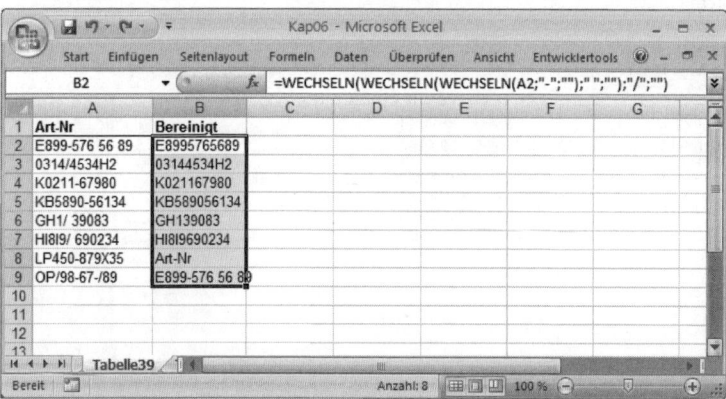

Abbildung 6.95: Alle Sonderzeichen wurden entfernt

6.58   Mit Formeln Balken zeichnen

Mit einem Trick können Sie sogar mithilfe einer Excel-Tabellenfunktion ein »Balken-diagramm« zeichnen. Die Tabellenfunktion heißt WIEDERHOLEN.

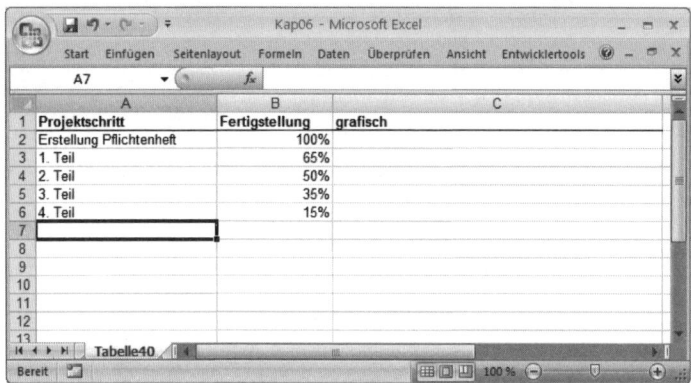

Abbildung 6.96: Grafischer Effekt soll integriert werden

Diese Aufgabe kann gelöst werden, indem der Buchstabe I, der ja wie ein schmaler Balken aussieht, viele Male hintereinander wiederholt wird. Dazu gehen Sie wie folgt vor:

1. Markieren Sie den Zellenbereich C2:C6.
2. Erfassen Sie die Formel =WIEDERHOLEN("|";B2*100)
3. Bestätigen Sie die Formel über die Tastenkombination [Strg] + [↵].

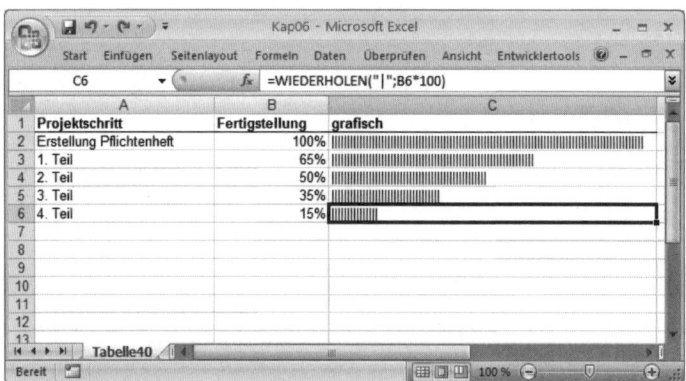

Abbildung 6.97: Das »Balkendiagramm« ist fertig

6.59 Sonderzeichen per Funktion einfügen

Mithilfe der Tabellenfunktion ZEICHEN können Sie unter anderem auch ganz spezielle Sonderzeichen in Zellen einfügen. Exemplarisch werden einige davon in Abbildung 6.98 dargestellt.

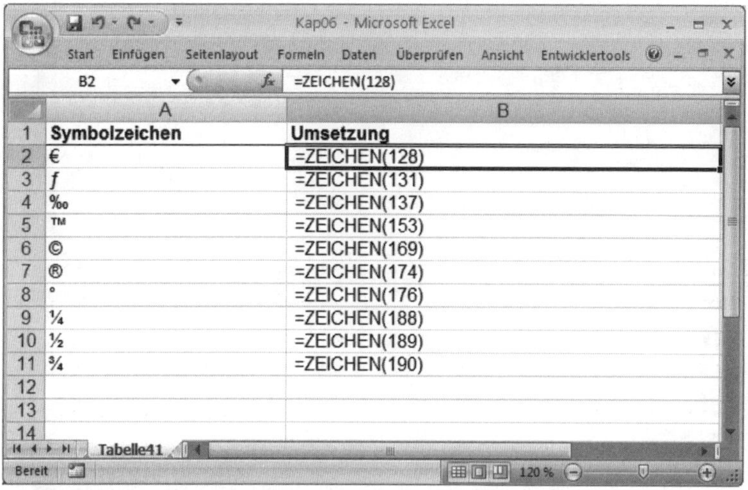

Abbildung 6.98: Sonderzeichen per Funktion einfügen

6.60 Bedingten Mittelwert bilden

Mithilfe der Tabellenfunktion SUMMEWENN können Sie eine bedingte Summe ziehen. Wenn Sie aber einen bedingten Mittelwert bilden möchten, greifen Sie auf eine Matrixfunktion zurück. Sehen Sie sich zunächst Abbildung 6.99 an.

Der Mittelwert soll von den Zahlen gebildet werden, bei denen in Spalte A der Buchstabe x verzeichnet ist. Um diese Aufgabe zu lösen, geben Sie in Zelle D1 die Matrixformel

`=MITTELWERT(WENN(A1:A10="x";B1:B10))`

ein und schließen die Formel über die Tastenkombination ⌷Strg⌷ + ⌷⇧⌷ + ⌷↵⌷ ab.

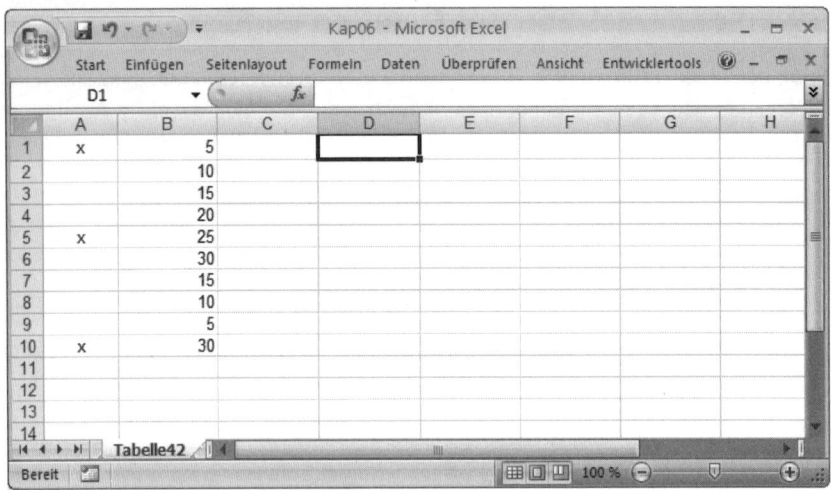

Abbildung 6.99: Ein bedingter Mittelwert soll gebildet werden

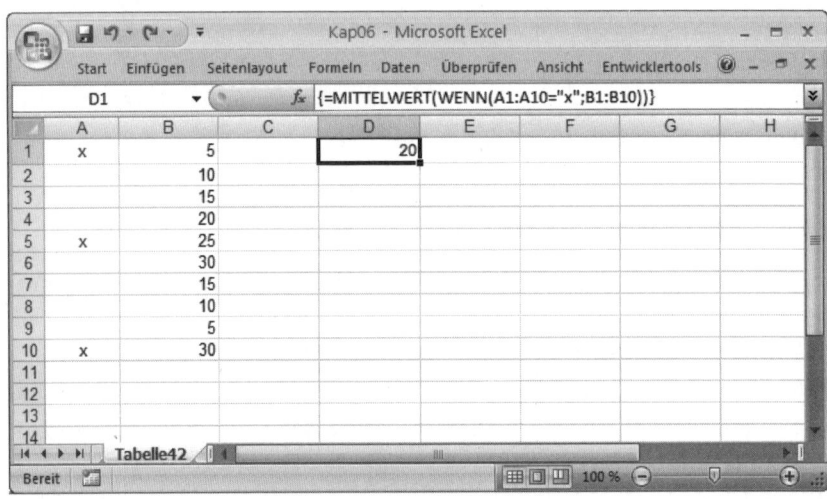

Abbildung 6.100: Der bedingte Mittelwert wurde errechnet

6.61 Mittelwert ohne Null bilden

Standardmäßig werden Nullen bei der Mittelwertberechnung berücksichtigt, d.h., sie gehen in die Berechnung mit ein. Sehen Sie sich dazu einmal die folgende Tabelle aus Abbildung 6.101 an.

Abbildung 6.101: Die Ausgangssituation für die Mittelwertberechnung

Berechnen Sie jetzt die beiden Mittelwerte, indem Sie wie folgt vorgehen:

1. Um den Standard-Mittelwert zu berechnen, geben Sie in Zelle D1 die Formel =MITTELWERT(A1:A9) ein.

2. Bestätigen Sie diese Eingabe mit [↵].

3. Um den Mittelwert ohne Nullwertberücksichtigung zu errechnen, geben Sie die Matrixformel =MITTELWERT(WENN((A1:A10)>=0)*(A1:A10);A1:A10)) in Zelle D3 ein.

4. Schließen Sie diese Matrixformel über die Tastenkombination [Strg] + [⇧] + [↵] ab.

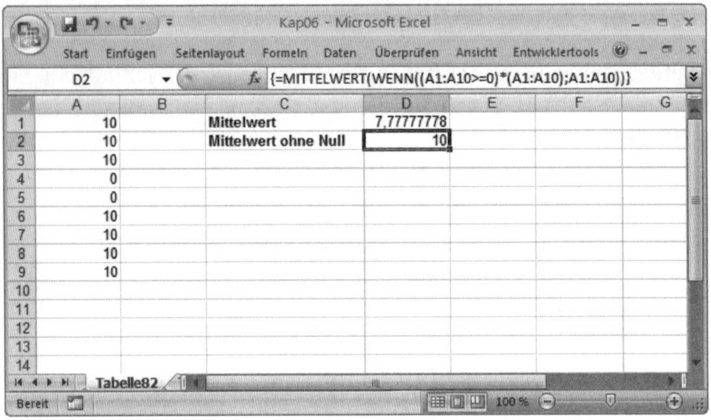

Abbildung 6.102: Über eine Matrixformel lassen sich Nullwerte bei der Mittelwertberechnung ausschließen

6.62 Menge x Preis blitzschnell ausgerechnet

In der Tabelle aus Abbildung 6.103 liegen Mengen und Preise vor. Auf die Schnelle soll jetzt der Gesamtwert der Liste errechnet werden, der sich bekanntermaßen aus der Summation aller einzelnen *Menge* * *Preis* ergibt.

Der Gesamtwert kann noch schneller über eine einzige Tabellenfunktion errechnet werden. Diese Funktion heißt SUMMENPRODUKT.

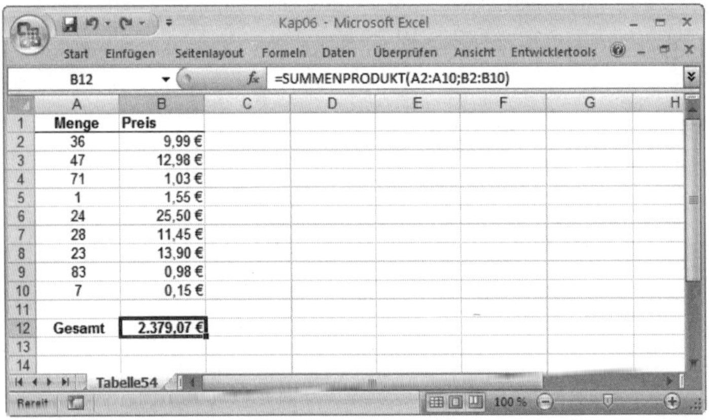

Abbildung 6.103: Den Gesamtwert einer Liste aus Menge und Preisen errechnen

6.63   Zeitpunkt des höchsten Umsatzes finden

In der Tabelle aus Abbildung 6.104 liegt eine einfache Liste mit Umsätzen und den dazugehörigen Datumsangaben vor.

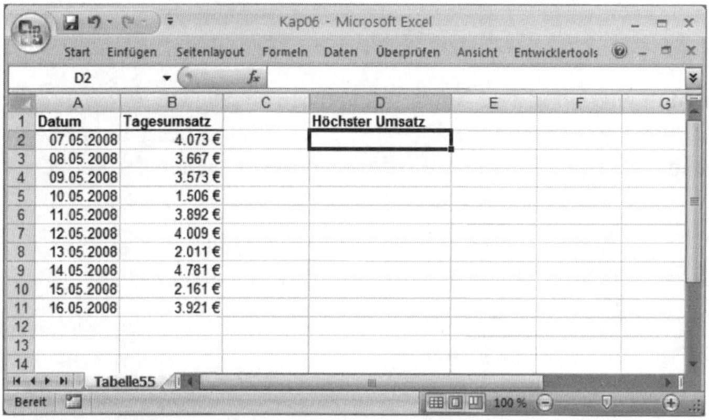

Abbildung 6.104: Der beste Tag soll ermittelt werden

Den größten Umsatz können Sie recht schnell über die Formel MAX(B2:B11) ermitteln. An welchem Tag wurde der aber gemacht?

Um diese Aufgabe zu lösen, verfahren Sie folgendermaßen:

1. Setzen Sie den Mauszeiger in Zelle D2.

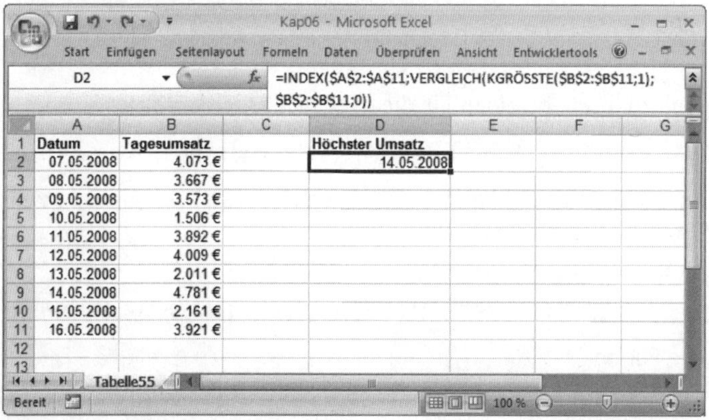

Abbildung 6.105: Der größte Umsatz wurde am 14.05.2004 gemacht

291

2. Erfassen Sie die Formel
=INDEX($A$2:$A$11;VERGLEICH(KGRÖSSTE($B$2:$B$11;1);$B$2:$B$11;0))

3. Schließen Sie die Eingabe über die Tastenkombination [Strg] + [↵] ab.

6.64 Versteigerung auswerten

Bei einer Versteigerung wurden von 10 Kunden Angebote abgegeben. In der Tabelle aus Abbildung 6.106 ist dieser Vorgang festgehalten. Die Aufgabe besteht nun darin, die höchsten Angebote zu ermitteln sowie die dazugehörigen Namen der Kunden.

Abbildung 6.106: Die abgegebenen Angebote

Um diese Aufgabe zu lösen, befolgen Sie die nächsten Arbeitsschritte:

1. Erfassen Sie in Zelle E2 die Formel =KGRÖSSTE($B$2:$B$10;1)

2. In Zelle E3 schreiben Sie die Formel =KGRÖSSTE($B$2:$B$10;2) sowie in Zelle E4 die Formel =KGRÖSSTE($B$2:$B$10;3)

3. In Zelle F3 geben Sie die Formel
=INDEX($A$2:$A$10;VERGLEICH(KGRÖSSTE($B$2:$B$10;1);$B$2:$B$10;0)) ein.

4. In F4 wird die Formel
=INDEX($A$2:$A$10;VERGLEICH(KGRÖSSTE($B$2:$B$10;2);$B$2:$B$10;0)) eingetragen.

5. In Zelle F5 erfassen Sie die Formel
`=INDEX($A$2:$A$10;VERGLEICH(KGRÖSSTE($B$2:$B$10;3);$B$2:$B$10;0))`

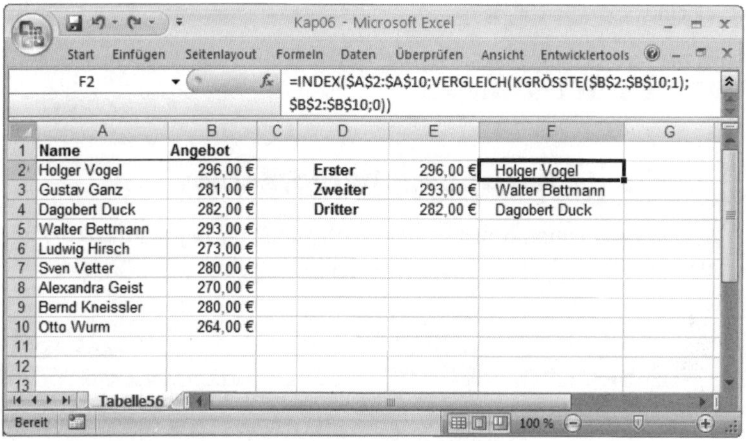

Abbildung 6.107: Holger Vogel hat das beste Angebot abgegeben

6.65 Zellen mit Zahlen zählen

Um zu ermitteln, wie viele Zellen in einem Bereich mit Zahlenwerten gefüllt sind, können Sie die Tabellenfunktion ANZAHL verwenden.

Um beispielsweise den Bereich A1:A10 nach Zahlenzellen abzusuchen, geben Sie die Formel =ANZAHL(A1:A10) ein.

> **Hinweis**
>
> Auch Zellen mit Datumsangaben sind für Excel Zahlenzellen und werden durch die Tabellenfunktion ANZAHL mitgezählt.

6.66 Leere Zellen zählen

Um leere Zellen in einem Bereich zu zählen, setzen Sie die Tabellenfunktion `ANZAHLLEEREZELLEN` ein.

Um beispielsweise den Bereich A1:A10 nach leeren Zellen abzusuchen, geben Sie die Formel `=ANZAHLLEEREZELLEN(A1:A10)` ein.

6.67 Leere Zellen optisch hervorheben

In der Tabelle aus Abbildung 6.108 ist eine Auflistung von Tagesumsätzen vorgegeben. In dieser Tabelle sind einige Felder nicht gefüllt.

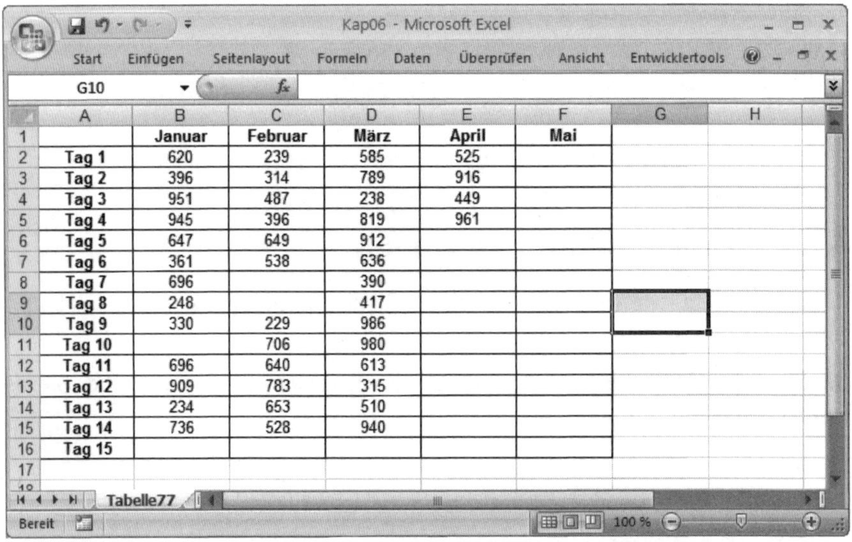

	Januar	Februar	März	April	Mai
Tag 1	620	239	585	525	
Tag 2	396	314	789	916	
Tag 3	951	487	238	449	
Tag 4	945	396	819	961	
Tag 5	647	649	912		
Tag 6	361	538	636		
Tag 7	696		390		
Tag 8	248		417		
Tag 9	330	229	986		
Tag 10		706	980		
Tag 11	696	640	613		
Tag 12	909	783	315		
Tag 13	234	653	510		
Tag 14	736	528	940		
Tag 15					

Abbildung 6.108: Die leeren Felder sollen hervorgehoben werden

Die Aufgabe besteht jetzt darin, die leeren Felder über eine Färbung des Hintergrundes deutlich hervorzuheben. Um diese Aufgabe zu lösen, befolgen Sie die nächsten Arbeitsschritte:

1. Markieren Sie den Zellenbereich B2:B16.

2. Klicken Sie in der Symbolgruppe *Start* auf die Schaltfläche *Bedingte Formatierung*.

3. Wählen Sie aus dem Kontextmenü den Befehl *Neue Regel*.

4. Im Feld *Regeltyp auswählen* stellen Sie den Eintrag *Formel zur Ermittlung der zu formatierenden Zelle verwenden* ein.

5. Erfassen Sie die Formel =WENN(ISTLEER(B2);WAHR;FALSCH)

6. Klicken Sie auf die Schaltfläche *Formatierung*.

7. Wechseln Sie auf die Registerkarte *Ausfüllen*.

8. Wählen Sie einen gewünschten Farbton aus.

9. Bestätigen Sie mit *OK*.

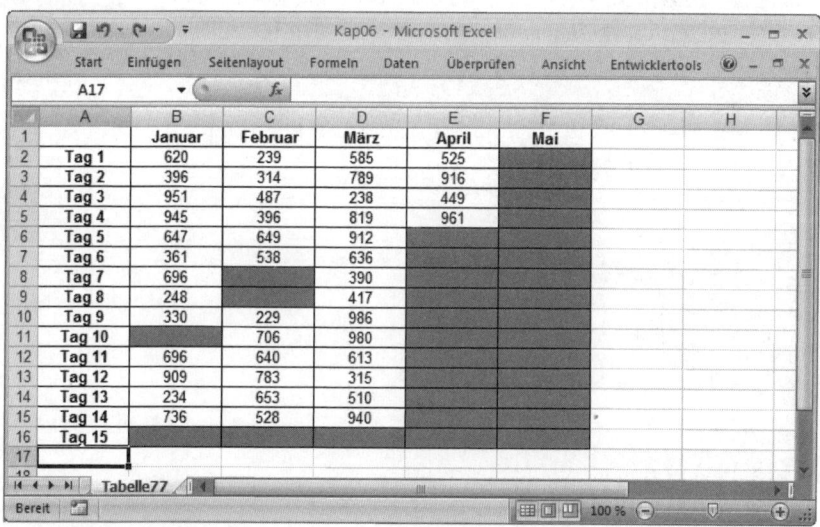

Abbildung 6.109: Die noch leeren Felder stechen direkt hervor

6.68 Zellen mit Texten zählen

Es gibt standardmäßig keine Tabellenfunktion, um Textzellen in Excel zu zählen. Aus der Kombination der Tabellenfunktion ANZAHL2, die alle gefüllten Zellen in einem Bereich zählt, und der Tabellenfunktion ANZAHL, die Zahlen zählt, können Sie leicht die Zellen zählen, die einen Text enthalten.

Um beispielsweise den Bereich A1:A10 nach Textzellen aufzuspüren geben Sie die Formel =ANZAHL2(A1:A10) - ANZAHL(A1:A10) ein.

6.69 Textzellen identifizieren

In der Tabelle aus Abbildung 6.110 sind in Spalte A einige Artikelnummern eingegeben worden. Einige davon haben ausschließlich numerische, andere auch alphanumerische Zeichen. Wenn die Liste um das Hundertfache länger wäre, dann würde es recht mühselig werden, die Zahlenzellen von den Textzellen zu unterscheiden.

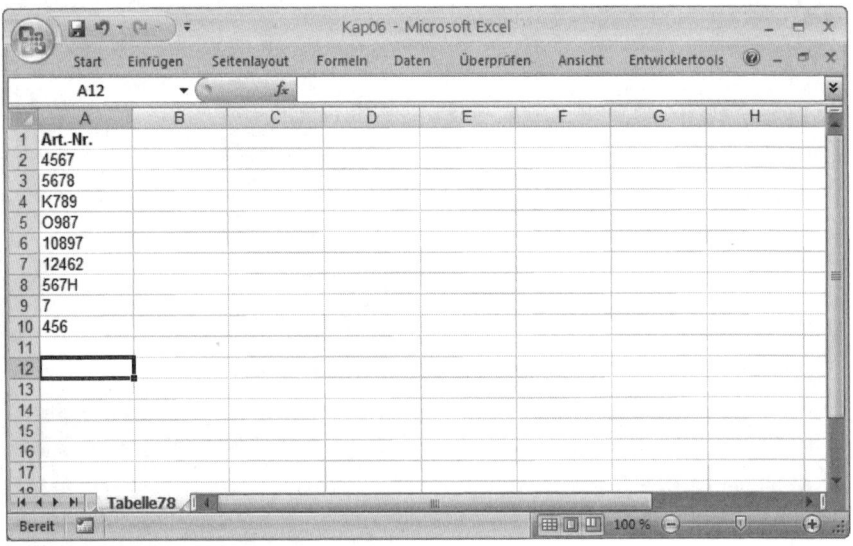

Abbildung 6.110: Wo liegen die Textzellen?

Um die Textzellen farblich hervorzuheben, befolgen Sie die nächsten Arbeitsschritte:

1. Markieren Sie den Zellenbereich A2:A10.

2. Klicken Sie in der Symbolgruppe *Start* auf die Schaltfläche *Bedingte Formatierung*.

3. Wählen Sie aus dem Kontextmenü den Befehl *Neue Regel*.

4. Im Feld *Regeltyp auswählen* stellen Sie den Eintrag *Formel zur Ermittlung der zu formatierenden Zelle verwenden* ein.

5. Erfassen Sie die Formel =TYP(A2)=2

6. Klicken Sie auf die Schaltfläche *Formatieren*.

7. Wechseln Sie auf die Registerkarte *Ausfüllen*.

8. Wählen Sie einen gewünschten Farbton aus.

9. Bestätigen Sie zweimal mit *OK*.

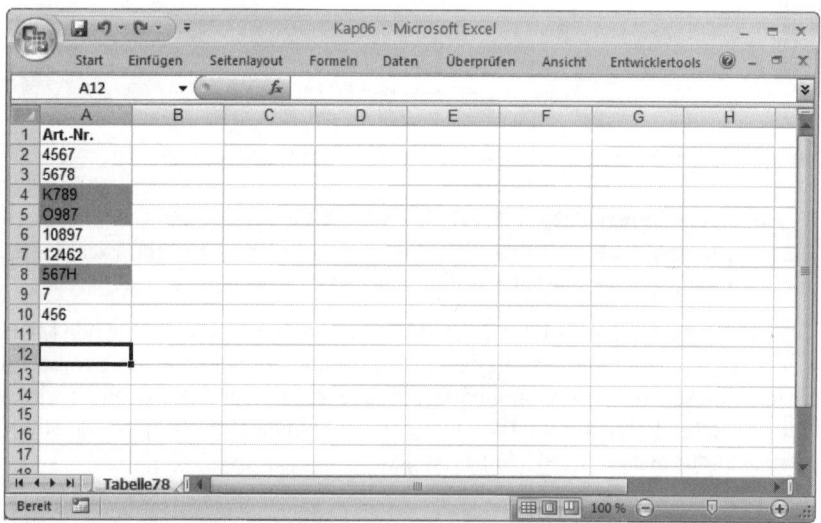

Abbildung 6.111: Die Textzellen wurden deutlich hervorgehoben

6.70   Zum richtigen Ergebnis mit Teilergebnis

In der Tabelle aus Abbildung 6.112 liegt eine nach Region gefilterte Liste vor. Die Aufgabe besteht nun darin, die Summe des Südens zu bilden. Im Prinzip eigentlich eine einfache Geschichte, aber ...

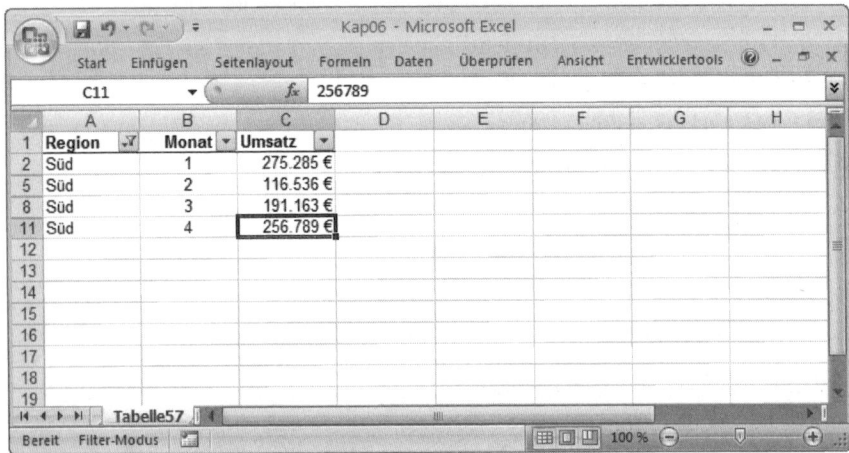

Abbildung 6.112: Die Umsätze des Südens sollen summiert werden

Wenn Sie die Formel =SUMME(C2:C11) in Zelle C13 eingeben, dann werden auch die ausgeblendeten Zeilen mitsummiert. Das darf natürlich nicht sein. Excel bietet für diese Aufgabe eine eigene Tabellenfunktion mit dem Namen TEILERGEBNIS an.

Die einfachste Art und Weise, diese Funktion einzufügen, ist, wenn Sie den Mauszeiger in Zelle C13 setzen und in der Symbolgruppe *Formeln* auf das Symbol *Auto-Summe* klicken. Da wo standardmäßig die Tabellenfunktion SUMME gebildet wird, wird bei gefilterten Listen automatisch die Tabellenfunktion TEILERGEBNIS angeboten. Sie brauchen nur noch mit [↵] zu bestätigen.

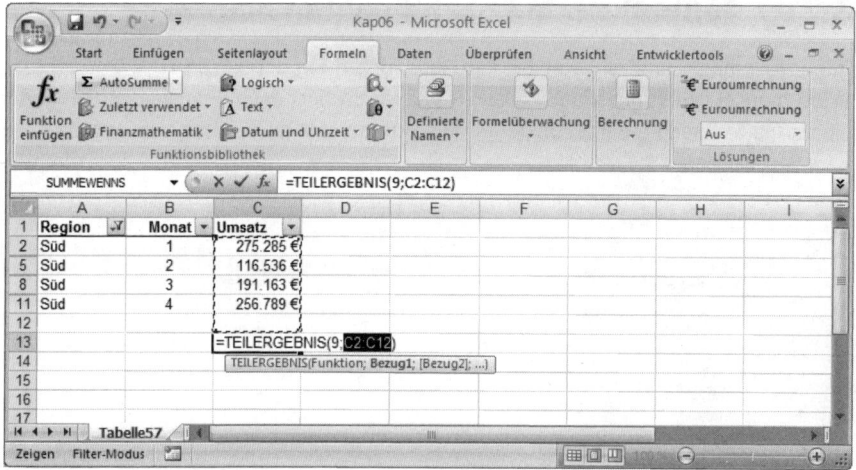

Abbildung 6.113: Nur die sichtbaren Zellen werden summiert

Über das erste Argument (für eine Summierung ist das die Zahl 9) wird die gewünschte Funktion angegeben, die eingesetzt werden soll.

Es stehen weitere Funktionen zur Verfügung:

Wert	Funktion
1	MITTELWERT
2	ANZAHL
3	ANZAHL2
4	MAX
5	MIN
6	PRODUKT
7	STABW
8	STABWN
9	SUMME
10	VARIANZ
11	VARIANZEN

Tabelle 6.1: Die Unterfunktionen der Funktion Teilergebnis

6.71   Fußballvereine nach Punkten einordnen

In der folgenden Bundesligatabelle aus Abbildung 6.114 der Saison 2007/2008 (Stand Winterpause) liegen die Namen aller 18 Vereine sortiert nach dem Namen vor. In der Nebenspalte finden Sie die Punkte, die bis zum damaligen Spieltag von den Vereinen gemacht wurden.

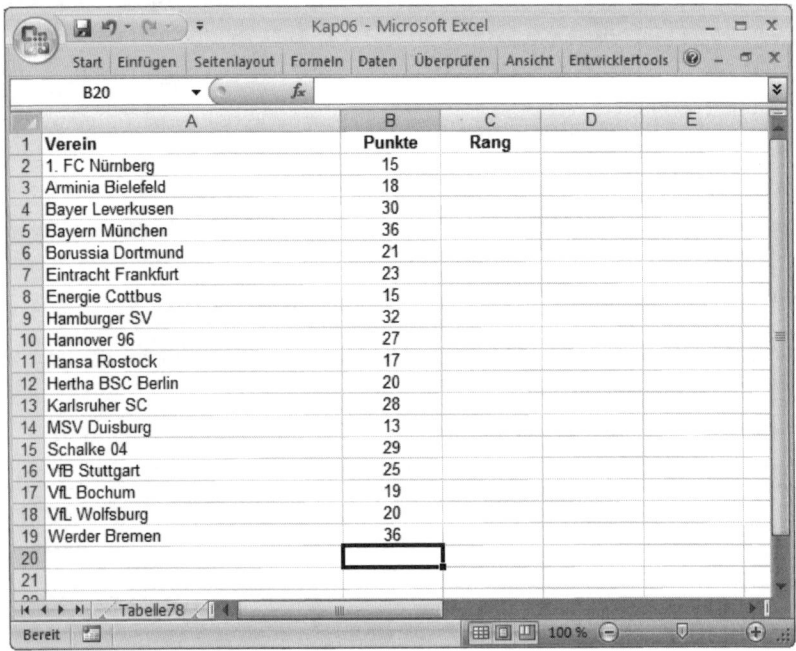

Abbildung 6.114: Eine Bundesligatabelle

Die Aufgabe besteht nun darin, in dieser Tabelle über eine Funktion die Rangfolge der einzelnen Vereine festzustellen. Dabei können Sie die Tabellenfunktion RANG wie folgt einsetzen:

1. Markieren Sie den Zellenbereich C2:C19.

2. Erfassen Sie die Formel =RANG(B2;$B$2:$B$19)

3. Schließen Sie die Eingabe über die Tastenkombination [Strg] + [↵] ab.

Hinweis

Wenn Sie den Zellenzeiger in die Zelle C1 setzen und danach in der Symbolgruppe *Daten* die Schaltfläche *Von A bis Z sortieren* anklicken, dann ist die Tabelle wieder nach Punkten sortiert.

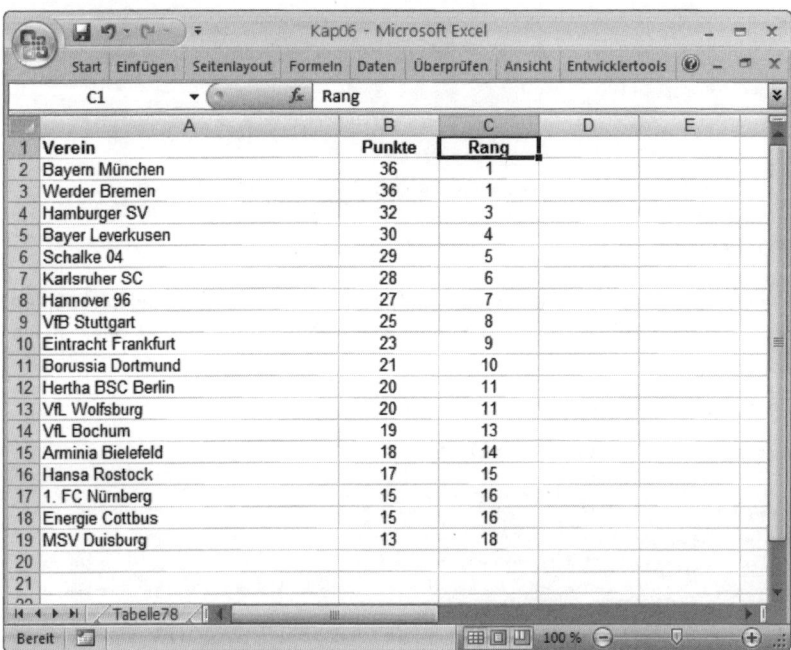

Abbildung 6.115: Die Rangfolge wurde bestimmt

6.72 Verteilungsgruppen einrichten

In der Tabelle aus Abbildung 6.116 sind über die Monate hinweg verkaufte Stückzahlen eines Artikels erfasst worden.

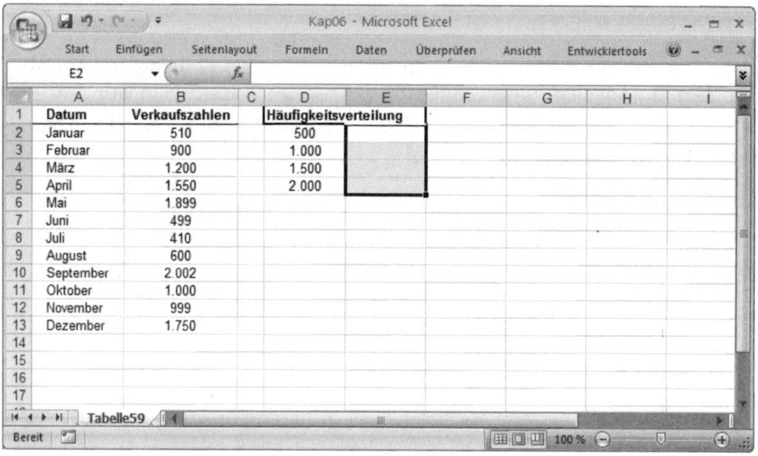

Abbildung 6.116: Die Verkaufszahlen eines Jahres

In den Zellen D2:D5 wurden Wertgrenzen definiert, in denen die Artikelstückzahlen eingeordnet werden sollen. Dabei soll jeweils die Bedingung kleiner oder gleich angewendet werden.

Um diese Aufgabe zu lösen, verfahren Sie wie folgt:

1. Markieren Sie den Zellenbereich E2:E5.

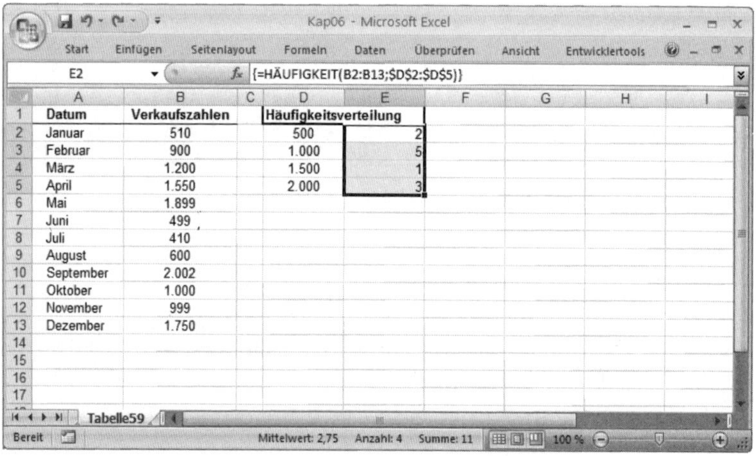

Abbildung 6.117: Die Häufigkeitsverteilung wurde vorgenommen

2. Erfassen Sie die Matrixformel =HÄUFIGKEIT(B2:B13;$D$2:$D$5)

3. Schließen Sie die Eingabe über die Tastenkombination [Strg] + [⇧] + [↵] ab.

6.73 Rechnen mit dem Rest

In der Tabelle aus Abbildung 6.118 werden Divisionen dargestellt. Wie kann nun geprüft werden, ob es sich bei dem Wert aus Spalte C um ein gültiges Ergebnis (ohne Nachkommastellen) oder um ein ungültiges Ergebnis handelt?

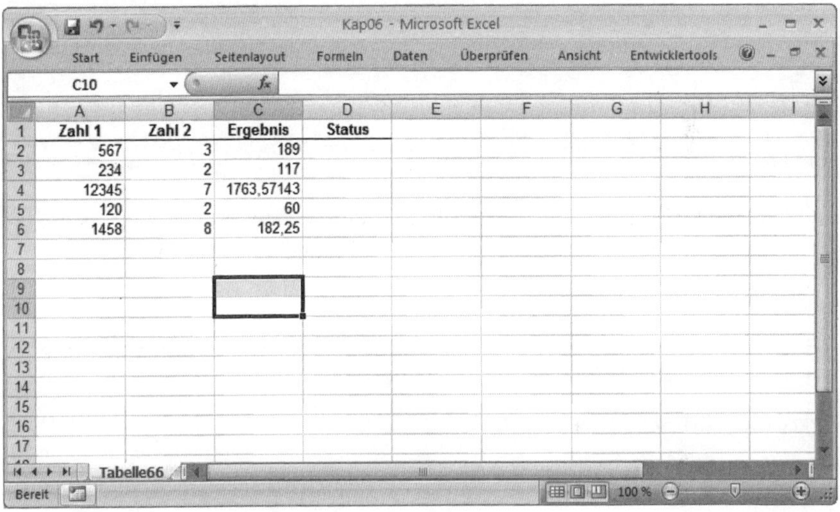

Abbildung 6.118: Ungültige Ergebnisse kennzeichnen

Die ganzzahligen Ergebnisse sollen in Spalte D mit dem Text OK gekennzeichnet werden. Dabei verfahren Sie wie folgt:

1. Markieren Sie den Zellenbereich D2:D6.

2. Erfassen Sie die Formel =WENN(ISTFEHLER(FINDEN(",";C2;1)=WAHR);"OK";FALSCH)

3. Schließen Sie die Eingabe über die Tastenkombination [Strg] + [↵] ab.

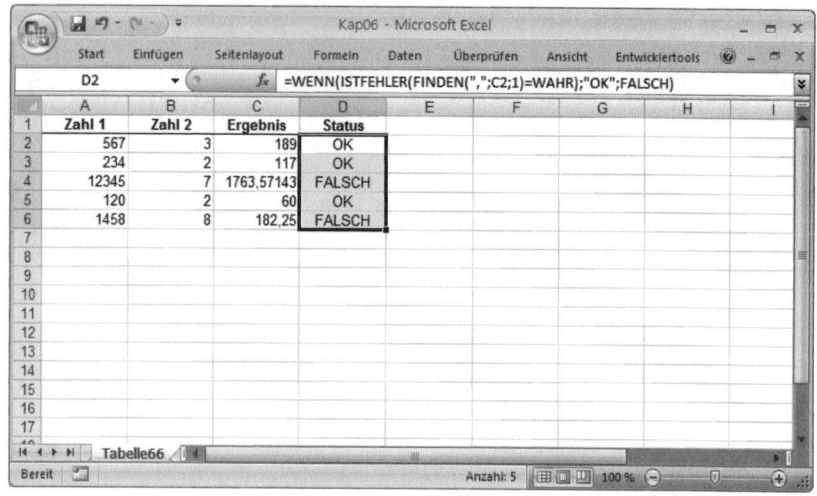

Abbildung 6.119: Nach dem Dezimalkomma suchen

Hinweis

Alternativ können Sie ebenfalls die Tabellenfunktion REST einsetzen. Die dazu notwendige Formel in Zelle E2 lautet:

=WENN(REST(A2;B2)=0;"OK";"Falsch")

6.74 Investieren – Ja oder Nein

Wenn Sie im Begriff sind, eine Investition zu tätigen, dann können Sie zu diesem Zweck die Tabellenfunktion BW (Barwert) einsetzen, um den Höchstbetrag der Investition zu ermitteln. Diesen Betrag dürfen Sie höchstens ausgeben, wenn sich die Investition noch rechnen soll. Als Prämisse für den Einsatz der Tabellenfunktion BW müssen Sie den zu erwartenden jährlichen Ertrag schätzen sowie die Abschreibungsdauer und den Zinssatz definieren, den Sie normalerweise auf der Bank bekommen würden, wenn Sie Ihr Geld anlegen.

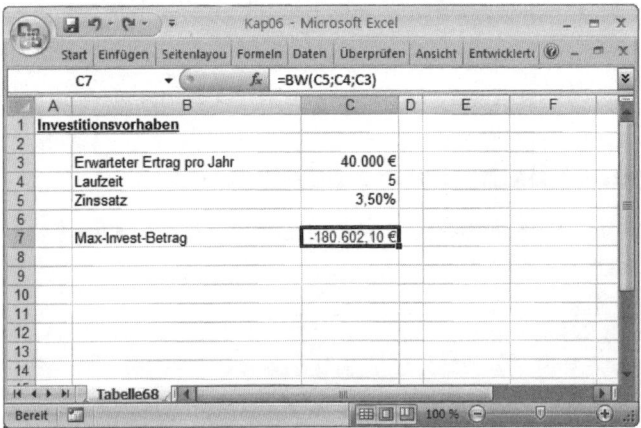

Abbildung 6.120: Der Invest darf maximal 180 T€ kosten

Die Formel in Zelle C7 lautet:

`=BW(C5;C4;C3)`

6.75   Die degressive Abschreibung ausrechnen

Bei der Tabelle aus Abbildung 6.121 wird die degressive Abschreibung einer Investition dargestellt.

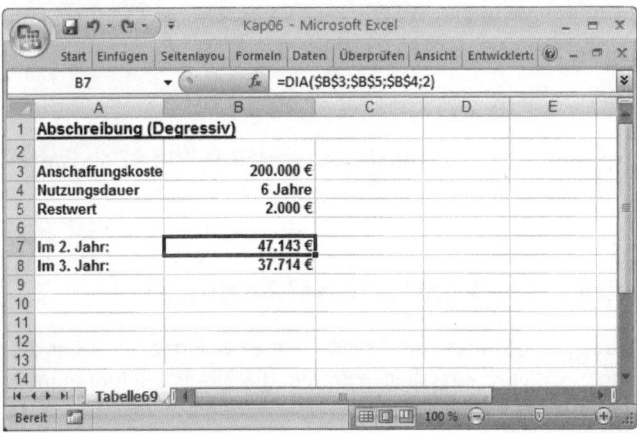

Abbildung 6.121: Die degressive Abschreibung punktgenau abfragen

Um beispielsweise den Abschreibungsbetrag im zweiten Jahr zu ermitteln, erfassen Sie in Zelle B7 die Formel:

=DIA($B$3;$B$5;$B$4;2)

6.76 Die lineare Abschreibung ausrechnen

Bezug nehmend auf die vorherige Aufgabe wird in der Tabelle aus Abbildung 6.122 die lineare Abschreibung durchgeführt.

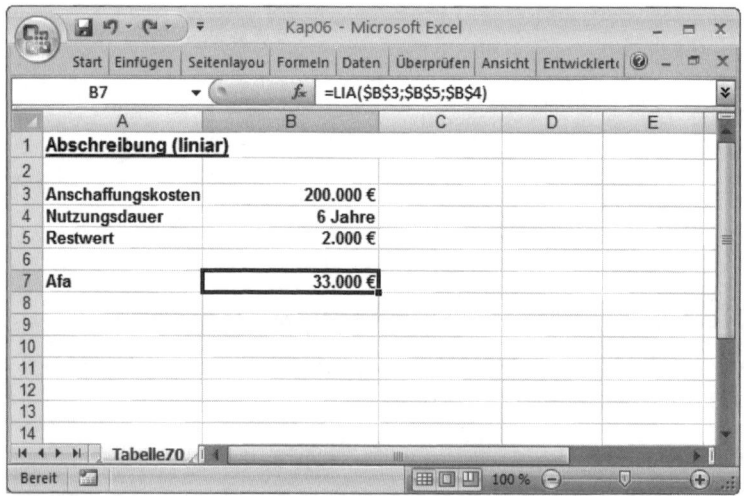

Abbildung 6.122: Den linearen Abschreibungsbetrag abfragen

Um den linearen Abschreibungsbetrag zu ermitteln, erfassen Sie in Zelle B7 die Formel

=LIA($B$3;$B$5;$B$4)

6.77 Telefonnummern komfortabel finden

In der Tabelle aus Abbildung 6.123 liegt eine Telefonliste einer Firma vor. Über die Eingabe der Telefonnummer sollen die restlichen Daten, die dieser Telefonnummer zugeordnet sind, ermittelt werden.

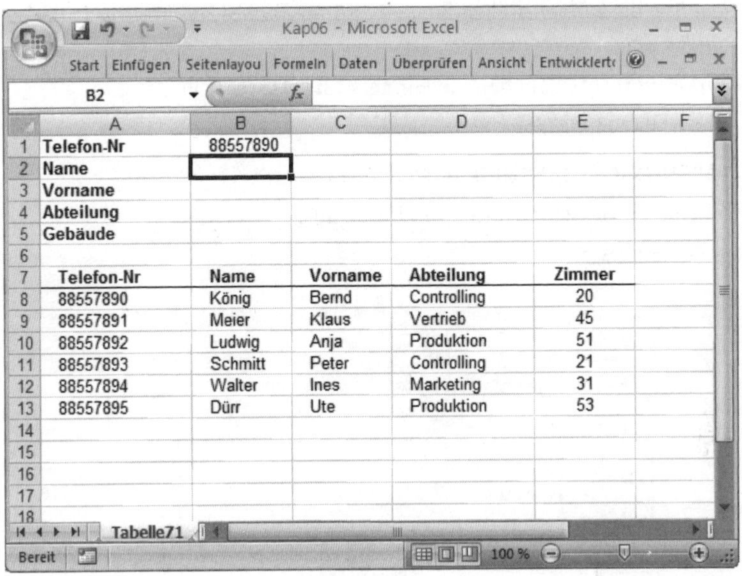

	A	B	C	D	E
1	Telefon-Nr	88557890			
2	Name				
3	Vorname				
4	Abteilung				
5	Gebäude				
6					
7	Telefon-Nr	Name	Vorname	Abteilung	Zimmer
8	88557890	König	Bernd	Controlling	20
9	88557891	Meier	Klaus	Vertrieb	45
10	88557892	Ludwig	Anja	Produktion	51
11	88557893	Schmitt	Peter	Controlling	21
12	88557894	Walter	Ines	Marketing	31
13	88557895	Dürr	Ute	Produktion	53

Abbildung 6.123: Über Eingabe der Telefonnummer sollen die dazugehörigen Daten ermittelt werden

Mithilfe der Tabellenfunktion `SVERWEIS` können Sie über einen eindeutigen Schlüssel, hier die Telefonnummer, die dazugehörigen Daten aus der Liste ermitteln. Des Weiteren soll die Fundstelle in der Liste optisch gekennzeichnet werden. Dabei verfahren Sie wie folgt:

1. Erfassen Sie in Zelle B2 die Formel `=SVERWEIS($B$1;$A$8:$E$13;2;FALSCH)`
2. In Zelle B3 schreiben Sie die Formel `=SVERWEIS($B$1;$A$8:$E$13;3;FALSCH)`
3. Zelle B4 wird mit der Formel =SVERWEIS($B$1;$A$8:$E$13;4;FALSCH) ausgestattet.
4. In Zelle B5 geben Sie die Formel `=SVERWEIS($B$1;$A$8:$E$13;5;FALSCH)` ein.
5. Markieren Sie den Zellenbereich A8:E13.
6. Klicken Sie in der Symbolgruppe *Start* auf die Schaltfläche *Bedingte Formatierung.*
7. Wählen Sie aus dem Kontextmenü den Befehl *Neue Regel.*

8. Im Feld *Regeltyp auswählen* stellen Sie den Eintrag *Formel zur Ermittlung der zu formatierenden Zelle verwenden* ein.

9. Geben Sie im Feld rechts daneben die Formel =$B$1=$A8:$A13 ein.

10. Klicken Sie auf die Schaltfläche *Formatieren*.

11. Wechseln Sie auf die Registerkarte *Ausfüllen*.

12. Wählen Sie eine gewünschte Hintergrundfarbe aus.

13. Bestätigen Sie mit *OK*.

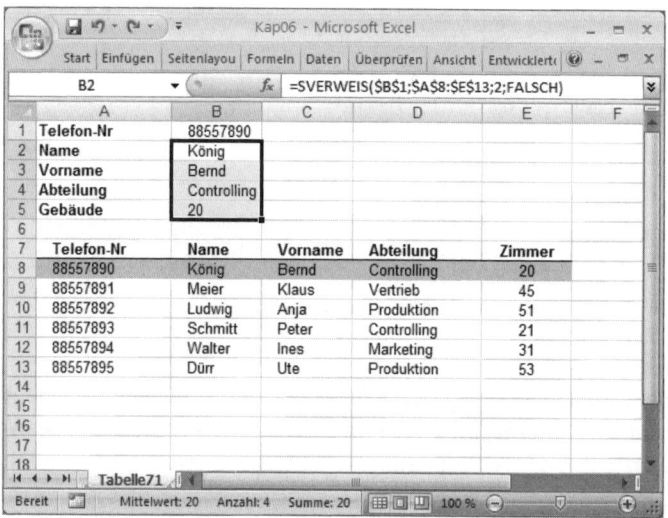

Abbildung 6.124: Die dazugehörigen Daten können schnell gefunden werden

6.78 Kostenstellenzuordnungen vornehmen

In der Tabelle aus Abbildung 6.125 liegt eine Liste mit Kostenstellen sowie den dazugehörigen Informationen wie Abteilungsbezeichnung, Mitarbeiteranzahl sowie der Standort der Abteilung vor.

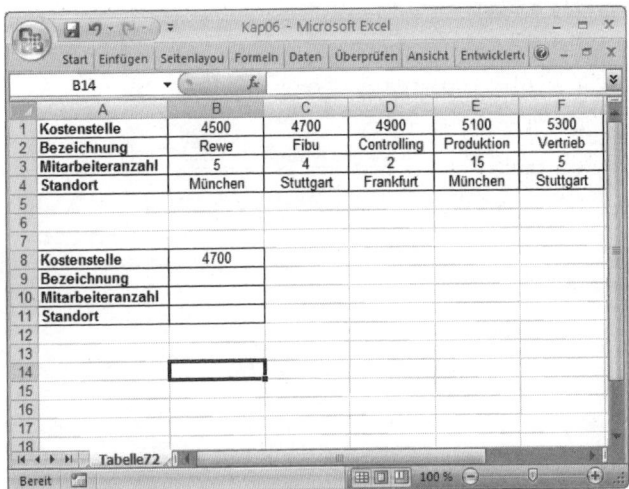

Abbildung 6.125: Die zur Kostenstelle dazugehörigen Infos sollen ermittelt werden

Um die zur Kostenstelle 4700 dazugehörigen Infos aus dem Bereich am oberen Rand der Abbildung 6.125 zu ermitteln, verfahren Sie wie folgt:

1. Erfassen Sie in Zelle B9 die Formel =WVERWEIS($B$8;$B$1:$F$4;2)

2. In Zelle B10 schreiben Sie die Formel =WVERWEIS($B$8;$B$1:$F$4;3)

3. Geben Sie in Zelle B11 die Formel =WVERWEIS($B$8;$B$1:$F$4;4) ein.

Möchten Sie die Spalte, in der die Informationen stehen, optisch hervorheben, dann gehen Sie wie folgt vor:

1. Markieren Sie den Zellenbereich B1:F4.

2. Klicken Sie in der Symbolgruppe *Start* auf die Schaltfläche *Bedingte Formatierung*.

3. Wählen Sie aus dem Kontextmenü den Befehl *Neue Regel*.

4. Im Feld *Regeltyp auswählen* stellen Sie den Eintrag *Formel zur Ermittlung der zu formatierenden Zelle verwenden* ein.

5. Geben Sie die Formel =$B$8=B$1:F$1 ein.

6. Klicken Sie auf die Schaltfläche *Formatieren*.

7. Wechseln Sie auf die Registerkarte *Ausfüllen*.

8. Wählen Sie eine gewünschte Hintergrundfarbe aus.

9. Bestätigen Sie zweimal mit *OK*.

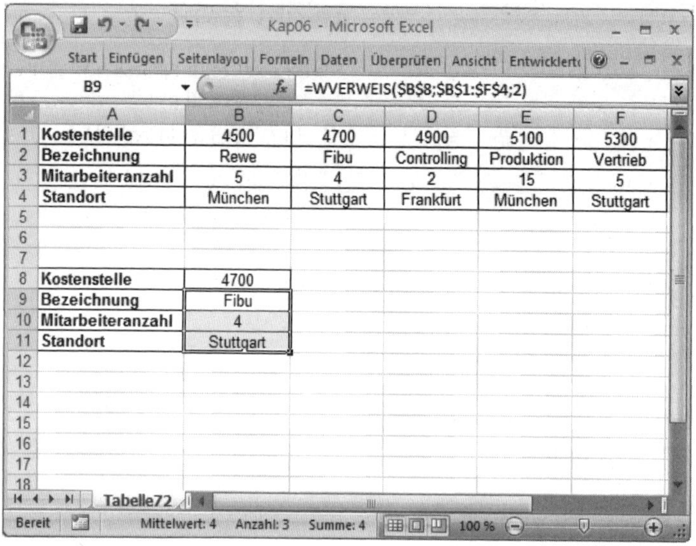

Abbildung 6.126: Die zur Kostenstelle dazugehörigen Daten werden schnell gefunden

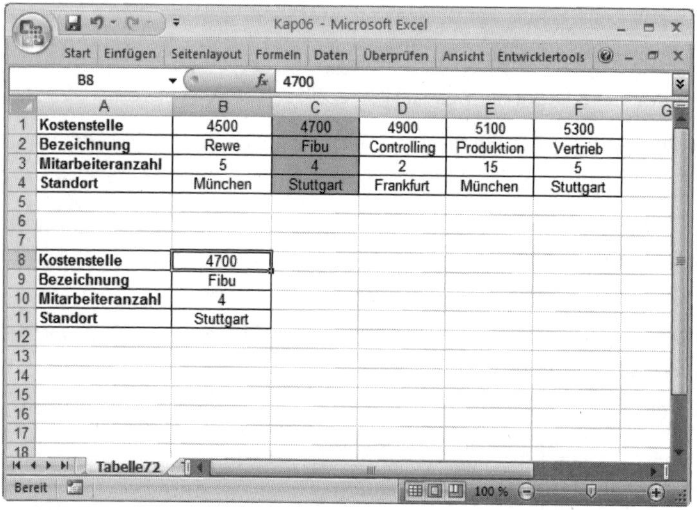

Abbildung 6.127: Die Spalte mit den dazugehörigen Informationen wird hervorgehoben

6.79 Zahlungsziele über Nummern festlegen

In der Tabelle aus Abbildung 6.128 sind einige Zahlungszieltexte erfasst und mit einer Nummer ausgestattet worden. Über die Angabe der Nummer soll nun automatisch der dazugehörige Zahlungszieltext aus der Liste ermittelt und angezeigt werden.

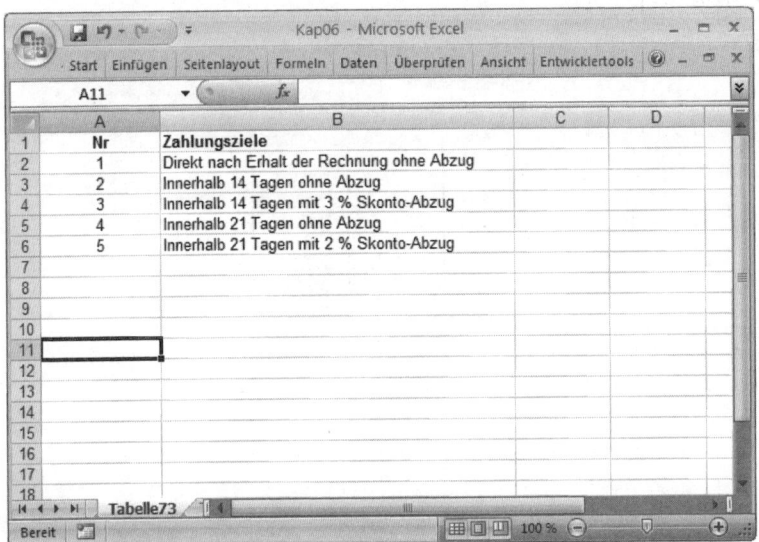

Abbildung 6.128: Diese Zahlungsziele liegen vor

Geben Sie jetzt in Zelle A8 eine Nummer zwischen 1 und 5 ein. Danach gehen Sie wie folgt vor:

1. Setzen Sie den Mauszeiger in Zelle B8.

2. Erfassen Sie die Formel =VERWEIS($A$8;$A$1:$B$6)

Hinweis

Die Zelle, in die die Nummer für den »Autotext« eingegeben wird, kann beispielsweise über das benutzerdefinierte Format ;;; unsichtbar gemacht werden. So können Sie wie von Zauberhand über die Eingabe einer Nummer einen zugeordneten Text ausgeben.

6.80 Autotexte generieren

Eine alternative Vorgehensweise, um Autotexte zu erzeugen, ist der Einsatz der Tabellenfunktion WAHL.

Sehen Sie sich dazu einmal die Tabelle in Abbildung 6.129 an.

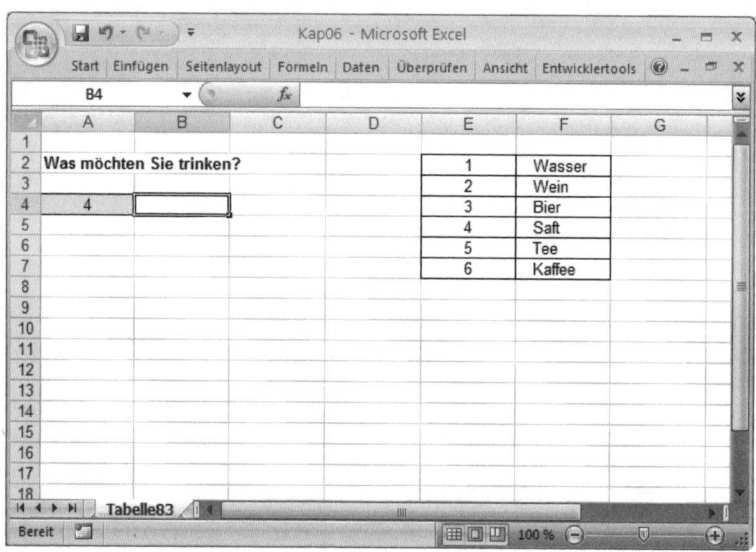

Abbildung 6.129: Getränke über Nummern ordern

Über die Eingabe einer Nummer zwischen 1 und 6 in Zelle A4 soll in Zelle B4 das dazugehörige Getränk angezeigt werden. Um diese Aufgabe zu lösen, verfahren Sie wie folgt:

1. Geben Sie in Zelle A4 die Formel =WAHL(A4;F2;F3;F4;F5;F6;F7) ein.

2. Bestätigen Sie mit *Enter.*

Abbildung 6.130: Automatische Suche nach dem Getränk

6.81 Kumulierte Umsätze ermitteln

In der Tabelle aus Abbildung 6.131 sind die Umsätze des vergangenen Jahres pro Monat aufgelistet.

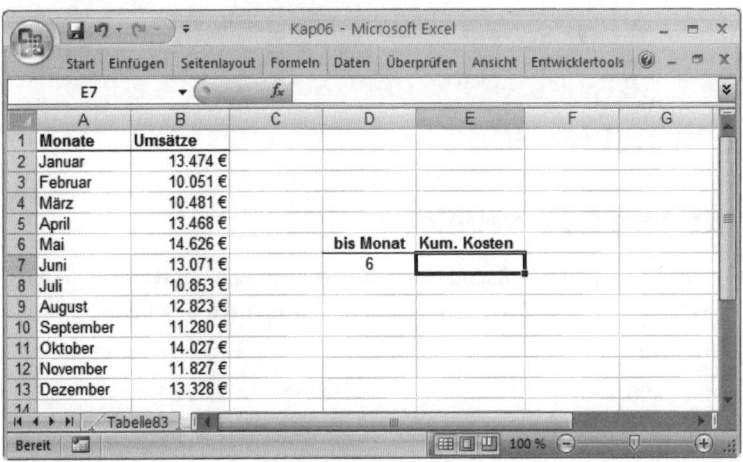

Abbildung 6.131: Alle Umsätze des vergangenen Jahres

In Zelle D7 wird jetzt der Monat erfasst, bis zu dem die Umsätze kumuliert werden sollen. In Zelle E7 soll danach das Ergebnis stehen. Lösen Sie diese Aufgabe, indem Sie die Tabellenfunktion BEREICH.VERSCHIEBEN() in Kooperation mit der Funktion SUMME() einsetzen.

Erfassen Sie in Zelle E7 die Formel

```
=SUMME(BEREICH.VERSCHIEBEN($B$2;0;0;$D$7;1))
```

Kontrollieren Sie das Ergebnis, indem Sie den Zellenbereich B2:B7 markieren und einen Blick in die rechte Ecke der Statusleiste werfen.

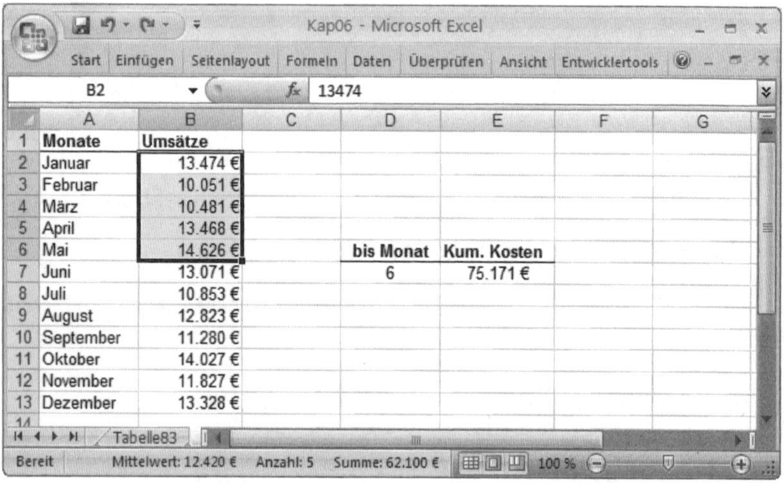

Abbildung 6.132: Das Ergebnis stimmt

6.82 Wertgrenzen definieren

In der Tabelle aus Abbildung 6.133 sind einige Kosten festgehalten worden, die nun eingruppiert werden sollen. Dazu wurden folgende Wertgrenzen definiert:

■ > 500 und <= 750

■ > 750 und < 1000

■ > 1000

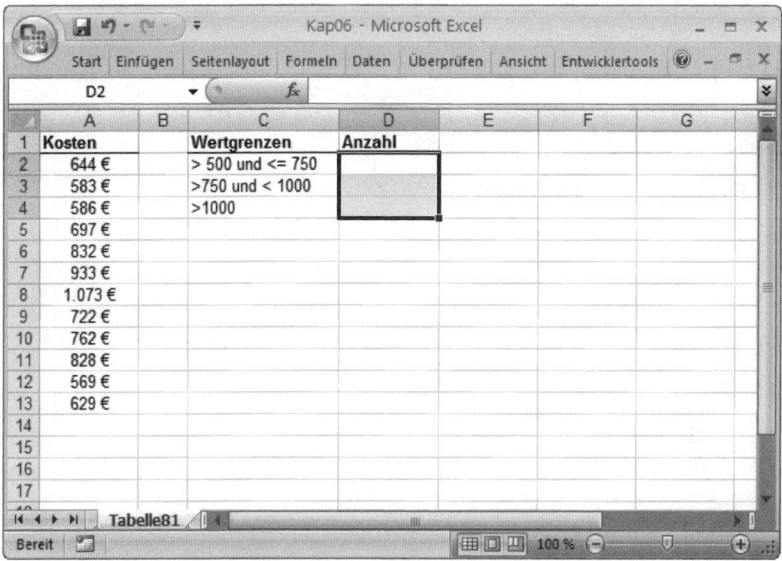

Abbildung 6.133: Die Kosten sollen in Gruppen eingeteilt werden

Um die Kosten in die zugehörigen Gruppen einzuordnen, gehen Sie wie folgt vor:

1. Erfassen Sie in Zelle D2 die Matrixformel
=SUMME(($A$2:$A$13>500)*($A$2:$A$13<=750))

2. Schließen Sie die Formel über die Tastenkombination ⌈Strg⌋ + ⌈⇧⌋ + ⌈↵⌋ ab.

3. In Zelle D3 geben Sie die Matrixformel
=SUMME(($A$2:$A$13>=750)*($A$2:$A$13<1000)) ein.

4. Schließen Sie auch diese Formel über die Tastenkombination ⌈Strg⌋ + ⌈⇧⌋ + ⌈↵⌋ ab.

5. In Zelle D4 erfassen Sie die Formel =ZÄHLENWENN($A$2:$A$13;">1000")

6. Schließen Sie diese Eingabe über ⌈↵⌋ ab.

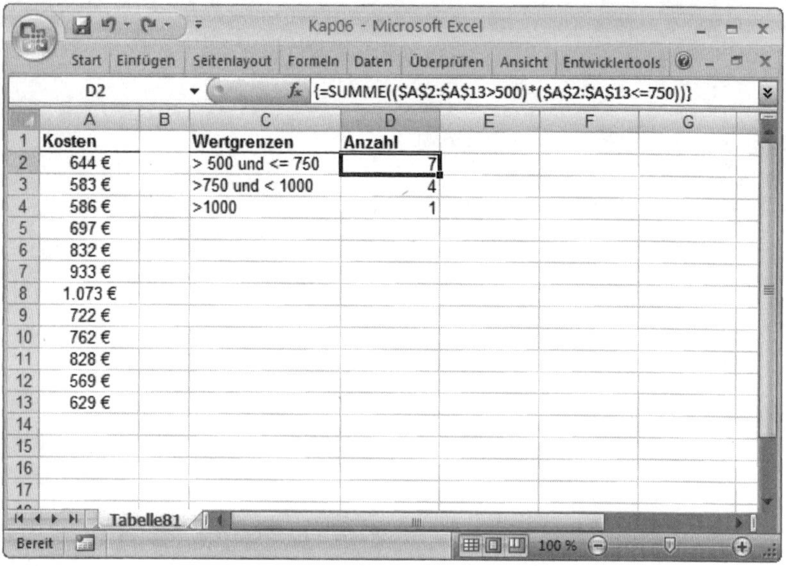

Abbildung 6.134: Die Eingruppierung der Kosten wurde vorgenommen

6.83 Datenbankfunktionen

Neben den normalen Tabellenfunktionen können Sie in Excel auch die so genannten Datenbankfunktionen einsetzen, die Sie im Funktions-Assistenten unter der Kategorie Datenbank finden können. Wenn Sie eine Excel-Tabelle hernehmen, dann kann man, was die Kapazität der Tabelle angeht, schon von einer kleinen Datenbank sprechen. Mit genau 65.536 Zeilen und 256 Spalten haben Sie genügend Platz, um Ihre Daten zu erfassen. Um diese unter Berücksichtigung verschiedener Kriterien auswerten zu können, stehen Ihnen einige sehr gute Datenbankfunktionen zur Verfügung, die auf den nächsten Seiten anhand von praktischen Beispielen vorgestellt werden.

6.83.1 Datensätze zählen (numerisch)

Bei der folgenden Aufgabe liegt eine Liste mit Urlaubsorten vor, aus der Sie bestimmte Datensätze zählen sollen.

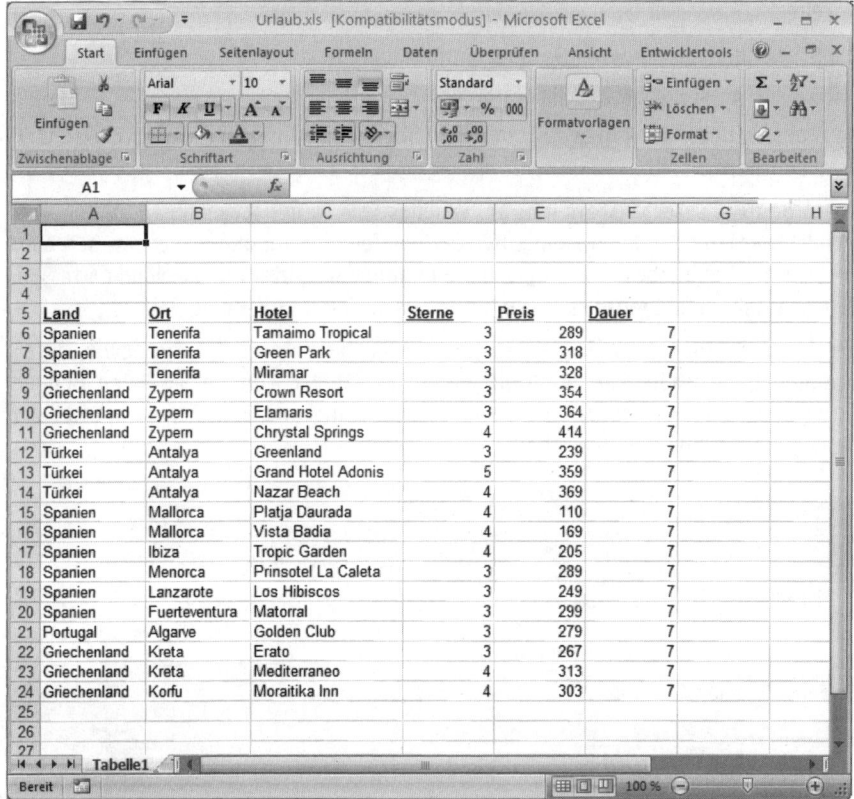

Abbildung 6.135: Die Ausgangsliste mit möglichen Urlaubszielen

Die Aufgabe besteht nun darin, alle Datensätze zu zählen, bei denen das Hotel mehr als 3 Sterne aufweist und der Preis unter 300 Euro liegt.

Um diese Auszählungen durchzuführen, verfahren Sie wie folgt:

1. Kopieren Sie die Zeile 5 in Zeile 1.

2. In Zelle D2 geben Sie das Kriterium >3 ein.

3. In Zelle E2 erfassen Sie das Kriterium <300.

4. In Zelle A3 zählen Sie die entsprechenden Sätze, indem Sie die Formel =DBANZAHL ($A$5:$F$24;E5;$A$1:$F$2) eingeben.

In Zeile 2 können Sie jederzeit weitere Kriterien einstellen.

Die Syntax der verwendeten Datenbankfunktion lautet wie folgt:

=DBANZAHL(Datenbank;Datenbankfeld;Suchkriterien)

Im Argument Datenbank geben Sie den Zellenbereich an, in dem die auszuwertenden Daten enthalten sind.

Das Argument Datenbankfeld gibt an, welches Feld in der jeweiligen Funktion verwendet werden soll. Dabei kann entweder ein Zellenbezug angegeben werden oder ein Text der Spaltenbeschriftung, den Sie in doppelten Anführungszeichen erfassen. Beim Datenbankfeld muss es sich um numerische Werte handeln!

Das letzte Argument Suchkriterien gibt den Zellbereich an, der die gewünschten Bedingungen enthält. Für das Argument Suchkriterien können Sie jeden Bereich verwenden, der mindestens eine Spaltenbeschriftung und eine Zelle, darunter zur Festlegung der Bedingung, enthält.

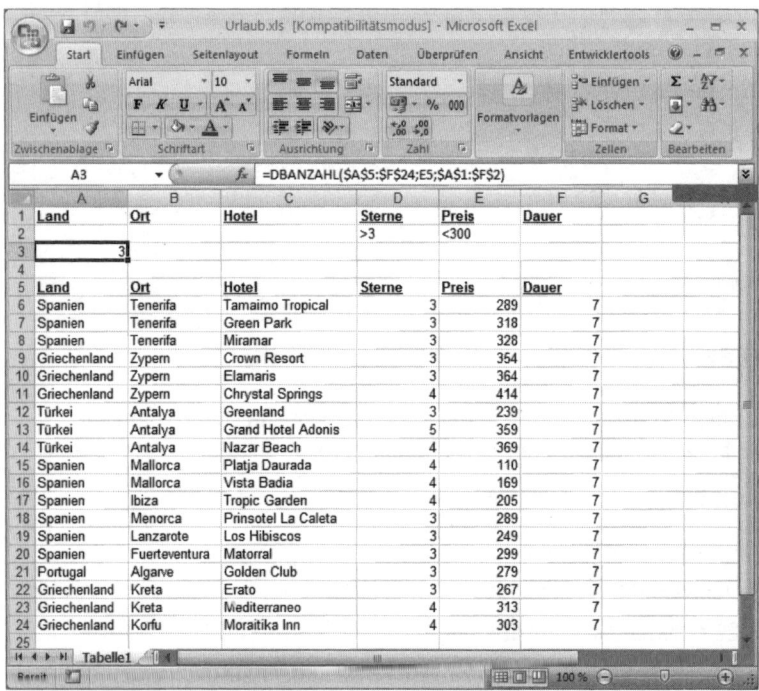

Abbildung 6.136: Es konnten drei Urlaubsorte gefunden werden

Tipp

Bei sehr langen Listen empfiehlt es sich, die Überschriftenzeile zu fixieren. So stellen Sie sicher, dass die Überschriftenzeile immer eingeblendet bleibt, wenn Sie nach unten blättern. Setzen Sie dazu den Mauszeiger auf die Zelle A5 und wählen aus dem Menü *Fenster* den Befehl *Fenster fixieren*.

6.83.2 Datensätze zählen (alphanumerisch)

Die Datenbankfunktion DBANZAHL kann lediglich numerische Inhalte einer Liste zählen. Bei der letzten Aufgabe wurde das Feld *Preis* als »Zählfeld« angegeben. Müssen alphanumerische Felder gezählt werden, wie beispielsweise Land oder Ort, dann setzen Sie die Datenbankfunktion DBANZAHL2 ein.

Bei der folgenden Aufgabe sollen alle Urlaubsorte in Spanien gezählt werden, die für weniger oder gleich 300 Euro für eine Woche angeboten werden.

1. Gehen Sie von derselben Tabelle wie vorher aus und ändern Sie den Kriterienbereich ab.

2. In Zelle A2 erfassen Sie das Kriterium Spanien.

3. In Zelle E2 geben Sie das Kriterium <=300 an.

4. In Zelle F2 geben Sie den Wert 7 an.

5. Zählen Sie die entsprechenden Datensätze, indem Sie in Zelle A3 die Formel =DBANZAHL2($A$5:$F$24;A5;$A$1:$F$2) eingeben.

Die Syntax der Datenbankfunktion lautet wie folgt:

=DBANZAHL(Datenbank;Datenbankfeld;Suchkriterien)

Im Argument Datenbank geben Sie den Zellenbereich an, in dem die auszuwertenden Daten enthalten sind.

Das Argument Datenbankfeld gibt an, welches Feld in der jeweiligen Funktion verwendet werden soll. Dabei kann entweder ein Zellenbezug angegeben werden oder ein Text der Spaltenbeschriftung, den Sie in doppelten Anführungszeichen erfassen. Beim Datenbankfeld kann es sich auch um alphanumerische Werte handeln.

	A3	▼	f_x	=DBANZAHL2($A$5:$F$24;A5;$A$1:$F$2)				
	A	B	C	D	E	F	G	
1	Land	Ort	Hotel	Sterne	Preis	Dauer		
2	Spanien				<=300		7	
3		7						
4								
5	Land	Ort	Hotel	Sterne	Preis	Dauer		
6	Spanien	Tenerifa	Tamaimo Tropical	3	289	7		
7	Spanien	Tenerifa	Green Park	3	318	7		
8	Spanien	Tenerifa	Miramar	3	328	7		
9	Griechenland	Zypern	Crown Resort	3	354	7		
10	Griechenland	Zypern	Elamaris	3	364	7		
11	Griechenland	Zypern	Chrystal Springs	4	414	7		
12	Türkei	Antalya	Greenland	3	239	7		
13	Türkei	Antalya	Grand Hotel Adonis	5	359	7		
14	Türkei	Antalya	Nazar Beach	4	369	7		
15	Spanien	Mallorca	Platja Daurada	4	110	7		
16	Spanien	Mallorca	Vista Badia	4	169	7		
17	Spanien	Ibiza	Tropic Garden	4	205	7		
18	Spanien	Menorca	Prinsotel La Caleta	3	289	7		
19	Spanien	Lanzarote	Los Hibiscos	3	249	7		
20	Spanien	Fuerteventura	Matorral	3	299	7		
21	Portugal	Algarve	Golden Club	3	279	7		
22	Griechenland	Kreta	Erato	3	267	7		
23	Griechenland	Kreta	Mediterraneo	4	313	7		
24	Griechenland	Korfu	Moraitika Inn	4	303	7		
25								
⊞ ◀ ▶ ▶	Tabelle2							

Abbildung 6.137: Es konnten 7 Angebote in Spanien gefunden werden

Das letzte Argument Suchkriterien gibt den Zellbereich an, der die gewünschten Bedingungen enthält. Für das Argument Suchkriterien können Sie jeden Bereich verwenden, der mindestens eine Spaltenbeschriftung und eine Zelle, darunter zur Festlegung der Bedingung, enthält.

Tipp

Möchten Sie die gefundenen Datensätze in der Liste optisch hervorheben, dann können Sie die bedingte Formatierung einsetzen.

1. Markieren Sie den Zellenbereich A6:F24.

2. Wählen Sie *Start/Formatvorlagen/Bedingte Formatierung.*

3. Wählen Sie *Neue Regel/Formel zur Ermittlung ... verwenden*

4. Geben Sie diese Formel ein:

   =UND($A6=$A$2;$E6<=300;$F6=$F$2)

---

5. Klicken Sie die Schaltfläche *Formatieren*.
6. Wechseln Sie auf die Registerkarte *Ausfüllen*.
7. Klicken Sie auf die gewünschte Farbe in der Farbpalette.
8. Bestätigen Sie zweimal mit *OK*.

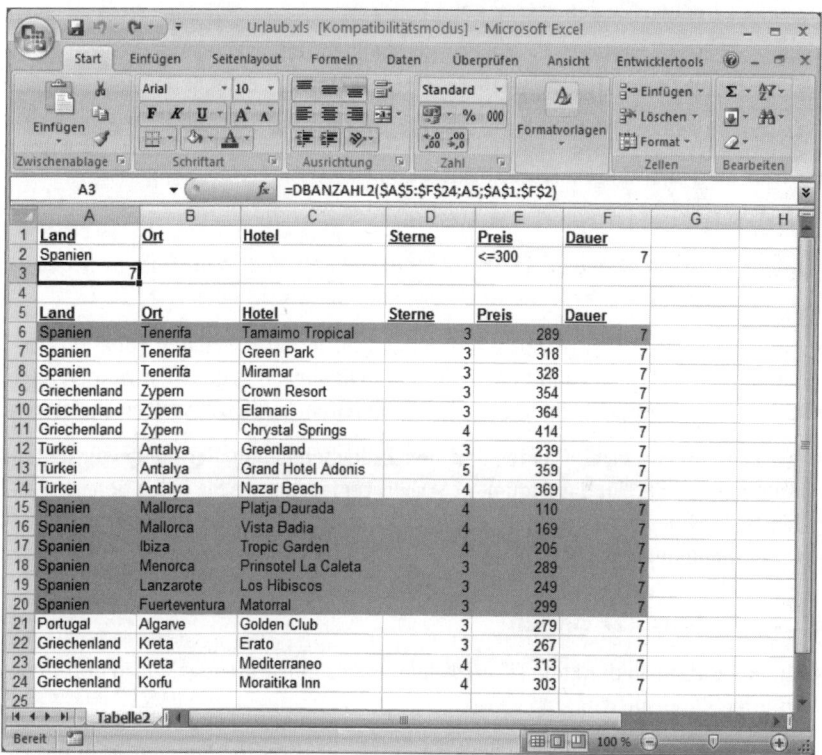

Abbildung 6.138: Die Fundstellen wurden markiert

6.83.3 Mittelwert bilden

Unter den Datenbankfunktionen gibt es auch eine Funktion, um den Mittelwert aus einer Datenbank unter Berücksichtigung bestimmter Kriterien zu ermitteln.

Bei der folgenden Aufgabe soll der Durchschnittspreis aller Urlaube der Länge 7 Tage in Spanien mit mehr als 3-Sterne-Hotels ermittelt werden.

1. Gehen Sie von derselben Tabelle wie vorher aus und ändern Sie den Kriterienbereich ab.

2. In Zelle A2 erfassen Sie das Kriterium Spanien.

3. In Zelle D2 geben Sie das Kriterium >3 an.

4. In Zelle F2 geben Sie den Wert 7 an.

5. Bilden Sie den Mittelwert für die entsprechenden Datensätze, indem Sie in Zelle A3 die Formel =DBMITTELWERT($A$5:$F$24;E5;$A$1:$F$2) eingeben.

6. Weisen Sie der Zelle A3 das Euro-Währungsformat zu.

Die Syntax der Funktion DBMITTELWERT lautet:

=DBMITTELWERT(Datenbank;Feld;Suchkriterien)

Im Argument Datenbank geben Sie den Zellenbereich an, in dem die auszuwertenden Daten enthalten sind.

Das Argument Datenbankfeld gibt an, welches Feld in der jeweiligen Funktion verwendet werden soll. Dabei kann entweder ein Zellenbezug angegeben werden oder ein Text der Spaltenbeschriftung, den Sie in doppelten Anführungszeichen erfassen.

Das letzte Argument Suchkriterien gibt den Zellenbereich an, der die gewünschten Bedingungen enthält. Für das Argument Suchkriterien können Sie jeden Bereich verwenden, der mindestens eine Spaltenbeschriftung und eine Zelle, darunter zur Festlegung der Bedingung, enthält.

6.83.4 Datensätze suchen

Mithilfe der Datenbankfunktion DBAUSZUG können Sie eine Datenbank nach bestimmten Kriterien durchsuchen.

Bei der folgenden Aufgabe wird in der Urlaubsliste der Preis für ein ganz bestimmtes Hotel gesucht.

1. Gehen Sie von derselben Tabelle wie vorher aus und ändern Sie den Kriterienbereich ab.

2. In Zelle C2 erfassen Sie das Kriterium Greenland.

3. Suchen Sie den entsprechenden Datensatz, indem Sie in Zelle A3 die Formel
   `=DBAUSZUG($A$5:$F$24;E5;$A$1:$F$2)` eingeben.

4. Markieren Sie den Zellenbereich A6:F24.

5. Wählen Sie *Start/Formatvorlagen/Bedingte Formatierung.*

6. Wählen Sie *Neue Regel/Formel zur Ermittlung ... verwenden.*

7. Geben Sie diese Formel ein:
   `=$C6=$C$2`

8. Klicken Sie auf die Schaltfläche *Formatieren.*

9. Wechseln Sie auf die Registerkarte *Ausfüllen.*

10. Klicken Sie auf die gewünschte Farbe in der Farbpalette.

11. Bestätigen Sie zweimal mit *OK.*

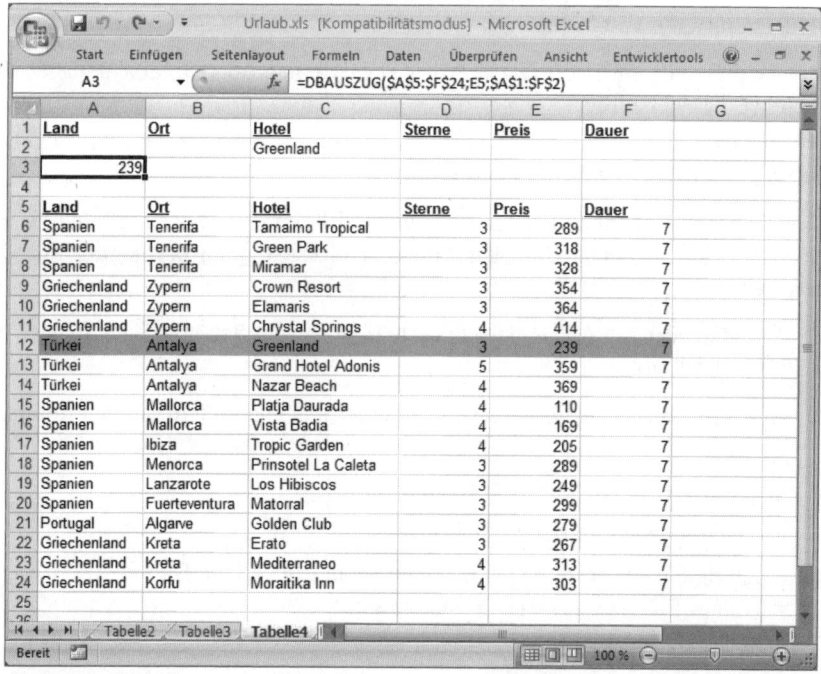

Abbildung 6.139: Der Preis für das Hotel Greenland wurde in der Datenbank gefunden

Die Syntax der Datenbankfunktion lautet wie folgt:

=DBAUSZUG(Datenbank;Datenbankfeld;Suchkriterien)

Im Argument Datenbank geben Sie den Zellenbereich an, in dem die auszuwertenden Daten enthalten sind.

Das Argument Datenbankfeld gibt an, welches Feld in der jeweiligen Funktion verwendet werden soll. Dabei kann entweder ein Zellenbezug angegeben werden oder ein Text der Spaltenbeschriftung, den Sie in doppelten Anführungszeichen erfassen.

Das letzte Argument Suchkriterien gibt den Zellbereich an, der die gewünschten Bedingungen enthält. Für das Argument Suchkriterien können Sie jeden Bereich verwenden, der mindestens eine Spaltenbeschriftung und eine Zelle, darunter zur Festlegung der Bedingung, enthält.

Stimmt kein Datensatz mit den Suchkriterien überein, gibt DBAUSZUG den Fehlerwert #WERT! zurück.

Stimmt mehr als ein Datensatz mit den Suchkriterien überein, gibt DBAUSZUG den Fehlerwert #ZAHL! zurück.

6.83.5 Die Extremwerte ermitteln

Mithilfe der Datenbankfunktionen DBMAX und DBMIN können Sie den größten bzw. den kleinsten Wert aus einer Datenbank unter Berücksichtigung bestimmter Kriterien ermitteln.

Bei dem folgenden Beispiel wird der billigste Urlaub in der Datenbank aus Spanien mit 4 Sternen ermittelt.

1. Gehen Sie von derselben Tabelle wie vorher aus und ändern Sie den Kriterienbereich ab.

2. In Zelle A2 erfassen Sie das Kriterium Spanien.

3. In Zelle D4 geben Sie den Wert 4 ein.

4. Ermitteln Sie das beste Angebot, indem Sie in Zelle A3 die Formel =DBMIN($A$5:$F$24;E5;$A$1:$F$2) eingeben.

5. Markieren Sie den Zellenbereich A6:F24.

6. Wählen Sie *Start/Formatvorlagen/Bedingte Formatierung.*

7. Wählen Sie *Neue Regel/Formel zur Ermittlung ... verwenden.*

8. Geben Sie diese Formel ein:

=UND($A6=$A$2;$E6=$A$3)

9. Klicken Sie auf die Schaltfläche *Formatieren*.

10. Wechseln Sie auf die Registerkarte *Ausfüllen*.

11. Klicken Sie auf die gewünschte Farbe in der Farbpalette.

12. Bestätigen Sie zweimal mit *OK*.

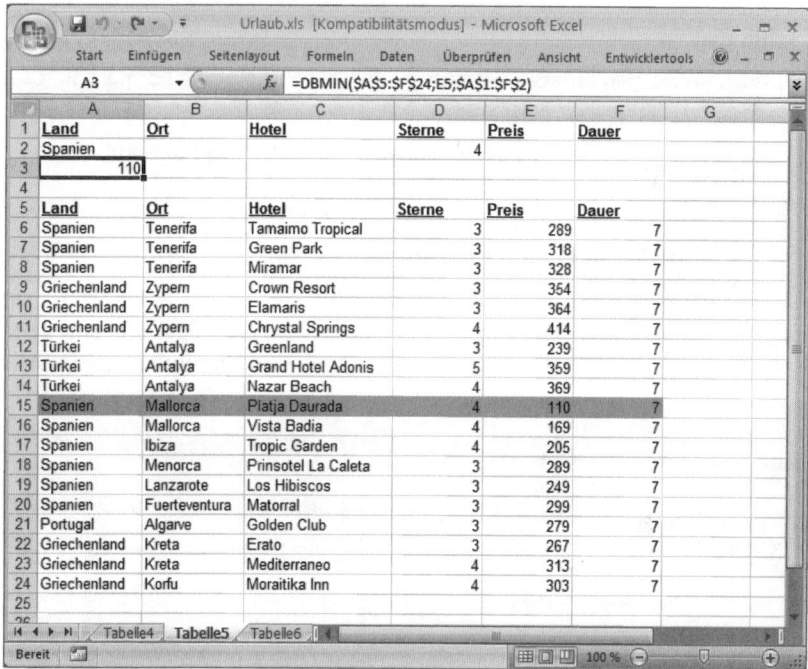

Abbildung 6.140: Das beste Angebot kommt aus Mallorca

Die Syntax dieser Funktion lautet:

=DBMIN(Datenbank;Feld;Suchkriterien)

Im Argument Datenbank geben Sie den Zellenbereich an, in dem die auszuwertenden Daten enthalten sind.

Das Argument Datenbankfeld gibt an, welches Feld in der jeweiligen Funktion verwendet werden soll. Dabei kann entweder ein Zellenbezug angegeben werden oder ein Text der Spaltenbeschriftung, den Sie in doppelten Anführungszeichen erfassen.

Das letzte Argument Suchkriterien gibt den Zellbereich an, der die gewünschten Bedingungen enthält. Für das Argument Suchkriterien können Sie jeden Bereich verwenden, der mindestens eine Spaltenbeschriftung und eine Zelle, darunter zur Festlegung der Bedingung, enthält.

Hinweis

Möchten Sie den teuersten Urlaub finden, dann lautet die Formel wie folgt:

=DBMAX($A$5:$F$24;E5;$A$1:$F$2)

Die Syntaxbeschreibung dieser Funktion ist gleich wie bei DBMIN.

6.83.6 Datensätze summieren

Über den Einsatz der Datenbankfunktion DBSUMME können Sie aus einer Datenbank Datensätze summieren, die bestimmten Kriterien entsprechen. Da wir für dieses Beispiel schlecht die Urlaubsdatenbank heranziehen können, wird ein neues Beispiel gemacht.

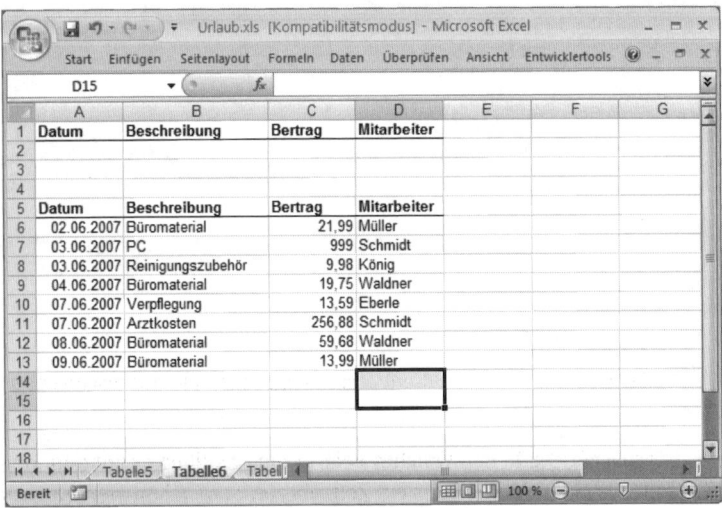

Abbildung 6.141: Die Ausgabenliste

In der Ausgabenliste, die selbstverständlich noch viel länger sein kann, sollen alle Ausgaben des Mitarbeiters Müller summiert werden.

Um diese Aufgabe zu lösen, verfahren Sie wie folgt:

1. Kopieren Sie die Zeile 5 in Zeile1.
2. Erfassen Sie in Zelle D2 das Kriterium `Müller`.
3. Bilden Sie die Summe, indem Sie in Zelle A3 die Formel `=DBSUMME($A$5:$D$13;C5;$A$1:$D$2)` eingeben.

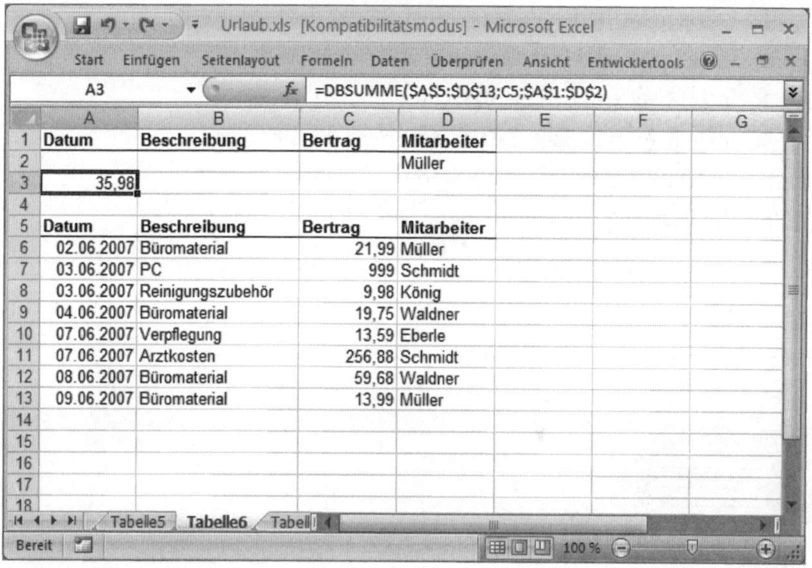

	A	B	C	D
1	Datum	Beschreibung	Bertrag	Mitarbeiter
2				Müller
3	35,98			
4				
5	Datum	Beschreibung	Bertrag	Mitarbeiter
6	02.06.2007	Büromaterial	21,99	Müller
7	03.06.2007	PC	999	Schmidt
8	03.06.2007	Reinigungszubehör	9,98	König
9	04.06.2007	Büromaterial	19,75	Waldner
10	07.06.2007	Verpflegung	13,59	Eberle
11	07.06.2007	Arztkosten	256,88	Schmidt
12	08.06.2007	Büromaterial	59,68	Waldner
13	09.06.2007	Büromaterial	13,99	Müller

Abbildung 6.142: Die Gesamtkosten eines Mitarbeiters wurden ermittelt

Die Syntax dieser Funktion lautet:

`=DBSUMME(Datenbank;Feld;Suchkriterien)`

Im Argument `Datenbank` geben Sie den Zellenbereich an, in dem die auszuwertenden Daten enthalten sind.

Das Argument `Datenbankfeld` gibt an, welches Feld in der jeweiligen Funktion verwendet werden soll. Dabei kann entweder ein Zellenbezug angegeben werden oder ein Text der Spaltenbeschriftung, den Sie in doppelten Anführungszeichen erfassen.

Das letzte Argument Suchkriterien gibt den Zellenbereich an, der die gewünschten Bedingungen enthält. Für das Argument Suchkriterien können Sie jeden Bereich verwenden, der mindestens eine Spaltenbeschriftung und eine Zelle, darunter zur Festlegung der Bedingung, enthält.

Tipp

Sollen beispielsweise die Kosten aus einer Zeitspanne (von-bis) in bestimmten Kategorien ausgewertet werden, dann verfahren Sie wie folgt:

1. Erfassen Sie in den Zellen A1 und B1 den Text Datum.

2. In Zelle C1 schreiben Sie den Text Beschreibung.

3. In Zelle A2 erfassen Sie das Kriterium >=02.06.2004

4. In Zelle B2 schreiben Sie das Kriterium <=07.06.2004

5. In Zelle C2 geben Sie das Kriterium Büromaterial ein.

6. Die Datenbankfunktion wird in Zelle A3 erfasst und lautet =DBSUMME($A$5:$D$13;C5;$A$1:$D$2)

Abbildung 6.143: Alle Büromaterialkosten in einem bestimmten Zeitraum wurden ermittelt

Mit Namen Bezüge im Griff

Bereichsnamen sind eine nützliche Arbeitshilfe für die Erstellung von Formeln im Kalkulationsblatt. Wenn Sie mit Bereichsnamen arbeiten, bleiben Ihre Formeln überschaubar, leicht lesbar und einfach zu editieren. In diesem Kapitel lernen Sie einige besonders nützliche Tricks mit Bereichsnamen kennen.

7.1 Bereichsnamen zuweisen – aber schnell!

Die Zuweisung eines Bereichsnamens per Menü geht so:

1. Markieren Sie den Bereich, den Sie benennen wollen.

2. Wählen Sie *Formeln/Definierte Namen/Namens-Manager*.

3. Klicken Sie auf *Neu* und tragen Sie einen Bereichsnamen ein.

   Bestimmen Sie den Bereich für den Namen: Ist der Name für die Arbeitsmappe reserviert, gilt er für die gesamte Mappe, ansonsten bestimmen Sie eine Tabelle.

4. Unter *Bezieht sich auf* wird der Bereich angezeigt, geben Sie einen anderen Bezug an, falls dieser nicht stimmt.

5. Klicken Sie auf *OK*, um den Bereichsnamen anzulegen.

Der Bereichsname steht daraufhin in der Liste des Namens-Managers, klicken Sie auf *Schließen*.

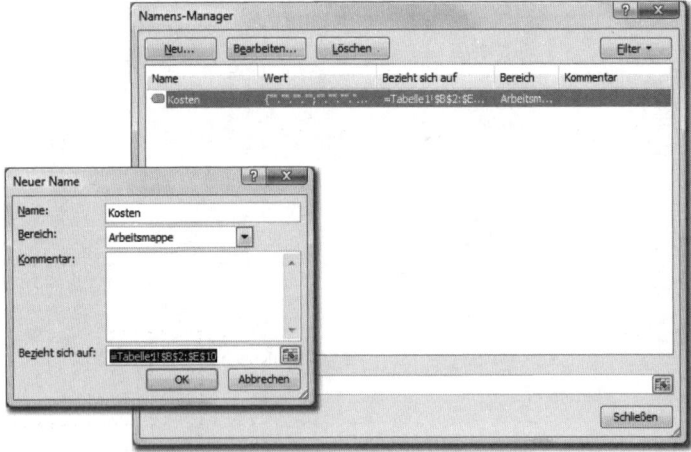

Abbildung 7.1: Bereichsnamen anlegen und verwalten im Namens-Manager

Übrigens: Für Bereichsnamen gibt es ganz strenge Regeln. Leerzeichen sind nicht erlaubt, auch keine Sonderzeichen außer dem Unterstrich und nichts, was Excel verwechseln könnte (Funktionen, Tabellennamen etc). Verwenden Sie am besten nur Buchstaben.

7.1.1 Mit Shortcut geht´s noch schneller

Die Namensliste werden Sie häufiger brauchen: Die Tastenkombination $\boxed{\text{Strg}}$ + $\boxed{\text{F3}}$ öffnet blitzschnell die Dialogbox des Namens-Managers mit allen Bereichsnamen.

7.1.2 Namen schneller zuweisen über das Namensfeld

Das Namensfeld links oben in der Ecke, in der sich Zeilennummern und Spaltenbuchstaben treffen, zeigt alle Bereichsnamen an. Sie können es per Klick auf den Pfeil öffnen und erhalten alle zugewiesenen Namen. Das Feld kann sogar für die Produktion neuer Namen benutzt werden:

1. Markieren Sie den Bereich, den Sie benennen wollen.

2. Klicken Sie in das Namensfeld.

3. Schreiben Sie den gewünschten Bereichsnamen, und bestätigen Sie mit der $\boxed{\hookleftarrow}$-Taste.

Der Name ist damit angelegt, er erscheint sowohl im Namensfeld als auch im Namens-Manager.

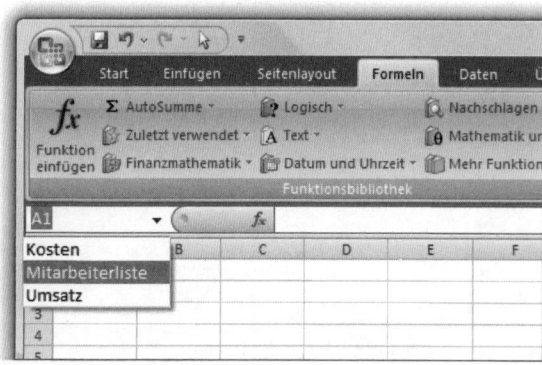

Abbildung 7.2: Schnelle Namenszuweisung mit dem Namensfeld

Achtung

Diese Zuweisung über das Namensfeld funktioniert aber nur einmal: Wenn Sie einen neuen Bereich markieren und den gleichen Namen wieder in das Namensfeld schreiben, wird nach dem Drücken der Eingabetaste der alte, bereits benannte Bereich markiert. Löschen Sie in diesem Fall den alten Namen zuerst über die Namensliste.

7.2 Namen aus Beschriftungen erstellen

In vielen Fällen stehen die für Bereichsnamen passenden Beschriftungen bereits neben den Werten, meist in der Spalte links von der Zahl oder in der Überschriftzeile. Nutzen Sie in diesem Fall eine weitere Menüfunktion aus der Namenszuteilung, und übernehmen Sie einfach die Texte aus den Beschriftungen als Bereichsnamen:

1. Markieren Sie den Bereich inklusive der Beschriftungen. Löschen Sie ggf. störende Leerzellen oder Spalten vorher.

2. Wählen Sie *Formeln/Definierte Namen/Aus Auswahl erstellen*.

3. Bestätigen Sie die vorgeschlagenen Übernahme-Positionen, die Excel aus den in der Markierung gefundenen Texteinträgen berechnet.

4. Klicken Sie auf *OK*, um die Bereichsnamen anzulegen.

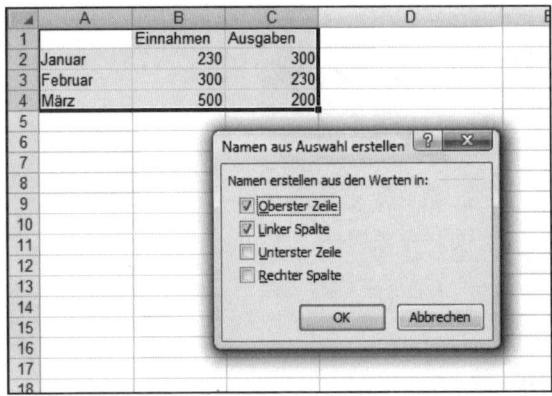

Abbildung 7.3: Formeln aus der Markierung übernehmen

Die Bereichsnamen werden eingetragen und stehen ab sofort in der Liste zur Verfügung. Sehen Sie sich diese im Namensfeld oder im Namens-Manager an.

Sie können hier noch Korrekturen vornehmen und Bereiche umbenennen, wenn die Namen doch nicht so passend sind. Achten Sie besonders auf Leerzeichen in den Beschriftungen, die ersetzt Excel bei dieser Prozedur durch Unterstriche. Doppelpunkte, ebenfalls häufig in Beschriftungen zu finden, entfernt Excel bei der Übernahme der Texte. Wenn die Überschriften- oder Beschriftungszelle einen Text enthält, der nicht für Bereichsnamen zugelassen ist, weil Sonderzeichen oder mathematische Operatoren enthalten sind, ignoriert die Funktion diesen Namen und legt ihn einfach nicht an.

- Aus Umsatz 2008 wird Umsatz_2008.
- Aus *Kapitalkosten:* wird *Kapitalkosten.*
- Nicht erlaubte Zeichen in Namen: #, ?, %

7.2.1 Eine Liste mit Bereichsnamen

Wollen Sie regelmäßig über die Bereichsnamen in Ihrer Tabelle informiert werden? Erstellen Sie eine Liste, in der Sie sowohl die Namen als auch die zugewiesenen Bezüge sehen können:

1. Setzen Sie den Zellzeiger in eine freie Zelle, am besten in einer leeren Tabelle.
2. Wählen Sie *Formeln/Definierte Namen/In Formeln verwenden.*
3. Klicken Sie auf *Namen einfügen.*
4. Klicken Sie auf die Schaltfläche *Liste einfügen,* und bestätigen Sie mit *OK.*

Die Liste mit Bereichsnamen wird an der Zellzeigerposition eingefügt, in der Spalte daneben erhalten Sie die zugewiesenen Bezüge in Textform.

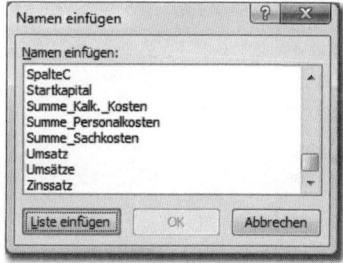

Abbildung 7.4: Namensliste in das Tabellenblatt einfügen

7.3 Bereichsnamen in Formeln nutzen

Formeln lassen sich wesentlich besser und sprechender gestalten, wenn die Argumente über Bereichsnamen gebildet werden. Aus der Formel

`=SUMME($B$5;$B$9)-$C$12`

lässt sich nicht so einfach ableiten, was das Ergebnis ausdrückt, während diese Form schon sprechender ist:

`=SUMME(Materialkosten;Rüstkosten)-Abschlagzahlung`

Excel übernimmt automatisch einen Bereichsnamen an Stelle der Zelladresse in eine Formel, wenn ein solcher zu finden ist. Damit Sie bei der Konstruktion der Formel auch alle Namen sofort parat haben, sollten Sie diesen Trick kennen:

1. Schreiben Sie die Formel oder konstruieren Sie diese über den Funktions-Assistenten bis zur Stelle, an der das erste Argument benötigt wird.
2. Drücken Sie die Funktionstaste [F3], um die Liste aller Bereichsnamen anzuzeigen.
3. Markieren Sie den gewünschten Namen, und holen Sie ihn mit *OK* in die Formel.

Hier ein Beispiel:

Die Funktion ZW() berechnet den zukünftigen Wert einer Investition. Tragen Sie die Werte samt Beschriftungen, die Sie für diese Kalkulation brauchen, in ein Tabellenblatt ein:

Abbildung 7.5: Berechnung des Endwertes inkl. Zinsen

1. Die Werte in Spalte B benennen Sie mit *Formeln/Definierte Namen/Aus Auswahl erstellen*, markieren Sie dazu A1:B4.

2. Für die Formel in B4 starten Sie den Funktions-Assistenten (*Formeln/Funktions-bibliothek/Funktion einfügen*).

3. Suchen Sie die Funktion ZW (Kategorie Finanzmathematik).

4. In der Funktionspalette werden die einzelnen Argumente angefordert. Drücken Sie jeweils die Funktionstaste F3 , und holen Sie die passenden Namen aus der Liste. Die gesamte Formel wird so mit Bereichsnamen konstruiert.

```
=ZW(Zinssatz;Laufzeit;0;-Startkapital)
```

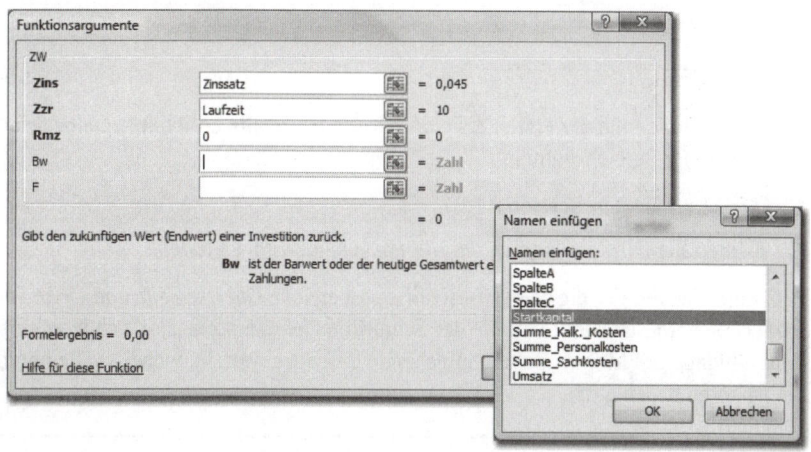

Abbildung 7.6: Bereichsnamen als Formelargumente

7.3.1 Mit Bereichsnamen Schnittmenge berechnen

Für die Berechnung von Tabellendaten brauchen Sie neben Zellbezügen, Funktionen und natürlichen Zahlen mathematische Operatoren wie Plus- und Minuszeichen, den Schrägstrich für die Division und *, um Faktoren zu multiplizieren. Das sind die gängigsten Rechenzeichen, das Potenzzeichen (^) sollte noch erwähnt werden.

Ein weiterer Operator wird in der Praxis meist völlig übersehen, obwohl er sehr nahe liegt und nicht weniger nützlich ist als die anderen Operatoren: der Schnittmengen-operator.

Um die Schnittmenge zwischen zwei Bezügen zu berechnen, können Sie ein Leerzeichen als Schnittmengenoperator angeben. Die Ermittlung der Schnittmenge aus zwei Tabellenbereichen ist aber nur bei Verwendung von Bereichsnamen praktikabel. In diesem Fall errechnet der Schnittmengenoperator nämlich eine bestimmte Zelle aus dem Bezug. Als Basis für ein erstes Beispiel dient uns eine einfache Umsatztabelle:

	A	B
1	Monat	Umsatz
2	Januar	3000
3	Februar	4000
4	März	2000
5	April	5000
6	Mai	6000
7	Juni	5000

Abbildung 7.7: Umsatztabelle

Die Beschriftungen in der ersten Zeile und der ersten Spalte ermöglichen eine schnelle Zuweisung der Bereichsnamen.

1. Markieren Sie den Bereich A1:B7.

2. Wählen Sie *Formeln/Namen definieren/Aus Auswahl erstellen.*

Bestätigen Sie mit *OK*, die beiden Beschriftungsbereiche *Oberste Zeile* und *Linke Spalte* sind schon vorgeschlagen. Mithilfe des Schnittmengenoperators lässt sich jetzt einfach durch Angabe des Monats der entsprechende Umsatz ermitteln, wobei die Reihenfolge der Faktoren beliebig ist:

Formel	Ergebnis
=Umsatz Januar	3.000
=Umsatz Juni	5.000
=März Umsatz	2.000
	usw. ...

Schnittmengen sind natürlich auch als Faktoren in Formeln erlaubt:

Formel	Ergebnis
=SUMME(Umsatz Januar:März)	Das erste Quartalsergebnis, im Beispiel 9.000
=MITTELWERT(Januar:Juni Umsatz)	Durchschnittsumsatz des Halbjahres
=SUMME(Umsatz Januar;Umsatz Juni)	Zwei Monatsumsätze als Argumente der Summe

Eine Formulartechnik für Profis: Erstellen Sie eine Gültigkeitsliste mit allen Monaten, und errechnen Sie den Umsatz des eingestellten Monats über die Funktion INDIREKT():

1. Setzen Sie den Zellzeiger in Zelle F1.

2. Wählen Sie *Daten/Datentools/Datenüberprüfung*.

3. Geben Sie unter *Zulassen Liste* an, und tragen Sie die Monatsreihe $A$2:$A$7 als *Quelle* ein.

4. Schreiben Sie in der Zelle darunter die Funktion, die den Umsatz des in der Zelle eingestellten Monats berechnet:

   =Umsatz INDIREKT(F1)

Mit der Datenüberprüfung stehen die Monate in der Zelle zur Auswahl ...

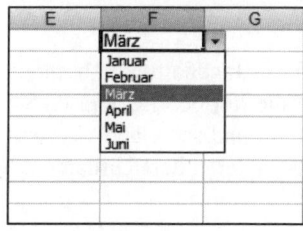

Abbildung 7.8: Monatsauswahl in der Gültigkeitsliste

... und die Funktion INDIREKT() übernimmt den Textwert aus der Zelle als Bereichsname in die Formel. Die Schnittmenge mit der Umsatzspalte führt wieder zum richtigen Wert.

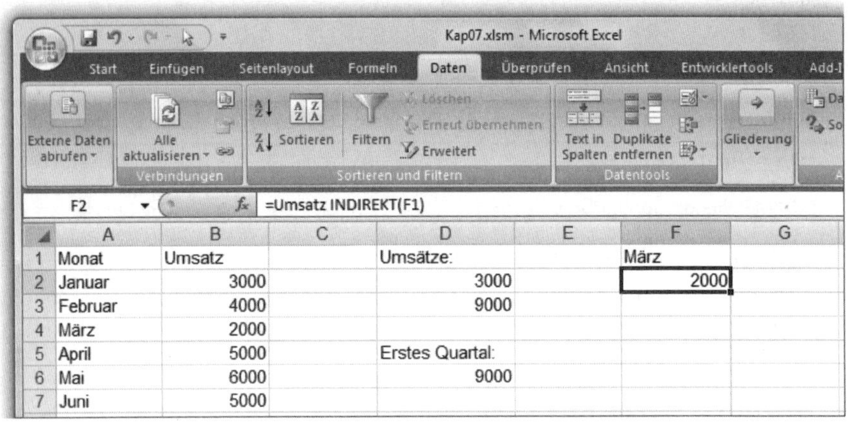

Abbildung 7.9: INDIREKT-Funktion und Schnittmenge

7.4 Formeln auf Bereichsnamen legen

Formeln können ziemlich groß werden, auch wenn die Bezüge durch (kurze) Bereichsnamen ersetzt werden. Eine besonders nützliche Technik in der Kalkulation ist das Übertragen von Formeln auf Bereichsnamen. Das macht komplexe Berechnungen einfacher, die Formelkonstrukte werden überschaubarer und können noch leichter bearbeitet werden. Ein Beispiel:

Ihre Kalkulation enthält Mieteinnahmen und Abzüge für Instandhaltung, Abschreibung und Kapitalkosten. Der Deckungsbeitrag ermittelt die Nettoerlöse. Weisen Sie den Beträgen die Beschriftungen aus der linken Spalte zu, und schreiben Sie diese Formel, die durch die Bereichsnamen sehr groß wird, als weiteren Bereichsnamen:

	A	B
1	**Miteinnahmen**	120.000
2	Instandhaltungskosten	30.000
3	Abschreibungen	12.000
4	Kapitalkosten	2.300
5	**Deckungsbeitrag**	75.700

Abbildung 7.10: Deckungsbeitrag berechnen

Lange Version der Formel in B5:

`=Mieteinnahmen-Instandhaltungskosten-Abschreibungen-Kapitalkosten`

1. Wählen Sie *Formeln/Definierte Namen/Namens-Manager*.
2. Tragen Sie den Bereichsnamen *DB_Miete* ein.
3. Geben Sie unter *Bezieht sich auf* die oben gezeigte Formel ein, und bestätigen Sie mit *OK*.
4. Schreiben Sie in Zelle B5 den Formel-Bereichsnamen:

   `=DB_Miete`

7.5 3D-Bereichsnamen

Der dreidimensionale Bezug ist eine nützliche Technik der Konsolidierung: In der Formel wird ein Bezug benutzt, der mehrere Tabellenblätter einschließt; das Ergebnis enthält dann die Werte aus allen Blättern. Beispiel:

- Tabelle 1, Zelle A1: 200
- Tabelle 2, Zelle A1:500
- Tabelle 3, Zelle A1:800
- 3D-Bezug in Tabelle 3, Zelle A1:

  `=SUMME(Tabelle1:Tabelle3!A1)`

- Ergebnis: 1.500

Sie können diese Prozedur noch vereinfachen, indem Sie den Werten aus den Tabellen einen 3D-Bereichsnamen zuweisen:

1. Legen Sie vier Tabellenblätter an, benennen Sie diese *Nord, Süd, West* und *Ost*.
2. Schreiben Sie in jedes Tabellenblatt in die Zelle B3 eine Zahl.
3. Legen Sie ein Tabellenblatt *Alle Regionen* an, setzen Sie den Zellzeiger in die Zelle B3.
4. Wählen Sie *Formeln/Definierte Namen/Aus Auswahl erstellen*. Tragen Sie den Bereichsnamen *Bevölkerungszahl* ein, und konstruieren Sie unter *Bezieht sich auf* diese Verknüpfung:

   `=Nord:Ost!B3`

5. Schreiben Sie in der Tabelle *Alle Regionen* die Formel für die Summe der Bevölkerungszahlen:

`=SUMME(Bevölkerungszahl)`

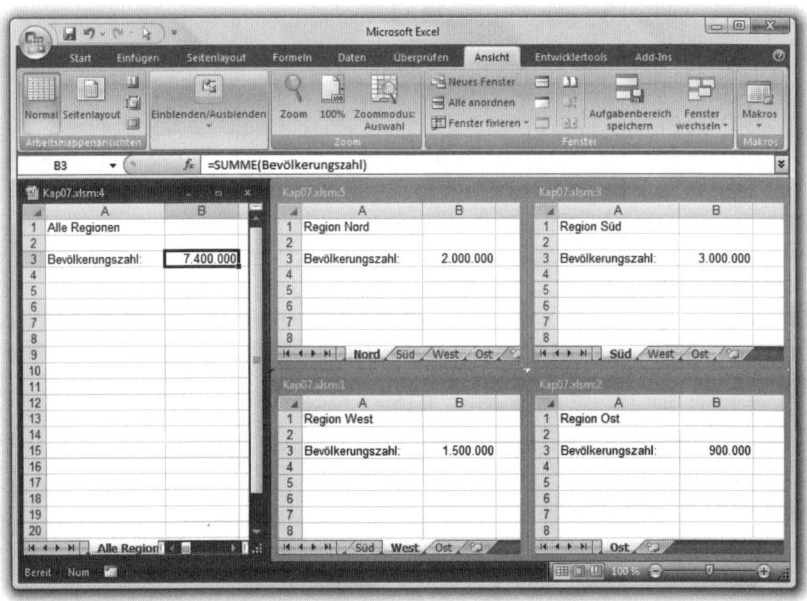

Abbildung 7.11: Ein dreidimensionaler Bereich wird summiert

7.6 Dynamische Zellbereiche mit Bereichsnamen

Dieser Spezialtrick wird Sie in die Lage versetzen, Formeln zu produzieren, die ihre Bereiche aus der Anzahl der Einträge in einer Spalte selbst berechnen. Damit können Sie Summen bilden, Statistik-Formeln nutzen und Auswertungen über Zellbereiche machen, deren Größe sich ständig ändert. Sie können auch Berichte mit Diagrammen produzieren, in denen nur die Basisdaten auszuwechseln sind, die Anzahl Rubriken und die Datenpunkte berechnen sich automatisch neu.

7.6.1 Beispiel: Umsatzbericht

Die Tabelle *Umsatzbericht* erhält in Spalte A eine Reihe von Monatsnamen und in der Spalte B die Umsätze, die in diesen Monaten erzielt wurden. Erstellen Sie diesen Bericht in einem neuen Tabellenblatt, und speichern Sie die Mappe mit dieser Tabelle sofort. Nennen Sie die Tabelle *Umsatz* und die Mappe *Umsatzbericht.xlsx*.

	A	B
1	Monat	Umsatz
2	Januar	3000
3	Februar	4000
4	März	2000
5	April	5000
6	Mai	6000
7	Juni	5000

Abbildung 7.12: Ein Umsatzbericht bis zum Monat Juni

7.6.2 Die benötigten Formeln

Der erste Schritt besteht darin, eine Reihe von Bereichsnamen anzulegen, die später an Stelle der echten Bezüge im Diagramm verwendet werden. Sie brauchen zwei Funktionen für die Bildung dynamischer Bereichsnamen:

=ANZAHL2 (Bereich)	Zählt alle Einträge innerhalb des Bereiches. Im Unterschied zu ANZAHL() werden Texte und Zahlen gezählt, ANZAHL() würde nur Werte zählen. Befinden sich in Spalte A 6 Monatsnamen, dann gibt die Funktion =ANZAHL2(A:A) den Wert 6 aus.
=BEREICH. VERSCHIEBEN (bezug; zeilen; spalten; höhe; breite)	Diese Funktion gibt als Ergebnis einen Bezug aus, und zwar den, der sich beginnend bei *bezug* aus der Verschiebung um zeilen Zeilen und spalten Spalten errechnen lässt. Mit *höhe* wird die Höhe (Zeilenzahl) des Bezugs angegeben, *breite* gibt die Anzahl der Spalten wieder. Für unser Modell werden wir nur das erste und die letzten beiden Argumente verwenden, für die nicht benötigten Verschiebungen geben wir ein Semikolon ein: =BEREICH.VERSCHIEBEN(bezug;;;höhe;breite)

7.6.3 Die Bereichsnamen

Tragen Sie jetzt die Bereichsnamen ein, die Sie für das dynamisch wachsende Diagramm brauchen:

1. Wählen Sie *Formeln/Definierte Namen/Namens-Manager*.

2. Klicken Sie auf *Neu* und geben Sie den Bereichsnamen *Anfang* ein.

   Legen Sie die Zelle $A$1 fest (im Hintergrund anklicken). Der Bezug lautet damit

   =Tabelle1!$A$1

3. Der zweite Name lautet *SpalteA* und bezieht sich auf die ganze Spalte A:

   =Tabelle1!$A:$A

4. Der dritte Name lautet *Umsatz1* und bezieht sich auf

   =Tabelle1!$B$1

5. Der vierte Name lautet *Rubrik* und bezieht sich auf diese Formel:

   =BEREICH.VERSCHIEBEN(Anfang;;;ANZAHL2
   (SpalteA);1)

6. Der fünfte Name lautete *Daten* und bezieht sich auf diese Formel, die den Bereich um eine Zeile verschiebt, damit die Überschrift nicht enthalten ist:

   =BEREICH.VERSCHIEBEN(Umsatz1;1;;ANZAHL2
   (SpalteA)-1;1)

Damit sind alle Bereichsnamen erstellt, die Sie für dynamische Formeln und Diagramme brauchen. *Rubrik* wird automatisch den Bezug erhalten, der sich aus der Anzahl Monatsnamen in Spalte A ergibt, und *Daten* repräsentiert die Zellreihe mit allen Umsätzen, die sich ebenfalls an der Anzahl Monatsnamen in Spalte A orientiert. Sie können die Bereichsnamen überprüfen, drücken Sie dazu die Funktionstaste F5 (= *Bearbeiten/Gehe zu*), tragen Sie den Namen ein, und bestätigen Sie mit *OK*. Der Bereich wird markiert. Fügen Sie einen weiteren Eintrag in Spalte A bzw. B ein, wird der Bereich diesen automatisch wieder enthalten.

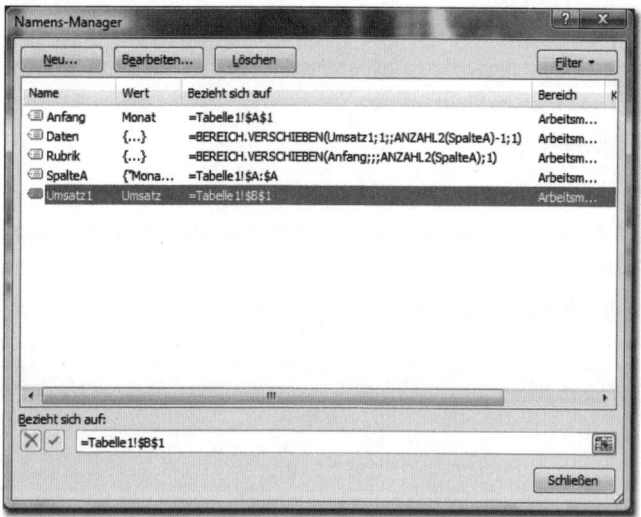

Abbildung 7.13: Die Bereichsnamen für das dynamische Diagramm

7.6.4 Dynamische Formeln

Alle weiteren Kalkulationen in Ihrem Tabellenblatt unterliegen nur einer einzigen Regel: Sie dürfen weder Beschriftungen noch Zahlen oder Formeln in die erste Zeile oder erste Spalte schreiben. Diese Bereiche werden zur Berechnung der Bereiche auf die Anzahl Einträge überprüft und dürfen keine weiteren Einträge enthalten.

Schreiben Sie einige Auswertungen für Ihre Umsatzliste:

▲	C	D	E
1			
2		Umsatz bis laufendem Monat:	=SUMME(Daten)
3		Durchschnittsumsatz pro Monat:	=MITTELWERT(Daten)
4		Umsatz 1. Quartal:	=SUMME(BEREICH.VERSCHIEBEN(Daten;;;3;1))
5		Größter Umsatz:	=MAX(Daten)
6		erzielt im Monat:	=INDEX(Rubrik;VERGLEICH(MAX(Daten);Daten;0))
7			
8			

	E
2	Umsatz bis laufendem Monat: 25000
3	Durchschnittsumsatz pro Monat: 4166,666667
4	Umsatz 1. Quartal: 7000
5	Größter Umsatz: 6000
6	erzielt im Monat: Mai

Abbildung 7.14: Auswertungsformeln für den dynamischen Bereich »Daten«

7.6.5   Das dynamische Diagramm

Im nächsten Schritt weisen Sie diese Bereichsnamen den Elementen eines Säulendiagramms zu.

1. Markieren Sie den Bereich A1:B7.
2. Erstellen Sie über *Einfügen/Diagramm* ein Säulendiagramm.
3. Wechseln Sie dann die statischen Bereiche in der Funktion DATENREIHE() gegen die dynamischen Bereichsnamen aus:
4. Wählen Sie *Diagrammtools/Entwurf/Daten auswählen.*

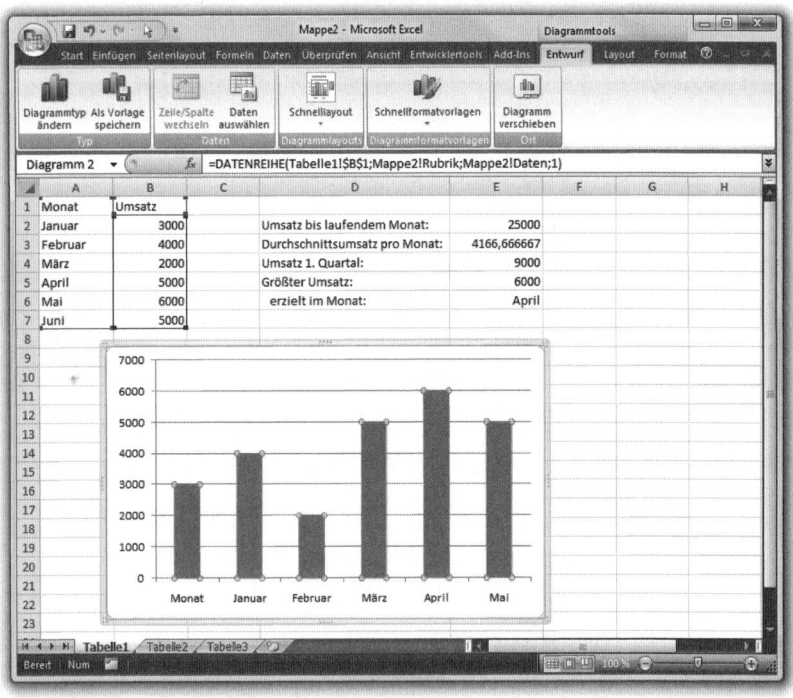

Abbildung 7.15: Ein Diagramm mit dynamischer Rubrik und dynamischer Datenreihe

5. Bearbeiten Sie zuerst die horizontale Achsenbeschriftung. Tragen Sie als Bezug ein:

=Tabelle1!Rubrik

6. Bearbeiten Sie dann die Datenreihe *Umsatz*, geben Sie hier als Bezug ein:

=Tabelle1!Daten

7. Achten Sie in beiden Fällen darauf, dass die Tabellenverknüpfung stehen bleibt. Schließen Sie die Änderung mit *OK* ab.

Excel wird sofort die Tabellenverknüpfung gegen den Mappennamen austauschen. Das ist nötig, weil diese Bereichsnamen für die gesamte Mappe gelten.

Fertig ist das dynamische Diagramm. Tragen Sie weitere Monatsnamen in Spalte A und Umsatzzahlen in Spalte B ein, und das Diagramm wird diese sofort anzeigen. Die dynamischen Bereichsnamen *Rubrik* und *Daten* zählen die Monatsnamen in Spalte A und produzieren die Datenreihe entsprechend dieser Anzahl Einträge.

7.7 Die dynamische Datenbank

Mit den vorgestellten Formeln und der Funktion BEREICH.VERSCHIEBEN() als Basis für dynamische Bereiche sollte es für Sie jetzt kein Problem sein, einen ganzen Bereich dynamisch zu benennen. Dynamische Datenbanken sind besonders nützlich, wenn Daten aus SAP-Berichten oder anderen Datenquellen importiert werden, sich also häufig in der Dimension ändern. Diese Voraussetzungen muss die Liste erfüllen, dann können Sie ihr den Bereichsnamen Datenbank dynamisch zuweisen:

■ Die Liste muss links oben in der Zelle A1 beginnen und geschlossen sein, d.h. weder Leerzeilen noch Leerspalten enthalten.

■ In der Tabelle dürfen außer der Kopfzeile und den Datensätzen darunter keine weiteren Daten oder Formeln (Summen etc.) stehen.

7.7.1 Datenbank berechnen

Realisiert wird die dynamische Datenbank wieder über die BEREICH.VERSCHIEBEN-Funktion aus der Funktionskategorie Matrix:

```
=BEREICH.VERSCHIEBEN(Bezug;Zeilen:Spalten;
Höhe:Breite)
```

Diese Funktion ermittelt eigentlich einen Zellbezug, der um Zeilen und Spalten von der Formelzelle mit dieser Funktion versetzt ist. Für unseren dynamischen Bereichsnamen verwenden wir aber nur die beiden letzten Argumente Höhe und Breite, und die ermitteln wir aus der Anzahl der Einträge in der Kopfzeile und der Anzahl der Datensätze:

1. Öffnen Sie eine Tabelle mit einer Liste, die in Zelle A1 beginnt.

2. Wählen Sie *Formeln/Definierte Namen/Namens-Manager*.

3. Tragen Sie den Bereichsnamen *Datenbank* ein.

4. Geben Sie in das Feld unter *Bezieht sich auf* diese Formel ein (Wenn Sie mit Cursortasten arbeiten wollen, zuvor F2 drücken!):

   =BEREICH.VERSCHIEBEN($A$1;;;ANZAHL2($A:$A);
   ANZAHL2($1:$1))

5. Schließen Sie die Namenszuweisung mit Klick auf *OK* ab.

6. Drücken Sie F5 und geben Sie »Datenbank« ein. Wenn die Formel richtig war, wird der Bereich ab A1 markiert, die Datenbank wird korrekt berechnet.

Die dynamische Datenbank wird erst zu dem Zeitpunkt berechnet, an dem der Bereichsname aufgerufen wird, sie steht deshalb nicht in der Liste der Bereichsnamen im Namensfeld links oben und auch nicht im Angebot unter der Funktionstaste F5 (Gehezu).

7.7.2 Spalten oder Zeilen aus der dynamischen Datenbank benennen

Wenn Sie mit Listen oder Datenbanken arbeiten, werden Sie immer wieder vor das Problem gestellt, einzelne Spalten oder Zeilen aus dem Bereich zu benennen. Hat eine Liste z. B. Euro-Beträge, wäre es für Auswertungsfunktionen praktisch, nur die Spalte mit den Beträgen als Bereichsname zu haben. Funktionen wie SUMMEWENN(), ZÄHLENWENN() brauchen solche Spaltenangaben als Argumente. Wenn Sie wie zuvor beschrieben mit dynamischen Bereichen arbeiten, ist der nächste logische Schritt, aus diesen wieder Teilbereiche zu ermitteln.

Mit diesem Trick rechnen Sie eine einzelne Spalte oder Zeile aus einem Bereich heraus und weisen diese gleich in einen Bereichsnamen ein:

1. Markieren und benennen Sie Ihren Bereich, oder erstellen Sie wie beschrieben eine Datenbank.

2. Wählen Sie *Formeln/Definierte Namen/Namens-Manager.*

3. Tragen Sie als Bereichsname *Spalte1* ein.

4. Geben Sie in das Feld unter *Bezieht sich auf* diese Formel ein:

   `=INDEX(Datenbank;;1)`

5. Schließen Sie mit Klick auf *OK* ab, und testen Sie den Bereich. Der Bereichsname erscheint wieder nicht in der Liste, er wird erst produziert, wenn Sie ihn in das Namensfeld schreiben oder mit ⎡F5⎤ abholen.

Die INDEX-Funktion ermittelt normalerweise eine Zelle im Schnittpunkt von Zeile und Spalte des Bereiches. Wenn Sie die Zeilennummer weglassen, erhalten Sie die gesamte Spalte als Matrix. Um eine bestimmte Zeile zu errechnen, lassen Sie die Spaltennummer weg (hier Zeile 5):

`=INDEX(Datenbank;5;)`

Noch ein Spezialtrick: Der Bereich beinhaltet immer die Überschrift der Datenbank oder Liste, die bei solchen Bereichen Pflicht ist. Mit dieser Spezialformel erhalten Sie nur die Daten aus der ersten Spalte der Datenbank:

Name:

`SpalteA_Daten`

Bezieht sich auf:

`=BEREICH.VERSCHIEBEN(INDEX(Datenbank;;1);1;;ZEILEN(Datenbank)-1;)`

7.8   Globale und lokale Bereichsnamen

Wenn Sie alle Spezialtricks für Bereichsnamen bis zu diesem Punkt fleißig eingeübt hatten, werden Sie festgestellt haben, dass alle bisher benutzten Bereichsnamen für die gesamte Arbeitsmappe galten. Das sind globale Bereichsnamen, und das ist auch gut so, denn Namen sollten aus allen Ecken der Kalkulation funktionieren, und wenn eine Formel einen Bezug auf einen Zellbereich benutzt, sollte sie sich nicht darum kümmern müssen, in welcher Tabelle dieser steht.

Es gibt auch tabellenspezifische Bereichsnamen, lokale Bereichsnamen genannt. Das sollten Sie zunächst wissen, damit Sie Fehlern auf die Spur kommen, die im Zusammenhang mit Bereichsnamen entstehen. Ein typischer Fall ist die Kopie eines Tabellenblattes:

1. Sie haben in einem Tabellenblatt namens *Januar* einen Bereichsnamen *Umsatz* angelegt.

2. Sie kopieren dieses Blatt in der gleichen Mappe und nennen die Kopie *Februar.*

Was passiert mit dem Bereichsnamen? Da Namen immer eindeutig sein müssen, kann er in diesem Fall nicht mehr für die Mappe gelten und wird deshalb automatisch zum tabellenspezifischen Namen. Der Name in der ersten Tabelle bleibt für die ganze Mappe erhalten, der Name *Umsatz* in der Februar-Tabelle gilt nur für diese und wird auch nur in dieser angezeigt.

Der Namens-Manager unterscheidet diese beiden Namenstypen ganz deutlich bereits bei der Neuanlage des Namens und natürlich auch bei der Anzeige aller Bereichsnamen. Achten Sie bei der Neuanlage darauf, welchem Bereich der Name zugeordnet ist:

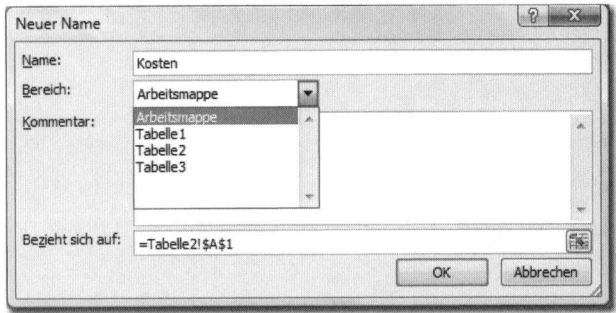

Abbildung 7.16: Bereich zuweisen bei neuen Bereichsnamen

In der Namensliste sehen Sie in der vierten Spalte, ob der Bereichsname für eine einzelne Tabelle oder für die gesamte Arbeitsmappe gilt. Deshalb kann ein Name auch zweimal in der Liste stehen, einmal als eindeutiger Name für eine Tabelle und ein zweites Mal als globaler Bereichsname für die Mappe.

Übrigens: Vorrang hat immer der lokale Bereichsname.

7.8.1 Ein Makro für Bereichsnamen in allen Tabellen

Mit einem VBA-Makro lösen Sie die Aufgabe, Bereichsnamen in alle Tabellen einer Mappe zu verteilen. Schreiben Sie es in ein Modul Ihrer Arbeitsmappe und erstellen Sie eine Aufruf-Schaltfläche über die Formularelemente in den Entwicklertools.

```
Sub NamefürAlleTabellen()
  Dim ws As Worksheet, strAdr As String, bname As String
  strAdr = Selection.Address
  bname = InputBox("Bereichsname für den Bereich " _
    & strAdr & ":", "Name anfordern")
  If bname = "" Then Exit Sub
  For Each ws In ThisWorkbook.Worksheets
    ws.Range(strAdr).Name = ws.Name & "!" & bname
  Next ws
End Sub
```

7.9 Bereichsnamen im Zoom anzeigen

So schnell die Bereichsnamen auch über das Namensfeld abrufbar sind, ein allgemeiner Überblick fehlt dennoch. Wenn Sie alle Bereichsnamen in einem Tabellenblatt überprüfen wollen, hilft der Zoom-Trick weiter:

Zoomen Sie das Blatt bis zur kleinsten Ansichtsstufe herunter. Sie können dazu mit gedrückter ⌈Strg⌉-Taste das Mausrad nach hinten ziehen oder unter *Ansicht/Zoom* den Faktor in das Zoom-Feld eintragen.

Ab dem Zoomfaktor 39% wird für größere Bereiche der Bereichsname angezeigt.

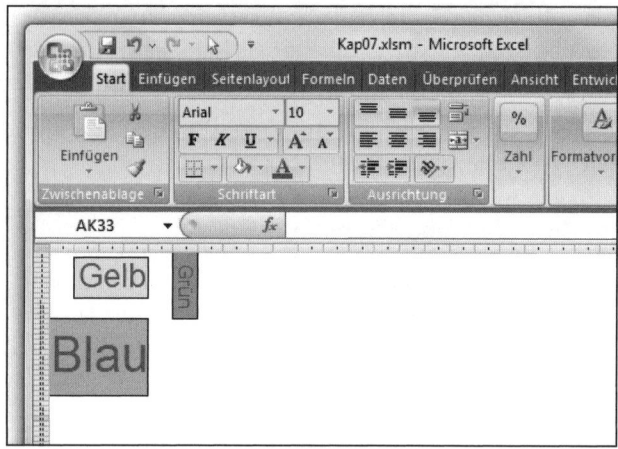

Abbildung 7.17: Bereichsnamen werden im Zoom angezeigt

7.10   Makrolösungen für Bereichsnamen

In der Praxis erweisen sich die Standard-Werkzeuge für Informationen zu Bereichsnamen oft als umständlich. Namenslisten, mit *Formeln/Namen definieren/Aus Auswahl erstellen* angelegt, müssen immer wieder aktualisiert und wieder gelöscht werden, eine ständig aktuelle Information über die Bereichsnamen und deren Bezüge
bieten sie nicht. Schreiben Sie sich Makros, die Bereichsnamen und deren Zuweisungen auf Knopfdruck in Meldungen oder Dialogboxen anzeigen.

7.10.1   Bereichsnamen in einer Meldung

Das Makro sucht in einer Schleife alle Bereichsnamen und übergibt sie einer Text-
variablen. Diese fügt die einzelnen Namen und Bezüge zeilenweise zusammen und
trennt die Zeilen mit einer vbCr-Konstante (vbCr = Visual Basic Carriage Return =
Zeilenumbruch). Schreiben Sie es in ein neues Modul, das Sie nach dem Aufruf des
Makro-Editors mit ⌈Alt⌋ + ⌈F11⌋ im aktuellen Projekt anlegen:

```
Sub ShowNames()
Dim NListe, i As Integer
With ActiveWorkbook
For i = 1 To .Names.Count
  NListe = NListe & .Names(i).NameLocal _
  & ": " & Names(i).RefersToLocal & vbCr
Next i
End With
MsgBox NListe, vbInformation, "Alle Bereichsnamen"
End Sub
```

Listing 7.1: Das Makro listet alle Bereichsnamen mit Bezügen

Abbildung 7.18: Das Makro zeigt alle Namen in einer Meldung an

7.10.2 Bereichsnamen in der UserForm

Professioneller und v.a. besser zu gestalten als die Meldungsbox ist die UserForm, das Dialogwerkzeug des Makroprogrammierers. Schreiben Sie ein Makro, das beim Aufruf einer UserForm die Bereichsnamen in einer Array-Variablen sammelt und einer zweispaltigen Liste zuweist.

1. Starten Sie mit ⌊Alt⌋ + ⌊F11⌋ den Visual Basic Editor.
2. Wählen Sie *Einfügen/UserForm*, um eine neue UserForm anzulegen.
3. Zeichnen Sie über die Werkzeugsammlung ein Listenfeld in die UserForm, weisen Sie diesem im Eigenschaftenfenster zwei Spalten (ColumnCount 2) zu.
4. Damit das Listenfeld nach dem Start der UserForm die Namen in der Mappe anzeigt, klicken Sie doppelt in die UserForm und schalten im Codeblatt auf das Ereignis *Initialize* um (Listenfeld rechts oben). Das Klick-Makro der UserForm können Sie löschen.
5. Schreiben Sie dieses Makro, das die Bereichsnamen in das Listenfeld holt:

```
Private Sub UserForm_Initialize()
 Dim nliste(), anzN As Integer, wb As Workbook
Dim i As Integer
 Set wb = Application.ThisWorkbook
 anzN = wb.Names.Count
 ReDim nliste(anzN - 1, 1)
 For i = 1 To anzN
  nliste(i - 1, 0) = _
 wb.Names(i).NameLocal
 nliste(i - 1, 1) = _
 wb.Names(i).RefersToLocal
 Next i
 Me.ListBox1.List = nliste
 End Sub
```

6. Zeichnen Sie noch eine *OK*-Schaltfläche in die UserForm, und weisen Sie dieser mit einem Doppelklick das Klick-Ereignis-Makro zu, das die UserForm wieder schließt:

```
Private Sub CommandButton1_Click()
 Unload Me
 End Sub
```

7. Jetzt können Sie ein Modul in Ihr Projekt (Arbeitsmappe) einfügen (*Einfügen/ Modul*) und in diesem ein Makro schreiben, das die UserForm aktiviert:

```
Sub ShowNameList()
  frmNames.Show
End Sub
```

Fertig ist die schnelle Bereichsnamen-Info. Legen Sie den Aufruf des letzten Makros auf eine Schaltfläche oder ein Symbol in einer der Symbolleisten, und die Infobox steht auf Klick zur Verfügung.

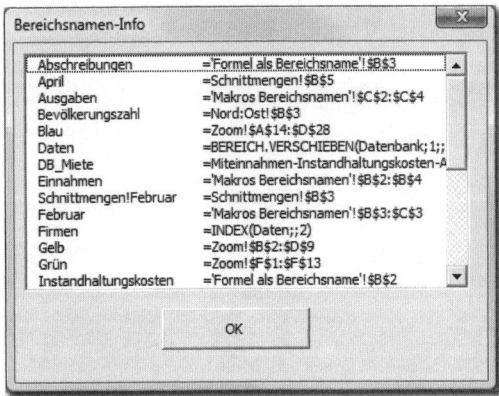

Abbildung 7.19: Die Userform listet alle Bereichsnamen und deren Bezüge

KAPITEL 8

Filtern, Sortieren und Pivotieren

8.1 Richtig sortieren

Sortieren scheint ja eine der einfachsten Übungen in Excel zu sein: Einfach die Daten markieren, Klick auf *Sortieren und Filtern* und bis zu drei Sortierschlüssel wählen, fertig ist die Sortierung. Kein Problem, wenn Sie bisher so sortiert hatten, aber da gibt es noch ein paar gute Tricks und wohlgemeinte Ratschläge dazu:

8.1.1 Gut markiert ist halb sortiert

Das Markieren der zu sortierenden Daten ist nicht immer so einfach. Auf keinen Fall sollten Sie natürlich nur die Spalte markieren, die es zu sortieren gilt. Excel würde annehmen, Sie wollen nur diese Daten sortieren, und der Rest Ihrer Liste bliebe unsortiert. Damit weisen Sie schnell neue Artikeln- oder Bestellnummern zu, und Ihre Mitarbeiter in der Personalliste bekämen ein neues Geburtsdatum, was nicht jedem gefallen würde. Zur Sicherheit werden Sie aber in solchen Fällen eine Warnung bekommen:

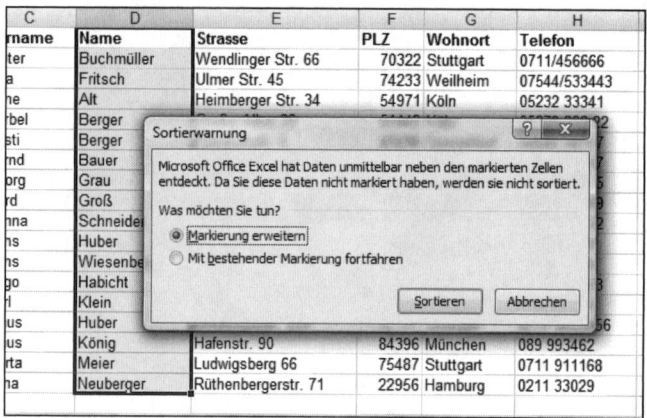

Abbildung 8.1: Warnmeldung bei markierten Spalten

Beachten Sie folgende Regeln für die Markierung von Sortierdaten:

- Wenn eine Liste vorliegt, genügt es, den Zellzeiger in der Liste zu haben. Eine Liste ist mit der ersten Leerzeile und der ersten Leerspalte zu Ende.

- Haben Sie die Liste über *Einfügen/Tabellen* zur Tabelle erklärt, wird bei Sortierungen automatisch der gesamte Listenbereich eingeschlossen.

■ Enthält der Listenbereich eine erkennbare Überschrift (Texteinträge in der ersten Zeile), wird diese beim Aufruf der Sortierung vorgeschlagen, andernfalls sortiert Excel ohne Überschrift.

8.1.2 Sortieren über Sortiersymbole

Zur Sortierung bietet die Multifunktionsleiste in der Gruppe *Bearbeiten* (Register *Start*) nur ein Symbol, dieses muss angeklickt werden, dann stehen die Sortiersymbole *Aufsteigend* und *Absteigend* zur Auswahl. Wenn Sie gewohnt sind, mit einem Klick zu sortieren, können Sie diese Symbole in die Symbolleiste für den Schnellzugriff packen:

1. Klicken Sie auf das Symbol *Sortieren und Filtern* unter *Start/Bearbeiten*.

2. Zeigen Sie auf das Symbol *Aufsteigend sortieren*, und klicken Sie es mit der rechten Maustaste an.

3. Wählen Sie *Zur Symbolleiste für den Schnellzugriff hinzufügen*.

4. Das Symbol wird in die Leiste über bzw. unter (je nach Einstellung) der Multifunktionsleiste eingefügt, holen Sie auch das Symbol für *Absteigende Sortierung* in die Leiste.

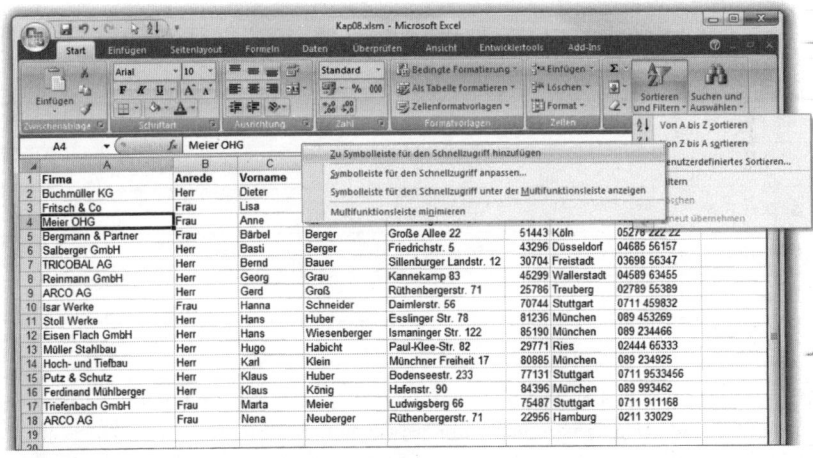

Abbildung 8.2: Sortiersymbole in der Symbolleiste für den Schnellzugriff

Wie funktioniert das in Bereichen, die vorher markiert werden müssen? Hier steht der Zellzeiger ja immer in der Zelle, an der die Markierung gestartet wurde. Auch das ist kein Problem:

1. Markieren Sie den zu sortierenden Bereich.

2. Drücken Sie die ⎇-Taste, um den Zellzeiger in die Spalte der Markierung zu bewegen, die Sie sortieren wollen.

3. Klicken Sie auf das Symbol für auf- oder absteigende Sortierung.

8.1.3 Monatsnamen sortieren

Sortieren Sie eine Liste nach Monatsnamen, wird diese korrekt alphabetisch aufsteigend vorliegen. Aber genau das werden Sie wahrscheinlich nicht wollen:

Unsortiert	Aufsteigend sortiert
Januar	April
Februar	August
März	Dezember
April	Februar
Mai	Januar
Juni	Juli
Juli	Juni
August	Mai
September	März
Oktober	November
November	Oktober
Dezember	September

Mit einer (gut versteckten) Sortieroption lässt sich die Monatsreihe von Dezember bis Januar und umgekehrt von Januar bis Dezember einrichten:

1. Markieren Sie die Liste mit den Monatsnamen, und klicken Sie auf *Start/Bearbeiten/Sortieren und Filtern.*

2. Wählen Sie *Benutzerdefiniertes Sortieren.*

3. Stellen Sie die Sortierspalte ein und unter *Sortieren nach Werte.*

4. Klicken Sie unter Reihenfolge auf *Benutzerdefinierte Liste.*

5. Wählen Sie aus den Benutzerdefinierten Listen die Monatsreihe in der vorliegenden Schreibweise (Jan, Feb ... oder Januar, Februar ...).

6. Bestätigen Sie mit *OK*, und sortieren Sie die Reihe mit einem weiteren Klick auf *OK*.

Damit werden die Monatsnamen korrekt einsortiert, die benutzerdefinierte Reihe wird hier als Kriterium der alphabetischen Sortierung vorgezogen.

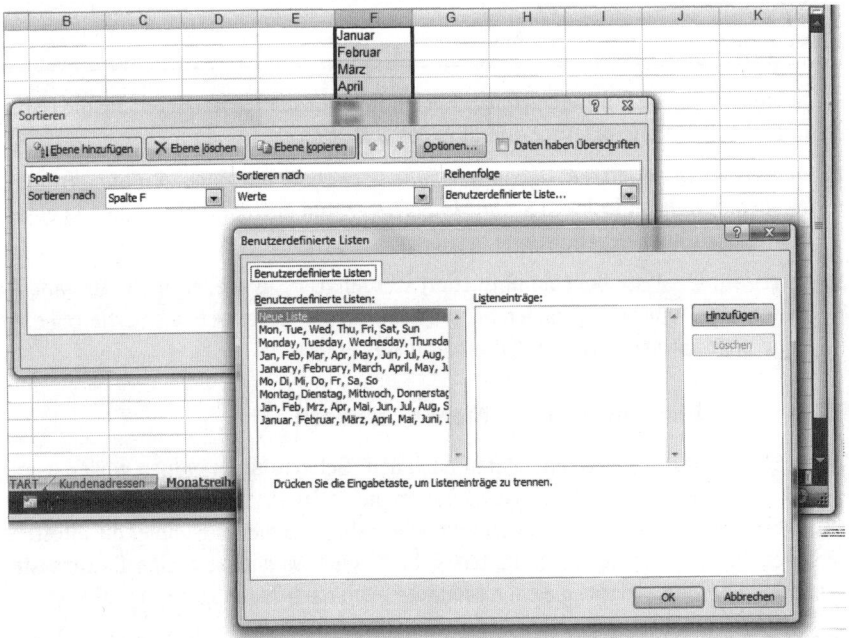

Abbildung 8.3: So werden die Monatsreihen sortiert

8.1.4 Eigene Sortierreihenfolge festlegen

Sie können jetzt natürlich auch die Wochentage oder andere benutzerdefinierte Reihen zur Sortierung nutzen. Wenn Sie einen anderen Datenbestand immer in eine bestimmte Reihenfolge bringen wollen, speichern Sie diesen als eigene Füllreihe, und damit steht er für Sortierungen zur Verfügung. Ein Beispiel:

Unfallstation
Chirurgie
Entbindungsstation
Intensiv
Krankenstation Bau I
Krankenstation Bau II
Pflegestation

1. Schreiben Sie die Stationen einmal in eine Tabellenspalte, markieren Sie die Liste, und aktivieren Sie im Office-Menü *Excel-Optionen*.

2. Klicken Sie in der ersten Kategorie *Häufig verwendet* auf *Benutzerdefinierte Listen bearbeiten*, und klicken Sie auf *Importieren*, um die markierten Daten in einer Füllreihe zu hinterlegen.

3. Jetzt kann die Liste beliebig umsortiert werden. Um sie wieder in die Ausgangsreihenfolge zu bringen, wählen Sie die benutzerdefinierte Liste als Sortierreihenfolge unter *Start/Bearbeiten/Filtern und Sortieren*.

8.1.5 Geburtsdatum nach Monat sortieren

Wenn Sie eine Liste mit Personendaten nach dem Geburtsdatum ordnen wollen, wird Excel keine andere Wahl haben, als das Datum auf- oder absteigend zu sortieren. Und da ein Datum nichts anderes ist als eine serielle Zahl, wird die Liste immer die ältesten Personen zuerst oder zuletzt enthalten. Gibt es eine Möglichkeit, eine Datumsliste nach Monaten und evtl. bei gleichen Monaten noch nach Tagen zu sortieren?

Es gibt sie, aber ohne Hilfsspalten geht es nicht. Berechnen Sie den Monat und den Tag eines jeden Geburtsdatums und sortieren Sie die Liste nach diesen Spalten:

1. Tragen Sie in einer freien Spalte die Überschrift »Monat« ein, und berechnen Sie den Monat des Geburtsdatums mit dieser Formel (das erste Geburtsdatum hier in Zelle D2 vorausgesetzt):

   `=MONAT(D2)`

2. Berechnen Sie in der nächsten freien Spalte den Tag aus dem Geburtsdatum:

   `=TAG(D2)`

3. Wenn Sie noch das Alter der Person berechnen wollen, schreiben Sie diese Formel in die dritte Spalte:

   `=GANZZAHL(BRTEILJAHRE(D2;HEUTE()))`

4. Dieses benutzerdefinierte Zahlenformat sorgt dafür, dass die Alterszahl in Jahren angezeigt wird. Drücken Sie [Strg]+[1]:

   `0" Jahre"`

5. Sortieren Sie anschließend die Liste nach den Sortierschlüsseln *Alter*, *Monat* und *Tag*.

	A	B	C	D	E	F	G
G2			f_x	=GANZZAHL(BRTEILJAHRE(D2;HEUTE()))			
1	PersNr	Name	Vorname	Geburtstag	Monat	Tag	Alter
2	4302	Brenzinger	Willibald	22.05.1950	5	22	57 Jahre
3	4379	Böhringer	Willi	01.11.1952	11	1	55 Jahre
4	4250	Bunz	Wilhelm	13.08.1948	8	13	59 Jahre
5	4215	Cagatay	Werner	13.03.1957	3	13	51 Jahre
6	4224	Büttner	Werner	12.08.1967	8	12	40 Jahre
7	4193	Cesar	Werner	23.01.1950	1	23	58 Jahre
8	1672	Pevny	Walter	27.09.1960	9	27	47 Jahre
9	1109	Schmerbach	Thorsten	19.11.1964	11	19	43 Jahre
10	2945	Inhofer	Stephan	23.10.1930	10	23	77 Jahre
11	2008	Metzger	Rudolf	18.06.1953	6	18	54 Jahre
12	2218	Löw	Rudolf	01.12.1968	12	1	39 Jahre
13	2186	Lutz	Ronald	20.08.1955	8	20	52 Jahre
14	2205	Lukas	Rainer	07.11.1939	11	7	68 Jahre
15	2075	Matussek	Paul	15.03.1964	3	15	44 Jahre
16	2090	Marullo	Otto	09.07.1950	7	9	57 Jahre
17	1032	Schönhaar	Martin	03.08.1927	8	3	80 Jahre
18	2236	Lomperdia	Martin	09.12.1946	12	9	61 Jahre

Abbildung 8.4: Zur Sortierung wird Monat, Tag und Alter des Geburtsdatums berechnet

8.1.6 Neue Einträge automatisch einsortieren

Die Sortierung muss standardmäßig immer angestoßen werden – es gibt keine Möglichkeit, eine Liste sofort und ohne Aufruf der Sortierung immer in der richtigen Reihenfolge zu halten – es sei denn, Sie programmieren sich diesen Komfort mit einem VBA-Makro. Wie das geht, zeigt ein praktisches Beispiel:

Eine Artikelliste listet das Sortiment eines Camping-Zubehörmarkts. Der Besitzer bekommt laufend neue Artikel auf Lager, die sofort erfasst werden. Er möchte mit dem Eintippen der Artikelnummer schon sehen, in welche Zeile der Artikel einsortiert wird, damit er die Preise angleichen kann.

◢	A	B	C	D
1	Artikel	Bezeichnung	Farbe	Preis
2	A-001	Gartenbank	Grün	39,99
3	A-002	Sonnenschirm	Grün	12,99
4	A-003	Camping-Zelt	Blau	120,66
5	A-100	Wasserschlauch	Rot	19,30
6	A-200	Liegestuhl	Gelb	56,30
7				
8				

Abbildung 8.5: Artikelliste für den AutoSort

1. Mit ⌜Alt⌝ + ⌜F11⌝ öffnen Sie den VBA-Editor für die Programmierung des Makros.
2. Suchen Sie im Projekt-Explorer das Projekt (diese Arbeitsmappe) und darin die Tabelle, in der sich diese Tabelle befindet.
3. Klicken Sie das Objekt doppelt an. Das Modulblatt für die Tabelle wird eingeblendet.
4. Schalten Sie unter *Allgemein* auf *Worksheet* um.
5. Schalten Sie in der Liste der Ereignisse rechts auf das Ereignis *Change* um.

Jetzt können Sie das Makro schreiben, das bei jeder Änderung in der Tabelle, genauer gesagt bei jeder Änderung in der ersten Spalte der Tabelle aktiv wird:

```
Private Sub Worksheet_Change(ByVal Target As Range)
  On Error GoTo fehler
  If ActiveCell.Column <> 1 Then Exit Sub
  Application.EnableEvents = False
  If Target.Value <> "" Then
  [a1].CurrentRegion.Select
  Selection.Sort Key1:=Range("A1"), Order1:=xlAscending, Header:=xlGuess, _
  OrderCustom:=1, MatchCase:=False, Orientation:=xlTopToBottom
  End If
  Application.EnableEvents = True
```

```
Target.Select
Exit Sub
fehler:
Application.EnableEvents = True
  MsgBox Err.Description
End Sub
```

Wenn Sie anschließend eine neue Artikelnummer eintragen, wird der Datensatz automatisch alphabetisch einsortiert. Für andere Sortierschlüssel oder Sortierreihenfolgen ändern Sie einfach den Makrobefehl `Selection.Sort`. Der Makrorekorder zeichnet die passenden VBA-Befehle bei alternativen Einstellungen auf.

8.1.7 Zahlen alphanumerisch sortieren

Zahlenwerte sortiert Excel als Zahlen, wenn sie als solche formatiert sind. Das schafft in der Praxis Probleme, wenn beispielsweise Artikelnummern, Personalnummern oder andere Werte einsortiert werden müssen, bei denen nicht der Zahlenwert, sondern die Position in der Ziffernfolge A-Z, 0-9 zählt.

Abhilfe schaffen Sie, indem Sie die Zahlen mit dem Textformat belegen:

1. Markieren Sie die Spalte mit den Zahlenwerten.

2. Drücken Sie (Str für die Liste der Zahlenformate.

3. Schalten Sie auf die Kategorie Text, und klicken Sie auf *OK*.

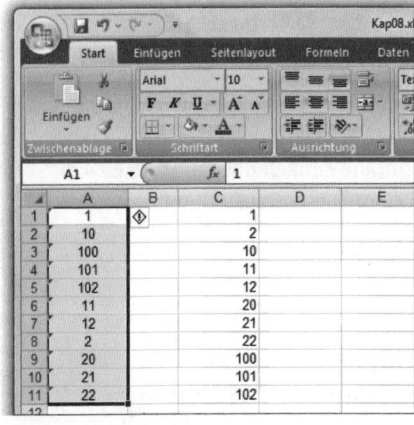

Abbildung 8.6: Zahlen, die als Textwerte formatiert sind, werden entsprechend sortiert

Jetzt werden die Zahlen auf- oder absteigend nach ihrem alphanumerischen Wert sortiert, wenn Sie mit den Sortiersymbolen arbeiten. Benutzen Sie *Filtern und Sortieren*, wird Excel mit einer Warnmeldung den Zustand anzeigen, und Sie können Ihre Aktion selbst entscheiden.

Wenn für die alphanumerische Sortierung das Umwandeln der Zahlenwerte in das Textformat nicht möglich ist, können Sie alternativ dazu einen Apostroph vor jede Zahl stellen. Damit wandeln Sie diese automatisch in einen Text um. Für größere Datenmengen schreiben Sie sich ein Makro, das diese Aufgabe übernimmt. Das nachstehende Makro funktioniert auf jede markierte Zahlenreihe. Es wandelt die Zahlen mit einem Apostroph in Texte um, sortiert diese und verwandelt die Ergebnisse wieder in echte Zahlenwerte.

```
Sub AlphaNum_Zahlen()
 Dim zell
 For Each zell In Selection
  zell.Value = "'" & zell.Value
 Next zell
 Selection.Sort _
 Key1:=Selection, Order1:=xlAscending
 For Each zell In Selection
  zell.Value = _
  Mid(zell.Value, 1, len(zell.value)-1)
 Next zell
End Sub
```

8.1.8 Rang: Sieger, Zweitplatzierter, Drittbester ...

Eine Alternative zur Sortierung von Datensätzen über Sortiersymbole oder *Sortieren und Filtern* bieten Spezialfunktionen aus der Kategorie Statistik: Wenn die Sortierung der Liste nicht möglich ist oder wenn mehrere Auswertungen gleichzeitig benötigt werden, berechnen Sie die Reihenfolge der Einträge einfach über Funktionen. Ein typisches Beispiel ist die Auswertung der Startliste einer Sportveranstaltung:

	A	B	C
1	Startnummer	Name	Punkte
2	1	Meier	23
3	2	Huber	45
4	3	Müller	33
5	4	Dimpfl	56
6	5	Gross	12
7	6	Klein	67
8	7	Berg	78
9	8	Thal	90

Abbildung 8.7: Startliste mit Punktewertung

1. Markieren Sie die Liste, und weisen Sie ihr den Bereichsnamen *Startliste* zu.

2. Berechnen Sie mit der Funktion KGRÖSSTE() den ersten Sieger mit dem größten Punktestand in der dritten Spalte des Bereichs:

   1. Sieger:
   ```
   =KGRÖSSTE(INDEX(Startliste;;3);1)
   ```

3. Die folgenden Plätze berechnen Sie mit der gleichen Funktion, das zweite Argument bestimmt die Rangfolge:

   2. Sieger:
   ```
   =KGRÖSSTE(INDEX(Startliste;;3);2)
   =KGRÖSSTE(INDEX(Startliste;;3);3) …
   ```

4. Mit der Funktion KKLEINSTE() berechnen Sie die Schlusslichter:

   Letzter:
   ```
   =KKLEINSTE(INDEX(Startliste;;3);1)
   ```
   Vorletzter:
   ```
   =KKLEINSTE(INDEX(Startliste;;3);2)
   ```
   Drittletzter:
   ```
   =KKLEINSTE(INDEX(Startliste;;3);3)
   ```

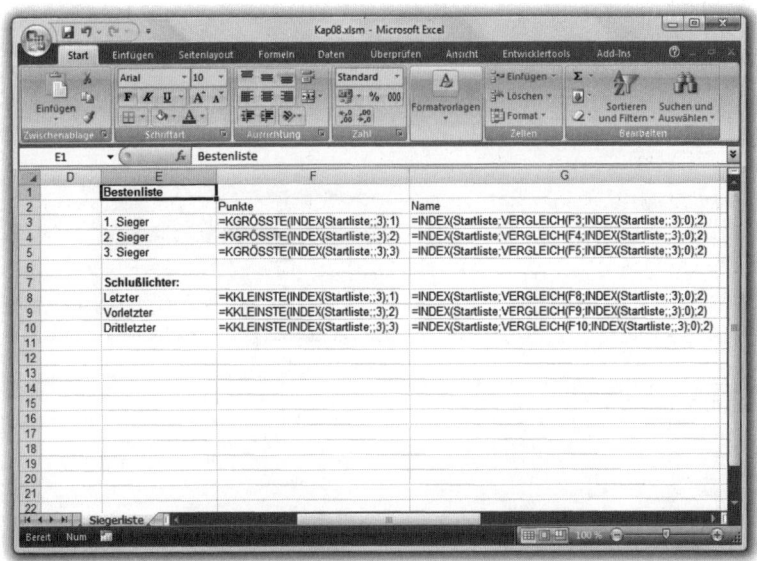

Abbildung 8.8: Sieger und Verlierer aus der Startliste berechnet

Natürlich können Sie jetzt auch berechnen, welcher Name neben dem Punktestand steht. Benutzen Sie die Funktionen INDEX() und VERGLEICH() und kombinieren Sie diese für die Ermittlung der Namen zu den Punkten:

```
Name des Siegers:
=INDEX(Startliste;VERGLEICH(F3;INDEX
(Startliste;;3);0);2)
```

8.2 Filtertricks mit dem Filtersymbol

Zu den besten Werkzeugen der Listen- und Datenbankverarbeitung gehören die Filter. Mit wenigen Handgriffen sind Teillisten und Extrakte aus umfangreichen Datenbanken erstellt, wenn die richtigen Filtertechniken bekannt sind. Lesen Sie, welche Spezialtechniken die Filter bereithalten.

8.2.1 Filter aktivieren

Der Filter bietet die Möglichkeit, alle Einträge einer Liste als Filterkriterium für die gesamte Liste zu benutzen. So aktivieren Sie ihn:

1. Setzen Sie den Zellzeiger in die Liste.

2. Wählen Sie *Start/Bearbeiten/Sortieren und Filtern/Filtern*.

3. In der Überschriftenzeile der Liste wird je ein Filterpfeil angeboten, Sie können die Liste nach einem Eintrag filtern.

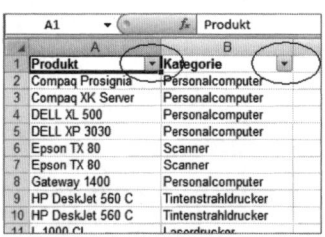

Abbildung 8.9: Das Filtersymbol wird auf die Liste gesetzt

Alternativ dazu können Sie den Filter auch im Register *Daten* setzen. Schalten Sie auf *Daten* um und klicken Sie unter *Sortieren und Filtern* auf das Filtern-Symbol, um die Filterpfeile in die Liste zu setzen. Ein weiterer Klick auf das Symbol entfernt die Pfeile und schaltet den Filter wieder aus.

Abbildung 8.10: Das Filtersymbol im Register *Daten*

8.2.2 So klappt's mit dem Filter

Das sieht sehr einfach aus und ist es auch, das Einschalten des Filters. In der Praxis ist es nicht so einfach, denn für den Filter muss eine filterbare Liste vorliegen. Nicht selten erscheint die Meldung:

Der Befehl konnte für den angegebenen Bereich nicht ausgeführt werden ...

Achten Sie auf diese Regeln für den AutoFilter:

■ Der Zellzeiger muss in einer erkennbaren Liste stehen. Die Liste enthält mindestens eine nichtleere Zeile und ist mit der ersten Leerzeile und der ersten Leerspalte abgegrenzt. In Excel 2003 können Sie die Liste mit dem gleichnamigen Befehl aus dem Daten-Menü bestimmen.

■ Wenn die Liste keine Kopfzeile enthält, wird der Filter in den ersten Datensatz gesetzt.

■ Die Tabelle mit der Liste darf nicht geschützt sein.

■ Die Markierung muss auf einer Zelle sitzen, es darf kein Objekt und kein Diagramm markiert sein.

■ Die Markierung darf nur aus einem zusammenhängenden Bereich bestehen. Wenn Sie mehrere Bereiche markiert hatten (mit [Strg]-Taste), kann der AutoFilter nicht gesetzt werden.

Wenn Sie den Filter per Makro programmieren, gelten zusätzlich diese Regeln:

■ Es muss eine Arbeitsmappe aktiv sein, die Mappe darf nicht minimiert sein.

■ Es darf kein Diagrammblatt aktiv sein, das aktuelle Arbeitsblatt muss ein Tabellenblatt sein.

8.2.3   Leerzeilen filtern mit dem Filter

Mit dem Filter entfernen Sie schnell nicht benötigte Leerzeilen aus Listen, vorausgesetzt, Sie setzen die Markierung richtig an:

1. Markieren Sie die gesamte Liste bis zum letzten Datensatz. Wenn Sie nicht sicher sind, ob Sie alle Zeilen in der Markierung haben, setzen Sie den Zellzeiger in die erste Zelle und drücken [Strg] + [⇧] + [Ende]. Damit sind alle beschrifteten Zellen markiert. Sie können auch den Zellzeiger auf die letzte Zelle setzen und mit [Strg] + [⇧] + [Pos1] bis zum Anfang der Tabelle markieren.

2. Klicken Sie unter *Start/Bearbeiten* auf *Sortieren und Filtern*, und wählen Sie *Filtern*, um den Autofilter einzuschalten.

3. Klicken Sie auf den Filterpfeil derjenigen Spalte, die Leerzellen enthält, und wählen Sie den Eintrag *(Leere)*.

4. Jetzt werden nur die Zeilen angezeigt, die in dieser Spalte keinen Eintrag haben. Um diese zu löschen, markieren Sie alle blau gekennzeichneten Zeilennummern links außen und drücken [Strg] + [-], um sie zu löschen.

5. Nehmen Sie den AutoFilter wieder von der Liste, und alle Leerzeilen sind entfernt.

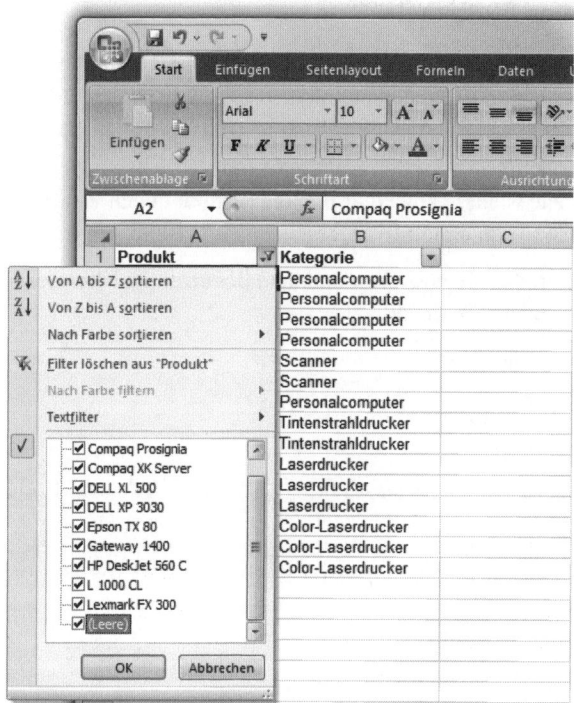

Abbildung 8.11: Leerzeilen filtern mit dem Autofilter

8.2.4 Filterstatus in der Statusleiste ablesen

In größeren Listen lässt sich nicht auf Anhieb erkennen, wie viele Zeilen der AutoFilter mit seiner letzten Aktion ausgeblendet hat. Die Statusleiste zeigt immer den aktuellen Filterstatus an, sie meldet, wie viele Zeilen nicht mehr zu sehen sind. Sehen Sie in der linken unteren Ecke nach.

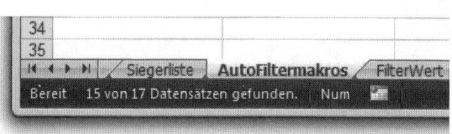

Abbildung 8.12: Die Statuszeile zeigt, wie viele Zeilen gefiltert wurden

8.2.5 Filterpfeile und Blattschutz

Sollten Sie die Filterpfeile eines gesetzten Filters nicht sehen oder sind diese zwar sichtbar, lassen sich aber nicht aktivieren, dann kann das diese Ursachen haben:

▪ Die Arbeitsmappe oder das Tabellenblatt ist geschützt. Sehen Sie unter *Überprüfen/Änderungen* nach, und entfernen Sie den Blattschutz oder Arbeitsmappenschutz, dann sind die Filterpfeile wieder aktivierbar und die Menüoptionen werden wieder angeboten.

Wenn Sie Ihre Tabellenblätter schützen wollen und dem Benutzer die Filterpfeile zur Verfügung stellen wollen, gehen Sie so vor:

1. Setzen Sie den Filter auf die Liste.
2. Wählen Sie *Überprüfen/Änderungen/Blatt schützen*.
3. Geben Sie ggf. ein Kennwort ein.
4. Suchen Sie in der Liste *Alle Benutzer dieses Arbeitsblattes dürfen:* diese Option: *AutoFilter verwenden*
5. Klicken Sie auf *OK*, um den Schutz zu aktivieren.

Abbildung 8.13: Filter einschalten trotz Blattschutz

Übrigens: AutoFilter hieß der Filter in den Vorgängerversionen, aus diesem Grund heißt diese Option so. In der Multifunktionsleiste kommt der Begriff AutoFilter nicht mehr vor.

8.2.6 Text-, Datums- und Zahlenfilter

Das Filtermenü, das nach dem Klick auf den Filterpfeil in der Spaltenüberschrift auf-
klappt, bietet neben Sortierbefehlen in einer Übersicht alle Einträge der Liste zum An-
und Abwählen. Wenn Sie nur einzelne Einträge haben wollen, klicken Sie zunächst auf
Alles auswählen, um alle Einträge abzuwählen. Dann können Sie einzelne Einträge
ankreuzen.

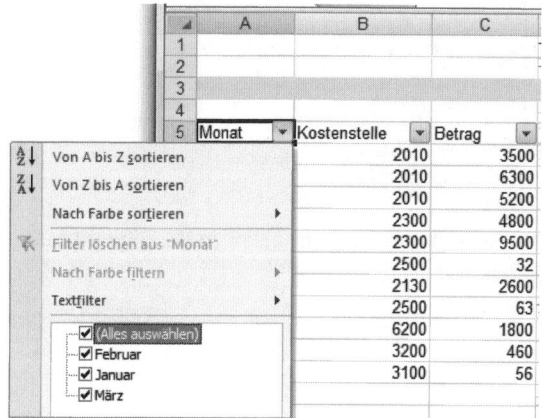

Abbildung 8.14: Filterkriterien auswählen im Filtermenü

In der Mitte des Menüs steht ein Spezialfilter bereit, der je nach Datentyp Textfilter,
Datumsfilter oder Zahlenfilter heißt. Welcher Filtertyp in der Spalte angeboten wird, ist
nicht von der ersten Zelle unter der Überschrift abhängig sondern von der Anzahl der
Datentypen. Enthält eine Spalte mehr Zahlen als Texte, wird der Zahlenfilter aktiv, bei
einer Überzahl an Datumswerten wird der Filtertyp *Datum* heißen.

*Übrigens: Was passiert, wenn gleich viel Daten von je einem Typ zu finden sind? Dann
hat der Textfilter vor Zahlen und Datumswerten Priorität, und bei Zahlen und Datumswerten überwiegt die Zahl als Filterkriterium.*

8.2.7 Datumswerte gruppieren

Filtern Sie mit Hilfe des Datumsfilters eine Reihe von Datumswerten, dann werden
diese automatisch gruppiert. In diesem Beispiel enthält die erste Spalte jeweils die
ersten fünf Tage eines Quartals:

◢	A	B	C
1	**Datum**	**Betrag**	
2	01.01.2008	3500	
3	02.01.2008	4300	
4	03.01.2008	2300	
5	04.01.2008	200	
6	05.01.2008	4500	
7	01.02.2008	290	
8	02.02.2008	2130	
9	03.02.2008	2500	
10	04.02.2008	6200	
11	05.02.2008	3200	
12	01.03.2008	100	
13	02.03.2008	3400	
14	03.03.2008	4500	
15	04.03.2008	200	
16	05.03.2008	2100	

Abbildung 8.15: Datumsreihe mit fünf Werte pro Mionat

Setzen Sie den Filter auf die Liste, wird dieser das Jahr als oberstes Filterkriterium anbieten und die Monate gruppieren.

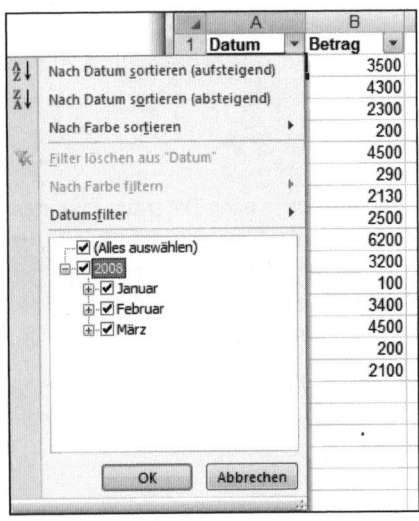

Abbildung 8.16: Der Filter gruppiert die Monate und Jahre in Datumsreihen

Wenn Sie diese Gruppierung nicht haben wollen, ändern Sie eine Einstellung in den Excel-Optionen:

1. Klicken Sie auf das Office-Menü und wählen Sie *Excel-Optionen*.

2. Schalten Sie um auf die Kategorie *Erweitert* und suchen Sie den Abschnitt *Optionen für diese Arbeitsmappe anzeigen*.

3. Entfernen Sie das Häkchen an der Option *Datumswerte im Menü AutoFilter gruppieren*.

4. Bestätigen Sie mit Klick auf *OK*, und die Datumswerte werden nicht mehr gruppiert.

8.2.8 Gefilterten Wert anzeigen lassen

Wenn Sie eine Liste oder Datenbank mit der Filter-Funktion belegen, zeigt dieser zwar nach Auswahl eines Filterkriteriums an, nach welchem Kriterium die Daten gefiltert wurden, aber nicht, unter welchen Bedingungen. Die gefilterten Bereiche werden gekennzeichnet (blauer Pfeil für die Spalte, blaue Zeilennummer bei gefilterten Zeilen); für einen anderen Benutzer ist es nicht immer möglich, zu erkennen, was alles gefiltert wurde.

Ein Funktionsmakro schafft hier Abhilfe: Schreiben Sie eine Funktion, die für jede Spalte den gefilterten Wert in einer Zeile oberhalb der Liste anzeigt.

1. Drücken Sie [Alt] + [F11], um den Visual Basic Editor zu öffnen.

2. Wählen Sie *Einfügen/Modul*.

3. Schreiben Sie diese Funktion:

```
Function FilterWert(fzelle As Range) As String
 Dim strFilter As String
 Application.Volatile
 strFilter = ""
 On Error GoTo Ende
 With fzelle.Parent.AutoFilter
  If Intersect(fzelle, .Range) Is Nothing _
 Then GoTo Ende
   With .Filters(fzelle.Column - ._
 Range.Column + 1)
   If Not .On Then GoTo Ende
    strFilter = .Criteria1
    Select Case .Operator
```

```
      Case xlAnd
        strFilter = strFilter _
        & " AND " & .Criteria2
      Case xlOr
        strFilter = strFilter _
        & " OR " & .Criteria2
      End Select
    End With
  End With


Ende:
  FilterWert = strFilter
  End Function
```

4. Legen Sie in der aktiven Tabelle eine Liste an, schalten Sie den Filter ein.

5. Filtern Sie die Liste nach einem beliebigen Kriterium in jeder Spalte. Die Funktion schreiben Sie am besten in eine Zeile über der Liste.

Hier ein Beispiel: Die Liste enthält Ausgabenbeträge für einzelne Kostenstellen aus mehreren Monaten. Mit dem Filter können Sie die Liste auf einen einzelnen Monat reduzieren.

▲	A	B	C	D
1				
2				
3				
4				
5	Monat	Kostenstelle	Betrag	
6	Januar	2010	3500	
7	Januar	2010	6300	
8	Januar	2010	5200	
9	Januar	2300	4800	
10	Februar	2300	9500	
11	Februar	2500	32	
12	Februar	2130	2600	
13	März	2500	63	
14	März	6200	1800	
15	März	3200	460	
16	März	3100	56	

Abbildung 8.17: Monatliche Ausgaben pro Kostenstelle

Nutzen Sie die Zeile 3, um die Filterargumente anzuzeigen:

1. Markieren Sie die Zelle A3.
2. Wählen Sie *Formeln/Funktionsbibliothek/Funktion einfügen*.
3. Schalten Sie auf die Kategorie *Benutzerdefiniert* um, und wählen Sie die Funktion *FilterWert*.
4. Geben Sie als Argument die Adresse der Zelle an, in der sich der Filterpfeil des Filters befindet (im Beispiel A5).
5. Schließen Sie den Funktions-Assistenten ab.

Die Funktion sieht jetzt so aus:

=FilterWert(A5)

Filtern Sie die Tabelle nach einem bestimmten Monat, zeigt die Funktion das Filterkriterium inklusive der Operation (=) an. Die Anweisung *Application.Volatile* in der Funktion sorgt dafür, dass diese Berechnung automatisch erfolgt, wenn die Tabelle neu berechnet wird. Sie können die Formel auf die übrigen Spalten kopieren und so auch Mehrfachfilter anzeigen lassen.

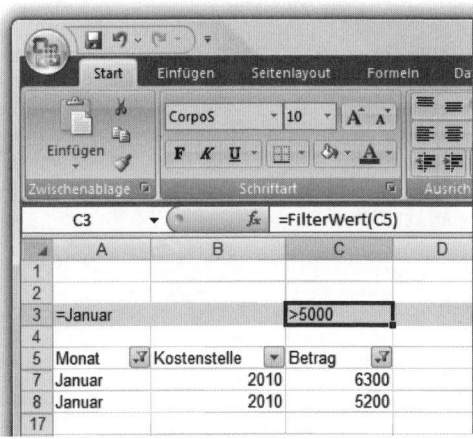

Abbildung 8.18: Filterkriterien per Funktion berechnen

Übrigens: Die Funktion kann maximal zwei Filterkriterien mit ihren Operatoren anzeigen.

8.2.9 AutoFilter mit Makros setzen und löschen

Die Bearbeitung des AutoFilters mit VBA-Makros ist etwas komplizierter, als es auf den ersten Blick scheint. Der Makrobefehl schaltet nämlich den Filter ein oder aus, je nachdem, welchen Status er vorfindet. Sie müssen also zunächst prüfen, ob bereits ein Filter im aktiven Tabellenblatt gesetzt ist, dazu wird die Eigenschaft AutoFilterMode abgefragt. Außerdem müssen noch jede Menge Regeln beachtet werden, denn das Makro kann auch in Umgebungen aktiv werden, in denen AutoFilter überhaupt nicht möglich sind. Das Makro schaltet den AutoFilter erst ein, wenn alle Hindernisse überprüft sind. Achten Sie auf die Kommentare im Makrocode.

```
Sub StartAutofilter()
  Dim Zelle As Range, mtext As String
Dim oldSel As String
  ' Abeitsmappe aktiv?
  If ActiveWindow Is Nothing Then
    fehler _
("Bitte aktivieren Sie eine Arbeitsmappe!")
    Exit Sub
  ' Arbeitsmappe sichtbar oder minimiert?
  ElseIf ActiveWindow.WindowState = _
xlMinimized Then
    fehler _
  ("Bitte lassen Sie die Arbeitsmappe anzeigen!")
    Exit Sub
  ' Tabellenblatt aktiv?
  ElseIf ActiveSheet.Type <> xlWorksheet Then
    fehler _
  ("Bitte markieren Sie ein Tabellenblatt!")
    Exit Sub
  ' Tabelle geschützt?


  ElseIf ActiveSheet.ProtectContents Then
    fehler ("Die Tabelle ist geschützt")
    Exit Sub
  ' Zellbereich markiert?
  ElseIf TypeName(Selection) <> "Range" Then
    fehler _
("Bitte einen Zellenbereich markieren!")
    Exit Sub
```

```
' Mehrfachmarkierung?
ElseIf Selection.Areas.Count > 1 Then
   fehler _
("Mehrfachmarkierungen sind nicht erlaubt!")
   Exit Sub
' AutoFilter bereits gesetzt?
ElseIf ActiveSheet.AutoFilterMode = True Then
   fehler ("AutoFilter ist bereits aktiv!")
   Exit Sub
End If
' Bereich rund um den Zellzeiger markieren
oldSel = ActiveCell.Address
Selection.CurrentRegion.Select
' Prüfen, ob die erste Zeile der Markierung
' vollständig gefüllt ist
For Each Zelle In Selection.Rows(1)
   If IsEmpty(Zelle) = True Then
      fehler _
      ("Leeren Zellen in der ersten Zeile " _
      & "sind nicht erlaubt!")
      Exit Sub
   End If
Next Zelle
' AutoFilter setzen
Selection.AutoFilter
Range(oldSel).Select
End Sub
```

Auch beim Schließen des Filters sollten eigentlich alle Hindernisse überprüft werden. Dieses Makro prüft nur, ob überhaupt ein Filter gesetzt ist:

```
Sub CloseAutoFilter()
 If ActiveSheet.AutoFilterMode = True Then
   ActiveSheet.AutoFilterMode = False
 End If
End Sub
```

Das ist die Funktion, die die Fehlermeldung ausgibt:

```
Function fehler(mtext As String)
 MsgBox mtext, vbCritical, "AutoFilter-Fehler"
End Function
```

8.3   Tricks mit dem Spezialfilter

Der Spezialfilter ist die Alternative zum AutoFilter, wenn mehrere variable Kriterien ins Spiel kommen. Für die Ausgabe von Teilberichten und gefilterten Listen ist er unentbehrlich. Sie finden ihn im Register Daten in der Gruppe *Sortieren und Filtern*.

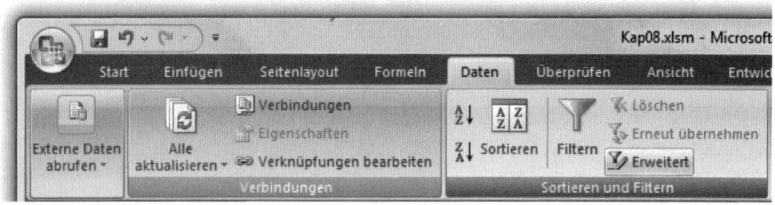

Abbildung 8.19: Hier finden Sie den Spezialfilter

8.3.1   Doppelte Datensätze herausfiltern

Beim Import von Daten aus Abrechnungssystemen, SAP oder anderen Host-Anwendungen tauchen immer auch doppelte Datensätze auf. Mit dem Spezialfilter entfernen Sie diese schnell und einfach:

1. Setzen Sie den Zellzeiger in die Liste, die Sie filtern wollen.

2. Wählen Sie *Daten/Sortieren und Filtern/Erweitert*.

3. Der Listenbereich wird angezeigt, korrigieren Sie ihn ggf., indem Sie den Bereich im Hintergrund neu markieren.

4. Klicken Sie in das Feld *Kriterienbereich*, und löschen Sie dieses, falls es einen Eintrag enthält.

5. Setzen Sie ein Häkchen an der Option *Keine Duplikate*.

6. Bestätigen Sie mit Klick auf *OK*, und die doppelten Datensätze werden aus der Liste gefiltert.

Um die Daten auch physikalisch aus der Liste zu entfernen, markieren Sie den gefilterten Listenbereich, kopieren Sie diese in die Zwischenablage und setzen Sie die kopierten Daten in einem anderen Bereich oder in einer neuen Tabelle wieder ein.

Abbildung 8.20: Doppelte Datensätze entfernen mit dem Spezialfilter

8.3.2 Daten in Zielbereich filtern

Sie können die doppelten Datensätze auch gleich aus dem Listenbereich kopieren, müssen dazu aber einen Zielbereich anlegen:

1. Kopieren Sie die erste Zeile der Liste, die Überschrift, aus der Datenbank, und setzen Sie diese in einen freien Bereich der Tabelle.

2. Setzen Sie den Zellzeiger in die Liste, und wählen Sie *Daten/Sortieren und Filtern/ Erweitert.*

3. Schalten Sie um auf die Option *An eine andere Stelle kopieren.*

4. Der Listenbereich wird angezeigt, korrigieren Sie ihn ggf.

5. Markieren Sie das Feld *Kopieren nach*, und ziehen Sie den Zellzeiger über die kopierte Überschriftenzeile.

6. Klicken Sie auf *Keine Duplikate*, und starten Sie mit Klick auf *OK.*

Jetzt werden die Daten in den Zielbereich kopiert, die doppelten Sätze werden dabei entfernt. Sie können die alte Liste löschen und mit der neuen Liste weiterarbeiten.

Tipp

Der Zielbereich für den Spezialfilter kann alle Spalten der gefilterten Liste enthalten, muss aber nicht. Sie können auch eine Auswahl von Spalten vorsehen; kopieren Sie dazu am besten die Beschriftungen aus der Kopfzeile der Liste in den Zielbereich. Auch die Reihenfolge ist beliebig und muss nicht der aus der Liste oder Datenbank entsprechen.

8.3.3   Drei wichtige Bereichsnamen

Der Spezialfilter arbeitet mit drei Bereichsnamen zusammen, die zwar nicht vorgeschrieben sind, die Filterung aber wesentlich einfacher machen. Diese undokumentierte Funktion stammt aus Vorgängerversionen von Excel, in denen Bereichsnamen für Filterungen vorgeschrieben waren, und funktioniert immer noch:

1. Weisen Sie dem Listenbereich den Bereichsnamen *Datenbank* zu. Markieren Sie dazu die Liste mit [Strg] + [⇧] + [*], schreiben Sie den Bereichsnamen in das Namensfeld links oben und bestätigen Sie mit der Eingabetaste.

2. Legen Sie einen Bereich für die Suchkriterien an, der mindestens zwei Zeilen groß ist. Schreiben oder kopieren Sie einen Spaltentitel aus der Datenbank in die erste Zeile, und tragen Sie die Bedingung in die zweite Zeile ein. Nennen Sie diesen Bereich *Suchkriterien*.

3. Der Zielbereich, in dem die nach dem Suchkriterium gefilterten Daten abgelegt werden, erhält den Bereichsnamen *Zielbereich*. Er enthält, wie schon beschrieben, einzelne oder alle Überschriften aus der Datenbank und ist immer nur eine Zeile hoch.

Die beiden Bereichsnamen *Suchkriterien* und *Zielbereich* legt der Spezialfilter selbst an, wenn sie ihn zum ersten Mal benutzen. Damit findet er auch beim nächsten Aufruf wieder die Bereiche.

	A	B	C	D	E	F	G	H	I
1	Projektsegment	Projektleiter	Projekt	PLAN	IST		Projektleiter		
2	Serie	Hausmann, Richard	CDLK Serie II	352	379		Hausmann, Richard		
3	Serie	Fritsch, Bernhard	CDLK Serie II	771	276				
4	Serie	Dietrich, Beate	CDLK Serie II	354	204				
5	Serie	König, Heinz	ABM-V Serie VI	405	173				
6	Serie	Salzmann, Sabine	ABM-V Serie VI	363	332				
7	Serie	Hausmann, Richard	ABM-V Serie VI	366	293				
8	Serie	Fritsch, Bernhard	ABM-V Serie VI	851	383				
9	Forschung	Dietrich, Beate	Neue Materialien Polsterung	864	247				
10	Forschung	Dietrich, Beate	Entwicklung Fahrzeug-Software VAN	643	175		Projektleiter	Projekt	IST
11	Forschung	König, Heinz	Mobile GPS-Empfänger	443	320		Hausmann, Richard	CDLK Serie II	379
12	Forschung	Salzmann, Sabine	Zugangskontrolle und Sicherheit	427	248		Hausmann, Richard		293
13	Forschung	Hausmann, Richard	Entwicklung e-commerce-Lösung	859	187		Hausmann, Richard		187
14	Basistechnik	Hausmann, Richard	Karosseriebau Instandhaltung	581	277		Hausmann, Richard		277
15	Basistechnik	Fritsch, Bernhard	Verbesserung Elektronik	431	333		Hausmann, Richard	Kapazitätserhebung	233
16	Basistechnik	Dietrich, Beate	CDK Produktpflege	619	228				
17	Basistechnik	König, Heinz	Ausarbeitung Richtlinien Umweltschutz	746					
18	Basistechnik	Salzmann, Sabine	Getriebestrang Automatisation	463					
19	Basistechnik	Hausmann, Richard	Kapazitätserhebung und Pers.planung	511	233				
20	Basistechnik	Fritsch, Bernhard	Unfallverhütungsvorschriften	488	160				
21	Basistechnik	Dietrich, Beate	Planung neue Produkte	515	177				
22	Basistechnik	König, Heinz	Fuhrparkerneuerung und -pflege	654	348				
23	Basistechnik	Salzmann, Sabine	Artikelerfassung und Inventur	754	299				
24									
25									
26									
27									
28									
29									

Abbildung 8.21: Drei Bereiche mit Spezial-Bereichsnamen für den Spezialfilter

Wenn Sie diese drei Bereichsnamen verwenden, erhalten Sie nach dem Aufruf des Spezialfilters automatisch die drei Bereiche als Vorschlag. Die Spezialfilter-Box zeigt zwar die Bezüge in $A$1-Form an, diese entsprechen aber genau den Bereichen *Datenbank*, *Suchkriterien* und *Zielbereich*.

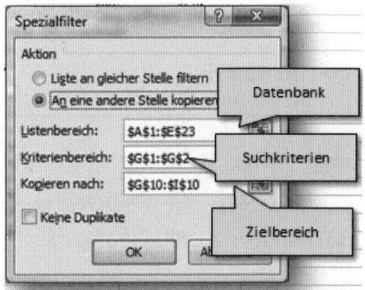

Abbildung 8.22: Die drei Bereichsnamen werden im Spezialfilter angeboten

Übrigens: Wenn Sie mit einer Tabelle arbeiten (Einfügen/Tabelle), wird diese die Rolle der Datenbank übernehmen und vom Spezialfilter automatisch als Auswertungsbereich übernommen.

8.3.4   Spezialfilter mit mehreren Bedingungen

Um die Datenbank nach einem einzelnen Kriterium zu filtern, tragen Sie den Spaltentitel in die erste Zeile und das Kriterium in die zweite Zeile ein. Der Suchkriterienbereich ist aber viel flexibler:

ODER

Erweitern Sie den Bereich auf drei oder mehr Zeilen, und geben Sie die gesuchten Werte untereinander ein.

Beispiel: Suche nach Kunden in Hamburg oder München

Ort
Hamburg
München

UND

Erweitern Sie den Bereich auf zwei Spalten, und geben Sie die Spaltentitel in die erste Zeile ein. Tragen Sie die Bedingungen in die zweite Zeile ein. Achten Sie darauf, dass sich diese nicht gegenseitig ausschließen, in der Regel brauchen Sie Vergleichsoperatoren (>,<, <>).

Beispiel: Suche nach Postleitzahlen im Bereich 6.000 bis 89.999:

PLZ	PLZ
>=6.000	<9.000

Beispiel: Suche nach Kunden in Hamburg mit Umsätzen über 10.000 Euro:

Ort	Umsatz
München	>10.000

8.3.5   Spezialfilter mit Datumswerten

Datumswerte machen im Spezialfilter Probleme, weil der Suchkriterienbereich diese nicht immer akzeptiert. Schreiben Sie das Datum mit einem Vergleichsoperator, kann Excel nicht erkennen, welcher Zahlenbereich zu filtern ist:

Datum
>15.2.2008

Die bessere Alternative: Geben Sie das Kriterium in dieser Form als Formel mit Text-verknüpfung ein:

`=">"&"15.2.2008"`

Dieses Kriterium in der Formel kann Excel erkennen, weil diese Formel mit der Filte-rung berechnet wird. In dieser Form sind auch Verknüpfungen mit Zellinhalten mög-lich. Steht das Vergleichsdatum z.B. in der der Zelle C1, kann das Filterkriterium auch so lauten:

`=">"&$C$1`

8.3.6 Daten in andere Tabellen filtern

Der Spezialfilter sucht die Daten, die Suchkriterien und den Zielbereich in der Regel in der gleichen Tabelle. Versuchen Sie, als Zielbereich eine Zelle in einer anderen Tabelle anzugeben, erhalten Sie eine Fehlermeldung, die immer noch falsch formu-liert ist und eigentlich andersrum lauten sollte (gefilterte Daten können nur in das aktive Blatt kopiert werden):

Abbildung 8.23: Fehlermeldung beim Versuch, die Daten in eine andere Tabelle zu kopieren

Wenn Sie, wie oben beschrieben, aber die drei Bereichsnamen für den Spezialfilter zuweisen, können Sie die Daten auch in ein anderes Tabellenblatt filtern. Auch die Suchkriterien dürfen in diesem Fall in einem anderen Tabellenblatt als die Original-daten stehen. Nur der Start des Spezialfilters ist etwas anders:

1. Nennen Sie den Bereich mit den zu filternden Daten *Datenbank*.
2. Legen Sie einen Suchkriterienbereich namens *Suchkriterien* mit mindestens einer Spalte und zwei Zeilen an, tragen Sie Spaltentitel und Kriterium ein.

3. Kopieren Sie die Kopfzeile der Datenbank in ein anderes Tabellenblatt, nennen Sie diese Zeile *Zielbereich*.

4. Markieren Sie den Zielbereich, und starten Sie den Spezialfilter über *Daten/Sortieren und Filtern/Erweitert.*

Excel wird jetzt eine Meldung bringen, die Sie auffordert, den Bereich zu bestimmen. Da der Zielbereich nur eine Zeile groß ist, wird er nicht als Filterbereich akzeptiert.

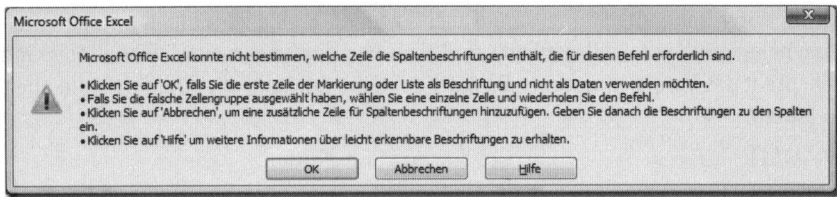

Abbildung 8.24: Meldung beim Start aus dem Zielbereich

Bestätigen Sie mit *OK*, und der Spezialfilter startet. Jetzt können Sie die Datenbank als Listenbereich eintragen und anschließend den Suchkriterienbereich und den Zielbereich. Wenn Sie die Bereichsnamen verwenden wollen, schalten Sie zuvor in die Tabelle zurück, in der sich diese befinden (*Suchkriterien* und *Zielbereich* sind lokale Bereichsnamen).

Klicken Sie auf *OK*, und der Spezialfilter kopiert die Daten aus der Datenbank in den Zielbereich in der neuen Tabelle.

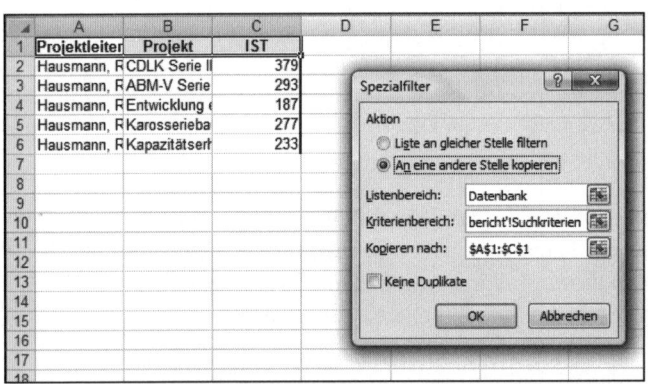

Abbildung 8.25: Ausgetrickst: Datenbank und Zielbereich für den Spezialfilter in verschiedenen Tabellen

8.4   Tricks mit PivotTables

Die PivotTable oder der Pivot-Tabellenbericht gehören zu den wichtigsten Auswertungsfunktionen für größere Listen und Datenbanken. Häufig wird sie auch direkt mit externen Daten über ODBC-Treiber verknüpft.

8.4.1   Assistenten benutzen

In Excel 2007 gibt es den PivotTable- und PivotChart-Assistenten nicht mehr, der in den Vorgängerversionen in mehreren Schritten durch die Erstellung einer PivotTable führte. Mit einem kleinen Shortcut-Trick können Sie ihn aber trotzdem aktivieren:

1. Drücken Sie die [Alt]-Taste, gefolgt von [n] und [p].

2. Der Assistent startet, wählen Sie die Art der zu analysierenden Daten (Liste, Datenbank, externe Bereiche oder Konsolidierungsbereiche). Sie können hier auch zum PivotChart umschalten. Klicken Sie auf *Weiter*.

3. Geben Sie im nächsten Schritt den Bereich an, der per PivotTable auszuwerten ist und klicken Sie auf *Weiter*.

4. Bestimmen Sie ein neues Arbeitsblatt oder einen Bereich im bestehenden Arbeitsblatt als Ausgabebereich für die neue PivotTable und klicken Sie auf *Fertig stellen*.

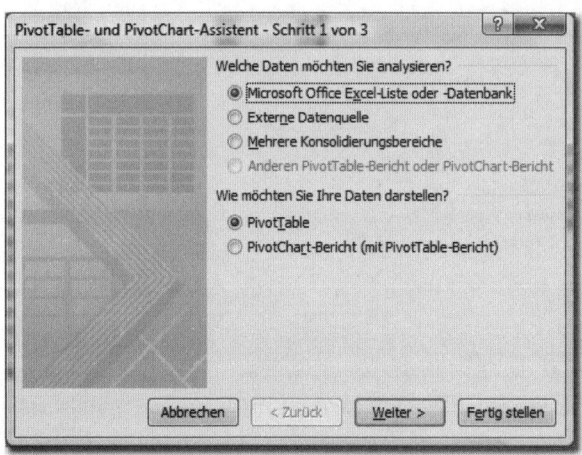

Abbildung 8.26: Es gib ihn noch: der PivotTable- und PivotChart-Assistent

Das Dialog-Layout und die Optionen stellt der Assistent nicht mehr zur Verfügung, die Schaltflächen sind zwar noch da, aber nicht mehr aktivierbar. Sie müssen das PivotTable-Layout im Tabellenblatt generieren.

8.4.2 Pivot-Bereich mit Bereichsnamen absichern

Wenn Sie als Basis für einen Pivot-Tabellenbericht eine Liste angeben, wird dieser den absoluten Bezug integrieren. Ändert sich der Bereich später, wird die Pivot-Tabelle diese Änderung nicht mitbekommen. Dieses Problem stellt sich gar nicht, wenn Sie den Bereich vorher mit einem Namen versehen und für den Pivot-Bericht nur mit diesem Bereichsnamen arbeiten.

1. Markieren Sie die Basisdaten, und weisen Sie der Markierung über *Formeln/ Definierte Namen/Namen definieren* den Bereichsnamen *Datenbank* zu.

2. Legen Sie mit *Einfügen/Tabelle/PivotTable* eine neue Pivot-Tabelle an.

3. Geben Sie in der ersten Abfrage den Bereichsnamen als Datenquelle an.

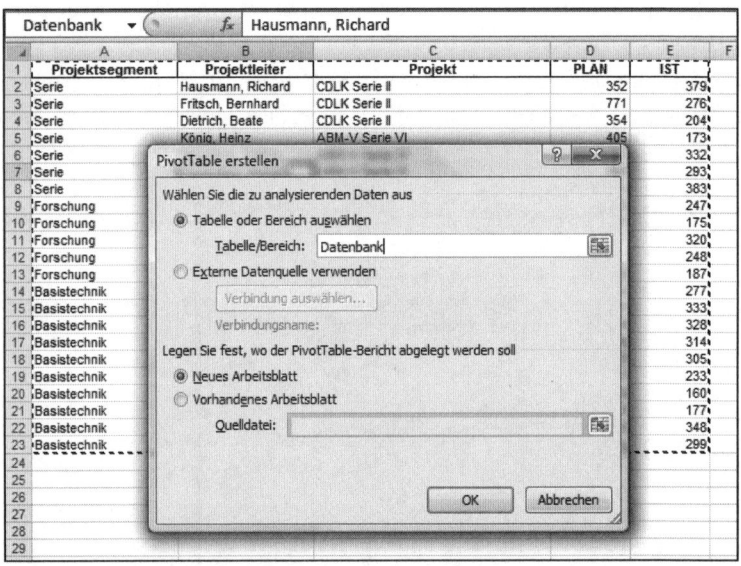

Abbildung 8.27: Ein Bereichsname macht die Auswertung der PivotTable sicherer

Übrigens: Wenn Sie wie oben beschrieben den Assistenten starten, wird dieser die Datenbank als Bereich vorschlagen.

8.4.3 Formatierungen behalten

Pivot-Tabellenberichte haben ihre eigenen Formatierungen. Sie können eine Pivot-Tabelle zwar nachträglich formatieren, mit der Aktualisierung des Inhaltes werden diese Formatierungen aber wieder entfernt:

- Zeichenformate (Schriftart, Schriftgröße, Fettdruck etc.)
- Zellmuster und Schraffierungen
- Zellausrichtungen
- Zahlenformate

So behalten Sie zumindest die wichtigsten Formatierungen:

1. Setzen Sie den Zellzeiger in die PivotTable, und schalten Sie unter *PivotTable-Tools/Optionen/PivotTable* auf *Optionen*.

2. Entfernen Sie unter *Layout&Format* die beiden Optionen, wenn Sie die Formatierungen in der Zelle behalten wollen:

Spaltenbreiten bei Aktualisierung automatisch anpassen

Zellformatierung bei Aktualisierung beibehalten

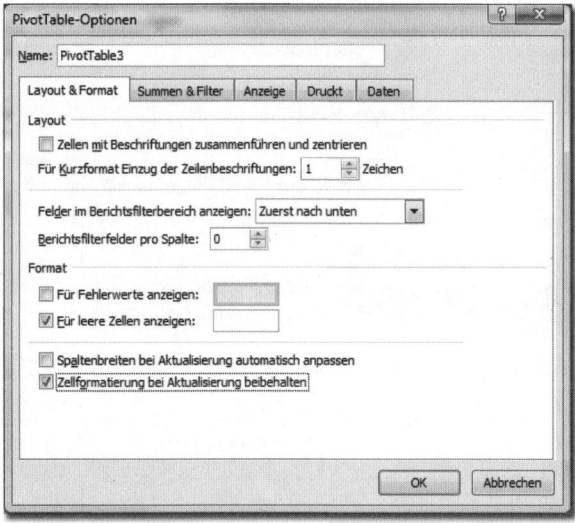

Abbildung 8.28: Damit bleiben selbstdefinierte Formate und Spaltenbreiten erhalten

8.4.4 Zahlenfelder im Pivot-Bericht formatieren

Um den Ergebnissen im Datenbereich Formatierungen beizubringen, die diese auch nach der nächsten Neuberechnung behalten, tragen Sie die Zahlenformate in die Feldeigenschaften ein:

1. Erstellen Sie eine PivotTable, ziehen Sie das Zahlenfeld in den Wertebereich.

2. Klicken Sie doppelt auf die Spaltenüberschrift des Wertefeldes, das Sie formatieren wollen.

3. Klicken Sie im Dialog *Wertfeldeinstellungen* auf die Schaltfläche *Zahlenformat*, und stellen Sie das gewünschte Zahlenformat ein.

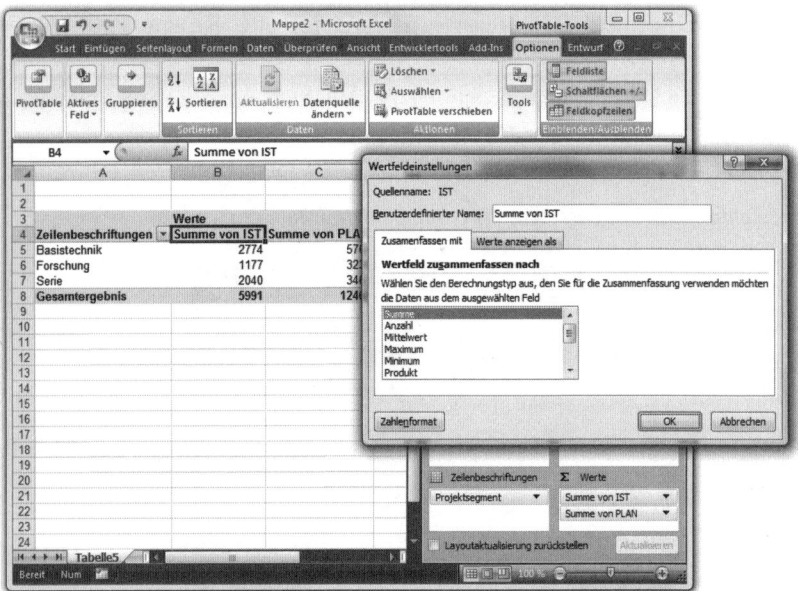

Abbildung 8.29: Hier wird das Zahlenformat der Spalte eingestellt

8.4.5 Felder verschieben im Pivot-Layout

Wer aus der Vorgängerversion gewohnt ist, die Felder im Pivot-Layout einfach mit der Maus anzuordnen, wird ein wenig enttäuscht sein von der PivotTable 2007. Die Felder lassen sich nicht mehr aus der Feldliste in den Pivot-Bereich ziehen, auch das Verschieben innerhalb des Bereiches geht nicht mehr. Mit ein paar Tricks stellen Sie den Komfort wenigstens teilweise wieder her:

1. Setzen Sie den Zellzeiger in die PivotTable, und schalten Sie unter *PivotTable-Tools/Optionen/PivotTable* auf *Optionen*.

2. Schalten Sie im Register *Anzeige* auf *Klassisches PivotTable-Layout*.

3. Jetzt können Sie die Felder mit gedrückter Maustaste aus der Feldliste in den Pivot-Bereich ziehen.

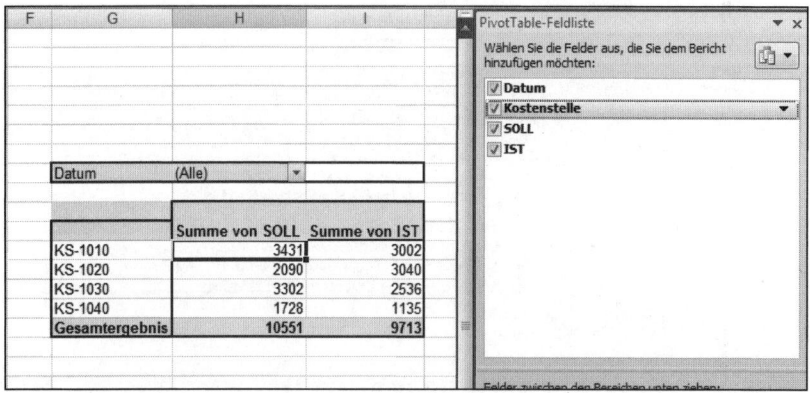

Abbildung 8.30: Mit der klassischen Einstellung Felder mit der Maus ziehen

Die Wertefelder lassen sich auch ohne diese Umstellung im Pivot-Layout verschieben:

1. Drücken Sie die ⌂-Taste und ziehen Sie die Überschrift des Feldes an eine neue Position. Achten Sie auf die Einfügeposition, die als grauer Balken angezeigt wird.

2. Lassen Sie zuerst die Maustaste los, und das Feld ist verschoben.

8.4.6   Ergebnisse auflösen per Drilldown

Wie setzt sich eine Zahl im Datenbereich zusammen, welche Datensätze liefern die Einzelwerte für die Summe? Diese Fragen beantwortet am schnellsten der Drilldown, eine etwas versteckte Funktion der PivotTable:

1. Klicken Sie doppelt auf einen summierten oder anderweitig zusammengefassten Wert im Datenbereich.

2. Damit wird eine Tabelle produziert; sie enthält die Kopfzeile der Liste, aus der die Daten stammen, und darunter alle Datensätze, die für die Zahl aus dem Datenbereich ihre Werte geliefert hatten.

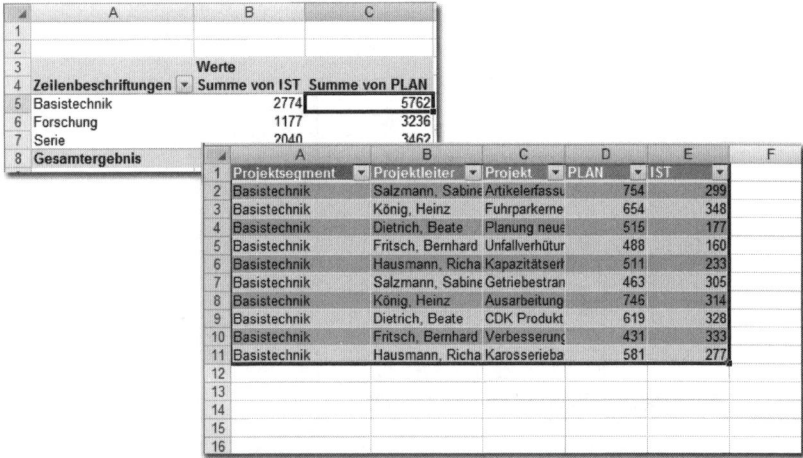

Abbildung 8.31: Der Drilldown löst die summierten Datensätze auf

Die neue Tabelle ist nur ein Momentabbild der Daten, sie ist nicht mit der Quelle verknüpft.

8.4.7 Prozentanteile von Wertfeldern berechnen

Berechnen Sie die prozentualen Anteile der Ergebnisse eines Pivot-Datenfeldes noch mit Formeln, die Sie neben den Pivot-Tabellenbericht in die nächste freie Spalte schreiben? Das muss nicht sein und ist auch sehr umständlich, weil die Formeln nicht automatisch angepasst werden, wenn sich der Pivot-Bereich ändert. Berechnen Sie die prozentualen Anteile eines Feldes direkt im Pivot-Layout:

1. Erstellen Sie ein Pivot-Layout mit einem Wertefeld, in dem die Daten über die Funktion SUMME zusammengefasst werden.

2. Ziehen Sie das Wertefeld ein zweites Mal aus der Feldliste in den Wertebereich.

3. Klicken Sie das Feld an und holen Sie aus dem Kontextmenü die *Wertfeldeinstellungen.*

4. Auf der Registerkarte *Werte anzeigen* als können Sie eine neue Feldbeschriftung angeben. Tragen Sie ein:

% von Gesamt

5. Schalten Sie unter *Werte zeigen als* auf *% des Ergebnisses.*

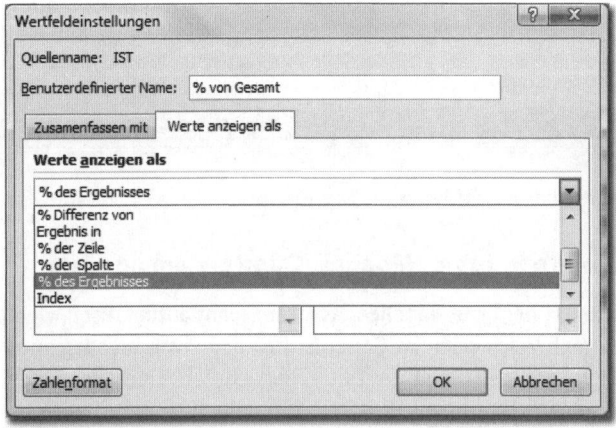

Abbildung 8.32: Das neue Feld wird als Prozentwert der Gesamtsumme ausgewiesen

Schließen Sie den Dialog ab und kontrollieren Sie das Ergebnis. Das neue Feld wird automatisch die Prozentwerte berechnen.

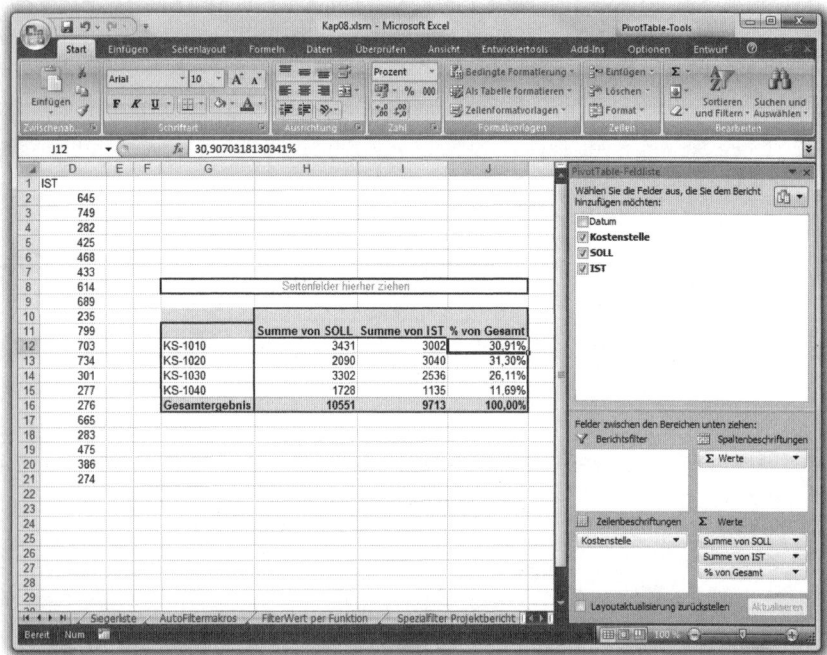

Abbildung 8.33: Prozentwerte berechnen im Pivot-Layout

8.4.8 Datumswerte in Jahre, Monate, Quartale umwandeln

Datumswerte komprimiert der Pivot-Tabellen-Assistent nicht automatisch, wenn sie im Zeilen- oder Spaltenbereich oder im Berichtsfilter des Pivot-Layouts untergebracht sind. Das macht größere Listen etwas unübersichtlich, eine Zusammenfassung der Datumswerte nach Quartalen, Monaten oder Jahren ist erforderlich:

1. Setzen Sie den Zellzeiger in den ersten Datumswert, der in einem der Bereiche angezeigt wird.

2. Klicken Sie mit der rechten Maustaste in die Zelle, und wählen Sie aus dem Kontext-Menü *Gruppierung und Detail anzeigen/Gruppierung*.

3. Wählen Sie die Gruppierungsebenen. Sie können eine Ebene nutzen oder mehrere Ebenen anklicken (Quartale, Jahre, Monate ...). Ein weiterer Klick hebt eine Auswahl wieder auf.

4. Bestätigen Sie mit *OK*, und die Datumswerte werden gruppiert.

5. Mit der Option *Gruppierung und Detail anzeigen/Gruppierung aufheben* aus dem Kontextmenü heben Sie diese Zusammenfassung der Datenwerte wieder auf.

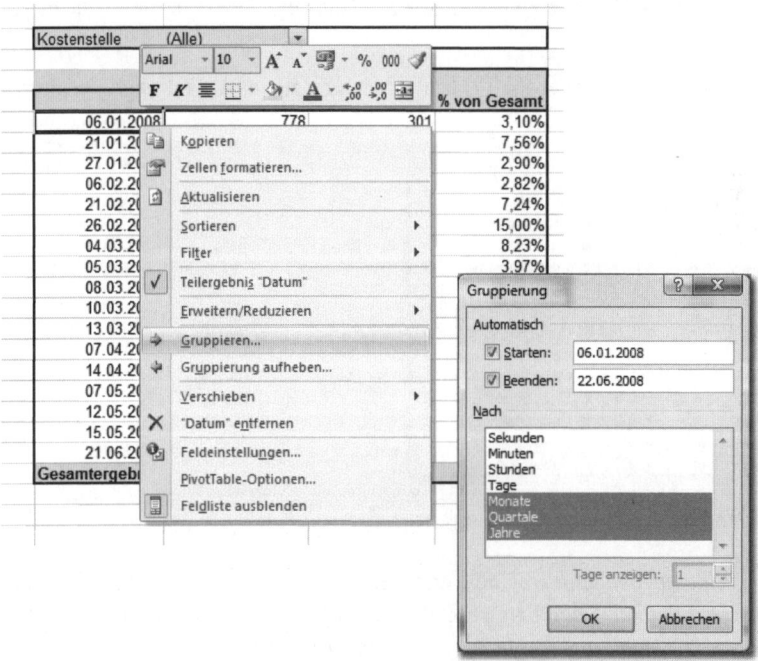

Abbildung 8.34: So werden Datumswerte gruppiert

8.4.9 Formelverknüpfungen auf Pivot-Tabellen

Wenn Sie Daten aus Pivot-Tabellenberichten in andere Tabellen oder Zellbereiche hinein verknüpfen wollen, sollten Sie nicht mit Zellbezügen arbeiten, denn die Pivot-Tabellenberichte ändern bei wechselnden Quelldaten oder bei Layoutänderungen ihre Position und Größe. Lernen Sie eine Funktion kennen, die Ergebnisdaten aus Pivot-Tabellenberichten berechnet. Die Funktion PIVOTDATENZUORDNEN hat diese Syntax:

```
=PIVOTDATENZUORDNEN(Datenfeld;Pivottabelle;Feld1;
Element1;Feld2;Element2 ...)
```

Das Argument *Datenfeld* bekommt den Namen des auszuwertenden Felds in Anführungszeichen.

Das Argument *Pivottabelle* ist eine Zelle oder ein Feldname innerhalb des Pivot-Tabellenberichts.

Anschließend folgen beliebig viele Paare aus Feld- und Elementnamen, die es auszuwerten gilt.

Ein Beispiel: Die Tabelle enthält Umsatzzahlen einzelner Artikel nach Verkaufgebieten.

	A	B	C
1	Region	Sales	Artikel
2	Nord	320.000 €	Computer
3	Nord	300.000 €	Drucker
4	Nord	900.000 €	Digitalkameras
5	West	600.000 €	Computer
6	West	300.000 €	Drucker
7	West	120.000 €	Digitalkameras
8	Ost	150.000 €	Computer
9	Ost	160.000 €	Drucker
10	Ost	250.000 €	Digitalkameras
11	Süd	230.000 €	Computer
12	Süd	500.000 €	Drucker
13	Süd	420.000 €	Digitalkameras

Abbildung 8.35: Umsätze nach Regionen

Über *Einfügen/Tabellen/PivotTable* erstellen Sie einen Pivot-Tabellenbericht. Ziehen Sie das Feld *Region* in den Bereich *Zeilenbeschriftung*, das Feld *Artikel* in den Bereich SPALTENBESCHRIFTUNG und das Feld *Sales* in den *Wertebereich*.

	A	B	C	D	E
1					
2					
3	Summe von Sales				
4		Computer	Digitalkameras	Drucker	Gesamtergebnis
5	Nord	320000	900000	300000	1520000
6	Ost	150000	250000	160000	560000
7	Süd	230000	420000	500000	1150000
8	West	600000	120000	300000	1020000
9	Gesamtergebnis	1300000	1690000	1260000	4250000

Abbildung 8.36: Der Pivot-Tabellenbericht fasst die Verkaufszahlen zusammen

Schreiben Sie in einem freien Bereich der Tabelle die erste PIVOTDATENZUORDNEN-Funktion, die sich auf den Gesamtumsatz bezieht. Wenn Sie nur einen Spalten- oder Zeilenkopf angeben, wird das Gesamtergebnis ermittelt:

```
=PIVOTDATENZUORDNEN($A$3;"Sales")
Ergebnis: 4.250.000
```

Geben Sie einen Wert aus einer Zeile oder Spalte an, erhalten Sie dessen Gesamtergebnis:

```
=PIVOTDATENZUORDNEN($A$3;"Nord")
Ergebnis: 1.520.000
```

Um einen Wert in der Schnittstelle zwischen Zeilen- und Spaltenkopf zu ermitteln, geben Sie die beiden Titel mit einer Leertaste als Trennzeichen in Anführungszeichen ein:

```
=PIVOTDATENZUORDNEN($E$1;"Drucker West")
Ergebnis: 300.000
```

8.4.10 Maximale Größe von Pivot-Tabellenberichten

Für Pivot-Tabellen ist keine maximale Größe festgelegt. Die Größe, die der Bericht haben kann, ist nur vom Speicherplatz Ihres Computers abhängig. Beschränkt ist allerdings die Anzahl der Spalten- und Zeilenfelder:

Spaltenfelder

Das Produkt der Anzahl der Elemente in allen Spaltenfeldern in einer PivotTable kann maximal 32.768 betragen. Wenn Sie z. B. eine Pivot-Tabelle mit fünf Spaltenfeldern erstellen und diese enthalten 10, 5, 2, 40 bzw. 3 Elemente, so beträgt das Produkt dieser Werte 10 x 5 x 2 x 40 x 3 = 12.000.

Wenn Sie nun versuchen, ein weiteres Feld hinzuzufügen, das 3 Elemente enthält, so wäre das Produkt 12.000 x 3 oder 36.000. Da dieser Wert das maximale Produkt übersteigt, würde die folgende Fehlermeldung angezeigt werden:

```
Nicht genügend Speicher, um die Pivot-Tabelle vollständig anzuzeigen.
```

Zeilenfelder

Das Produkt der Anzahl an Elementen in allen Reihenfeldern innerhalb einer Pivot-Tabelle kann maximal 2 hoch 31 oder ungefähr 2,1 Milliarden betragen. Für Zeilenfelder gilt die gleiche Logik wie für Spaltenfelder.

Datensätze

Es gibt keine festgelegte maximale Anzahl an Datensätzen für Pivot-Tabellen, die Anzahl ist aber immer von der maximalen Kapazität der Tabelle abhängig. Sie sollten deshalb sehr große Datenmengen bereits im Server-System verdichten:

- Filtern Sie SAP-Berichte und erstellen Sie mehrere Teilberichte.

- Für Daten aus SQL-Server-Datenbanken verwenden Sie Server-Seitenfelder.

- In MS Access-Datenbanken können die Daten mit Abfragen gefiltert werden. Diese Abfragen lassen sich wie Tabellen als externe Datenquellen für Pivot-Tabellen-berichte benutzen.

KAPITEL 9

Externe Daten und Webtechniken

Niemand ist eine Insel. Dieser Spruch gilt für Excel, seit das Programm in das Office-Paket integriert wurde. Und das schafft viele Vorteile, denn der Datenaustausch mit anderen Programmen oder Dateiformaten ist weitgehend optimiert. Für die restlichen Hindernisse im Umgang mit externen Daten finden Sie in diesem Kapitel wertvolle Tipps und Tricks.

9.1 Tipps und Tricks mit Textdaten

Mit Textdaten hat Excel die wenigsten Probleme, vorausgesetzt, diese liegen in einem einheitlichen, als Tabelle verwertbaren Format vor. Sogar die Konvertierung vom älteren, zu Vor-Windows-Zeiten benutzten ASCII-Format zum Windows-Zeichenformat ANSI gelingt Excel mühelos. Der Text-Assistent ist das Universal-Werkzeug für solche Aufgaben:

1. Aktivieren Sie Excel, und wählen Sie im Office-Menü *Öffnen*.

2. Schalten Sie den Dateityp um. In der Praxis wird eine Textdatei die Endung .TXT tragen, Sie können *Textdateien* oder *Alle Dateien* anwählen.

3. Markieren Sie die Datei, und klicken Sie auf *Öffnen*, um sie zu importieren.

4. Der Text-Konvertierungsassistent schaltet sich ein und leitet Sie mit drei Dialogfenstern durch die Konvertierung.

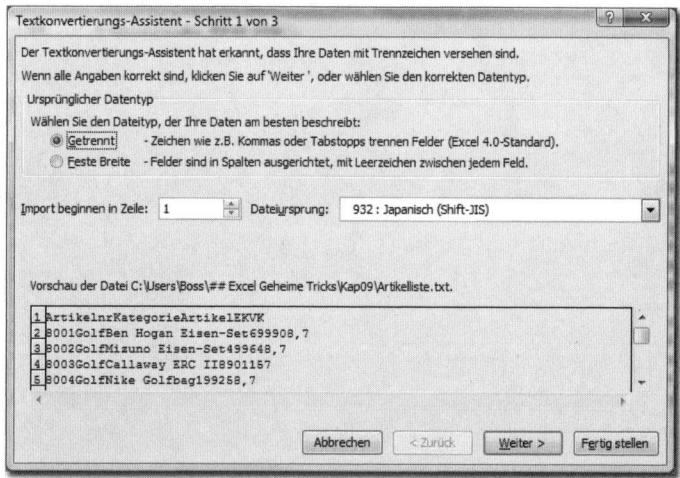

Abbildung 9.1: Der Textkonvertierungs-Assistent wird bei Textdateien automatisch aktiv

9.1.1 ASCII-ANSI-Konvertierung

Woran erkennt man, ob die vorliegenden Daten im ASCII-Format oder im ANSI-Format gespeichert sind? ASCII ist das frühere Format, das nur 7 Bit für ein Byte verwendet hatte. Rechnen Sie mit:

$2^7 = 128$

So viele Zeichen konnten in ASCII codiert werden, und weil im ASCII-Zeichensatz kein Platz war für die deutschsprachigen Umlaute, hat jeder Hersteller von Soft- und Hardware seine eigenen Codierungen benutzt. Der Effekt war meist ein totales Chaos beim Drucken von Umlauten und fremdsprachigen Sonderzeichen. Windows hat das ANSI-Format eingeführt und dabei 8 Bits für ein Byte benutzt, was schon 256 Codezahlen ermöglichte, u.a. für die deutschen Umlaute:

$2^8 = 256$

Ä = ANSI-Code 196

Ö = ANSI-Code 214

Ü = ANSI-Code 220

usw.

Übrigens: Excel bietet zwei Funktionen zur Darstellung von ANSI-Codes an: Mit CODE(zeichen) wird die ANSI-Codenummer eines Zeichens berechnet, und ANSI(zahl) gibt die zu einem Zeichen gehörende Codenummer aus.

Daran erkennen Sie zuverlässig, welches Format vorliegt:

Achten Sie auf das Vorschaufenster: Wenn bei eingestelltem Windows-ANSI-Format die Umlaute falsch angezeigt werden, handelt es sich um einen ASCII-Text. Mit der Einstellung *MS-DOS (PC-8)* werden ASCII-Texte in das Windows-Format ANSI konvertiert.

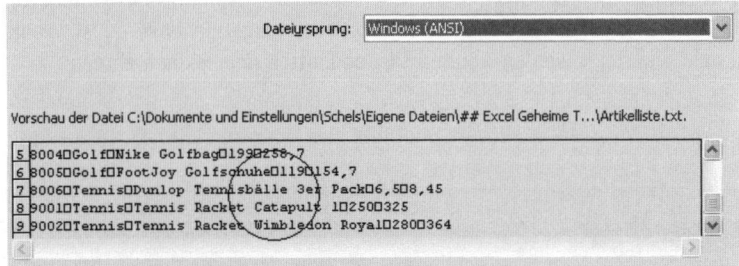

Abbildung 9.2: Korrekte Umlaute: ANSI-Format

9.1.2 Trennzeichen oder feste Breite

Mit der Option *Getrennt* im ersten Fenster zeigt der nächste Dialog eine Auswahl von Trennzeichen. In den meisten Fällen ist das passende Zeichen bereits markiert, Sie können aber die Wahl jederzeit aufheben und andere Trennzeichen bestimmen.

Verwenden Sie *Feste Breite*, wenn die Daten kein erkennbares Trennzeichen haben, aber eindeutig in Spalten einzuordnen sind. Damit können Sie im nächsten Schritt die Spaltenbreiten selbst bestimmen:

1. Klicken Sie in der Datenvorschau auf eine Linealposition, um eine neue Spalte zu setzen.

2. Verschieben Sie Spaltenlinien mit gedrückter Maustaste.

3. Um eine Spaltenlinie zu entfernen, ziehen Sie diese mit gedrückter Maustaste nach unten.

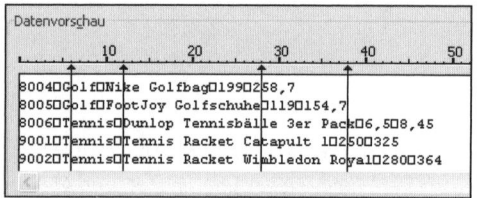

Abbildung 9.3: Manuelle Spaltenbestimmung bei Daten mit fester Breite

9.1.3 Was sind Texterkennungszeichen?

Das Texterkennungszeichen setzen Sie, wenn die einzelnen Daten in den Feldern eines Datensatzes in Anführungszeichen oder Apostrophe gepackt sind. Diese Art der Textausgabe wurde von einigen Großrechnersystemen praktiziert, kommt heute aber sehr selten vor. Testen Sie im Vorschaufenster, ob ein Texterkennungszeichen nötig ist. Wenn die Daten korrekt angezeigt werden, können Sie den Eintrag *Keines* übernehmen.

9.1.4   Zahlen richtig einlesen

Überprüfen Sie besonders im letzten Schritt genau, was der Text-Assistent mit Ihren Zahlen machen wird. Enthält eine Spalte Zahlen, die als Texte in der Tabelle landen sollen, weisen Sie der markierten Spalte besser das Textformat zu.

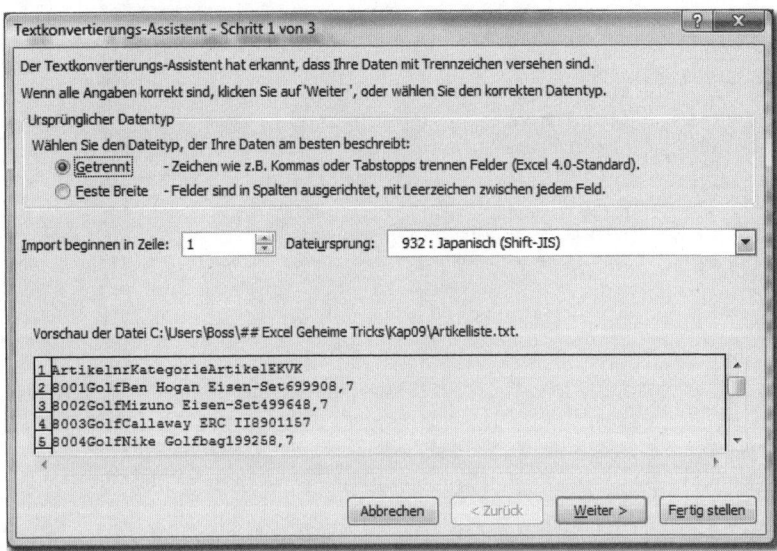

Abbildung 9.4: Die richtigen Zahlenformate für importierte Daten

9.1.5   Konvertierung abschließen

Mit einem Klick auf *Fertig stellen* im letzten Dialogfenster schließen Sie die Konvertierung des Textes ab. Excel präsentiert diesen in der Tabelle, die Felder der einzelnen Datensätze werden gemäß der gewählten Aufsplittung (Trennzeichen oder feste Breite) auf die Spalten verteilt.

Achten Sie darauf, dass Excel die Daten auch weiterhin als Text behandelt. In der Titelzeile der Mappe steht der Hinweis auf die Textdatei, und beim Speichern der Mappe wird ebenfalls wieder das Textformat zur Ausgabe vorgeschlagen. Speichern Sie die Datei unter dem Datentyp *Microsoft Excel Arbeitsmappe*.

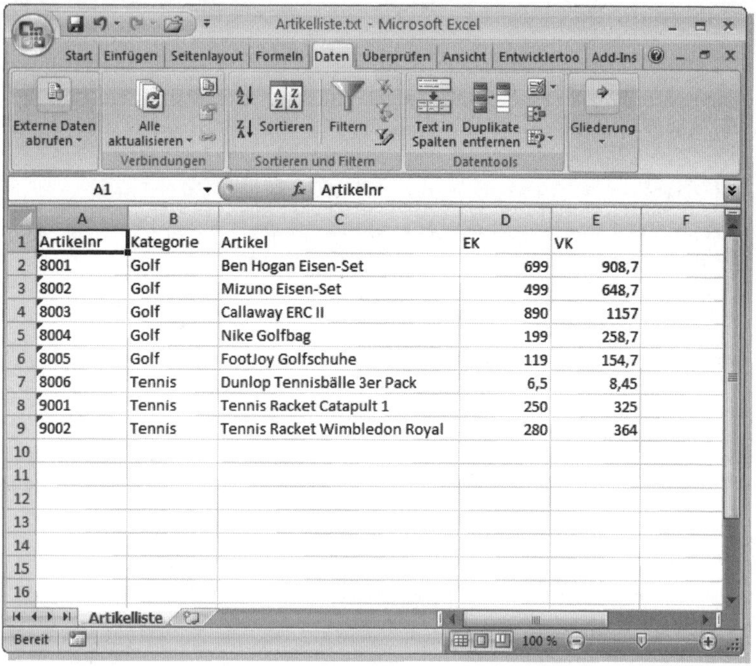

Abbildung 9.5: Die Textdatei wird eingelesen und konvertiert

9.1.6 Bereits importierten Text in Spalten trennen

Im Normalfall sollte der Text-Assistent in Erscheinung treten, sobald eine Textdatei geöffnet wird. Was tun, wenn das nicht der Fall ist, wenn Excel eine Textdatei öffnet und den Assistenten zur Aufteilung in Spalten nicht anbietet und stattdessen alle Datensätze in die erste Spalte (A) packt?

Mit einer Option aus dem Daten-Menü lässt sich eine bereits importierte Textspalte analysieren und in Spalten aufteilen:

1. Stellen Sie sicher, dass die Spalten rechts von der aufzuteilenden Spalte leer sind bzw. genügend Spalten zur Verfügung stehen. Fügen Sie ggf. Spalten ein.

2. Markieren Sie die Textspalte und wählen Sie *Daten/Datentools/Text in Spalten*.

3. Der Textkonvertierungs-Assistent wird aktiv, bestimmen Sie die Trennung. Der Datentyp (ASCII oder ANSI) kann hier nicht mehr konvertiert werden.

4. Teilen Sie die Spalten auf und schließen Sie den Assistenten ab. Damit werden die Daten auf die Spalten rechts von der markierten Spalte aufgeteilt.

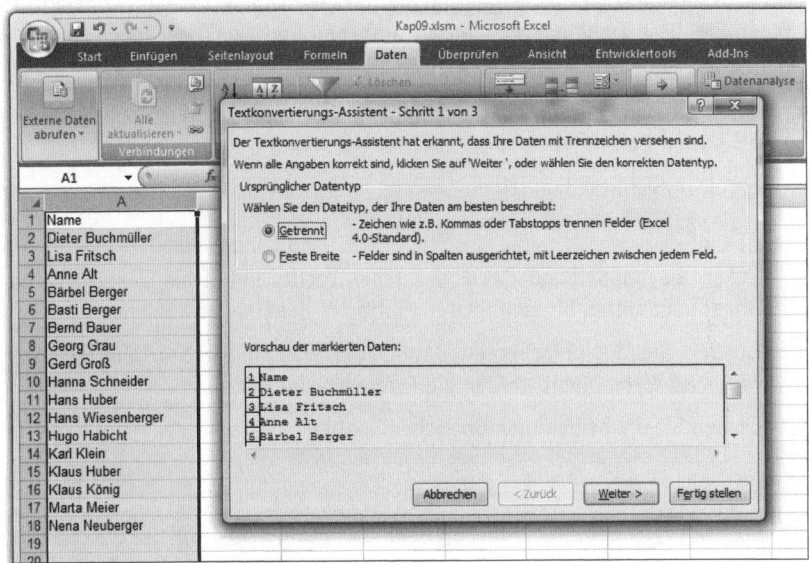

Abbildung 9.6: Daten nachträglich in Spalten aufteilen

Die Funktionsvariante

Sollte die Auftrennung in Spalten über den Textkonvertierungs-Assistenten nicht funktionieren oder nicht möglich sein, können Sie alternativ dazu eine Formel schreiben, die den Text auftrennt.

Mit der Funktion FINDEN() können Sie gezielt nach einem Trennzeichen suchen. Das Ergebnis ist die Position des Zeichens, und in Verbindung mit der Funktion LINKS() haben Sie schon den Vornamen:

=LINKS(A2;FINDEN(" ";A2)-1)

Wenn Sie den Teil ab der Leertaste suchen, verwenden Sie die gleichnamige Funktion, wieder mit FINDEN() als Suchfunktion für das Trennzeichen. Das dritte Argument ist die Länge, geben Sie hier eine große Zahl ein:

=TEIL(A2;FINDEN(" ";A2)+1;500)

9.1.7 ... und umgekehrt: Getrennte Daten verbinden

Auch das kommt in der Praxis vor: Wenn der Text-Assistent ein Trennzeichen erkennt, wird getrennt, ganz gleich, ob das Sinn macht oder nicht. Mit etwas Formelarithmetik können Sie diese Trennung aber wieder aufheben und zwei oder mehr Spalten miteinander verbinden:

1. Setzen Sie den Zellzeiger in die erste Zeile der nächsten freien Spalte neben den getrennten Daten (im Beispiel Spalte C, um A und B zu verbinden).

2. Schreiben Sie diese Formel:

   =A2&" "&B2

3. Klicken Sie doppelt auf das Füllkästchen rechts unten am Zellzeiger, um die Formel nach unten bis zum letzten Eintrag in der Liste zu kopieren.

4. Kopieren Sie die berechneten Daten, und wählen Sie *Start/Einfügen/Inhalte einfügen/Werte*. Damit werden die Formeln aufgelöst.

5. Löschen Sie die beiden ursprünglichen Spalten.

Abbildung 9.7: Die getrennten Spalten werden per Formel wieder vereint

9.1.8 Textformat »klebt« an importierten Zahlen

Excel hat häufig beim Import von Zahlen aus Textdateien die unangenehme Eigenart, diese Zahlen zwar einzulesen, das Textformat aber beizubehalten. Die Zahlenwerte sind linksbündig abgesetzt, was ein Zeichen für diese Textformatierung ist.

Ein grünes Dreieck links oben in der Zellecke weist darauf hin, dass es sich um eine als Text formatierte Zahl handelt.

	A	B
1	Betrag	Monat
2	350	Jan
3	400	Feb
4	450	Mrz
5	245	Apr
6	120	Mai
7	300	Jun

Abbildung 9.8: Importierte Zahlen behalten manchmal ihr Textformat

Die Zuweisung des reinen Zahlenformates hat in diesem Fall keine Auswirkungen, die Zahl kann zwar für Berechnungen verwendet werden, bleibt aber, da linksbündig, optisch als Text erhalten. Erst mit dem Öffnen und Neubeschreiben der Zelle (Tasten F2 und ⏎) wird aus dem Text eine echte Zahl. Viele Anwender machen sich die Mühe und öffnen alle importierten Zellen einmal und schreiben sie wieder zurück, aber das ist gar nicht nötig.

1. Markieren Sie die Zellen mit den als Text ausgewiesenen Zahlen.

2. Klicken Sie auf das Optionsfeld am rechten Rand und wählen Sie aus dem Kontextmenü *In eine Zahl umwandeln*.

	A	B	C	D
1	Betrag	Monat		
2	350			
3	400	Als Text gespeicherte Zahlen		
4	450			
5	245	In eine Zahl umwandeln		
6	120			
7	300	Hilfe für diesen Fehler anzeigen		
8				
9		Fehler ignorieren		
10		In Bearbeitungsleiste bearbeiten		
11		Optionen zur Fehlerüberprüfung...		
12				
13				
14				

Abbildung 9.9: Textzahl in Zahl umwandeln

405

Wenn der grüne Indikator nicht mehr sichtbar ist, wird auch kein Optionsfeld mehr angeboten. In diesem Fall hilft noch die ältere Methode:

1. Schreiben Sie die Ziffer 1 in eine beliebige Zelle, und kopieren Sie diese Zelle mit Strg + c.

2. Markieren Sie die importierte Zahlenspalte, in der die Zahlen linksbündig stehen oder, falls mehrere Spalten betroffen sind, per Klick auf das Kästchen links oben im Lineal die gesamte Tabelle.

3. Mit *Start/Einfügen/Inhalte einfügen* öffnen Sie ein Dialogfenster, wählen Sie in diesem die Option *Multiplizieren* und bestätigen Sie mit *OK*.

4. Die markierten Zellen werden mit dem Faktor 1 in der Zwischenablage multipliziert und damit in echte Zahlen umgewandelt.

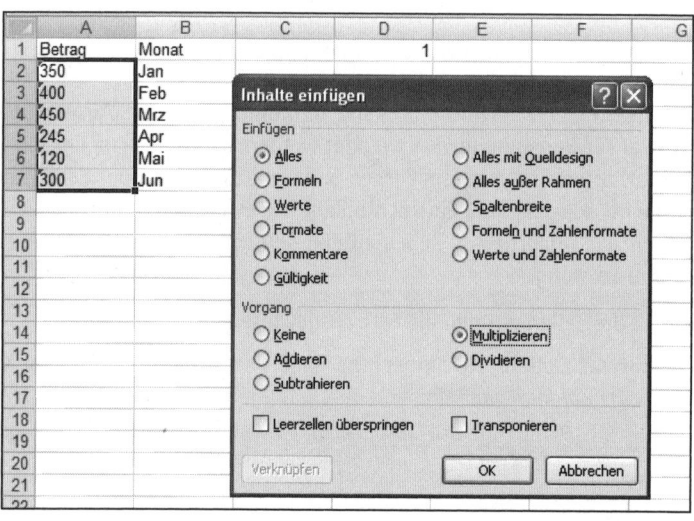

Abbildung 9.10: Importierte Zahlen einfach mit 1 multiplizieren

9.2 CSV-Dateien im Griff

CSV-Dateien sind eigentlich originäre Excel-Daten, Excel registriert sich die Dateien-dung schon mit der Office-Installation, und die mit Trennzeichen versehenen Daten werden auch im *Öffnen*-Dialog des Office-Menüs angeboten. CSV heißt übrigens »comma separated value« und bezeichnet die im amerikanischen Sprachraum übliche Trennung mit dem Komma als Trennzeichen. In unseren Landen verwenden CSV-Dateien aber immer Semikola für die Spalteneinteilung.

CSV wird von einigen Host-Systemen, darunter das DataWarehouse-System Cognos als Datenimport und –exportformat verwendet. Das hat folgenden Grund:

■ CSV-Daten sind lupenreine ANSI-Daten ohne zusätzlichen Datenmüll, wie er beim älteren XLS-Format auftritt.

■ CSV-Dateien lassen sich über das Trennzeichen eindeutig in Spaltenform brin-gen. Selbst Leereinträge werden durch aufeinander folgende Trennzeichen klas-sifiziert.

Übrigens: Excel öffnet CSV-Dateien immer automatisch als Tabellen, der Textkonver-tierungs-Assistent wird nicht benötigt.

9.2.1 Textdatei in CSV umwandeln

Wenn Sie eine Textdatei, die das Semikolon als Spaltentrenner verwendet, in eine CSV-Datei umwandeln wollen, müssen Sie nicht den Umweg über den Textkonver-tierungs-Assistenten nehmen:

1. Markieren Sie die Textdatei im Windows-Explorerfenster oder im Dateidialog unter *Office/Datei öffnen*.

2. Drücken Sie $\boxed{\text{F2}}$, um die Datei umzubenennen.

3. Ändern Sie die Endung TXT auf CSV und drücken Sie die $\boxed{\leftarrow}$-Taste.

4. Bestätigen Sie die Warnmeldung mit Klick auf *OK* und öffnen Sie die Datei in Excel.

Übrigens: Das gilt auch für Textdateien mit anderen Endungen. SAP R/3 verwendet beispielsweise die Endung DAT für Textdaten.

9.2.2 Führende Nullen in CSV retten

Eine unangenehme Eigenschaft haben CSV-Dateien: Sie verschlucken führende Nullen, die zum Beispiel bei Postleitzahlen, in Kundennummern oder in anderen Nummersystemen vorkommen. Mit diesem Trick können Sie die Nullen retten:

Wenn Sie führende Nullen haben, die nur aus der Formatierung über das Zahlenformat entstehen, dann sollten Sie echte Nullen einfügen. Das Zahlenformat wird nicht anerkannt. Ein Beispiel:

Die Kundennummern-Spalte wird mit einem Zahlenformat automatisch auf 10 Stellen aufgefüllt, auch wenn die Nummern weniger Stellen haben:

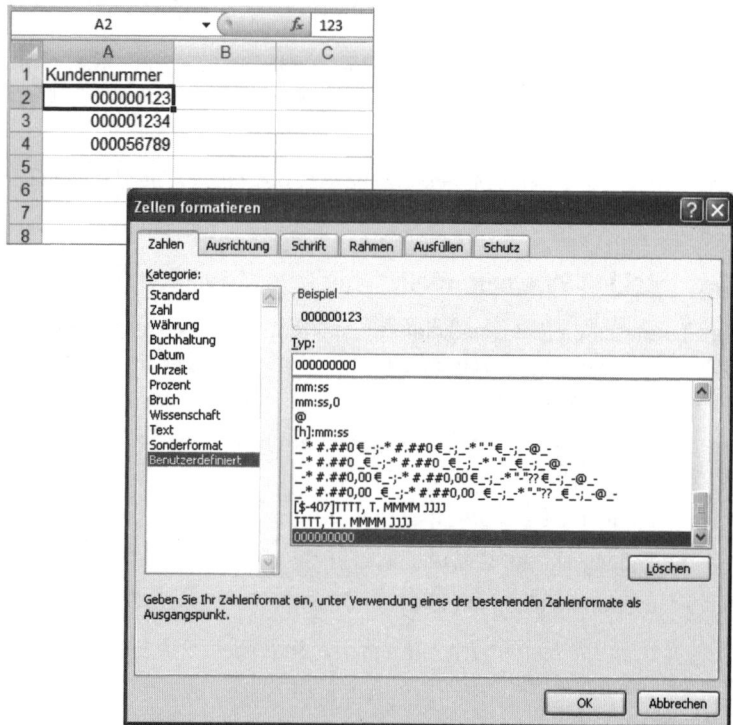

Abbildung 9.11: Führende Nullen per Zahlenformat

1. Schreiben Sie in die leere Spalte neben der Kundennummernspalte diese Formel, mit der die Kundennummer aufgefüllt wird:

   B2:=WIEDERHOLEN("0";10-LÄNGE(A2))&A2

2. Kopieren Sie die Formel nach unten und lösen Sie sie auf. Verschieben Sie dazu den Formelblock auf die vorherigen Nummern, und zwar mit der rechten Maustaste. Wählen Sie im Kontextmenü *Hierhin als Werte kopieren*.

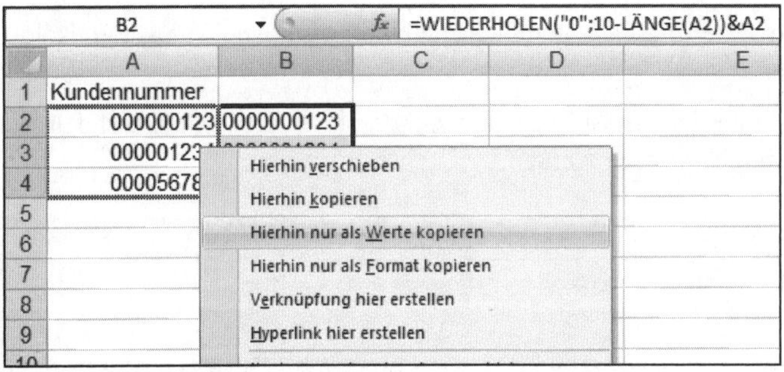

Abbildung 9.12: So produzieren Sie echte führende Nullen

Weisen Sie der Kundennummernspalte noch mit (Strg)+(1) das Zahlenformat *Text* zu. Damit bleiben die Nullen bei der Konvertierung in das CSV-Format erhalten.

Alternativ dazu können Sie auch einen Apostroph vor jede Zahl stellen. Mit dem Apostroph wird die Zahl in einen Text umgewandelt und bleibt als solcher erhalten, wenn die Datei im CSV-Format gespeichert wird. Größere Nummernblöcke können Sie wieder mit einer Hilfsformel konvertieren:

A2: 0000000123

B2: =""&A2

Wandeln Sie die berechnete Spalte in Werte um. Da der Apostroph erst mit der Neuberechnung der Zelle wirksam wird, kopieren Sie eine 1, markieren wieder alle Zellen und wählen *Start/Bearbeiten/Inhalte einfügen/Multiplizieren*.

9.2.3 CSV mit führenden Nullen einlesen

Excel wird die Zahlen mit führenden Nullen zwar korrekt im CSV-Format abspeichern, beim Einlesen der Datei schlägt aber wieder die automatische Zahlenformat-Zuweisung zu, und die führenden Nullen fallen dem Standard-Format zum Opfer.

Hier bleibt nur der Umweg über den Textkonvertierungs-Assistenten:

1. Geben Sie der Datei die Endung TXT und öffnen Sie sie über das Office-Menü.

2. Der Textkonvertierungs-Assistent wird aktiv, bestimmen Sie das Semikolon als Trennzeichen.

3. Stellen Sie in der letzten Abfrage sicher, dass die Spalten mit führenden Nullen als Textspalten eingelesen werden.

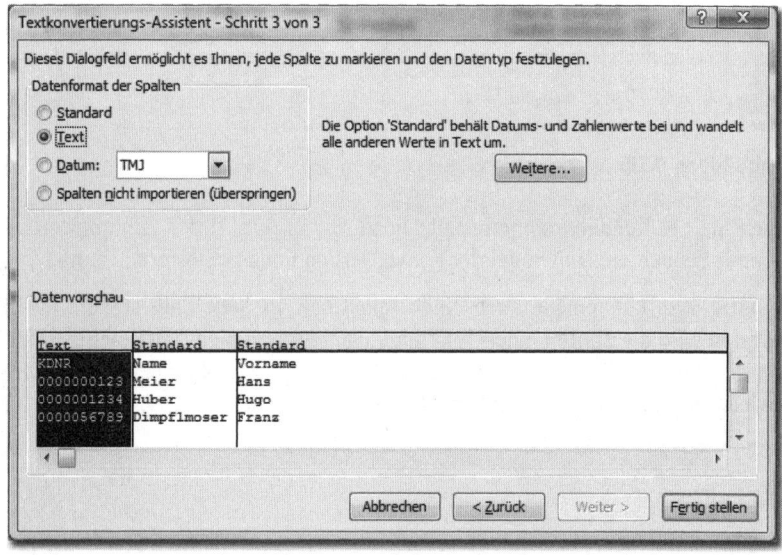

Abbildung 9.13: Führende Nullen retten mit dem Textkonvertierungs-Assistenten

9.2.4 Fremdwährungen konvertieren

Nicht immer ist die Textdatei so gut aufbereitet, dass der Textkonvertierungs-Assistent sie ohne Mühe in eine Excel-Tabelle im Windows-ANSI-Format umsetzen kann. Hier einige Beispiele aus der Praxis:

Dezimalpunkt und US-Währung

Die Datei PRODUCTS.TXT stammt aus einem englischsprachigen Programm und verwendet für Nachkommastellen den Dezimalpunkt und als Währungszeichen $:

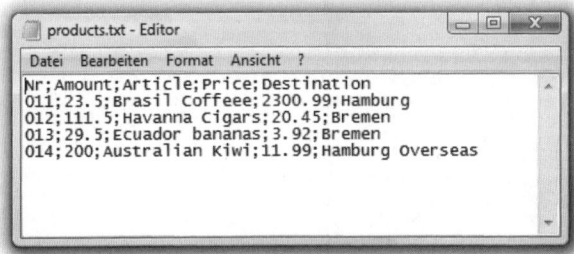

Abbildung 9.14: Eine fremdsprachige Tabelle

Die Datei wird nach dem Öffnen vom Textkonvertierungs-Assistenten übernommen. Mit dem Trennzeichen (Semikolon) verteilen sich die Felder korrekt auf die Spalten, im letzten Schritt wird aber die fremde Dezimal- und Währungskodierung sichtbar.

Excel zeigt unter der Schaltfläche *Weitere*, welche Zeichen für Dezimalstellen und Tausendergruppierung verwendet werden. Hier können Sie zwar den Punkt als Dezimalzeichen und das Komma als Tausendertrennung einstellen, die Umstellung funktioniert aber nicht, Excel hält sich strikt an die Regionseinstellungen der Systemsteuerung. Stellen Sie dort das Zahlen- und Währungssystem um, werden die Zahlen korrekt berechnet.

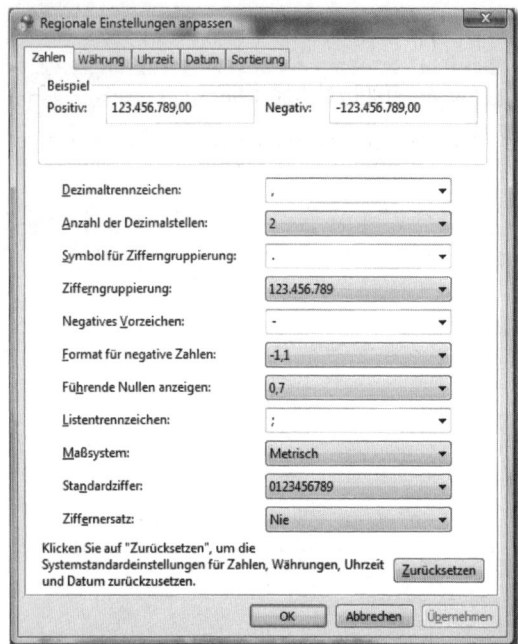

Abbildung 9.15: Die Regionseinstellungen in der Systemsteuerung

1. Wählen Sie im Start-Menü *Systemsteuerung.*
2. Aktivieren Sie die *Regions- und Spracheinstellungen.*
3. Ändern Sie die Regionseinstellungen für Zahlen und Währungen, stellen Sie das Dezimaltrennzeichen und das Symbol für die Zifferngruppierung ein.
4. Öffnen Sie in Excel die Textdatei und stellen Sie das passende Trennzeichen ein.
5. Ändern Sie nach dem Einlesen der Textdatei wieder die Einstellungen in der Systemsteuerung, und die Zahlen werden korrekt angezeigt.

	A	B	C	D	E
1	Nr	Amount	Article	Price	Destination
2	11	23,5	Brasil Coffeee	2300,99	Hamburg
3	12	111,5	Havanna Cigars	20,45	Bremen
4	13	29,5	Ecuador bananas	3,92	Bremen
5	14	200	Australian Kiwi	11,99	Hamburg Overseas
6					

Abbildung 9.16: Die Zahlen aus der Fremdregion werden korrekt angezeigt

Wenn Sie die regionalen Einstellungen in der Systemsteuerung nicht ändern können oder wollen, bleibt nur der Umweg über das Textformat:

Öffnen Sie die Textdatei, und stellen Sie das Trennzeichen ein.

Markieren Sie in der letzten Abfrage alle Zahlen- und Währungsspalten und weisen Sie diese als Textspalten aus.

Tauschen Sie nach dem Einlesen der Datei mit *Start/Bearbeiten/Suchen und Auswählen/Ersetzen* alle Punkte gegen Kommas aus. Wandeln Sie das Zahlenformat zurück auf *Standard*, und die Zahlen werden korrekt angezeigt.

9.2.5 Die schnellste Art der Textkonvertierung

In vielen Fällen ist eine Textkonvertierung gar nicht nötig. Excel startet häufig den Text-Assistenten für Dateien, die eindeutig als Tabellendaten auszumachen sind, kann aber den Dateityp nicht zuweisen. Hier können Sie viel Zeit sparen, indem Sie mit den Dateinamen bzw. Dateiendungen experimentieren:

Enthält eine Textdatei sicher eine im Excel-Fenster darstellbare Tabelle, ändern Sie einfach die Endung des Dateinamens und öffnen die Datei:

1. Starten Sie das Arbeitsplatz- oder Explorer-Fenster von Windows ([⊞]-Taste) + [E]).

2. Suchen Sie die Datei, markieren Sie dies und drücken Sie [F2], um sie umzubenennen.

3. Nehmen Sie die Endung *TXT, DAT, CSV* o.a. weg und schreiben Sie stattdessen *XLSX*.

4. Drücken Sie die [↵]-Taste, um die Umbenennung abzuschließen, und starten Sie die Datei gleich mit einem weiteren Tastendruck auf [↵] oder per Maus-Doppelklick.

Mit der Umbenennung wechselt auch das Symbol der Datei, die nun eindeutig Excel zuzuordnen ist.

9.2.6 Dateien per Makro umbenennen und öffnen

Sie erhalten regelmäßig Tabellen im Textformat, die Sie mit Excel einlesen wollen? Um den überflüssigen Text-Assistenten zu umgehen, schreiben Sie ein Makro, das die Datei mit der Endung XLS versieht, bevor sie als Mappe eingelesen wird.

Die Textdatei muss natürlich in ANSI oder Unicode formatiert sein, sonst erhalten Sie falsche Textwerte.

```
Sub Text2XLS()
 Dim dat, datneu
 dat = Application _
 .GetOpenFilename _
 ("Textdateien (*.txt;*.dat), *.txt;*.dat")
 If dat = False Then Exit Sub
 ' Dateiname produzieren
 datneu = Left(dat, Len(dat) - 3) & "XLS"
 ' Datei umbenennen
 On Error GoTo fehler
 Name dat As datneu
 ' Datei öffnen
 Workbooks.Open datneu
 Exit Sub
 fehler:
 MsgBox Err.Description, vbCritical, "Fehler"
 End Sub
```

Die Anweisung *GetOpenFileName* liefert nur den Dialog für die Dateiauswahl, Sie können in der Klammer bestimmen, welche Dateiendungen Sie sehen wollen (hier z. B. PRN-Dateien):

```
dat = Application.GetOpenFilename("Textdateien (*.prn), *.prn")
```

9.3 Externe Daten richtig einlesen

Der Import externer Daten aus Datenbanken oder anderen Datenquellen gehört zu den Standardtechniken erfahrener Excel-Anwender. Stammdaten wie Kundenadressen, Artikel- und Preislisten oder Personaldaten werden in Datenbanken gepflegt, Excel ist nur der »client«, das Datenauswertungswerkzeug, das die Daten per ODBC abholt und mit der Datenquelle verknüpft, damit stets die aktuellsten Zahlen und Fakten auf dem Tabellenblatt stehen.

ODBC ist das Zauberwort für Excel-Experten, die externe Daten verwalten und auswerten wollen. ODBC (= Open Database Connectivity) ist Microsofts strategisches Interface für den Datenzugriff auf relationale und nicht relationale Datenbanksysteme in heterogenen Systemen. Ein System, das seine Daten in diesem Verbund bereitstellen möchte, kann dies über einen ODBC-Treiber tun, der den Datenaustausch zwischen Excel und der vom DBMS angelegten Datenbank ermöglicht. Treiber für die wichtigsten Programme sind im Lieferumfang des Office-Pakets enthalten und werden mit dessen Installation eingerichtet, jeder DB-Server, ob Cogons, Hyperion, Navision, Oracle oder SAP hat seine eigenen Treiber und installiert diese unter Windows.

9.3.1 Vom Import zur Tabelle

Excel 2007 hat dem Datenimport eine neue Komponente verpasst. Jede importierte Datenmenge aus Access oder einer anderen Datenbank wird automatisch als Tabelle ausgewiesen und mit einem Tabellenformat (blaue Hintergründe in verschiedenen Schattierungen) versehen.

1. Wählen Sie *Daten/Externe Daten abrufen*.
2. Klicken Sie auf das Access-Symbol, und wählen Sie eine Datenbankdatei mit der Endung MDB (älteres Format bis Access-Version 2003) oder ACCDB (Access 2007-Format).
3. Entscheiden Sie sich für eine Tabelle oder eine Abfrage, und holen Sie diese in das aktuelle Tabellenblatt oder in ein neues Blatt.

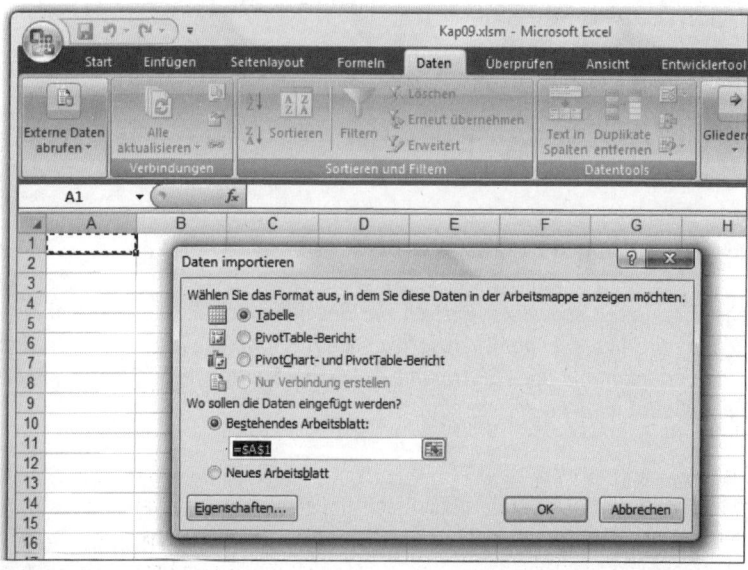

Abbildung 9.17: Externe Daten importieren, hier aus der Datenbank Access

Das Ergebnis der Abfrage ist eine Tabelle. Sie wird mit der Standard-Tabellenformat-vorlage formatiert und erhält Filterpfeile in der Überschriftenzeile. Gleichzeitig wird das Register *Tabellentools* aktiv, es enthält Symbolgruppen und Symbole für die Bearbeitung und Formatierung von Tabellen.

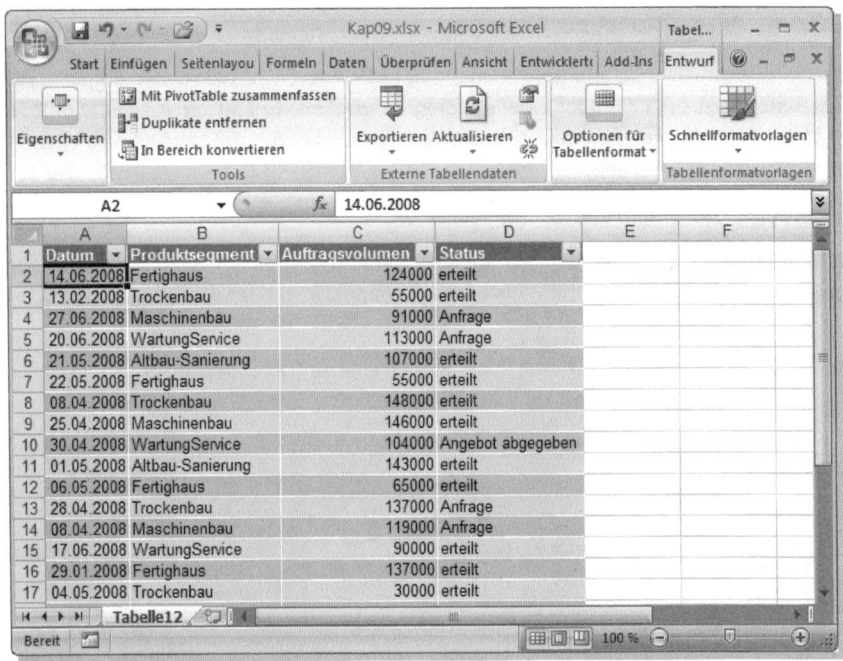

Abbildung 9.18: Eine neue Tabelle

Übrigens: Für diesen speziellen Bereich die Bezeichnung »Tabelle« zu wählen war natürlich unglücklich, hier hat Microsoft keine gute Hand bewiesen. Tabellen sind für Normalanwender immer noch Blätter mit Zeilen und Spalten. In der Vorgängerversion hieß die »Tabelle« auch noch Liste.

9.3.2 Tabellenformat entfernen

Wenn Sie die grelle Formatierung der Tabelle stört, sollten Sie nur das Format löschen und nicht die Tabelle in einen Bereich umwandeln. Dabei geht nämlich der Bezug zur Datenquelle, der Access-Datenbank, verloren.

1. Setzen Sie den Zellzeiger in die von der Abfrage erzeugte Tabelle.
2. Klicken Sie unter *Tabellentools/Entwurf* auf *Schnellformatvorlagen*.
3. Wählen Sie ganz unten in der Liste *Löschen* oder klicken Sie auf das erste Format links oben.
4. Damit wird die Formatvorlage entfernt, die Tabelle bleibt erhalten.

9.3.3 Externe Daten einlesen mit MS Query

Wenn Sie ihre externen Daten komfortabler einlesen wollen, einzelne Spalten ausblenden und – in großen Datenmengen sehr nützlich – Daten filtern wollen, verwenden Sie das alte Add-In Query. Es ist nach wie vor verfügbar, wenn auch ein wenig versteckt:

1. Wählen Sie *Daten/Externe Daten abrufen/Aus anderen Quellen*.
2. Klicken Sie auf *Von Microsoft Query*.
3. Markieren Sie den ODBC-Treiber, den Sie für Ihre Verbindung einsetzen wollen und klicken Sie auf *OK*.
4. Suchen Sie die Datenbankdatei und lesen Sie diese ein. Entscheiden Sie sich für eine der angebotenen Tabellen oder Abfragen, und holen Sie nur die Spalten, die Sie brauchen.
5. Filtern Sie im nächsten Schritt Ihre Daten und sortieren Sie diese einen Schritt weiter.
6. Fügen Sie die Daten ab der markierten Zelle oder in ein neues Tabellenblatt ein.

Tipp

Achten Sie darauf, dass bei der Auswahl der Datenquelle diese Option angekreuzt ist:

Query-Assistenten zur Erstellung/Bearbeitung von Abfragen verwenden

---

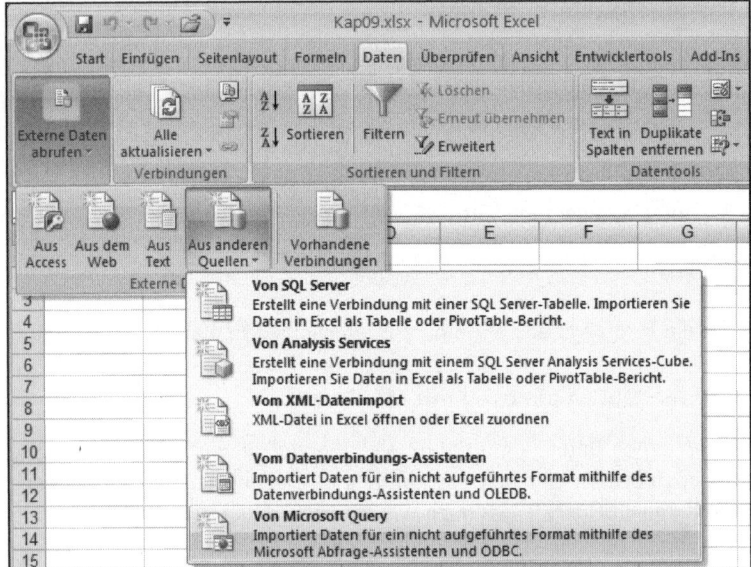

Abbildung 9.19: Alt, aber bewährt: MS Query

9.3.4 Datenbankdaten mit Query ändern

Was auf den ersten Blick unmöglich erscheint, ist das Zurückschreiben von geänderten Daten in die Datenquelle. Mit MS Querry ist aber sogar das möglich:

1. Starten Sie den Import der externen Daten wie oben beschrieben mit MS Query.

2. Schalten Sie in der vorletzten Abfrage vor dem Einlesen der Daten auf diese Option um:

   Daten in Microsoft Query bearbeiten oder ansehen

3. Klicken Sie im Query-Fenster auf *Datensätze*, und wählen Sie *Bearbeiten zulassen*.

4. Ändern Sie einzelne Daten ab. Der Datensatz wird sofort gespeichert, wenn der Satzzeiger in eine neue Tabelle gesetzt wird.

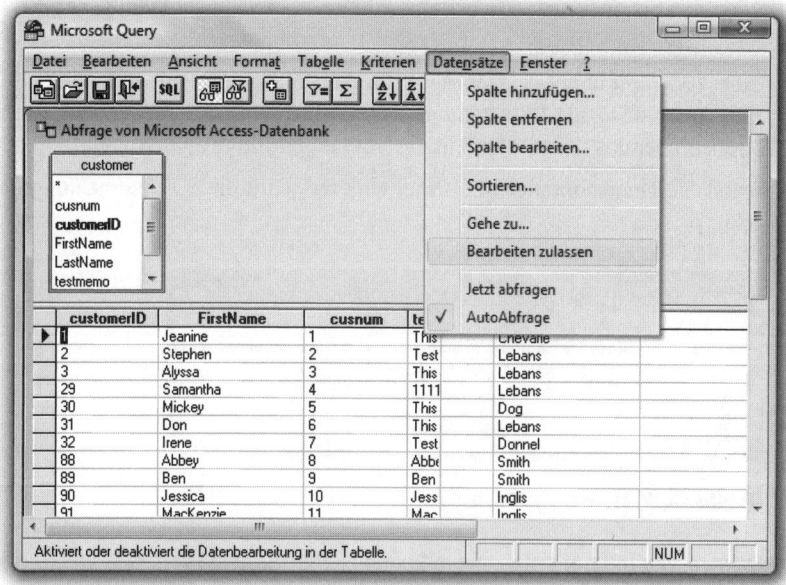

Abbildung 9.20: Mit MS Query können Sie sogar Daten in die Datenbank zurück schreiben

Übrigens: Das funktioniert natürlich nur in Tabellen und Abfragen, die zur Bearbeitung freigegeben sind. Ist die Option nicht aktiv, können auch keine Daten in der Quelle geändert werden.

9.3.5 Excel-Tabellen per ODBC einlesen

In der Liste der ODBC-Treiber steht auch ein Treiber für Excel-Dateien zur Verfügung. Damit können Sie tatsächlich Daten aus anderen Mappen, ja sogar aus Tabellen der gleichen Mappe verknüpfen, in der Sie die Abfrage starten.

1. Wählen Sie *Daten/Externe Daten abrufen/Von Microsoft Query*.
2. Markieren Sie den Excel-Treiber, und bestätigen Sie mit *OK*.
3. Geben Sie die Datei an und bestätigen Sie die restlichen Abfragen des Query-Assistenten.

Dazu müssen Sie aber einige Geheimnisse kennen, denn so einfach macht es Ihnen Excel nicht:

■ Excel 2007 liest über MS Query keine Dateien im eigenen Format ein. Dateien mit XLSX und XLSM als Dateiendung werden nicht akzeptiert. Sie müssen diese Dateien über das Office-Menü in das Vorgängerformat konvertieren.

■ Wenn Sie eine »normale« XLS-Datei einlesen, wird diese Fehlermeldung angezeigt:

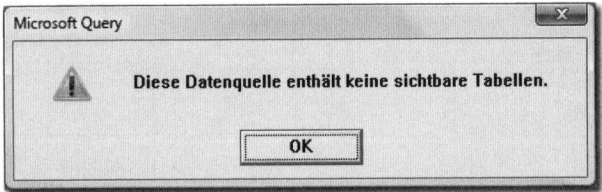

Abbildung 9.21: Query-Meldung beim Einlesen von Excel-Daten

■ Query akzeptiert nur Listen, die mit einem Bereichsnamen versehen sind. Das kann Datenbank sein oder jeder andere Name. Weisen Sie Ihren Listen vor dem Verknüpfen Bereichsnamen zu, dann findet der Query-Assistent auch »sichtbare Tabellen«.

■ Die erste Zeile des Abfragebereiches muss Feldnamen enthalten, diese dürfen maximal 64 Zeichen lang sein und keine Sonderzeichen enthalten. Leere Felder besetzt der ODBC-Treiber mit eigenen Feldnamen (Exp1, Exp2 ...).

9.4 Webabfragen

Mit Excel ins Internet zu gehen, ist eine der leichtesten Übungen. Legen Sie einfach eine Abfrage auf die Internet-Seite an und aktualisieren Sie diese, wann immer Sie aktuelle Daten brauchen.

1. Wählen Sie *Daten/Externe Daten abrufen.*

2. Klicken Sie auf *Aus dem Web.*

3. Geben Sie die Adresse der Internet-Seite ein, aus der Sie die Daten beziehen wollen.

4. Klicken Sie auf das gelbe Pfeilsymbol der Tabelle, die Sie importieren und verknüpfen wollen.

5. Bestätigen Sie mit Klick auf *Importieren*, und geben Sie die Zielzelle an.

Die Verknüpfung wird aufgebaut, Sie können mit Klick auf *Alle aktualisieren* unter *Daten/Verbindungen* die neuesten Inhalte von der Internetseite in die Tabelle holen.

Abbildung 9.22: Eine Webverknüpfung wird aufgebaut

9.4.1 Webabfragen kontrollieren – der Globus in der Statusleiste

Haben Sie den Globus in der Statusleiste schon entdeckt? Bei schnellen DSL-Verbindungen dürfte das schwierig sein, weil er nur erscheint, so lange eine Webverbindung aufgebaut wird. Das Symbol ist aber sehr nützlich zur Überprüfung von Verbindungsfehlern.

Abbildung 9.23: Das Globussymbol in der Statusleiste

Wenn Sie den Globus sehen, können Sie mit einem Doppelklick auf das Symbol die Verbindung unterbrechen, was z.B. sehr nützlich ist, wenn Excel längere Zeit vergeblich versucht, an eine URL (Webadresse) heranzukommen.

Bestätigen Sie den Abbruch in der Dialogbox oder schließen Sie diese, und die Verbindung wird erhalten bleiben.

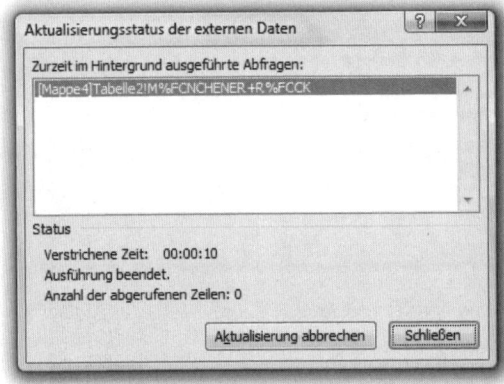

Abbildung 9.24: Webverbindungen überprüfen

KAPITEL 10

Sonstige Tricks

In diesem Kapitel haben wir alles zusammengetragen, was nicht so recht in die anderen Kapitel passt: Nützliches wie Zellschutz und Verknüpfungen, Interessantes wie Bildkopie, Kamera und Feiertagsberechung und Witziges wie Ostereier.

10.1 Der Zwischensummen-Trick

Für die simple Autosumme-Funktion scheint es keine geheimen Tricks zu geben, oder doch? Testen Sie Excel doch mal, wie intelligent es mit Zwischensummen umgeht:

Schreiben Sie eine Liste mit Kostenarten, und sehen Sie die Zwischensummen nach jedem Kostenblock vor.

	A	B	C	D
1				
2				
3	Kostenart-Bezeichnung	SOLL	IST	Delta
4	Fertigungslöhne	33	12	21
5	Hilfslöhne	40	34	6
6	Gehälter	21	11	10
7	Summe Personalkosten			
8	Instandhaltung	45	45	0
9	Hilfs- u. Betriebsstoffe	30	21	9
10	Werkzeugkosten	12	23	-11
11	Summe Sachkosten			
12	Kalk. Abschreibungen	23	11	12
13	Kalk. Raumkosten	12	34	-22
14	Summe Kalk. Kosten			
15	Monatliche Kostensumme			

Abbildung 10.1: Kostenblöcke mit Zwischensummen

Sie können jetzt alle Zwischensummen mit einem Klick berechnen, Excel wird sich die passenden Bereiche suchen:

1. Markieren Sie als ersten Bereich B7:D7.

2. Halten Sie die [Strg]-Taste gedrückt, und markieren Sie B11:D11 und anschließend B14:D14.

3. Klicken Sie unter *Start/Bearbeiten* auf das AutoSumme-Symbol.

Die Zwischensummen werden richtig eingetragen, die Bereiche werden bis zur nächsten Formelzelle oder Überschrift erkannt.

Wie sieht es mit der Gesamtsumme der einzelnen Spalten aus? Wird Excel mit dem AutoSumme-Symbol die (falsche) Summe über die ganze Spalte ziehen oder nur Zwischensummen aufkumulieren? Testen Sie:

1. Markieren Sie den Bereich B15:D15.

2. Klicken Sie unter *Start/Bearbeiten* auf das Symbol *AutoSumme*.

3. Sehen Sie sich das Ergebnis mit (F2) an: Excel summiert nur die Zwischensummen über den Ergebniszellen.

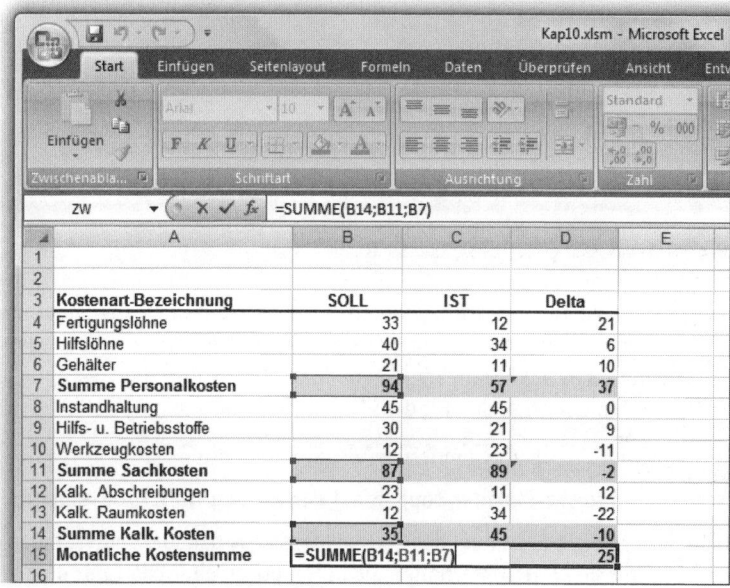

Abbildung 10.2: Intelligente AutoSumme: Zwischensummen werden erkannt

10.2 Tricks mit dem Zellschutz

Sie haben Ihre Tabelle erfolgreich vor unbeabsichtigten Zugriffen geschützt, dazu haben Sie über *Format/Zellen/Schutz* alle Zellen, die Formeln enthalten, geschützt, alle Eingabezellen vom Zellschutz befreit und das ganze Tabellenblatt mit einem Blatt- oder Arbeitsmappenschutz versehen (*Überprüfen/Änderungen/Blatt schützen*). Jetzt gibt es zwei Möglichkeiten, den Anwender durch die ungeschützten Bereiche zu führen:

Navigation in ungeschützten Zellen

Mit der ⭾-Taste springt der Cursor in geschützten Tabellenblättern zur jeweils nächsten ungeschützten Zelle. Ein weiterer Tastendruck führt zur übernächsten usw. So können Sie auf ausschließlich ungeschützten Zellen arbeiten.

Nur ungeschützte Zellen markieren

Auch bei gesetztem Zellschutz kann der Anwender alle Zellen markieren, die Warnmeldung erscheint erst, wenn er versucht, den Inhalt geschützter Zellen zu verändern.

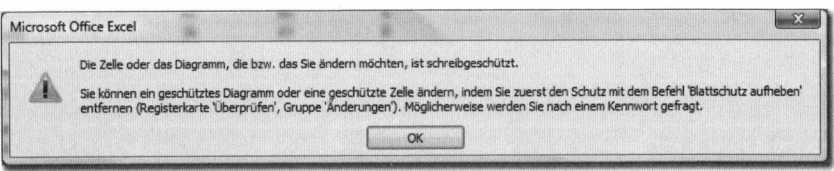

Abbildung 10.3: Meldung bei geschützten Zellen

Das kann in der Praxis für Verwirrung sorgen, besser wäre es, der Anwender könnte gar nicht in Bereichen arbeiten, in denen er keine Berechtigung für Änderungen hat, die Zellen also gar nicht anklicken. Schreiben Sie ein Makro, das diese Aufgabe erledigt, hier z.B. für die erste Tabelle mit dem Namen Tabelle1:

1. Schalten Sie mit [Alt] + [F11] in den Visual Basic Editor.

2. Klicken Sie im Projekt-Explorer doppelt auf den Eintrag *DieseArbeitsmappe*.

3. Wählen Sie im linken Listenfeld des Codesblattes im Arbeitsbereich *Workbook* (an Stelle von *Allgemein*). Damit erhalten Sie automatisch ein Makro mit dem Startbefehl *Workbook_Open()*.

4. Schreiben Sie diese Anweisung:

```
Private Sub Workbook_Open()
    Worksheets("Tabelle1").EnableSelection = _ xlUnlockedCells
End Sub
```

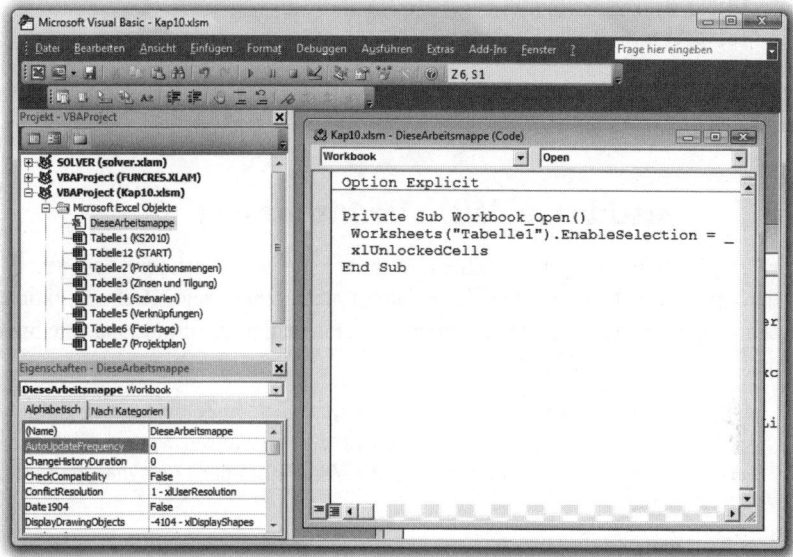

Abbildung 10.4: Das Makro im Visual Basic Editor

Speichern und schließen Sie die Arbeitsmappe. Wenn Sie die Mappe anschließend wieder öffnen, können im angegebenen Tabellenblatt nur noch ungeschützte Zellen markiert werden, in anderen Zellen lässt sich der Zellzeiger nicht platzieren.

Sie können diesen Trick auch auf alle Tabellenblätter einer Mappe ausweiten, kodieren Sie einfach eine Schleife über alle Blätter in der Mappe:

```
Private Sub Workbook_Open()
  Dim ws As Worksheet
  For Each ws In ThisWorkbook.Worksheets
    ws.EnableSelection = xlUnlockedCells
  Next ws
End Sub
```

Damit Sie selbst als »Administrator« an Ihre geschützten Zellen herankommen, sollten Sie eine Abfrage nach dem Benutzernamen einbauen (*Administrator* ist hier der Name, der in den *Excel-Optionen* als Benutzername zu sehen ist):

```
Private Sub Workbook_Open()
  If Application.UserName <> "Administrator" Then
  . . .
  End If
End Sub
```

10.3   Geschützte Zellen kennzeichnen

Für Einsteiger und weniger erfahrene Anwender kann es hilfreich sein, dass geschützte Zellen gekennzeichnet werden. Excel bietet aber leider keine Gehezu-Aktion für geschützte oder ungeschützte Zellbereiche an. Ein bedingtes Format und eine Spezialfunktion schaffen hier Abhilfe:

1. Markieren Sie den Bereich, in dem Sie die geschützten Zellen kennzeichnen wollen. Wenn Sie die Zellen in der ganzen Tabelle ausweisen wollen, klicken Sie in das Kästchen links oben, in dem sich die Zeilennummern und die Spaltenbuchstaben treffen.

2. Wählen Sie *Start/Formatvorlagen/Bedingte Formatierung.*

3. Erstellen Sie eine neue Regel auf Formelbasis, tragen Sie dafür diese Formel ein:
   =ZELLE("Schutz";A1)=1

4. Wählen Sie unter *Formatieren* die Formatierung, die Sie für geschützte Zellen vorgesehen haben. Verwenden Sie ein leichtes Zellmuster oder einen Rahmen um die Zellen.

5. Bestätigen Sie mit Klick auf *OK*, und alle geschützten Zellen im Tabellenblatt werden mit dieser Formatierung belegt.

Zur Erklärung: Die Funktion *=ZELLE("Schutz";A1)* gibt den Wert 0 aus, wenn die Zelle geschützt ist und 1, falls nicht. Wenn Sie die Funktion in ein Bedingungsformat packen und als Bedingung formulieren, werden die Zellen entsprechend ihrem Schutzstatus formatiert. Vergleichen Sie die Zelle mit dem Wert 0, gilt das Format bei allen ungeschützten Zellen.

Sie können natürlich auch nur einen bestimmten Bereich der Tabelle mit dem Bedingungsformat belegen, in diesem Fall muss das zweite Argument die Zelladresse der ersten (aktiven) Zelle erhalten.

Abbildung 10.5: Bedingungsformat für geschützte Zellen

Achtung

Achten Sie darauf, dass der Bezug im zweiten Argument immer die aktive Zelle adressiert und relativ bleibt, damit er für alle Zellen der Markierung gültig ist.

Für Makro-Fans gibt es natürlich wieder eine Makrolösung, die über eine Schleife alle Zellen im »UsedRange« (benutzter Bereich) überprüft und die geschützten mit einer Zellfarbe versieht. Vorteil dieser Lösung: Sie kann auf eine Schaltfläche gelegt werden und bietet damit die Möglichkeit, die Formatierung erst bei Bedarf einzuschalten.

```
Sub FreieZellenKennzeichnen()
Dim Zelle As Range
For Each Zelle In ActiveSheet.UsedRange
  If Zelle.Locked = False Then
    Zelle.Interior.ColorIndex = 3
  End If
Next Zelle
End Sub
```

429

10.4   Tabellen sicher verstecken

Eine wirksame Methode, Daten vor unbeabsichtigten Änderungen oder einfach vor neugierigen Blicken zu verstecken, ist das Ausblenden von Tabellenblättern:

1. Klicken Sie mit der rechten Maustaste auf das Register des betreffenden Tabellenblattes.

2. Wählen Sie *Ausblenden.*

Leider ist der Schutz nicht besonders gut, denn unter *Start/Zellen/Format/Sichtbarkeit* lässt sich eine Liste mit allen ausgeblendeten Blättern aktivieren, und hier können diese auch wieder sichtbar gemacht werden. Hier hilft eine zusätzliche Sicherung im VBA-Editor.

Das Blatt ist für die Bearbeitung mit dem Visual Basic Editor ein Teil des Projektes, ein so genanntes *Objekt*, und hat als solches bestimmte Eigenschaften. Eine davon ist *Visible* (Sichtbar), und diese Eigenschaft bietet mehrere Varianten an:

1. Drücken Sie $\boxed{\text{Alt}}$ + $\boxed{\text{F11}}$, um in den Visual Basic Editor zu schalten.

2. Öffnen Sie das *Ansicht*-Menü, und überprüfen Sie, ob die Fenster *Projekt-Explorer* und *Eigenschaften* aktiv sind.

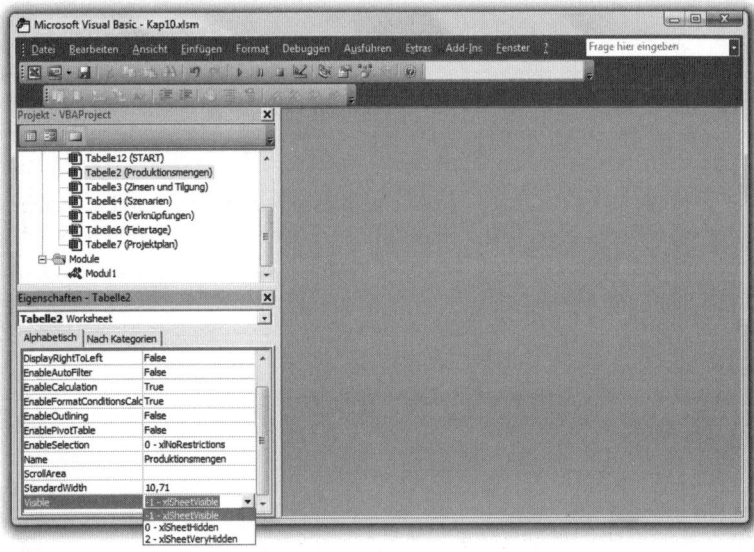

Abbildung 10.6: Tabellenblätter sicher verstecken

3. Suchen Sie im Projekt-Explorer das Projekt, das den Namen der Arbeitsmappe trägt, und klicken Sie auf die Tabelle, die Sie ausblenden wollen.

4. Suchen Sie im *Eigenschaften*-Fenster die Eigenschaft *Visible*, und stellen Sie den Wert dann auf *2* – xlSheetVery Hidden.

Damit ist die Tabelle sicher versteckt, sie taucht nicht mehr in der Liste der ausgeblendeten Tabellenblätter auf. Sie können das gesamte Projekt noch mit einem Passwort schützen:

1. Markieren Sie das Projekt im Projekt-Explorer und klicken Sie mit der rechten Maustaste auf den Namen.

2. Wählen Sie *VBA-Projekt-Eigenschaften*.

3. Schalten Sie auf die Registerkarte *Schutz* um, und kreuzen Sie die Option *Projekt für die Anzeige sperren* an. Geben Sie zweimal das Kennwort ein, und bestätigen Sie mit *OK*.

10.5 Arbeitsmappen sicher speichern

Das kann schon mal vorkommen, dass der Anwender vergisst, eine Mappe zu speichern, aber für makrogesteuerte Anwendungen ist das meist sehr kritisch. Sorgen Sie dafür, dass die Daten in allen Arbeitsmappen sicher gespeichert werden.

Ein Makro kann auf eine Schaltfläche gelegt oder mit einem Ereignis gekoppelt werden. Dieses Makro startet eine Schleife über alle aktiven Arbeitsmappen und überprüft, ob diese bereits gespeichert sind (wenn die Eigenschaft *Path* einen Wert hat). Ist die Mappe bereits gespeichert, wird sie einfach noch einmal gespeichert, wenn nicht, erscheint eine Speicherabfrage, und die Mappe kann unter neuem Namen gespeichert werden.

```
Public Sub AllesSpeichern()
Dim aktMappe As Workbook
For Each aktMappe In Application.Workbooks
  If aktMappe.Path <> "" Then
    aktMappe.Save
  Else
    aktMappe.Activate
    Application.Dialogs(_
    xlDialogSaveAs).Show (aktMappe.Name)
  End If
```

```
Next aktMappe
MsgBox "Alle Arbeitsmappen sind gespeichert!"
End Sub
```

10.6   Datenanalyse-Werkzeuge

In der Vorgängerversion waren diese Werkzeuge noch gut versteckt in den Analyse-Funktionen, und nur wer wusste, dass es dieses Add-In gab und dass man dieses auch einschalten konnte (*Extras-Menü, Add-Ins, Analyse-Funktionen*), der kam in den Genuss dieser Assistenten für statistische Auswertungen.

Excel 2007 stellt diese Analysewerkzeuge im Register *Daten* unter *Analyse* zur Auswahl. Ein Klick auf das Symbol *Datenanalyse* öffnet eine Dialogbox mit mehreren Assistenten.

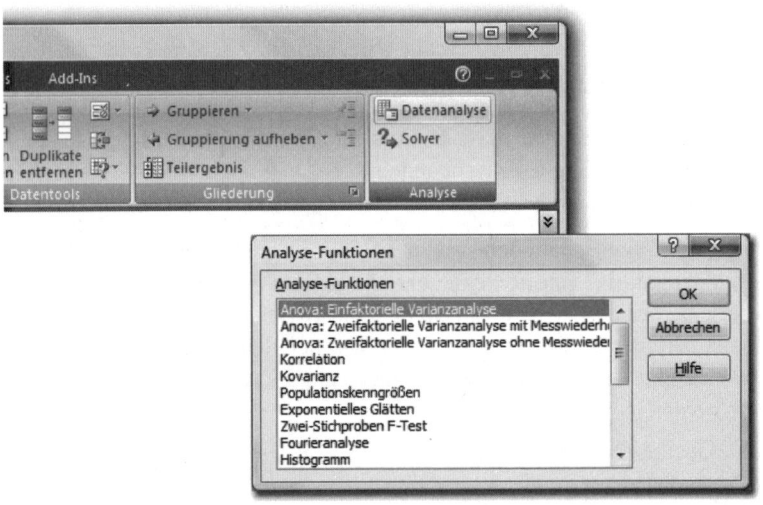

Abbildung 10.7: Werkzeuge für die Datenanalyse im Register *Daten*

Falls dieses Add-In nicht zur Verfügung steht, überprüfen Sie die Liste im Office-Menü unter *Excel-Optionen*, Kategorie *Add-Ins*. Hier können Sie das Add-In hinzuschalten, klicken Sie unten neben *Verwalten* auf die Schaltfläche *Gehe zu*, und kreuzen Sie das Add-In *Analyse-Funktionen* an.

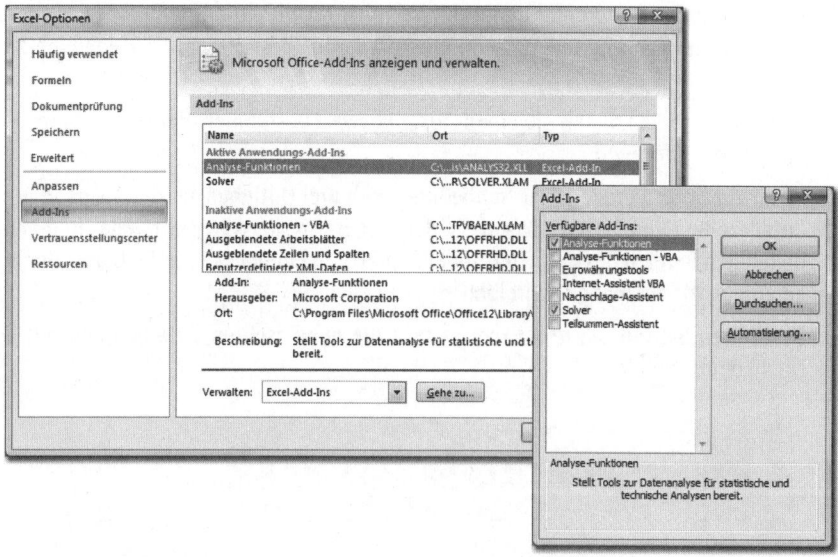

Abbildung 10.8: Hier können Sie das Add-In hinzuschalten

10.6.1 Beispiel: Zufallszahlen

Kennen Sie die Funktion, mit der Zufallszahlen produziert werden? Nein, nicht die Standard-Funktion =ZUFALLSZAHL(), die einen Wert zwischen 0 und 1 produziert, sondern die etwas bessere aus den Analyse-Funktionen:

1. Wählen Sie im Register *Daten* in der Gruppe *Analyse* das Symbol *Datenanalyse*.

2. Excel bietet eine Liste mit Analysefunktionen an. Markieren Sie den Eintrag *Zufallszahlengenerierung* und bestätigen Sie mit *OK*.

3. Jetzt erscheint ein Dialog, in dem Sie die Parameter für die Zufallszahlen festlegen können. Geben Sie unter *Anzahl der Variablen* die gewünschte Anzahl Spalten und unter *Anzahl der Zufallszahlen* die Anzahl Zeilen ein.

4. Unter *Verteilung* werden Ihnen verschiedene Verfahren zur Generierung der Zufallszahlen angeboten, die Sie u.a. auch zur Wahrscheinlichkeitsrechnung verwenden können. Für die Erzeugung von einfachen Testdaten markieren Sie den Eintrag *Gleichverteilt*.

5. Legen Sie unter *Parameter* den Zahlenbereich für die Zufallszahlen fest. Geben Sie beispielsweise 50 und 100 ein, um Zufallszahlen in diesem Wertebereich zu generieren.

6. Im nächsten Feld können Sie einen *Ausgangswert* bestimmen, der für die Berechnung verwendet wird.

7. Unter *Ausgabe* werden Ihnen schließlich noch drei Optionen für die Ausgabe der Zufallszahlen angeboten: Lassen Sie den Generator die Werte entweder in einen beliebigen Bereich des aktuellen Tabellenblatts, in ein neues Tabellenblatt oder in eine neue Arbeitsmappe schreiben.

8. Bestätigen Sie mit *OK* und Excel erstellt die gewünschten Zufallszahlen mit 7 Nachkommastellen.

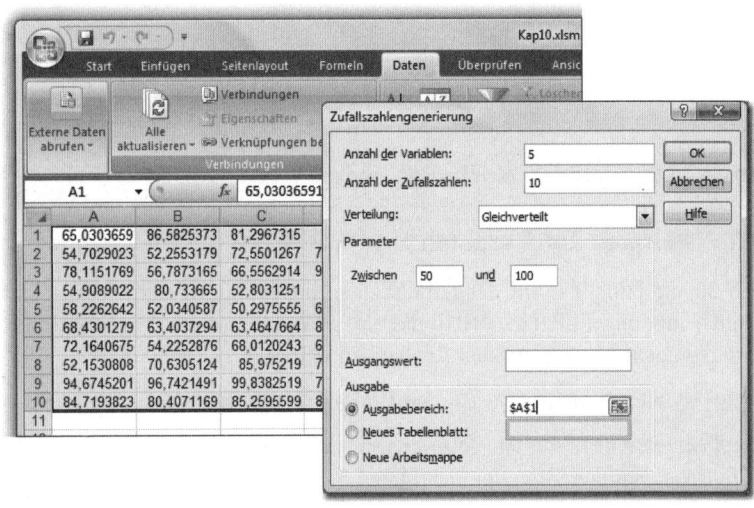

Abbildung 10.9: Der Zufallszahlengenerator im Einsatz

Sie können an Stelle dieses Assistenten auch eine Funktion benutzen:

1. Markieren Sie den Bereich, in dem Sie Zufallszahlen erzeugen wollen.

2. Schreiben Sie diese Funktion, geben Sie im ersten Argument den kleinsten und im zweiten Argument den größten Wert an, den die Funktion generieren soll:

=ZUFALLSBEREICH(100;500)

3. Drücken Sie [Strg] + [↵], um die Funktion auf alle markierten Zellen zu verteilen.

Die Funktion berechnet jetzt mit jeder Neuberechnung neue Zufallszahlen. Im Unterschied zum Analyse-Werkzeug können Sie die Zahlen immer wieder neu berechnen, drücken Sie dazu einfach die Funktionstaste [F9].

Übrigens: Wenn Sie eine Zahlengruppe behalten wollen, kopieren Sie diese und wählen Bearbeiten/Inhalte einfügen/Werte. Damit wandeln Sie die Zufallszahlen in echte Zahlen um.

10.7 Eine Zielwertsuche durchführen

Bei der Produktion von Gütern ist für Sie interessant, wie viele Einheiten Sie tatsächlich produzieren müssen, um die gewünschte Anzahl auch tatsächlich am Ende der Produktionskette zur rechten Zeit dem Kunden ausliefern zu können. Sie haben aus Erfahrung immer einen bestimmten Anteil von minderwertigen Artikeln bei der Produktion. Wenn Sie in mehreren Produktionsstufen arbeiten, haben Sie am Ende u.U. einen recht erheblichen Ausschuss Ihrer Artikel. Einige dieser minderwertigen Artikel können Sie nacharbeiten und eventuell wieder verwenden. Dies kostet aber Zeit und daher können Sie diese Artikel vorab aus Ihrer Kalkulation abziehen. Die Artikel, die von vornherein durch die Sichtprüfung fallen, können Sie gleich abschreiben. Sehen Sie sich die Ausgangsmatrix einmal an:

D5	▼	*fx* 1500		
◢	A	B	C	D
1				
2				
3		**Produktion von Einheiten**		
4				
5		Startmenge		1.500
6		Ausschuss	12%	180
7		**Zwischenergebnis:**		1.320
8		abschl. Qualitätskontrolle	3,50%	46
9		**Endergebnis:**		**1.274**

Abbildung 10.10: Die Ausgangslage – es sollen 1.000 Einheiten produziert werden

Wenn Sie das bisherige Modell betrachten, werden Sie feststellen, dass an diesem Modell eine Rückwärtsrechnung durchgeführt werden muss, um zur geforderten Produktionsausgangsmenge von 1.000 Einheiten zu kommen. Der richtige Wert muss in Zelle D5 eingetragen werden, damit in Zelle D9 das gewünschte Resultat angezeigt wird. Dazu brauchen Sie keineswegs die Formeln bzw. Zahlen im Excel-Modell direkt zu ändern. Nützen Sie stattdessen die Zielwertsuche.

1. Setzen Sie den Mauszeiger in die Zelle D5.

2. Wählen Sie *Daten/Datentools/was wäre wenn-Analyse/Zielwertsuche.*

3. Im Feld *Zielzelle* geben Sie den Zellenbezug D9 ein.

4. Im Feld *Zielwert* setzen Sie die geforderten 1000 Einheiten ein.

5. Im Feld *Veränderbare Zelle* geben Sie den Zellenbezug D5 ein.

6. Klicken Sie auf *OK*, um den Zielwert zu berechnen.

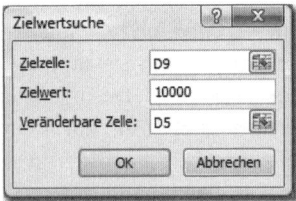

Abbildung 10.11: Der Zielwert wird ermittelt

Übernehmen Sie den Vorschlag, wird der angezeigte Zielwert (im Beispiel 11.776) eingetragen, ein Klick auf *Abbrechen* stellt das alte Ergebnis wieder her.

10.8 Planen mit dem Szenario-Manager

Szenarien sind besonders nützlich für Tabellen, in denen häufig einzelne, kleinere Wertereihen geändert werden müssen. Sie ersparen Ihnen so manche zusätzliche Tabelle oder Arbeitsmappe. Mit einem Szenario speichern Sie die Ursprungswerte, bevor Sie neue Werte einfüllen. Achten Sie darauf, dass nur Zellen als veränderbar deklariert werden, die keine Formeln, sondern nur Texte oder Zahlen enthalten.

Ein Beispiel:

Ihr Verein ist in die nächste Liga aufgestiegen, Sie müssen ein neues Stadion planen. Kalkulieren Sie die Materialkosten nach der Anzahl der Sitzplätze und die Personalkosten nach der Bauzeit in Jahren. Hier eine Grundtabelle mit der ersten Planung:

	A	B
1	**Stadionbau**	
2	1. Planung Herbst 2008	
3		
4	Sitzplätze:	80.000
5	Kosten/Sitzplatz:	2.500,00 €
6	Materialkosten:	**200.000.000,00 €**
7	Bauzeit:	3 Jahre
8	Personalkosten/Jahr:	1.000.000,00 €
9	Personalkosten:	**3.000.000,00 €**
10	Sonstige Kosten:	1.500.000,00 €
11	Gesamtkosten:	**204.500.000,00 €**

Abbildung 10.12: Erste Planung für den Stadionbau

Hier die Formeln für die Berechnung der einzelnen Kostenarten, sichtbar gemacht mit [Strg] + [#]:

	A	B
1	**Stadionbau**	
2	1. Planung Herbst 2008	
3		
4	Sitzplätze:	80000
5	Kosten/Sitzplatz:	2500
6	Materialkosten:	**=B5*B4**
7	Bauzeit:	3
8	Personalkosten/Jahr:	1000000
9	Personalkosten:	**=B8*B7**
10	Sonstige Kosten:	1500000
11	Gesamtkosten:	**=B10+B9+B6**

Abbildung 10.13: Die Formelansicht für die erste Planung

Bevor Sie jetzt weitere Planungen mit geänderten Rahmenbedingungen durchführen, speichern Sie die erste Planung als Szenario:

1. Markieren Sie die Zellen A2, B4:B5, B7, B8 und B10 mit gedrückter ⌈Strg⌉-Taste.

2. Wählen Sie *Daten/Datentools/Was wäre wenn-Analysen/Szenario-Manager.*

3. Klicken Sie auf *Hinzufügen,* und tragen Sie den Namen für das Szenario ein:

   `Erste Planung`

4. Klicken Sie zweimal auf *OK,* die markierten Zellen werden als veränderbare Bereiche vorgeschlagen, auch die Werte können Sie übernehmen.

5. Das Szenario ist gespeichert, Sie können weitere Szenarien anlegen:

   ```
   Planänderung 1: Weniger Sitzplätze
   Sitzplätze: 60.000
   Kosten/Sitzplatz: 3.000 _
   Bauzeit: 2,5 (Jahre)
   ```

   ```
   Plananpassung 2: Kosten reduziert
   Sitzplätze: 80.000
   Kosten/Sitzplatz: 2.000 _
   Bauzeit: 3 (Jahre)
   Personalkosten/Jahr: 800.000 _
   Sonstige Kosten: 1.000.000 _
   ```

10.8.1 Szenarien mit Symbolleiste verwalten

Soweit zum Standard, so werden Szenarien über das Register *Daten* angelegt. Sie können jetzt die Werte verändern und neue Szenarien anlegen, benutzen Sie dazu aber die Symbolleiste für den Schnellzugriff.

1. Klicken Sie mit der rechten Maustaste in die Symbolleiste für den Schnellzugriff, und wählen Sie *Symbolleiste für den Schnellzugriff anpassen.*

2. Schalten Sie unter *Befehle anpassen* auf *Alle Befehle.*

3. Suchen Sie den Befehl *Szenario,* markieren Sie ihn und klicken Sie auf *Hinzufügen,* um ihn in die Symbolleiste einzufügen.

Jetzt steht Ihnen die Liste der Szenarien in der kleinen Symbolleiste zur Verfügung.

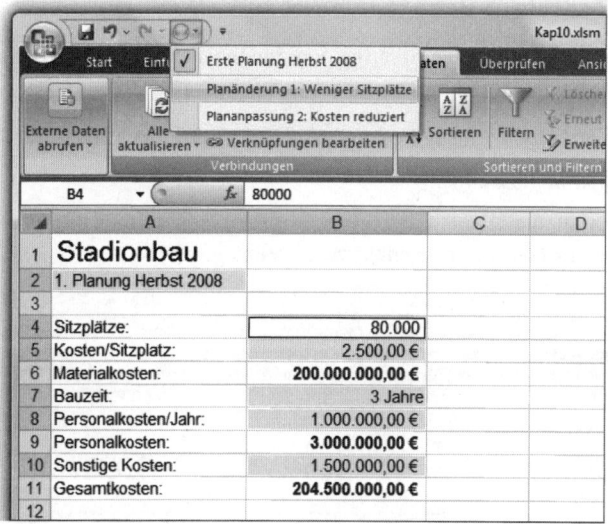

Abbildung 10.14: Szenarien aus der Symbolleiste für den Schnellzugriff holen

Wenn Sie ein Szenario ändern wollen, schreiben Sie einfach die neuen Werte in die Tabelle und aktivieren das bereits gespeicherte Szenario. Excel erkennt, dass dieses geändert wurde, und bietet Ihnen per Meldung die Möglichkeit, die neuen Daten in das alte Szenario zu schreiben. Auf diese Art können Sie beliebig viele Szenarien sammeln und immer wieder schnell abändern, ohne auf den Szenario-Manager zurückgreifen zu müssen.

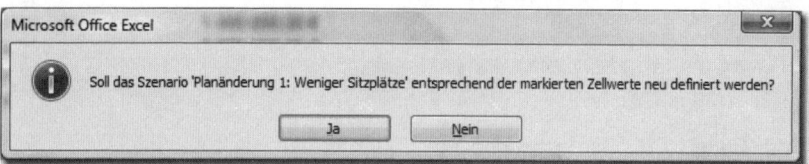

Abbildung 10.15: Das Szenario wird neu definiert, wenn sich die Werte geändert haben

Übrigens: Bei der Anpassung der Symbolleiste für den Schnellzugriff können Sie auch das Symbol an die Arbeitsmappe anbinden, dann ist es nur für diese Mappe sichtbar.

439

10.8.2 Szenario-Berichte: $-Bezüge vermeiden

Wenn Sie in einer Tabelle mit Szenarien arbeiten, werden Sie sicher auch die Möglichkeit nutzen, einen Szenarienbericht zu erstellen. Das geht so:

1. Wählen Sie *Daten/Datentools/Was wäre wenn-Analysen/Szenario-Manager*.

2. Klicken Sie auf *Zusammenfassung*.

3. Geben Sie die Zellen an, die Sie als Ergebniszellen sehen wollen (die Formelzellen), und klicken Sie auf *OK*, um den Bericht zu erstellen.

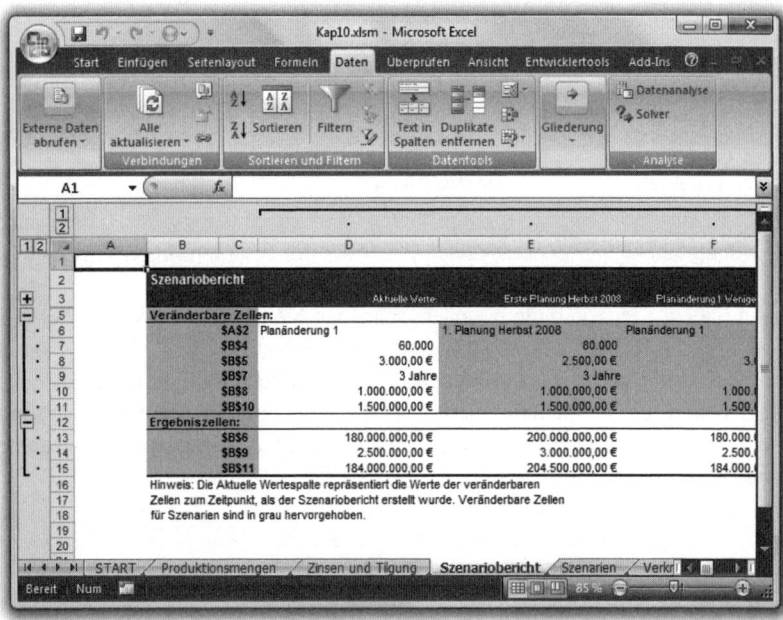

Abbildung 10.16: Der Szenarienbericht fasst alle Szenarien zusammen

Dieser Bericht ist statisch, er hat keine Verknüpfungen, sondern zeigt nur den derzeitigen Stand der Daten und die gespeicherten Szenarienwerte.

Nicht besonders elegant ist die Tatsache, dass die veränderbaren Werte nur als Bezüge im $A$1-Format gezeigt werden. Es lassen sich zwar die Szenarien ablesen, nicht aber die Informationen über die Werte wie hier im Beispiel die Kostenarten unserer Planung.

Mit diesem Trick bringen Sie die gewünschten Bezeichnungen in den Szenarienbericht:

1. Markieren Sie in der Basistabelle den Bereich mit allen Beschriftungen und allen Werten (im Beispiel A4: B11).

2. Wählen Sie *Formeln/Definierte Namen/aus Auswahl erstellen*.

3. Bestätigen Sie den Vorschlag *Aus linker Spalte*, klicken Sie auf *OK*.

4. Die Bereichsnamen werden angelegt, jeder Wert hat jetzt den Namen aus der Bezeichnung in der Spalte links von ihm erhalten. Kontrollieren und korrigieren Sie ggf. die Bereichsnamen im Namens-Manager (Shortcut: Strg + F3).

5. Weisen Sie auch der Zelle A2 einen Bereichsnamen zu, sie wird ebenfalls im Szenario-Bericht geführt. Nennen Sie die Zelle *Planungsstand*.

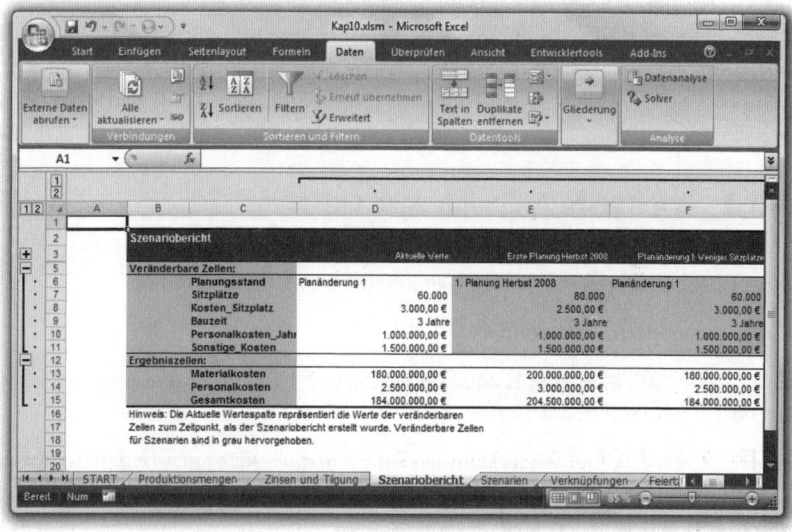

Abbildung 10.17: Mit Bereichsnamen sieht der Szenarienbericht besser aus

441

Wenn Sie jetzt den Szenarienbericht noch einmal erstellen, werden an Stelle der $-Bezüge die wesentlich informativeren Bereichsnamen angezeigt. Leerzeichen und andere Sonderzeichen werden leider nicht richtig angezeigt, da diese in Bereichsnamen nicht erlaubt sind.

Tipp

Löschen Sie das Tabellenblatt mit dem alten Bericht jedes Mal, bevor Sie einen neuen Bericht anlegen.

10.9 Knifflig und verzwickt: Verknüpfungen

Zu den größten »Zeitkillern« im Umgang mit Excel gehören die Verknüpfungen auf andere Arbeitsmappen. Was anfangs ziemlich komfortabel erscheint, nämlich die Übernahme von Werten aus fremden Mappen, erweist sich schnell als Problemzone: Auf einmal sind die Daten nicht mehr verfügbar, weil der liebe Kollege die Datei umbenannt oder auf einen anderen Ordner im Server kopiert hat. Die Folge: Die Verknüpfungen sind nicht mehr abrufbar. Excel speichert zwar immer den letzten Wert der Verknüpfung in der Zelle, aber die Frage nach Verknüpfungen, die längst nicht mehr da sein sollten, ist lästig.

10.9.1 Versteckte Verknüpfungen aufspüren

Verknüpfungen können auf mehrere Arten entstehen: Wenn Sie einen Bezug zu einer anderen Arbeitsmappe verwenden, erhalten Sie eine Verknüpfung:

=[Arbeitsmappe]Tabelle!Zelle

Eine Liste mit allen Verknüpfungen finden Sie unter *Daten/Verbindungen*. Klicken Sie auf *Verknüpfungen bearbeiten*.

Neben diesen Verknüpfungen kann die Arbeitsmappe aber auch Bereichsnamen enthalten, die auf andere Arbeitsmappen verweisen. Solche verknüpfte Namen entstehen, wenn Tabellenblätter zwischen Mappen kopiert oder verschoben werden. In Bereichsnamen, die mit Formeln und Funktionen arbeiten, bleiben häufig die Bezüge stehen, hier finden Sie oft ganze Pfade.

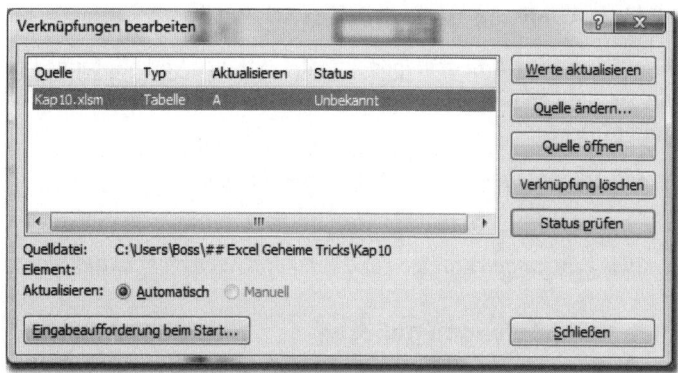

Abbildung 10.18: Verknüpfungen anzeigen

Sehen Sie im Namens-Manager nach, ob versteckte Verknüpfungen zu finden sind, holen Sie diesen unter *Formeln/Definierte Namen*.

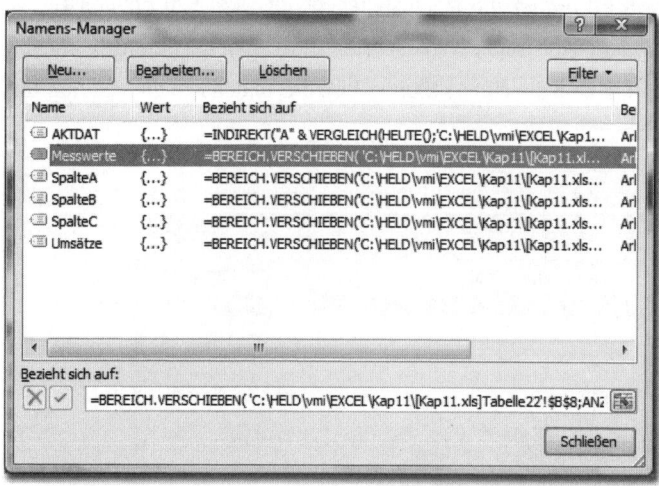

Abbildung 10.19: Der Namens-Manager zeigt verknüpfte Bereichsnamen

10.9.2   Verknüpfungsanfrage unterdrücken

Excel fordert Sie beim Start einer Arbeitsmappe auf, alle externen Verknüpfungen zu aktualisieren, wenn Sie die verknüpften Mappen nicht geöffnet haben. Diese Meldung können Sie unterdrücken:

1. Wählen Sie *Daten/Verbindungen/Verknüpfungen bearbeiten*.

2. Klicken Sie auf *Eingabeaufforderung beim Start*.

3. Klicken Sie auf *Keine Warnungen anzeigen und Verknüpfungen nicht aktualisieren*.

10.9.3   Fehlende Verknüpfungen auflösen

Wenn eine Verknüpfung nicht mehr zu finden ist, versuchen Sie Folgendes, um sie aufzulösen:

1. Wählen Sie *Daten/Verbindungen/Verknüpfungen bearbeiten*.

2. Suchen Sie in der Liste die Verknüpfung, und markieren Sie diese.

3. Klicken Sie auf *Status prüfen*, um festzustellen, ob die Quelle zu finden ist.

4. Klicken Sie auf *Quelle wechseln*.

5. Geben Sie im Dateidialog die eigene Mappe, also die, in der sich die Verknüpfung befindet, als Quelle an.

6. Bestätigen Sie mit *OK*.

Abbildung 10.20: Verknüpfungen auflösen

10.9.4 Alle Verknüpfungen löschen

Ein kleines Makro säubert Ihre Arbeitsmappen von allen externen Verknüpfungen. Dazu wird die Eigenschaft LinkSources der aktiven Mappe abgefragt, und wenn diese zurückmeldet, dass Verknüpfungen vorhanden sind, werden diese Element für Element gelöscht.

```
Sub AlleVerknüpfungenAusEinerMappeEntfernen()
Dim VLink As Variant
Dim i As Integer
VLink = ActiveWorkbook.LinkSources(xlExcelLinks)
If Not IsEmpty(VLink) Then
 For i = 1 To UBound(VLink)
    ActiveWorkbook.ChangeLink Name:=VLink(i), _
    newname:=ThisWorkbook.Name


 Next i
End If
End Sub
```

10.10 Tricks mit dem Mausrad

Mit dem Mausrad hat Microsoft (oder war es Logitech?) das Rad noch einmal erfunden, das »Scrollen« durch die Seiten erweist sich bei Text- und Webseiten und besonders in der Programmierung in den Codezeilen als sehr nützlich. Hier ein paar Tricks dazu:

10.10.1 Zoomen mit dem Mausrad

Halten Sie die ⟨Strg⟩-Taste gedrückt, und ziehen Sie das Mausrad nach hinten. Damit verkleinern Sie die Zoom-Stufe der aktuellen Tabelle bis 10% der aktuellen Größe. Mit der Vorwärtsbewegung wird die Tabelle wieder größer, bis zu 400%.

10.10.2 Mausrad funktioniert nicht

Leider funktioniert das Rad nicht mit jeder Maus, auch ältere Versionen von Excel und Windows machen in einigen Kombinationen keine Anstalten, das Rad zu unterstützen. Hier ein paar Problemlöser:

- Sehen Sie zuerst nach, ob das Rad auch eingeschaltet ist (*Systemsteuerung/ Maus*).
- Installieren Sie den neuesten Treiber des Herstellers. Für Microsoft-Mäuse brauchen Sie die IntelliPoint-Software.

Wenn das alles nichts hilft, greifen Sie zu FreeWheel. Das ist ein kleines Freeware-Programm, mit dem das Mausrad unter jedem Betriebssystem für alle Applikationen aktiviert werden kann. Hier die Webseite, von der Sie das Programm kostenlos downloaden können:

`http://www.geocities.com/SiliconValley/2060/freewheel.html`

10.11 Bildkopie und Kamera

Die Bildkopie haben Sie bereits in anderen Zusammenhängen kennen gelernt, hier noch einmal kurz das Verfahren:

1. Markieren Sie den Bereich, den Sie kopieren wollen.
2. Wählen Sie *Start/Einfügen/Als Bild/Als Grafik kopieren*.
3. Wählen Sie die Art der Kopie:
   - *Wie angezeigt* verwendet die Formatierungen auf dem Bildschirm.
   - *Wie ausgedruckt* verwendet die Formatierungen des Druckertreibers.
4. Klicken Sie auf *OK*, um die Grafikkopie in die Zwischenablage zu befördern.
5. Holen Sie die Kopie in einem beliebigen Tabellenblatt mit [Strg]+[v] aus der Zwischenablage.

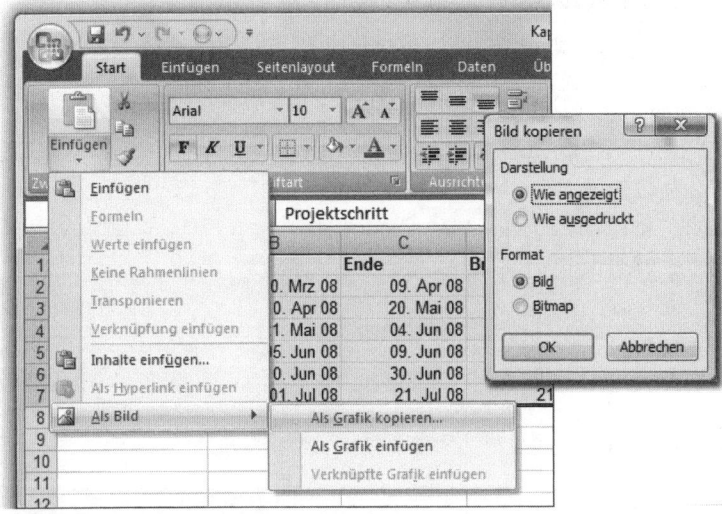

Abbildung 10.21: Die Grafikkopie

10.11.1 Supertrick: Die Kamera

Eine Alternative zur Bildkopie bietet das Kamerasymbol: Ein Klick auf dieses Symbol »fotografiert« den markierten Ausschnitt ebenfalls in die Zwischenablage, im Unterschied zur normalen Bildkopie erhalten Sie aber eine Verknüpfung auf das Objekt. Binden Sie das Kamerasymbol in Ihre Oberfläche ein:

1. Klicken Sie mit der rechten Maustaste in die Symbolleiste für den Schnellzugriff.

2. Wählen Sie *Symbolleiste für den Schnellzugriff anpassen*.

3. Schalten Sie unter *Befehle auswählen* auf *Alle Befehle*.

4. Suchen Sie den Eintrag *Kamera*. Klicken Sie ihn an und holen Sie ihn mit Klick auf *Hinzufügen* in die Symbolleiste.

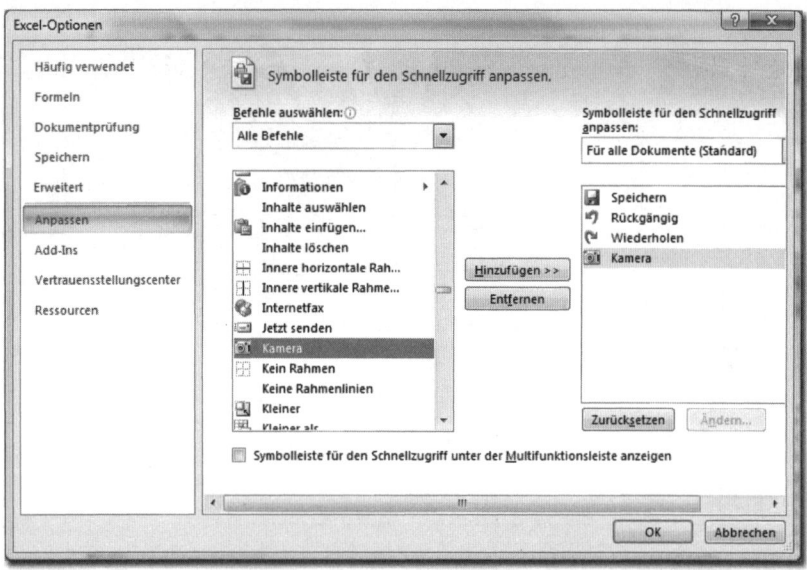

Abbildung 10.22: Das Kamerasymbol wird in die Symbolleiste eingebunden

So »fotografieren« Sie mit der Kamera:

1. Markieren Sie den Bereich, den Sie fotografieren wollen.

2. Klicken Sie auf die Kamera. Der Mauszeiger verwandelt sich in ein kleines Fadenkreuz.

3. Suchen Sie den Zielbereich, schalten Sie ggf. in ein anderes Tabellenblatt oder in eine andere Mappe (Register *Ansicht, Fenster wechseln* oder $\boxed{\text{Strg}}$+$\boxed{\text{F6}}$).

4. Setzen Sie die Kamerakopie per Klick in die Zieltabelle.

Achten Sie auf die Verknüpfung, die bei markiertem Objekte in der Bearbeitungsleiste sichtbar wird. Sie können diese verknüpfte Kamerakopie formatieren, verkleinern und vergrößern, verschieben und duplizieren. Ein Doppelklick auf das Objekt bringt Sie sofort zurück zum Quellbereich.

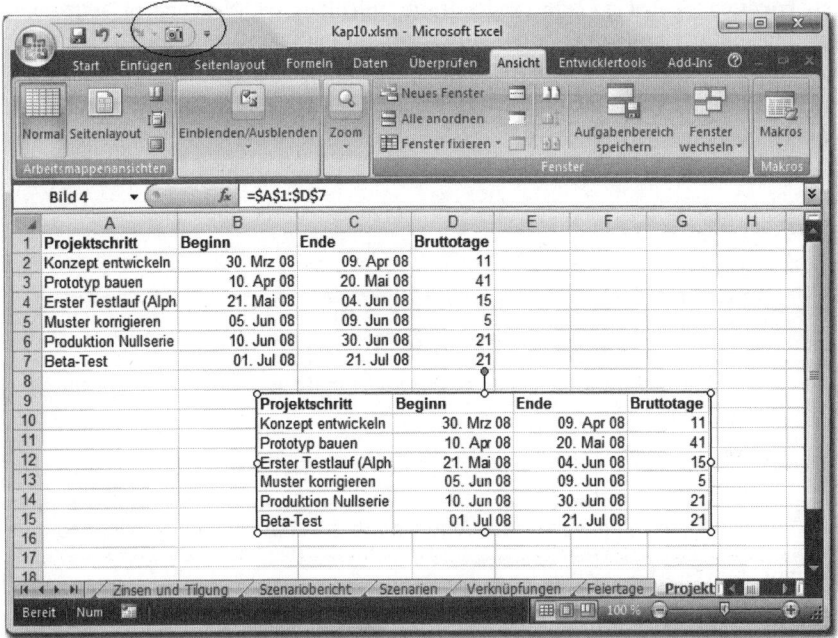

Abbildung 10.23: Kamerasymbol und Kamerakopie

10.12 Feiertage berechnen

Wer mit Personaldaten, Urlaubslisten, Dienst- und Einsatzplänen und Gleitzeittabellen arbeitet, wird um die Berechnung der Feiertage nicht herumkommen. Das Problem ist schon gelöst, es gibt lange und kurze Excel-Formeln, die exakt und zuverlässig die Feiertage jedes Jahres berechnen.

10.12.1 Ostern berechnen nach Gauß

Es gibt nur wenige bewegliche kirchliche Feiertage, und diese orientieren sich am Datum des Ostersonntags. Ostern wird nach christlicher Tradition am Sonntag nach dem ersten Vollmond im Frühling gefeiert, und dieses Osterdatum lässt sich nach den Zyklen der mittleren Erd- und Mondbewegung berechnen. Der Mathematiker

Carl Friedrich Gauß (1777-1855, der früher auf den 10-DM-Scheinen abgebildet war), hat dafür eine Formel entwickelt, die als Gauß'sche Osterformel bekannt ist und für die es mittlerweile in jeder Programmiersprache der Welt einen Algorithmus gibt. Das Internet bietet mehrere tausend Seiten, auf denen das Thema zu finden ist, eine der ausführlichsten hier:

http://www.nabkal.de/gauss.html

Das ist der Gauß'sche Algorithmus:

```
a = Jahr mod 19
      b = Jahr mod 4
      c = Jahr mod 7
      d = (19 * a + M) mod 30        [M = 15]
      e = (2 * b + 4 * c + 6 * d + N) mod 7    [N = 6]
  Ostern = 22. März + d + e
```

Diese Formel wurde natürlich in alle Programmiersprachen der Welt übersetzt. Für Excel gibt es mehrere Varianten, von denen einige nicht in allen Jahren funktionieren. Die Excel-Formel, die den Gauss-Algorithmus zuverlässig abbildet, sieht so aus:

Das Jahr steht in A1:

A1: 2008

=DATUM(A1;3;28)+REST(24-REST(A1;19)*10,63;29)-REST(KÜRZEN(A1*5/4)+ REST(24-REST(A1;19)*10,63;29)+1;7)

Ergebnis: 23. März 2008

10.12.2 Feiertagsübersicht

Alle beweglichen Feiertage haben jetzt dieses Datum als Basis, die gesetzlichen berechnen Sie am besten mit der Funktion =DATUM(), die als erstes Argument das Jahr, als zweites den Monat und den Tag im dritten Argument benötigt. Der 1. Januar des Auswertungsjahres in Zelle A1 wäre demzufolge mit dieser Formel zu berechnen:

=DATUM($A$1;1;1)

Stellen Sie eine Liste mit allen Feiertagen auf, die es hierzulande gibt:

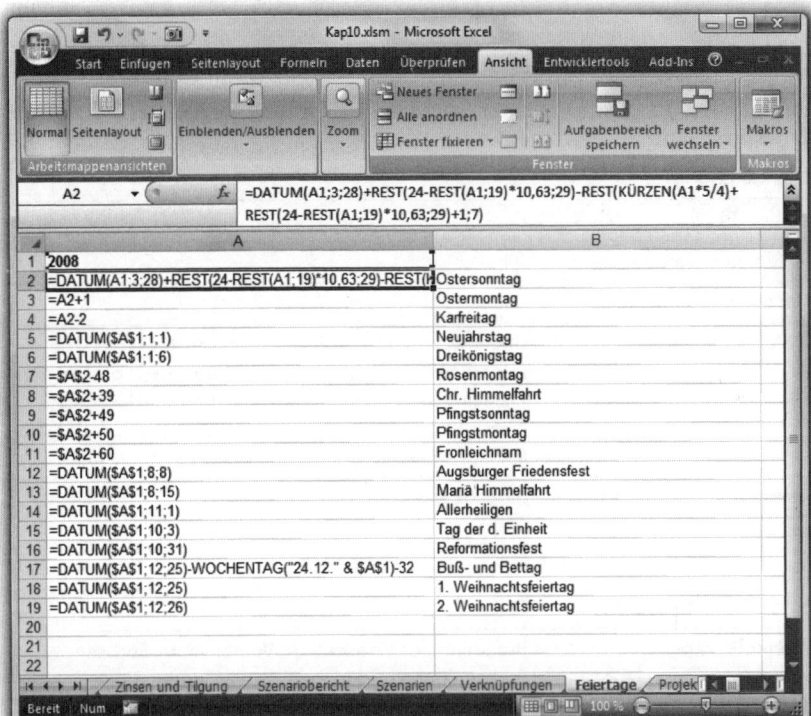

Abbildung 10.24: Feiertagsliste

Die Unterscheidung zwischen den einzelnen Bundesländern können Sie durch Zuweisung von Kennziffern vornehmen oder einfach die nicht benötigten Zeilen löschen. Unter dieser Adresse finden Sie die Informationen im Internet:

www.feiertage.net

Hier eine Auflistung:

Feiertag	Bundesland
Neujahr	Alle
Hl. 3 Könige	Baden-Württemberg, Bayern, Sachsen-Anhalt
Karfreitag	Alle
Ostermontag	Alle
Tag der Arbeit	Alle
Christi Himmelfahrt	Alle
Pfingstmontag	Alle
Fronleichnam	Baden-Württemberg, Bayern, Hessen, Nordrhein-Westfalen, Rheinland-Pfalz, Saarland, Sachsen (in bestimmten Gemeinden im Landkreis Bautzen und im Westlausitzkreis), Thüringen (in Gemeinden mit überwiegend katholischer Bevölkerung)
Friedensfest	Stadtkreis Augsburg
Mariä Himmelfahrt	In Gemeinden mit überwiegend katholischer Bevölkerung in Bayern und Saarland
Tag der deutschen Einheit	Alle
Reformationstag	Brandenburg, Mecklenburg-Vorpommern, Sachsen, Sachsen-Anhalt, Thüringen
Allerheiligen	Baden-Württemberg, Bayern, Nordrhein-Westfalen, Rheinland-Pfalz, Saarland, Sachsen
Buß- und Bettag	Sachsen
1. und 2. Weihnachtsfeiertag	Alle

Die Feiertagsliste können Sie jetzt in zahlreichen Funktionen als Argument führen. Weisen Sie ihr den Bereichsnamen *Feiertage* zu:

1. Markieren Sie A2:B19.
2. Wählen Sie *Formeln/Definierte Namen/Namens-Manager.*
3. Klicken Sie auf *Neu*, und geben Sie den Bereichsnamen *Feiertage* ein.
4. Bestätigen Sie mit *OK.*

10.12.3 Feiertage auf Samstag/Sonntag

Mit einer Matrixformel berechnen Sie, wie viele Feiertage auf einen Samstag fallen. Die Funktion WOCHENTAG() gibt den Wert 7 für einen Samstag aus. Schicken Sie die Matrixfunktion aber mit (Strg) + (ª) + (Enter) weg, denn die Wochentage der einzelnen Feiertage müssen Zelle für Zelle berechnet werden. Die geschweiften Klammern rund um die Formel kennzeichnen diese als Matrixformel, sie werden nicht eingegeben:

```
{=SUMME(WENN(WOCHENTAG(INDEX(Feiertage;
;1))=7;1;0)))}
```

Der Wert für den Sonntag ist die 1, die Formel berechnet, wie viele Feiertage auf einen Sonntag fallen:

```
{=SUMME(WENN(WOCHENTAG(INDEX(Feiertage;
;1))=1;1;0)))}
```

10.12.4 Nettotage berechnen

Die Funktion NETTOARBEITSTAGE() verwendet die Datumswerte aus der Feiertagsliste für ihr drittes Argument und berechnet somit nicht nur die Nettotage einer Woche (ohne Samstage und Sonntage), sondern zieht auch noch die Feiertage ab. Fällt ein Feiertag auf einen Samstag oder Sonntag, wird er natürlich nicht zweimal subtrahiert:

```
=NETTOARBEITSTAGE(Beginn;Ende;FreieTage)
```

Erstellen Sie einen Projektplan, schreiben Sie die Projektschritte mit Anfangs- und Enddatum in die Spalten, und berechnen Sie die Anzahl der Bruttotage.

D2	▼	f_x =C2-B2+1	
	A	B	C	D
---	---	---	---	---
1	Projektschritt	Beginn	Ende	Bruttotage
2	Konzept entwickeln	30. Mrz 08	09. Apr 08	11
3	Prototyp bauen	10. Apr 08	20. Mai 08	41
4	Erster Testlauf (Alpha)	21. Mai 08	04. Jun 08	15
5	Muster korrigieren	05. Jun 08	09. Jun 08	5
6	Produktion Nullserie	10. Jun 08	30. Jun 08	21
7	Beta-Test	01. Jul 08	21. Jul 08	21

Abbildung 10.25: Ein Projektplan mit Bruttotage-Berechnung

Für die Berechnung der Nettotage kopieren Sie das Tabellenblatt mit der Feiertags-
liste und dem Bereichsnamen *Feiertage* in die Mappe und erstellen in der nächsten
Spalte die Formel für die Nettotage. Verwenden Sie nur die erste Spalte der Liste als
Referenz für die freien Tage:

=NETTOARBEITSTAGE(B2;C2;INDEX(Feiertage;;1))

Die beiden letzten Spalten erhalten noch ein spezielles Zahlenformat:

1. Markieren Sie Spalte C und D.

2. Weisen Sie mit ⌨Strg + ⌨1 dieses benutzerdefinierte Zahlenformat zu:

   [>1]0" Tage";[=1]0" Tag";""

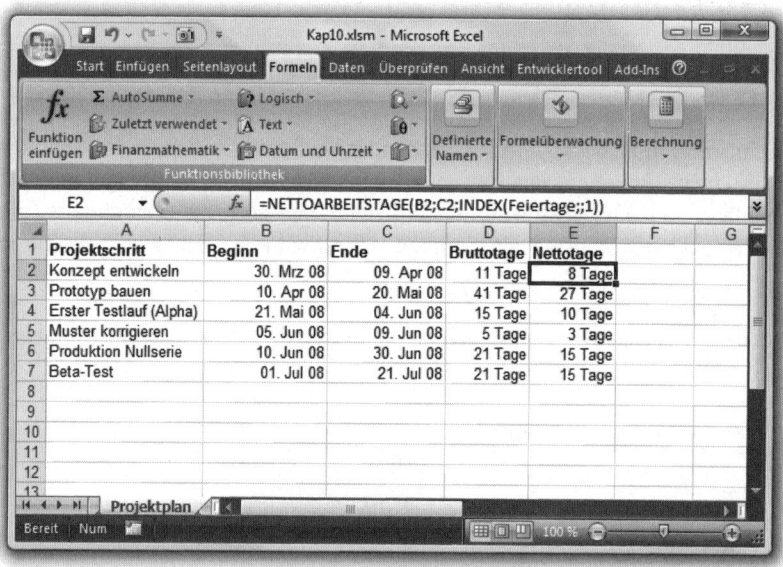

Abbildung 10.26: Die Berechnung der Nettotage

KAPITEL 11

Tricks mit der Daten-
überprüfung

Die Datenüberprüfung ist eine Zellformatierung, die Daten bei der Erfassung überprüft und nur solche Texte und Zahlen zulässt, die mit einer definierten Regel übereinstimmen. Wie bei allen anderen Formatierungen auch muss der Bereich, dem die Gültigkeitsregel zugewiesen wird, markiert sein. Einfache Datenüberprüfungsregeln basieren auf Text, Datum oder Zahl, komplexere vergleichen den Zellinhalt mit den Ergebnissen von Formeln.

Die Gültigkeitsprüfung gilt für alle markierten Zellen, achten Sie deshalb besonders auf die Möglichkeiten, die das relative und absolute Adressieren von Zellen bietet. Arbeiten Sie mit relativen Bezügen, wenn diese für alle markierten Zellen gelten sollen. Ein Beispiel:

Der Bereich A1:A5 ist markiert, über die Symbolgruppe *Daten/Datentools* und das Symbol *Datenüberprüfung* wird eine Datenüberprüfung zugewiesen.

Enthält die Formel in der Datenüberprüfung den Bezug B1, wird dieser relativ angepasst:

A1:   B1

A2:   B2

...

A5:   B5

Enthält eine Formel den Bezug $B$1, wird dieser für alle Zellen gleich bleiben:

A1: $B$1

A2: $B$1

...

A5: $B$1

11.1 Nur Texteingabe erlauben

Der Benutzer Ihrer Tabelle darf in einer Spalte oder in einen Zellbereich nur Text eingeben, Zahlen sind nicht erlaubt. Eigentlich eine Aufgabe für die Datenüberprüfung, diese bietet unter *Einstellungen/Zulassen* aber nur die Beschränkung auf Zahlenwerte. Für Texte steht nur die Einschränkung der Textlänge zur Auswahl, die ausschließliche Eingabe von Buchstaben lässt sich nicht erzwingen.

Schreiben Sie eine benutzerdefinierte Datenüberprüfung, die diese Aufgabe übernimmt:

1. Markieren Sie den Bereich in der aktiven Tabelle, der die Gültigkeitsregeln erhalten soll.

2. Klicken Sie unter *Daten/Datentools* auf das Symbol *Datenüberprüfung*.

3. Schalten Sie unter *Einstellungen/Zulassen* auf *Benutzerdefiniert*.

4. Tragen Sie im Formelfeld diese Formel ein (A1 ist die erste Zelle des markierten Bereiches):

=ISTTEXT(A1)

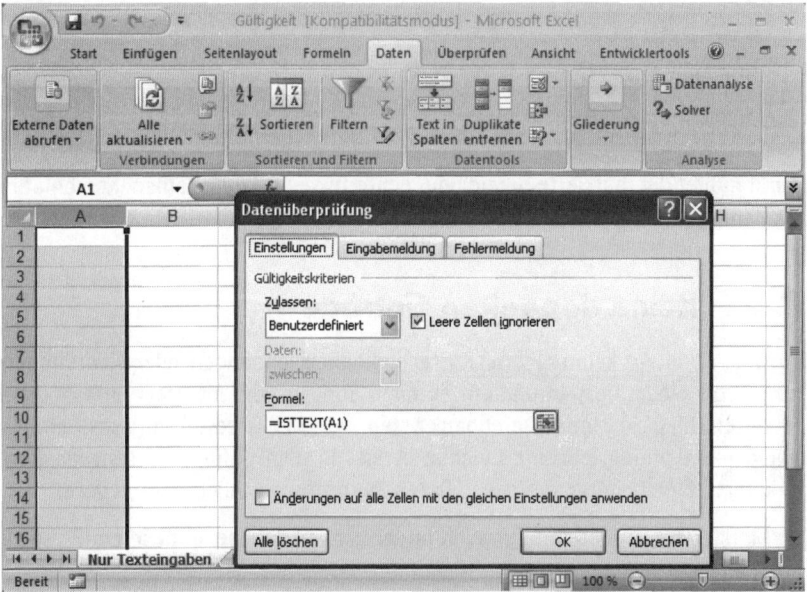

Abbildung 11.1: Benutzerdefinierte Datenüberprüfung für Texteingaben

5. Wechseln Sie zur Registerkarte *Fehlermeldung*, und tragen Sie die Fehlermeldung ein, die darauf hinweist, dass nur Texteingaben erlaubt sind.

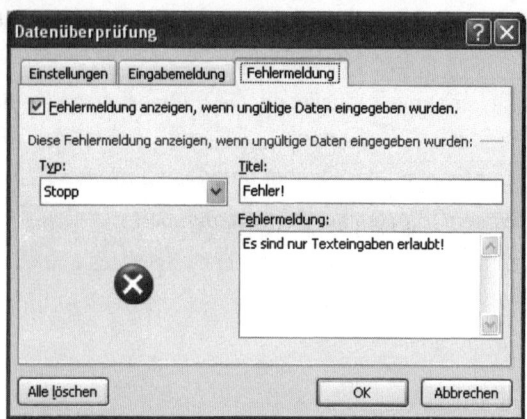

Abbildung 11.2: Fehlermeldung für Falscheingaben definieren

6. Bestätigen Sie mit Klick auf *OK*, und die Datenüberprüfung wird zugewiesen.

Damit nimmt der markierte Bereich nur echte Texte an, keine Zahlen. Kombinationen aus Zahlen und Buchstaben sind aber erlaubt.

11.2 Keine doppelten Einträge

Personal- und Artikelnummern, Kostenstellenbezeichnungen oder Kontonummern müssen oft eindeutig sein und dürfen nicht doppelt oder mehrfach erfasst werden. Im Unterschied zu einem Datenbanksystem wie MS Access kann Excel standardmäßig nicht prüfen, ob eine Eingabe bereits in dem dafür vorgesehenen Bereich vorkommt. Eine benutzerdefinierte Datenüberprüfung schließt diese Lücke:

1. Markieren Sie den einen Bereich in der aktiven Tabelle, in unserem Beispiel die Spalte A.

2. Klicken Sie unter *Daten/Datentools* auf das Symbol *Datenüberprüfung*.

3. Schalten Sie unter *Einstellungen/Zulassen* auf *Benutzerdefiniert*.

4. Tragen Sie im Formelfeld diese Formel ein (A1 ist die erste Zelle des markierten Bereiches):

=NICHT(ZÄHLENWENN($A:$A;A1))=1

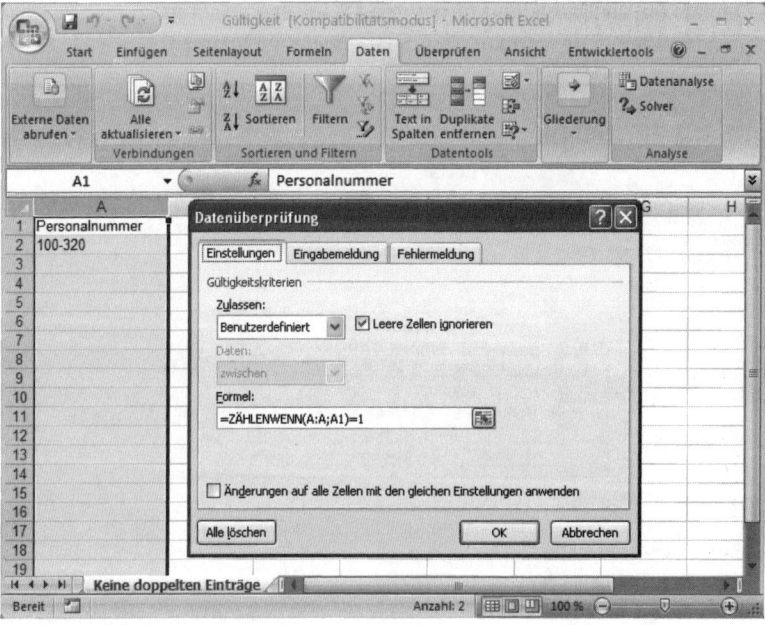

Abbildung 11.3: Keine doppelten Einträge erlauben

5. Schalten Sie um auf die Registerkarte *Fehlermeldung*, und tragen Sie einen Meldungstext ein, der darauf hinweist, dass keine doppelten Einträge erlaubt sind.

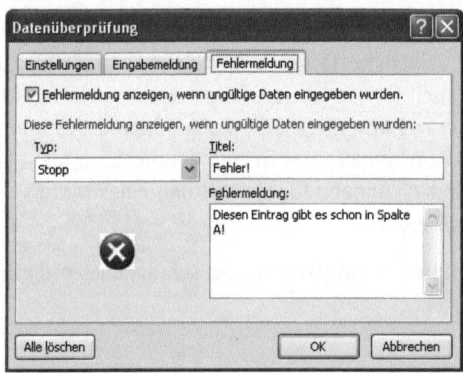

Abbildung 11.4: Fehlermeldung für ungültige Eingaben

6. Schließen Sie die Datenüberprüfung mit *OK* ab, und ab sofort können keine doppelten Einträge in der formatierten Spalte mehr vorkommen.

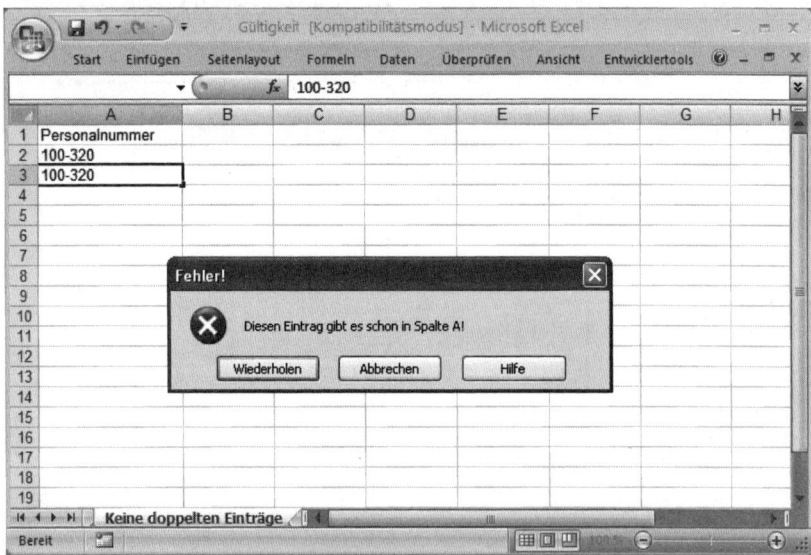

Abbildung 11.5: Fehlermeldung für ungültige Eingaben

11.3 Zahlenkonformität prüfen

Neben der allgemeinen Datenüberprüfung für Zahlenwerte, die den Bereich auf ganze Zahlen, Dezimalzahlen oder Zahlen in einem bestimmten Wertebereich prüft, kann die Menüoption aus dem *Daten*-Menü auch für die Überprüfung von Eingaben auf Konformität eingesetzt werden. In der Praxis unterliegen die Zahlen häufig bestimmten Einschränkungen, beispielsweise wird ein eingetipptes Geburtsdatum sicher nicht größer sein als das Tagesdatum oder die KW-Angabe für die Leistung eines Motors wird eine bestimmte Grenze nicht unterschreiten.

Legen Sie benutzerdefinierte Datenüberprüfungen fest und schränken Sie die Eingabe über Formeln ein.

1. Markieren Sie den einen Bereich in der aktiven Tabelle.
2. Klicken Sie unter *Daten/Datentools* auf das Symbol *Datenüberprüfung*.
3. Schalten Sie unter *Einstellungen/Zulassen* auf *Benutzerdefiniert*.
4. Tragen Sie im Formelfeld die passende Formel ein, und geben Sie auf der Registerkarte *Fehlermeldung* einen passenden Text für die Fehlermeldung ein.

Hier einige Beispiele:

11.3.1 Keine ungeraden/geraden Zahlen erlauben

Wenn die eingegebene Zahl gerade sein soll, teilen Sie diese in der Formel für die Datenüberprüfung durch 2 und überprüfen, ob ein Rest übrig bleibt. Die Formel dazu lautet:

`=REST(A1;2)=0`

Und so muss die Formel für die benutzerdefinierte Datenüberprüfung aussehen, wenn nur ungerade Zahlen erlaubt sind:

`=REST(A1;2)<>0`

11.3.2 Preisangaben dürfen nicht ganzzahlig sein

Soll der Artikelpreis immer mit den Nachkommastellen 0,99 enden, prüfen Sie die Eingabe mit dieser Formel ab:

`=A1-GANZZAHL(A1)=0,99`

11.3.3 Keine Texte, keine Minuszahlen, keine Nullen

Schreiben Sie in die Formelzelle diese Formel, wenn die Eingabe kein Text, keine Minuszahl und auch keine Null sein darf:

`=UND(NICHT(ISTTEXT(A1));A1>0)`

11.3.4 Nur Ganzzahlen in einem bestimmten Bereich

Mit dieser Formel stellen Sie sicher, dass nur ganze Zahlen zwischen 1 und 100 einzugeben sind:

`=UND(REST(A1;2)=0;A1<=1;A1>=100)`

Diese Datenüberprüfung entspricht der Einstellung *Zulassen:Ganze Zahlen*, die auch eine Zuweisung von Maximum und Minimum erlaubt. Die Funktion UND() bietet aber darüber hinaus die Möglichkeit, noch viele weitere Kriterien hinzuzufügen. Mit dieser Formel sind keine Werte erlaubt, die mit dem Inhalt der Zelle $B$1 übereinstimmen:

=UND(REST(A1;2)=0;A1<=100;A1>1;A1<>$B$1)

Mit der Einbindung weiterer Funktionen können Sie sogar prüfen, ob der Wert in einer Liste vorkommt, und ihn nur bei Übereinstimmung zulassen. Hier z.B. eine Formel, mit der die Eingabe in der Zelle A1 mit dem Bereich »PLZ« verglichen wird. Die Eingabe wird nur zugelassen, wenn der Vergleich positiv ausfällt, die Funktion also keinen Fehler ausgibt:

=NICHT(ISTNV(VERGLEICH(A1;PLZ;0)))

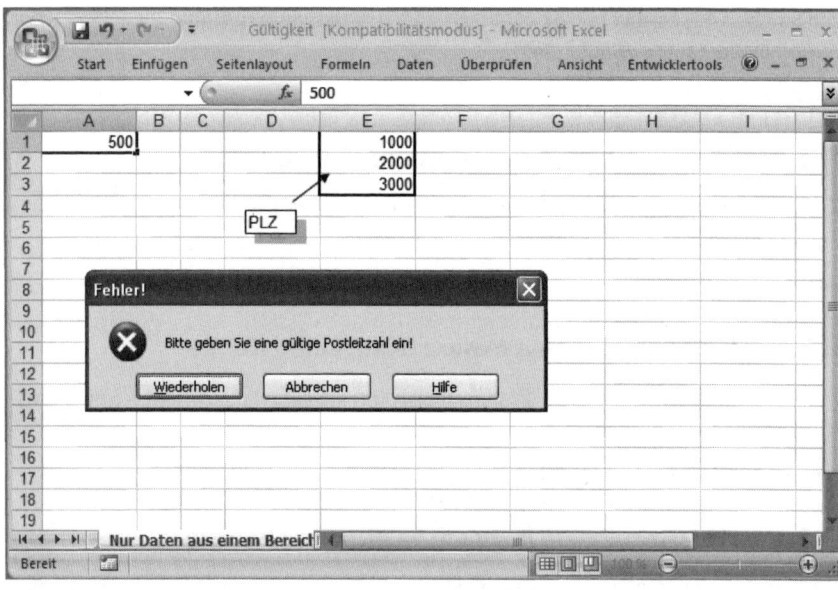

Abbildung 11.6: Datenüberprüfung mit Bereich

11.3.5 Ein wirksamer Passwortschutz

Wie lässt sich diese Technik für einen Passwortschutz benutzen? Der Anwender sollte keine Möglichkeit haben, Daten einzutragen, wenn das Passwort nicht bekannt ist:

1. Schreiben Sie in eine beliebige Zelle der Tabelle ein Passwort:

   H1: test

2. Blenden Sie die Zelle aus, oder formatieren Sie sie mit diesem Zahlenformat, damit der Inhalt nicht sichtbar ist:

   ;;;

3. Markieren Sie alle Zellen der Tabelle, klicken Sie dazu links oben in das Kästchen im Schnittpunkt von Zeilennummern und Spaltenbuchstaben.

4. Klicken Sie unter *Daten/Datentools* auf das Symbol *Datenüberprüfung*.

5. Stellen Sie unter *Zulassen: Benutzerdefiniert* ein, und tragen Sie diese Formel in das Formelfeld ein:

   =$H$1="test"

6. Entfernen Sie das Häkchen vor der Option *»Leerzeichen ignorieren«*.

7. Geben Sie eine passende Fehlermeldung ein, und schließen Sie die Datenüberprüfung mit *OK* ab.

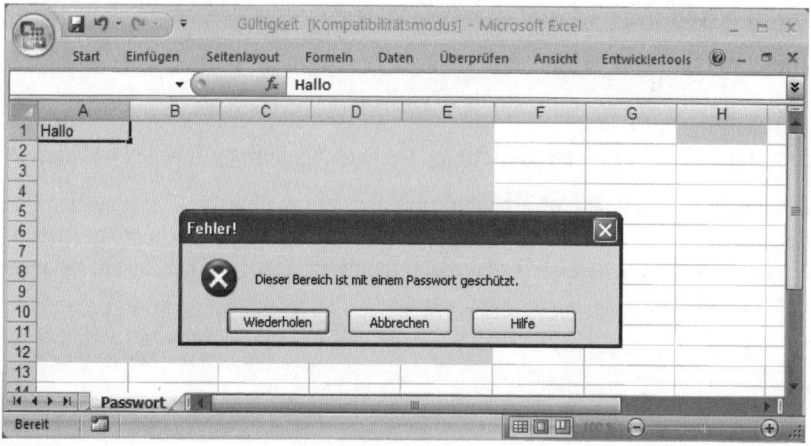

Abbildung 11.7: Der Passwortschutz verhindert Eingaben

11.3.6 Eingabeschutz für Zellen

Um alle Zellen eines Bereiches oder einer Tabelle vor unbeabsichtigtem Überschreiben zu schützen, schreiben Sie eine benutzerdefinierte Datenüberprüfung mit dieser Formel (A1 ist die erste Zelle im Bereich):

`=ISTLEER(A1)`

11.3.7 Eingabeschutz für Mappen

Neue Arbeitsmappen werden mit Pseudonamen wie »Mappe1, Mappe2« versehen und lassen sich beliebig lange ohne Speicherung bearbeiten. Wenn Sie den Benutzer der Mappe zwingen wollen, diese vor der ersten Zellbearbeitung zu speichern, verwenden Sie diese Datenüberprüfung:

1. Markieren Sie alle Zellen der ersten Tabelle, klicken Sie dazu in das Kästchen links oben, in dem sich Zeilen- und Spaltenkopf treffen.

2. Klicken Sie unter *Daten/Datentools* auf das Symbol *Datenüberprüfung*.

3. Schalten Sie unter *Zulassen* auf *Benutzerdefiniert*.

4. Geben Sie diese Formel in das Formelfeld ein:

    `=ZELLE("Dateiname")<>""`

Wechseln Sie in die Registerkarte *Fehlermeldung*, und tragen Sie ein:

Typ: *Stopp*

Titel: *Mappe nicht gespeichert*

Text: *Bitte speichern Sie zuerst Ihre Arbeitsmappe!*

Bestätigen Sie mit *OK* und formatieren Sie auch die übrigen Tabellen auf diese Art.

Die Funktion ZELLE() gibt in Verbindung mit dem Informationstyp Dateiname den Namen der gespeicherten Arbeitsmappe aus und liefert eine leere Zeichenfolge, wenn die Mappe nicht gespeichert ist. Die Formel verhindert Eingaben in alle Zellen, so lange die Funktion keinen Dateinamen findet.

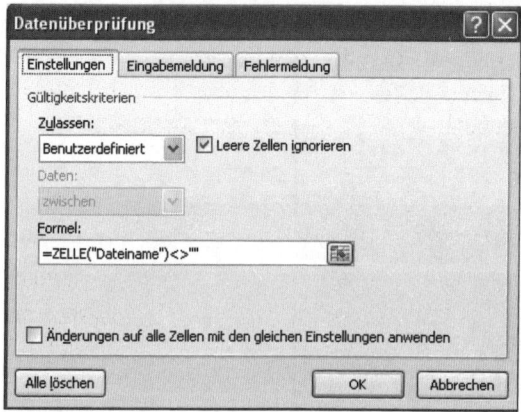

Abbildung 11.8: Prüfung, ob die Mappe gespeichert ist

11.4 Gültigkeitslisten

Die Datenüberprüfung bietet neben den Beschränkungen auf bestimmte Eingabe-typen wie Zahl, Text oder Datum/Zeit auch die Möglichkeit, eine vordefinierte Liste zu benutzen. Jede Zelle, die mit einer dieser Listen belegt ist, erhält einen Listenpfeil am rechten Rand, und ein Klick darauf öffnet dem Benutzer die Auswahlliste.

11.4.1 Direkte Listen

Einfache Listen mit wenigen Einträgen können Sie direkt in der Datenüberprüfung definieren:

1. Markieren Sie einen Zellbereich, am besten ganze Spalten.
2. Klicken Sie unter *Daten/Datentools* auf das Symbol *Datenüberprüfung*.
3. Schalten Sie auf der ersten Karte unter *Zulassen* auf *Liste*.
4. Geben Sie im Eingabefeld *Quelle* die Listenelemente ein, das Semikolon dient als Trennzeichen.

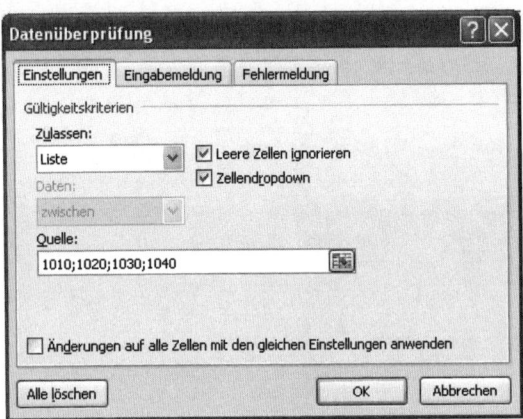

Abbildung 11.9: Eine Gültigkeitsliste

Die Liste steht im markierten Bereich zur Auswahl, klicken Sie dazu auf den Listenpfeil am rechten Zellenrand, und wählen Sie einen Eintrag per Klick.

	A	B	C	D
1				
2	1010			
3	1020			
4	1030			
	1040			
5				
6				
7				

Abbildung 11.10: Die Liste steht in der Zelle zur Auswahl

Texte oder Datums- und Zeitwerte als Listenelemente müssen nicht explizit gekennzeichnet werden, Excel erkennt bei der Annahme eines Elements automatisch den Datentyp und weist das passende Zahlenformat zu. Wollen Sie einen Zahlenwert als Text anbieten, schreiben Sie einen Apostroph vor die Zahl, das Datum oder den Zeitwert.

11.4.2 Listen aus Bereichen übernehmen

Größere Listen übernehmen Sie aus Zellbereichen, indem Sie die Adresse des Bereiches eintragen. Schreiben Sie die Listeneinträge in den Zellbereich, und weisen Sie diesen als Quelle für die Datenüberprüfung zu. Achten Sie darauf, dass dieser Bereich immer absolut adressiert sein muss.

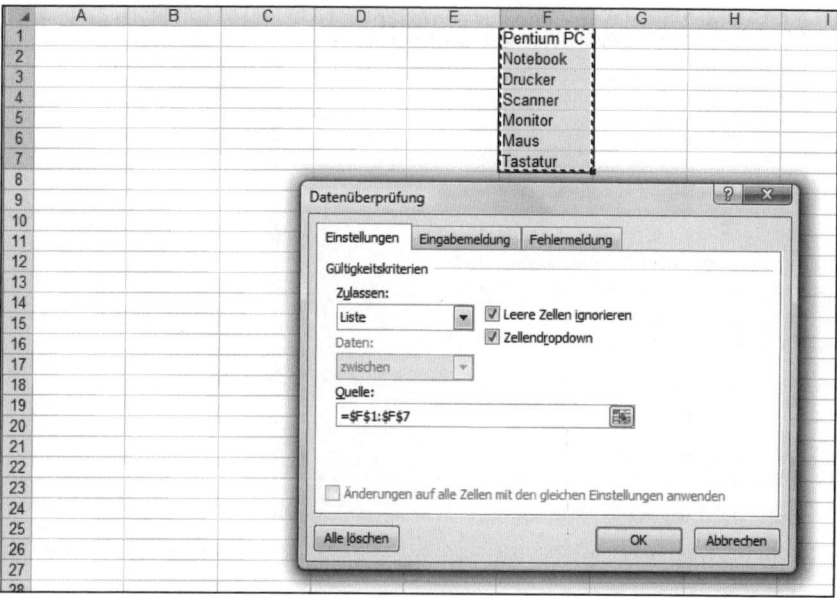

Abbildung 11.11: Absoluter Zellbezug für Gültigkeitsliste

Sie können diese Quelle auch aus einem anderen Tabellenblatt beziehen, sollten dazu aber mit Bereichsnamen arbeiten:

1. Schreiben Sie die Liste in eine neue Tabelle.

2. Markieren Sie den Bereich, und weisen Sie ihm unter *Formeln/Definierte Namen* über das Symbol *Namen definieren* einen Bereichsnamen zu.

   Name: Ausstattung
   Bereich: Arbeitsmappe
   Bezieht sich auf: Tabelle2!$F$1:$F$7

3. Schalten Sie in die Tabelle, in der Sie Zellen mit den Listen versehen wollen, und markieren Sie diese Zellen.

4. Klicken Sie unter *Daten/Datentools* auf das Symbol *Datenüberprüfung*.

5. Schalten Sie unter *Zulassen* auf *Liste*.

6. Tragen Sie den Bezug auf die benannte Liste im Feld *Quelle* ein:

   =Ausstattung

7. Jetzt können Sie die Einträge aus der externen Liste im Listenfeld der Zelle auswählen.

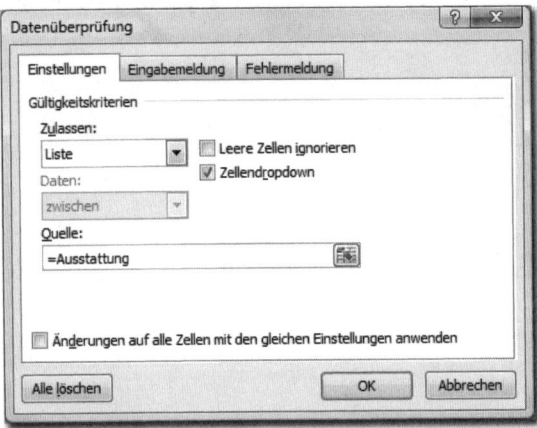

Abbildung 11.12: Externe Quelle mit Bereichsnamen für die Liste

---

Hinweis

Selbst die Verknüpfung auf Bereiche in anderen Mappen ist möglich. Excel merkt sich den Pfad zur Mappe, wenn diese geschlossen ist, und holt die Listeneinträge auch aus geschlossenen Mappen (sofern der Pfad noch gültig ist).

11.4.3 Dynamisch veränderbare Listenbereiche

In der Praxis sind Listen nicht immer von fester Größe, häufig werden neue Daten eingespielt und Bereiche durch Hinzufügen von Daten erweitert oder durch Löschen von Zeilen reduziert. Wenn die Änderungen zwischen der ersten und letzten Zelle des benannten Bereiches vorgenommen werden, passen sich der Bereichsname und damit auch die Quelle für die Gültigkeitsliste automatisch an. Schwieriger wird es bei Listen, die per Eingabe oder über einen Datenimport nach unten erweitert werden oder wenn die Anpassung der Bereichsnamen zu aufwändig wird. Hier benutzen Sie am besten die Technik der dynamischen Bereichsnamen.

Ein Beispiel dazu:

Die Mitarbeiter Ihrer Firma können Bestellungen von EDV-Material und Zubehör in ein Formular eintragen. Die Artikel werden in einer Liste angeboten, der Anwender wählt nur noch Prozessortyp und Ausstattungen (Monitor, Drucker, Tastatur, Maus).

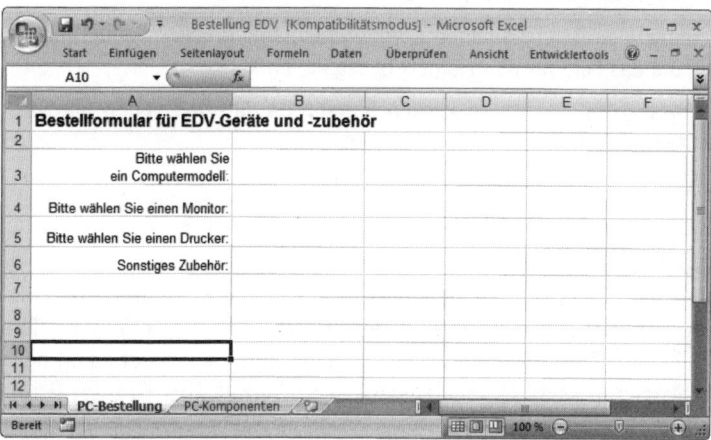

Abbildung 11.13: Ein Bestellformular

Für jede einzelne Position erstellen Sie eine Spalte mit Auswahlmöglichkeiten. Tragen Sie diese in einer neuen Tabelle ein.

	A	B	C	D
1	Computer	Monitor	Drucker	Zubehör
2	Acer Pentium 5 2,0 GHz	Acer AL191	HP ColorLaserJet	Flachbettscanner Epson 4500
3	Siemens Fujitsu Pentium 5 3.0	Acer TFT 19 Zoll	HP DesJet 5600	Tischscanner Toshiba 340
4	Toshibar 300 Pentium 3.0 GHz	Belinea 19 Zoll	Canon Bubblejet	Digitalkamera Kodak 390 SL
5	Acer Notebook 3.0 GHz	Sony Triniton 19 Zoll	Canon ColorLaser	Digitalkamera Olympia 4500
6				
7				
8				
9				
10				
11				
12				
13				

Abbildung 11.14: Die Komponentenlisten

469

Erstellen Sie zunächst in dieser Ausstattungstabelle mit Bereichsnamen, die sich automatisch an die Zahl der Geräte pro Spalte anpassen. Beginnen Sie mit der ersten Spalte:

1. Markieren Sie den Bereich, und weisen Sie ihm unter *Formeln/Definierte Namen* über das Symbol *Namen definieren* einen Bereichsnamen zu.

2. Tragen Sie dabei den Bereichsnamen *Computer* ein, und drücken Sie dreimal die ⎋-Taste, um das Feld für den Namensbezug zu markieren.

3. Geben Sie diese Formel ein, und klicken Sie auf *OK*, um den neuen Bereichsnamen zu übernehmen:

`=BEREICH.VERSCHIEBEN($A$2;;;ANZAHL2($A:$A)-1;1)`

Die Funktion BEREICH.VERSCHIEBEN benötigt als Argumente den Ausgangspunkt der Verschiebung, die Zeilen und Spaltenzahl sowie die neue Höhe und die neue Breite des Bereiches. In dieser Formel setzt sie an der Zelle A2 an, benutzt keine Verschiebungswerte und verweist auf einen Bereich, dessen Höhe durch die Anzahl der Einträge in Spalte A angegeben ist. Eine Verschiebung des Bereiches findet damit nicht statt, aber der Bereich wird durch die Berechnung der Anzahl aller Einträge (Funktion ANZAHL2()) automatisch in der richtigen Größe angegeben. Sie können diesen Bereichsnamen überprüfen, indem Sie nach Abschluss des Dialogs die Funktionstaste ⎄ F5 ⎄ drücken, den Bereichsnamen eingeben und die Eingabetaste drücken.

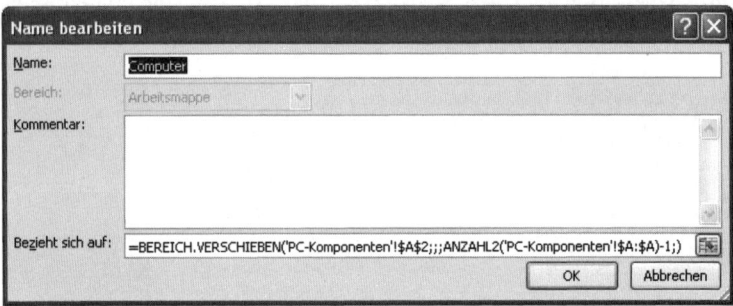

Abbildung 11.15: Ein dynamischer Bereichsname

Hinweis

Berechnete Bereichsnamen werden mit (F5) nicht in der Liste aufgeführt und erscheinen auch nicht im Namensfeld links oben über der Spalte A.

Erstellen Sie im Anschluss die Bereichsnamen für die übrigen Spalten, sie unterscheiden sich jeweils in der Anfangszelle und in der Spaltenbezeichnung, die für die Berechnung der Anzahl verwendet wird. Achten Sie darauf, dass alle Zell- und Spaltenbezüge unbedingt absolut ($-Zeichen) anzugeben sind.

Monitor	=BEREICH.VERSCHIEBEN($B$2;;;ANZAHL2($B:$B)-1;1)
Drucker	=BEREICH.VERSCHIEBEN($C$2;;;ANZAHL2($C:$C)-1;1)
Zubehör	=BEREICH.VERSCHIEBEN($D$2;;;ANZAHL2($D:$D)-1;1)

Diese berechneten Bereichsnamen werden jetzt mithilfe einer Gültigkeitsliste die Auswahl in den jeweiligen Formularzellen anbieten:

1. Schalten Sie in das Formular »PC-Bestellung«, und markieren Sie die Zelle B3.
2. Klicken Sie unter *Daten/Datentools* auf das Symbol *Datenüberprüfung*.
3. Schalten Sie auf der ersten Registerkarte unter *Zulassen* auf *Liste*.
4. Tragen Sie als Quelle für diese Liste den ersten berechneten Bereichsnamen ein.
   =Computer

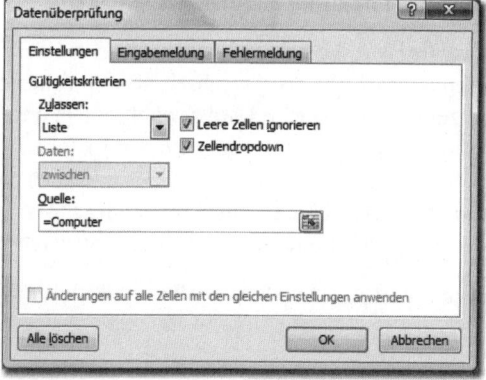

Abbildung 11.16: Gültigkeitsliste mit Quelle

5. Verfahren Sie so auch mit den übrigen Zellen. Wählen Sie jeweils *Liste* als Zulassung und geben Sie die Bezüge zu den Bereichsnamen ein:

B3: =Computer
B4: =Monitor
B5: =Drucker
B6: =Zubehör

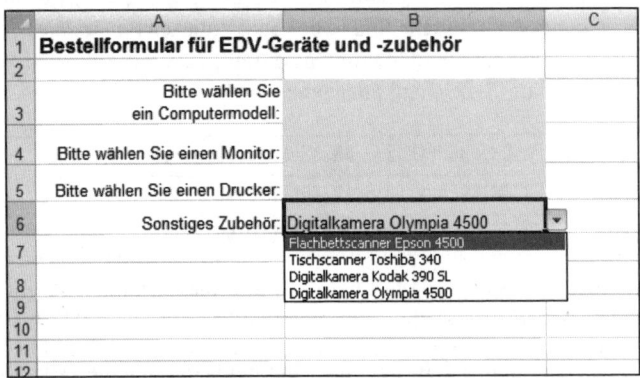

Abbildung 11.17: Der Bereich ist der Zelle zugewiesen

Die variablen Bereiche können jetzt jederzeit erweitert oder verkleinert werden, die Gültigkeitsliste zeigt immer alle Einträge aus der Spalte an.

11.4.4   Variable Gültigkeitslisten mit gegenseitigem Bezug

Die Krönung dieser Listentechnik ist die Liste, die sich auf einen Eintrag in einer Zelle bezieht und ihren Inhalt dynamisch anpasst. Die Liste wechselt also ihr Angebot je nachdem, welchen Wert ein Benutzer in einer anderen Liste gewählt hat. In unserem Beispiel benötigen wir dieses Verfahren, um dem Anwender eines Auskunftsportals für Urlaubsreisen die Möglichkeit zu geben, ein Reiseland zu wählen und nach dieser Auswahl das Ziel genauer zu bestimmen. Die Gültigkeitsliste wird sich selbstständig nach dem vom Anwender gewählten Listeneintrag ihren Inhalt zusammenstellen.

1. Erstellen Sie eine Liste mit Reiseländern, schreiben Sie die Länder in die erste Zeile und die Ziele darunter.

Abbildung 11.18: Urlaubsländer und -ziele

2. Benennen Sie die Spalten einzeln mit dem Namen des Urlaubslandes, beginnend ab der zweiten Zeile. Sie können dazu wie oben beschrieben die Methode der dynamischen Namen verwenden oder – falls sich die Liste nicht mehr ändert – auch die Überschriften automatisch als Bereichsnamen übernehmen. Markieren Sie dazu den Bereich A1:E7, und klicken Sie unter *Formeln/Definierte Namen* auf die Schaltfläche *Aus Auswahl erstellen/Oberster Zeile*.

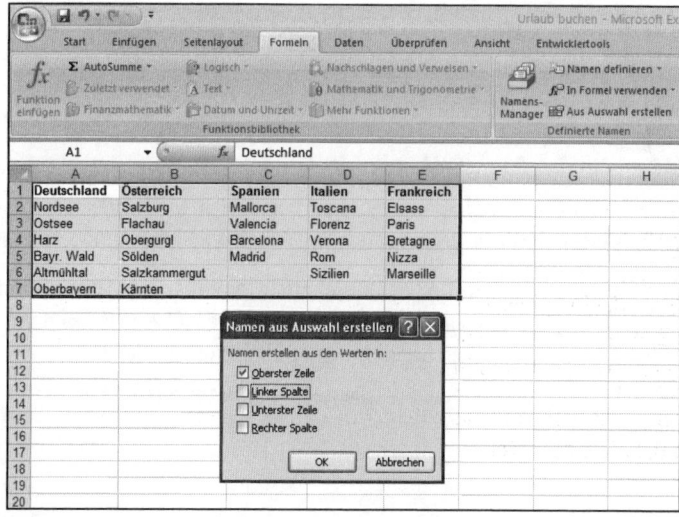

Abbildung 11.19: Namen zuweisen aus der ersten Zeile

Weisen Sie der ersten Zeile ($A$1:$E$1) der Liste noch mit [Strg] + [F3] einen weiteren Bereichsnamen zu, nennen Sie die Zellen der ersten Zeile »Urlaubsländer«.

3. Erstellen Sie in der nächsten Tabelle mit der Bezeichnung »Urlaub buchen« ein Info-Blatt mit der Auswahl der Reiseländer. Weisen Sie dazu der Zelle B3 eine Gültigkeitsliste zu:

```
Zulassen: Liste
Quelle: =Urlaubsländer
```

Abbildung 11.20: Ein Auswahlfeld für die Urlaubsländer

4. Die Zelle A5 erhält eine Formel, die den Text nur anzeigt, wenn ein Urlaubsland gewählt wurde:

```
=WENN(B3<>"";"Wählen Sie ein Urlaubsziel in "&B3;"")
```

5. Jetzt können Sie die Zelle B5 mit einer Gültigkeitsliste präparieren, die in Abhängigkeit vom gewählten Urlaubsland die Urlaubsziele präsentiert. Verwenden Sie dazu eine Liste, und konstruieren Sie den Bezug über diese Funktion:

```
=WAHL(VERGLEICH($B$3;Urlaubsländer;0);Deutschland;Österreich;Spanien;
Italien;Frankreich)
```

Die Funktion WAHL() übernimmt die Aufgabe, einen der benannten Bereiche zu bestimmen. WAHL() erfordert als erstes Argument eine Zahl, und diese ist der Indikator für das zu wählende Argument (z.B. 1 für Argument Nr. 2, 2 für Argument Nr. 3 usw.). Aus diesem Grund sind die Bereichsnamen für die Urlaubsländer als weitere Argumente aufgeführt. Die Funktion VERGLEICH() im ersten Argument sucht den Eintrag in der Nachbarzelle (B3) und vergleicht ihn mit der Liste der Spaltenüberschriften im Bereichsnamen Urlaubsländer (das Argument 0 stellt sicher, dass der Eintrag exakt gefunden wird). Hat der Vergleich die richtige Spaltenüberschrift ausfindig gemacht (was durch die Verwendung der Gültigkeitsliste gewährleistet ist), liefert VERGLEICH() die Spaltennummer aus Urlaubsländer, und das ist gleichzeitig der Index für den Bereichsnamen aus der Funktion WAHL, der für die Belegung der Liste sorgt. Liefert der Vergleich eine 1, zeigt die Liste die Ziele aus dem ersten Land an, mit 2 wird das Angebot von Land 2 angeboten.

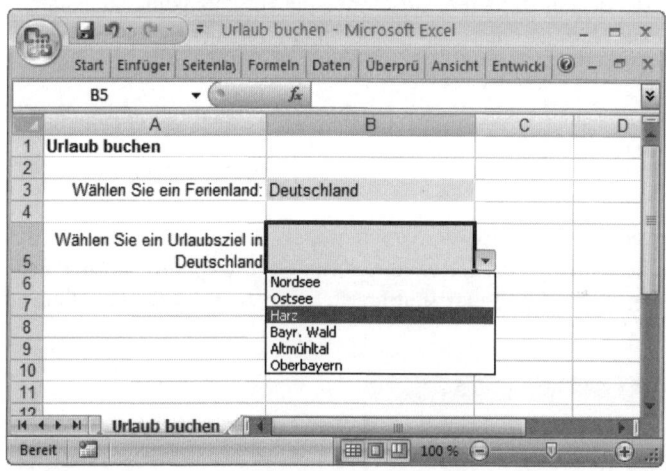

Abbildung 11.21: Das zweite Listenfeld präsentiert seine Auswahl abhängig von der Auswahl im ersten Feld

Ein besonderer Vorteil dieser Liste, die ihren Inhalt aus dem in der ersten Liste gewählten Wert errechnet: So lange der Anwender keinen Gerätetyp gewählt hat, bleibt die Liste geschlossen, und es werden keine Einträge angezeigt. Nachteil: Ein einmal gewählter Eintrag bleibt in der zweiten Liste, auch wenn die erste gewechselt wird. Hier müssen Sie mit Ereignis-Makros eingreifen. Das Makro wird an das Tabellenblatt

»Urlaub buchen« gebunden, es löscht die Zelle mit der zweiten Liste, wenn der Cursor bei Neuberechnung (also Änderung) in der Zelle mit der ersten Liste steht.

```
Private Sub Worksheet_Calculate()
  If ActiveCell.Address = "$B$3" Then
    [B5] = ""
  End If

End Sub
```

Listing 11.1: Makro löscht die Zelle mit dem alten Eintrag

11.5   Eingaben zulassen trotz Datenüberprüfung

Datenüberprüfungen müssen nicht immer rigoros sein und den Benutzer zwingen, sich an die definierten Regeln zu halten. Sie können die Einschränkung auch abmildern und z.b. nur eine Warnung oder eine Empfehlung aussprechen, wenn die Gültigkeitsregel verletzt wird. Dazu ändern Sie einfach das Symbol der Fehlermeldung:

1. Schreiben Sie in die Zelle B1 einer neuen Tabelle das Tagesdatum, verwenden Sie die Formel zur Berechnung:

   =HEUTE()

2. Stellen Sie für die Zelle B3 über die Symbolgruppe *Daten/Datentools* und das Symbol *Datenüberprüfung* eine Datenüberprüfung ein, die prüft, ob der Zellinhalt kleiner oder gleich dem Geburtsdatum ist. In diesem Fall würde der Eintrag akzeptiert.

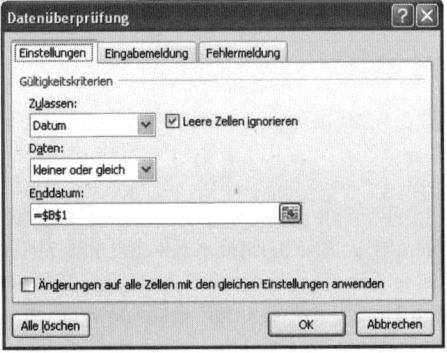

Abbildung 11.22: Prüfung, ob Geburtsdatum heute oder in der Vergangenheit

3. Schalten Sie auf die Registerkarte *Fehlermeldung*, und erstellen Sie eine Meldung, die auf einen möglichen Fehler hinweist, wenn das Geburtsdatum größer als das Tagesdatum ist. Wechseln Sie unter *Typ* auf *Warnung*.

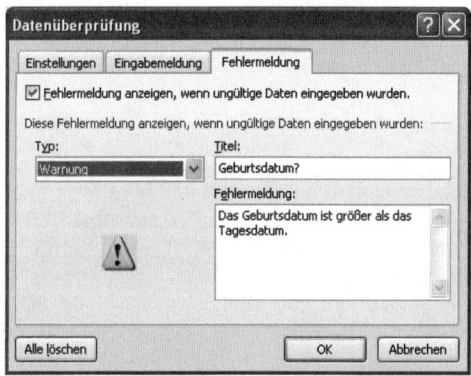

Abbildung 11.23: Die Fehlermeldung mit dem Typ *Warnung* ...

4. Testen Sie die Datenüberprüfung, geben Sie ein Geburtsdatum ein, das über dem Tagesdatum liegt. Die Fehlermeldung wird Sie darauf aufmerksam machen, durch die Auswahl des Typs *Warnung* erscheint aber ein anderes Symbol, und die Meldung bietet die Möglichkeit, die Eingabe zu übernehmen.

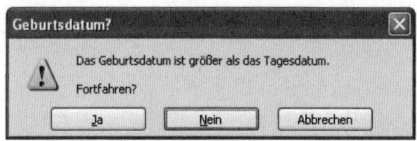

Abbildung 11.24: ... und das Ergebnis

Das dritte Symbol in der Auswahl des Fehlermeldungstyps heißt *Information*, es bietet ein entsprechendes Symbol, und die Fehlermeldung zeigt die Schaltflächen *OK* und *Abbrechen*. Auch hier kann die Eingabe übernommen oder verworfen werden.

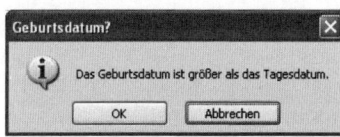

Abbildung 11.25: Der dritte Typ der Fehlermeldung

KAPITEL 12

Die besten Makrotricks

Programmieren Sie schon oder basteln Sie noch? Eine provokante, aber berechtigte Frage: Wer sich mit VBA beschäftigt, hat einen großen Vorsprung. Die Programmiersprache für Excel-Makros bietet alles, um Excel-Prozesse und Abläufe zu automatisieren, Dialoge mit dem Anwender zu schalten und zusätzliche Absicherungen einzubauen, wo immer es nötig ist.

In diesem Kapitel finden Makroprogrammierer und solche, die es werden wollen, nützliche Tricks, tolle Makros und viele Geheimnisse rund um die Makrosprache VBA.

12.1 Der Visual Basic Editor – nützliche Kodiertechniken

Der Visual Basic Editor ist das Werkzeug des Programmierers, hier holt er die aufgezeichneten Makros ab und verbessert sie, hier programmiert er Prozeduren und Funktionen in Modulen und UserForms für den Dialog.

Auch der Visual Basic Editor hat seine »Shortcuts«, kleine nützliche Helfer, die das Programmieren schneller und einfacher machen. Hier eine Auswahl der wichtigsten Tipps zu den Visual Basic Editor-Werkzeugen:

12.1.1 Kodierhilfe nutzen

Die Kodierhilfe des VBA-Editors listet alle Methoden und Eigenschaften eines Objektes. So nutzen Sie dieses Werkzeug:

■ Schreiben Sie den Namen des Objektes, und geben Sie einen Punkt ein.

■ Suchen Sie in der Liste nach der passenden Eigenschaft. Sie können den ersten Buchstaben oder alle Buchstaben eintippen, die Sie kennen, der Eintrag wird passend markiert.

■ Wenn der Eintrag markiert ist, drücken Sie die ⇥-Taste, um ihn in die Codezeile zu holen. Mit der ↵-Taste geht's auch, aber damit schließen Sie die Codezeile ab.

■ Wenn die Kodierhilfe verschwunden ist, löschen Sie den Punkt und geben Sie ihn neu ein.

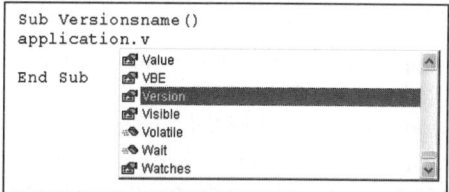

Abbildung 12.1: Kodierhilfe mit Eigenschaften und Methoden von Objekten

Leider steht die Kodierhilfe nicht für alle Objekte zur Verfügung. ActiveWorkBook und ActiveSheet sind zwei Beispiele, in denen die Hilfe am Punkt nicht funktioniert.

12.1.2 Breakpoints setzen

Breakpoints sind Stopp-Punkte, an denen das Makro in den Einzelschrittmodus wechselt. Setzen Sie diese per Klick in die graue Zeile am linken Modulrand oder mit der Funktionstaste F9. Mit der gleichen Taste wird ein Break, mit rotem Hintergrund gekennzeichnet, wieder aufgehoben.

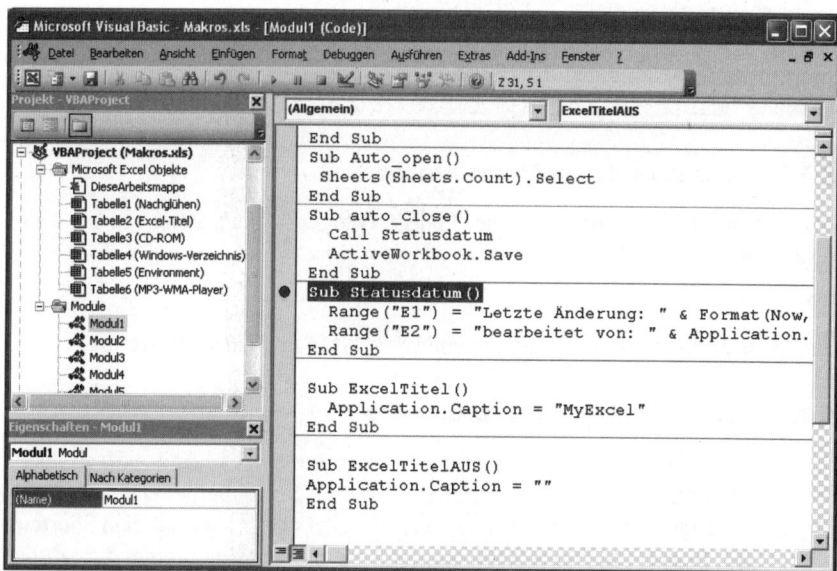

Abbildung 12.2: Breakpoint im Code setzen

12.1.3 Einzelschrittmodus

Mit der Funktionstaste `F8` testen Sie ein Makro im Einzelschrittmodus. Damit befördern Sie die gelbe Markierung von Codezeile zu Codezeile. Wenn Sie die Markierung wieder auf eine bestimmte Zeile zurück- oder auf eine Zeile weiter unten im Code setzen wollen, ziehen Sie einfach den gelben Pfeil am linken Rand mit gedrückter Maustaste an die neue Position oder setzen den Cursor in die gewünschte Zeile und drücken `Strg` + `F9`.

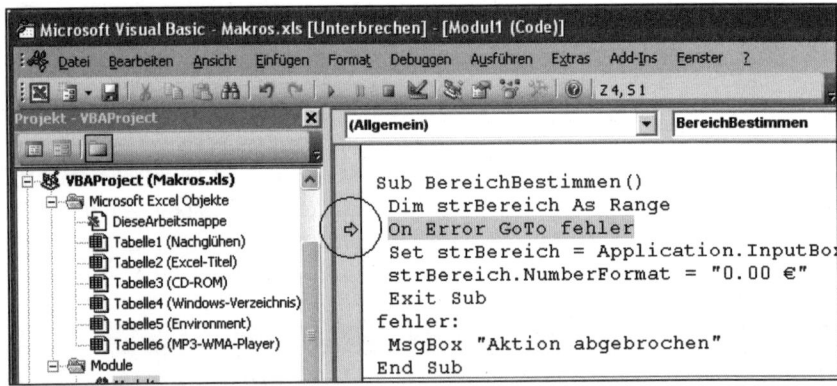

Abbildung 12.3: Der Pfeil zeigt im Einzelschrittmodus auf die nächste Anweisung

12.1.4 Einzelschritt per Makro starten

Wenn Sie den Einzelschrittmodus per Code erzwingen wollen, schreiben Sie diese Anweisung in eine Codezeile:

Stop

Das Makro stoppt an dieser Codezeile und wechselt in den Einzelschrittmodus.

12.1.5 Unterprogramme überspringen

Ausgetestete Unterprogramme können Sie beim Testen eines Makros einfach überspringen, indem Sie die Codezeile mit einem Prozedurschritt abarbeiten. In der Symbolleiste *Debuggen* gibt es dafür ein Symbol, schneller geht's aber mit dem Shortcut `⇧` + `F8`. Drücken Sie diese Kombination, wird das Unterprogramm ausgeführt und die Markierung bleibt im Hauptprogramm.

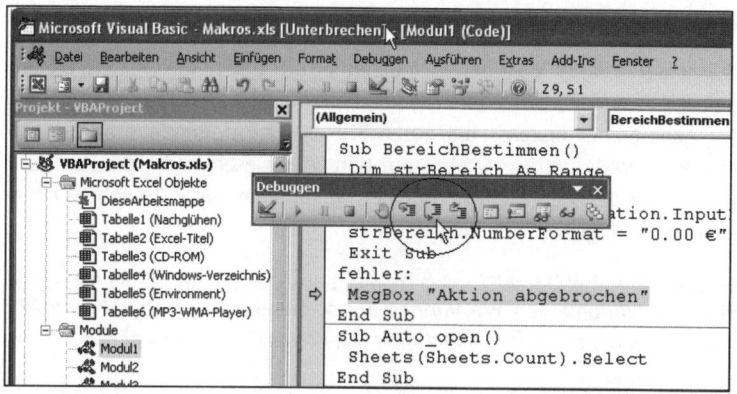

Abbildung 12.4: Der Prozedurschritt überspringt Unterprogramme

12.1.6 Blöcke auskommentieren

Kommentarzeilen im Code sind wichtig und nützlich, damit dokumentieren Sie Ihre Makros regelmäßig. Wenn Sie mehrere Zeilen oder ganze Codeblöcke ausblenden, aber nicht löschen wollen, kommentieren Sie diese einfach aus:

1. Aktivieren Sie unter *Ansicht/Symbolleisten* die Leiste *Bearbeiten*.

2. Markieren Sie den Codeblock, indem Sie den Mauszeiger am linken Rand (zwischen grauer Randspalte und Code) mit gedrückter Maustaste nach unten ziehen.

3. Klicken Sie auf das Symbol *Block auskommentieren*, und die Codes erhalten je ein Kommentarzeichen am Zeilenanfang.

Abbildung 12.5: Ganze Codeblöcke auskommentieren

12.1.7 Variablendeklaration erforderlich machen

Wenn Sie in Makros mit Variablen arbeiten, müssen Sie diese auch deklarieren. Das ist zwar nicht unbedingt erforderlich - alle Makros laufen auch ohne Dimensionierung von Makros -, gehört aber erstens zum guten Stil in der Programmierung und ist zweitens Voraussetzung dafür, dass Makros mit optimaler Geschwindigkeit ablaufen. Außerdem werden Sie seltener auf Schreibfehler hereinfallen, wenn Variablen ohne Dimensionierung nicht angenommen werden.

Dimensioniert werden Variablen über die Anweisung DIM. Wenn Sie keinen Datentyp zuweisen, erhält die Variable den Typ *Variant*, der so ziemlich jeden Inhalt erlaubt, aber auch entsprechend viel Speicherplatz braucht. Besser, Sie weisen der Variablen auch gleich den passenden Typ zu:

`DIM strArtikelbezeichnung`

Viel besser:

`DIM strArtikelbezeichnung as String`

> **Hinweis**
>
> Sehen Sie in der Visual Basic-Hilfe unter *DIM* nach, hier finden Sie eine Liste aller Datentypen.

Eine Option des Visual Basic Editors sorgt dafür, dass diese Dimensionierung Vorschrift wird für alle Makros in allen Modulen, die Sie neu anlegen. Das hat vor allem den Vorteil, dass Tippfehler im Code nicht versehentlich als Variablen interpretiert werden:

1. Wählen Sie im Visual Basic Editor *Extras/Optionen*.

2. Schalten Sie auf die Registerkarte *Editor*, und kreuzen Sie die Option an:

   `Variablendeklaration erforderlich`

3. Öffnen Sie ein neues Modul oder das Modulblatt eines Objektes, z.B. der Arbeitsmappe. Die erste Anweisung im Modulblatt lautet jetzt

   `Option Explicit`

Und damit muss jede Variable, die in diesem Modul verwendet wird, dimensioniert werden. Module, die bereits im Modul angelegt wurden, bleiben davon ausgeschlossen, Sie können diese Anweisung aber einfach als erste Zeile in das Modul schreiben.

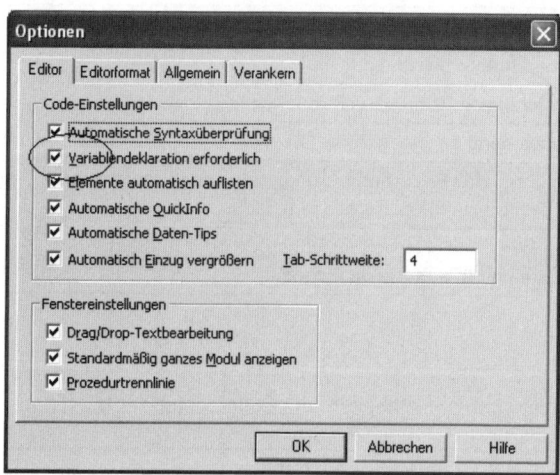

Abbildung 12.6: Diese Option erzwingt die Dimensionierung von Variablen

12.1.8 Tastenkombinationen im VBA-Editor

Schnelle Tastenkombination im VBA-Editor sind erforderlich, um zügig programmieren und kodieren zu können. Üben Sie die Shortcuts ein, sie sind besser als die Mauszeiger-Rallyes:

F2	Öffnet den Objekt-Katalog
F9	Setzt oder löscht einen Haltepunkt (Breakpoint)
Strg + ⇧ + F9	Löscht alle Haltepunkte
F5	Die markierte UserForm oder das Makro ausführen, in dem der Cursor blinkt
F8	Code zeilenweise ausführen (Einzelschritt)
⇧ + F8	Code im Prozedurschritt ausführen
Strg + Pause	Code unterbrechen
Pos1	Cursor am Anfang einer Textzeile positionieren

Ende	Cursor am Ende einer Textzeile positionieren
Strg + J	Eigenschaften/Methoden anzeigen
Strg + ⇧ + J	Konstanten anzeigen
Strg + I	QuickInfo aktivieren
Strg + ⇧ + I	Parameterinfo aktivieren
Strg + Leer	Aktivieren von "Wort vervollständigen"
⇧ + F10	Kontextmenü anzeigen
Alt + F5	Ausführen des Fehlerbehandlungscodes oder Zurückgeben des Fehlers an die aufrufende Prozedur
Alt + F8	Sprung in den Fehlerbehandlungscode oder Rückgabe des Fehlers an die aufrufende Prozedur

Shortcuts für Codefenster

Für Module, Fenster der Arbeitsmappe oder Tabellen und Codefenster der UserForms

Strg + F2	Cursor in das Objektfeld verschieben
⇧ + F2	Definition der ausgewählten Prozedur anzeigen
Strg + ↓	Nächste Prozedur anzeigen
Strg + ↑	Vorherige Prozedur anzeigen
Bild ↓	In den Prozeduren des Codes blättern (nach unten)
Bild ↑	In den Prozeduren des Codes blättern (nach oben)
Strg + ⇧ + F2	Letzte Position im Code ansteuern
Strg + Pos1	Wechseln an den Anfang des Moduls
Strg + Ende	Wechseln an das Ende des Moduls
Strg + →	Wort nach rechts
Strg + ←	Wort nach links
Ende	Zeilenende markieren
Pos1	Zeilenanfang markieren
Strg + Bild ↑	Zum Ende der aktuellen Prozedur springen
Strg + Bild ↓	Zum Anfang der aktuellen Prozedur springen
F6	Wechseln zwischen Code-Bereichen (bei geteiltem Fenster)

12.2 Kleine Makrohilfen

12.2.1 Bildschirm ausschalten

Wenn Makros sehr viele Aktionen ausführen und dabei häufig zwischen Tabellen oder Mappen wechseln müssen oder Objekte verschieben und kopieren, wird es sehr unruhig auf dem Bildschirm. Der Monitor flackert, weil das Bild trotz Makrogeschwindigkeit mit jedem Wechsel neu aufgebaut werden muss. Mit dieser Anweisung schalten Sie den Bildschirm ab:

```
Application.ScreenUpdating = False
```

Vergessen Sie aber nicht, den Monitor wieder einzuschalten, wenn das Makro einen neuen Status anzeigen soll. Mit dem Ende des Makros wird dieser zwar automatisch hergestellt, diese Anweisung sollte aber am Makroende nicht fehlen:

```
Application.ScreenUpdating = True
```

Hinweis

Durch das Abschalten des Bildschirms wird das Makro auch bedeutend schneller ablaufen, die dafür benötigte Zeit wird vom Makroablauf abgezogen.

12.2.2 Warnungen ausschalten

Wenn Sie in einem Makro einen Löschbefehl für eine Tabelle absetzen, werden Sie wahrscheinlich nicht von Excel aufgefordert werden wollen, diesen auch noch zu bestätigen. Die automatischen Warnmeldungen von Excel lassen sich einfach über diesen Befehl abschalten:

```
Application.DisplayAlerts = False
```

Vergessen Sie aber nicht, die Warnungen sofort nach Ausführung der Aktion wieder einzuschalten, denn mit der Anweisung sind alle weiteren Warnungen deaktiviert, und dazu gehören auch Fehlermeldungen und andere Sicherheitswarnungen, die Sie vielleicht nicht abschalten wollten. Schalten Sie die Warnungen wieder ein, wenn die Aktion beendet ist:

```
Application.DisplayAlerts = True
```

12.2.3 Kompilierung und bedingte Kompilierung

Die Kompilierung gehört zu den wichtigsten Testwerkzeugen, sie erspart dem Programmierer so manchen Testlauf:

1. Wählen Sie *Debuggen/Kompilieren* von VBAProjekt.

2. Enthält der Makrocode Fehler, werden diese angezeigt, und Sie können sie verbessern.

Keine Reaktion erhalten Sie, wenn keine Fehler zu finden waren. Die Menüoption ist nicht aktivierbar, wenn die letzte Kompilierung erfolgreich war und der Code seitdem nicht mehr geändert wurde.

Mit der Technik der bedingten Kompilierung haben Sie die Möglichkeit, zwei Versionen von Makrocodes zu schreiben, eine Testversion und eine Auslieferversion. Häufig werden Sie Anweisungen in den Code platzieren, die nur zum Austesten der Laufzeit erforderlich sind, aber nicht der Endversion, die an Kunden ausgeliefert wird. Verpacken Sie diese Codeblöcke in bedingte Kompilierungen.

1. Sie brauchen zunächst eine Compilervariable, geben Sie diese mit einer #CONST-Anweisung am Kopf des Moduls ein. Hier heißt die Variable myTest, sie wird auf den Boolean-Wert True gesetzt:

```
#Const myTest = True
```

2. Schreiben Sie ein Makro, das eine Reihe von Zahlen in einem Zellbereich abgreift und in eine Variable aufsummiert.

```
Sub ZahlenCheck()
Dim varZelle, lngSumme
Range("Testzahlen").Select
For Each varZelle In Selection
  lngSumme = lngSumme + varZelle
Next varZelle
```

Listing 12.1: Makro summiert Zahlen auf

3. Die Meldung der Summe erfolgt über eine bedingte Kompilierung, dazu wird vor If und End If jeweils ein #-Zeichen gesetzt.

```
#If myTest = True Then
  MsgBox "Summe: " & lngSumme
#End If
End Sub
```

Dieser Block wird nur ausgeführt, wenn die Compilervariable auf True gesetzt ist. Sie können jetzt in allen Makros Anweisungsblöcke schreiben, die vom Wert der Compilervariablen abhängig sind. Ist das Makro fertig getestet, setzen Sie die Variable auf False, und die Blöcke werden nicht mehr ausgeführt.

Tipp

Schneller geht's mit einem Unterprogramm. Verpacken Sie die kompilierten Bedingungen in eine Subroutine, und rufen Sie diese auf:

```
Call Check
```

```
Sub Check
#If . . .
#End If
End Sub
```

12.2.4 Eine sichere Tabellen-Löschfunktion

Wenn Sie per Makro eine neue Tabelle anlegen und eine bereits vorhandene gleichen Namens löschen wollen, müssen Sie gleich mehrere Fehlerquellen ausschalten:

■ Ist die alte Tabelle noch nicht oder nicht mehr da, erhalten Sie einen Fehler beim Versuch, sie zu löschen.

■ Ist die alte Tabelle vorhanden, und Sie versuchen, die neue mit dem gleichen Namen zu belegen, erhalten Sie einen Fehler.

Schreiben Sie eine Funktion, die eine Tabelle sicher löscht und auch keinen Fehler produziert, wenn die Tabelle nicht mehr da ist. Packen Sie die Funktion am besten in die persönliche Makro-Arbeitsmappe PERSONL.XLSM, dann steht sie für alle Makros in allen Mappen zur Verfügung. Der Aufruf muss nur den Namen der Mappe vorangestellt haben.

```
Sub BlattKiller(blattname)
  ' Warnungen und Fehler ausschalten
  Application.DisplayAlerts = False
  On Error Resume Next
  ' Blatt löschen
  Sheets(blattname).Delete
```

```
' Warnungen und Fehler wieder einschalten
Application.DisplayAlerts = True
On Error GoTo 0
End Sub
```

Listing 12.2: Makro zum Löschen von Tabellenblättern

Jetzt können Sie eine Tabelle löschen, indem Sie ihren Namen einfach der Funktion übergeben. Ist die Tabelle nicht vorhanden, passiert nichts weiter (falls Sie den Status abfragen wollen, den Rückgabewert der Funktion belegen mit BlattKiller = False).

```
Sub BlattLöschen()
  BlattKiller ("Tabelle2")
End Sub
```

Listing 12.3: Makro löscht die Tabelle "Tabelle2"

12.2.5 Argumente sicher an Funktionen übergeben

Wenn Sie mit Funktionen arbeiten, werden Sie diesen häufig Argumente übergeben müssen. Dabei tritt leider häufig ein Fehler auf, die Funktion weigert sich, ein Argument anzunehmen, und antwortet mit einer etwas kryptischen Meldung:

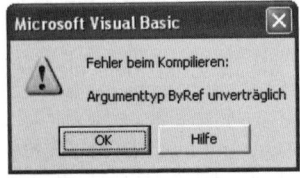

Abbildung 12.7: Fehler: Das Argument wird nicht akzeptiert

So schaffen Sie Abhilfe:

Schreiben Sie das Argument, das Sie der Funktion übergeben wollen, einfach in Klammern:

Variable = Funktion((argument))

12.3 Makros für Formeln in Tabellen

12.3.1 Formeln in der Tabelle sichtbar machen

Excel stellt leider keine Option zur Verfügung, die alle Formeln in einer Tabelle oder in einem Zellbereich kenntlich macht. Die Formelanzeige mit [Strg] + [#] aktiviert, bietet zwar eine Übersicht über die Formeln, verbreitert aber auch die Spalten und verändert damit das Layout.

Mit einem kleinen Makro legen Sie ein Zellmuster auf alle Zellen, in denen Formeln enthalten sind:

```
Sub AlleFormelninMarkierungFärben()
 Dim i as long
 For i = 1 To Selection.Cells.Count
   If Selection.Cells(i).HasFormula Then
     Selection.Cells(i).Interior.ColorIndex = 36
   End If
 Next i
End Sub
```

Listing 12.4: Makro färbt alle Formelzellen

Starten Sie das Makro, nachdem Sie die Markierung auf einen Zellbereich gesetzt hatten. Markieren Sie aber nicht die gesamte Tabelle, das Makro braucht für über 16 Millionen Zellen doch etwas lang. Wenn Sie alle Formeln im »UsedRange«, d.h. im benutzten Bereich einfärben wollen, setzen Sie die Markierung ab der Zelle A1 bis zur letzten Zelle. Die zuletzt aktive Zelle wird gemerkt und anschließend wieder markiert.

```
Sub AlleFormelnimUsedRangeFärben()
 Dim i, altZelle As String
 altZelle = ActiveCell.Address
 Range("A1", [A1].SpecialCells(xlCellTypeLastCell)).Select
 For i = 1 To Selection.Cells.Count
   If Selection.Cells(i).HasFormula Then
     Selection.Cells(i).Interior.ColorIndex = 36
   End If
 Next i
 Range(altZelle).Select
End Sub
```

Listing 12.5: Makro färbt alle Zellen im benutzten Bereich

Schreiben Sie noch ein Makro, das alle Formelfarben wieder entfernt, dazu müssen Sie nur den *Colorindex* wieder auf 0 setzen:

```
Selection.Cells(i).Interior.ColorIndex = 0
```

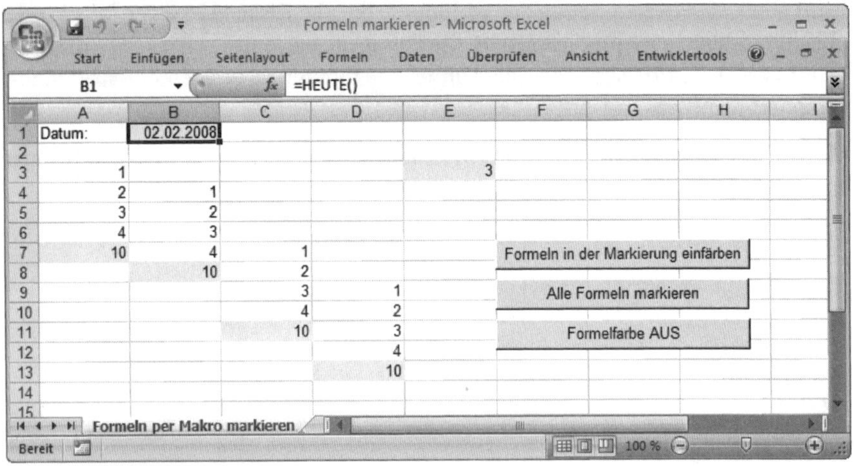

Abbildung 12.8: Die Makros färben Formelzellen ein

12.3.2 ... und jetzt automatisch, ohne Makro

Wie wäre es mit einem Makro, das diese Formeleinfärbung automatisch vornimmt, und zwar sofort nach der Erfassung einer Formel? Natürlich müsste so eine Lösung die Zellfarbe auch wieder entfernen, wenn eine Formel aus der Zelle gelöscht oder durch Text und Zahl überschrieben wird.

Hier führen mehrere Wege nach Rom, die Mappen-Ereignisse *SheetCalculate* oder *SheetChange* eignen sich für den Code, auch das Bedingungsformat kommt ins Spiel. Hier eine besonders trickreiche, aber elegante Lösung: Erstellen Sie einen Bereichsnamen, der sich auf eine Formel bezieht, und fragen Sie diesen über das Bedingungsformat ab:

1. Klicken Sie im Ribbon *Formel* auf die Schaltfläche *Namen definieren*.

2. Geben Sie den Bereichsnamen »HatFormel« ein.

3. Schreiben Sie in das Feld *Bezieht sich auf* diese Formel:

`=ZELLE.ZUORDNEN(48;INDIREKT("ZS";FALSCH))`

4. Speichern Sie den Bereichsnamen mit Klick auf *OK*.

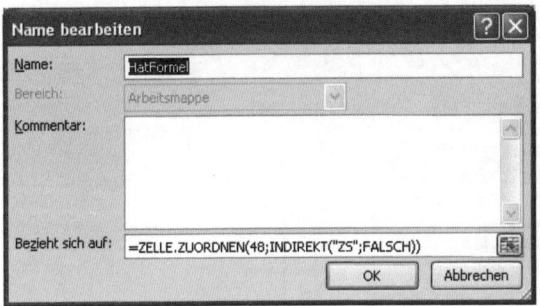

Abbildung 12.9: Spezial-Bereichsname aus der 4.0-Makrosprache

5. Markieren Sie den Bereich, in dem Sie die Formeln einfärben wollen.

6. Klicken Sie im Ribbon *Start* auf das Symbol *Bedingte Formatierung* und wählen Sie den Befehl *Neue Regel* aus dem Kontextmenü.

7. Schalten Sie von auf *Formel zur Ermittlung der zu formatierenden Zellen verwenden* um, und geben Sie diese Formel ein:

`=HatFormel`

8. Wählen Sie über die Schaltfläche *Formatieren* ein Zellmuster, eine Schrift- oder Rahmenart, die Sie in Zellen mit Formeln sehen wollen.

9. Bestätigen Sie mit Klick auf *OK*.

Testen Sie dieses Spezialformat: Tragen Sie eine Formel in eine Zelle ein, wird diese automatisch das Bedingungsformat erhalten. Löschen Sie die Formel wieder, verschwindet auch das Format.

Die Erklärung: `ZELLE.ZUORDNEN` ist eine alte Formel aus der Excel-Makrosprache, die bis Excel Version 4.0 im Einsatz war und mit Excel 5.0 von VBA abgelöst wurde. Die Sprache wird aber weiterhin unterstützt, damit alte Excel 4.0-Makros weiterhin funktionieren, und ZELLE.ZUORDNEN liefert in der verwendeten Version zuverlässig den Wahrheitswert WAHR, wenn die Zelle eine Formel enthält, und FALSCH, wenn nicht.

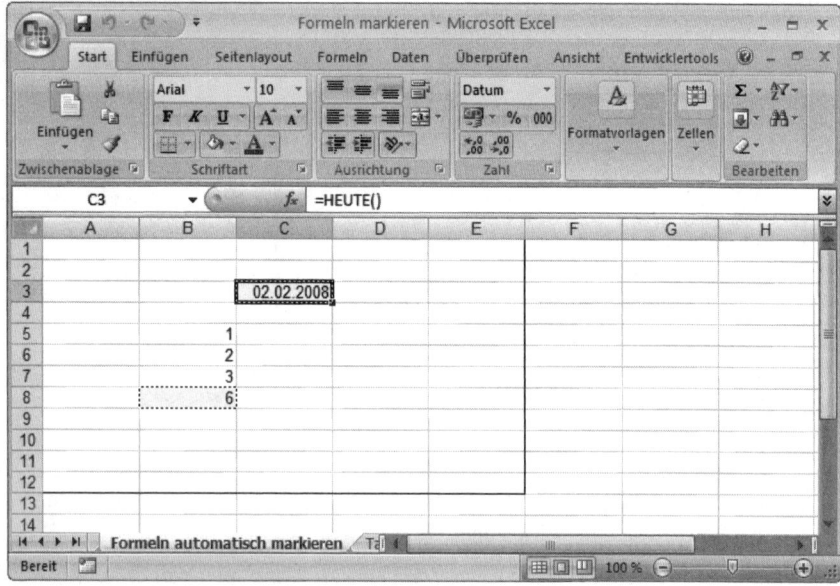

Abbildung 12.10: Formelzellen werden automatisch markiert

12.3.3 Formelübersicht

Die Anzahl der Formeln in einem Tabellenblatt erhöht sich proportional zur Arbeitszeit, die für die Tabelle aufgewendet wird. Mit der Zeit werden Sie den Überblick verlieren über alle Formelkonstrukte in der Tabelle. Nicht aber, wenn Sie dieses Makro einsetzen, mit dem alle Formeln zusammen mit ihren Adressen und den berechneten Werten in ein Tabellenblatt geschrieben werden.

```
Sub Formelübersicht()
Dim fzellen As Range, Cell As Range
Dim fblatt As Worksheet
Dim znummer As Integer
' Range-Objekt für alle Formelzellen
```

```
On Error Resume Next
Set fzellen = Range("A1").SpecialCells(xlFormulas)
' Wenn keine Formeln zu finden sind
If fzellen Is Nothing Then
 MsgBox "Die Tabelle enthält keine Formeln", vbInformation
 Exit Sub
End If
' Neues Tabellenblatt, das alte wird vorher gelöscht
On Error Resume Next
Application.DisplayAlerts = False
Sheets("Formeln in " & fzellen.Parent.Name).Delete
On Error GoTo 0
Application.DisplayAlerts = True
Set fblatt = ActiveWorkbook.Worksheets.Add
fblatt.Name = "Formeln in " & fzellen.Parent.Name
' Kopfzeile
With fblatt
Range("A1") = "Adresse"
Range("B1") = "Formel"
Range("C1") = "Wert"
Range("A1:C1").Font.Bold = True
End With
' Formeln suchen
znummer = 2
For Each Cell In fzellen
 With fblatt
  Cells(znummer, 1) = Cell.Address _
  (rowabsolute:=False, ColumnAbsolute:=False)
  Cells(znummer, 2) = "'" & Cell.FormulaLocal
  Cells(znummer, 3) = Cell.Value
  znummer = znummer + 1
 End With
Next Cell
' Spaltenbreite anpassen
fblatt.Columns("A:C").AutoFit
End Sub
```

Listing 12.6: Makro für eine Formelübersicht

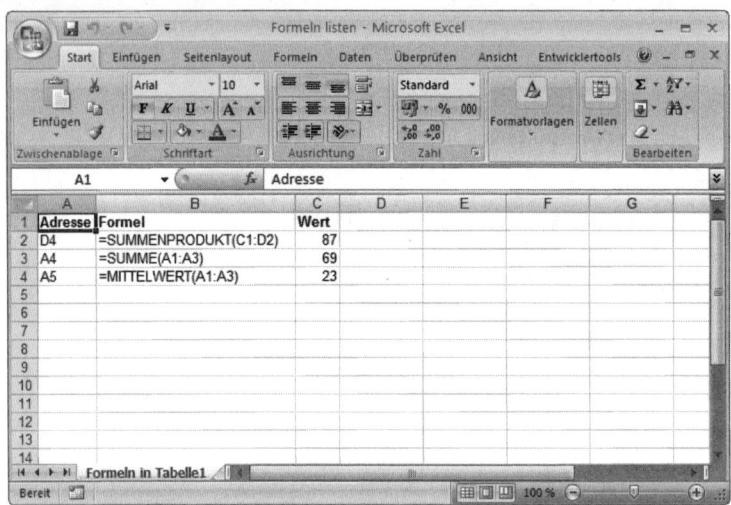

Abbildung 12.11: Die automatische Formelübersicht in einer neuen Tabelle

12.4 Makros für Oberfläche und Arbeitsbereich

12.4.1 Tabellen sortieren

Eigentlich eine leichte Aufgabe, das Sortieren der Tabellenblätter in der aktiven Arbeitsmappe. Aber – so einfach ist es nicht, und schon gar nicht ohne Makrounterstützung. Hier ein Beispiel, in dem die Namen der Tabellenblätter in eine Array-Variable eingelesen werden, die anschließend über eine Schleife für die Sortierung sorgt.

```
Sub Blattsort()
' Variablen dimensionieren
 Dim blätter(), blattzahl, i As Integer, aktname As String
 blattzahl = Sheets.Count
 ReDim blätter(blattzahl - 1)
' Erste Schleife liest alle Blattnamen ein
 For i = 1 To blattzahl
  blätter(i) = Sheets(i).Name
 Next i
' Neues Tabellenblatt einfügen
  Sheets.Add
  aktname = ActiveSheet.Name
```

```
   [a1].Select
 ' Zweite Schleife schreibt alle Blattnamen in die Tabelle
   For i = 1 To blattzahl
     ActiveCell.Value = blätter(i)
     Selection.Offset(1, 0).Select
   Next i
 ' Bereich auswählen und absteigend sortieren
   Range([a1], Cells(i - 1, 1)).Select
   Selection.Sort Key1:=Range("A1"), _
   Order1:=xlDescending, Header:= _
   xlGuess, OrderCustom:=1, MatchCase:=False, _
   Orientation:= xlTopToBottom
 ' Dritte Schleife sortiert alle Blattnamen ein
   Dim counter As Variant
   For Each counter In Selection
     Sheets(counter.Value).Move Before:=Sheets(1)
   Next counter
 ' Eingefügtes Tabellenblatt löschen
   Application.DisplayAlerts = False
   Sheets(aktname).Delete
End Sub
```

Listing 12.7: Makro sortiert alle Tabellennamen alphabetisch aufsteigend

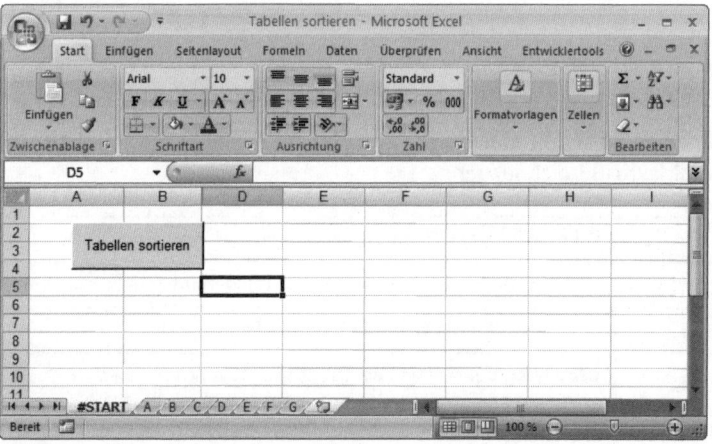

Abbildung 12.12: Makro sortiert alle Tabellenblätter

Mit zwei ineinander geschachtelten Schleifen lässt sich die Prozedur stark verkürzen. Die innere Schleife prüft die alphabetische Reihenfolge der Blattnamen:

```
Sub TabSort2()
  Dim Anz, x, y
  Anz = ActiveWorkbook.Worksheets.Count
    For x = 1 To Anz
      For y = x To Anz
        If Worksheets(y).Name < Worksheets(x).Name Then
          Worksheets(y).Move Before:=Worksheets(x)
        End If
      Next y
    Next x
End Sub
```

Listing 12.8: Tabellen sortieren mit zwei Schleifen

12.4.2   AutoMakros – alt und neu

AutoMakros starten, wie der Name schon sagt, automatisch, wenn ein bestimmtes Ereignis ausgelöst wird. Nach dem Umstieg von der Excel 4.0-Makrosprache auf VBA bot die Excel-Version 5.0 zu diesem Zweck Spezial-Makronamen an. Ein Beispiel:

Dieses Makro, in ein beliebiges Modul geschrieben, wird nach dem Start aktiv und schaltet automatisch in das letzte Tabellenblatt:

```
Sub auto_open()
  Sheets(Sheets.Count).Select
End Sub
```

Diese Spezialnamen dürfen in einem beliebigen Modul stehen. Hier eine Liste mit (früheren) AutoMakro-Bezeichnungen:

auto_open	Wird nach dem Öffnen der Mappe ausgeführt
auto_close	Wird vor dem Schließen der Mappe ausgeführt
auto_activate	Wird nach der Aktivierung einer Tabelle ausgeführt
auto_deactivate	Wird ausgeführt, wenn ein Tabellenblatt verlassen wird

Ab der Version Excel 97 ist diese Technik verbessert worden, die Ereignisse können direkt am Objekt programmiert werden. Die alte Technik der AutoMakro-Namen ist zwar weiterhin gültig, bietet aber nicht so viele Möglichkeiten wie die direkte Ereignisprogrammierung:

1. Öffnen Sie eine Arbeitsmappe, und suchen Sie im Projekt-Explorer des Visual Basic Editors das Projekt mit dem Namen der Mappe.

2. Klicken Sie doppelt auf *DieseArbeitsmappe*, um das Codeblatt der Mappe selbst zu öffnen.

3. Wählen Sie im Listenfeld links oben *Workbook*, und öffnen Sie die Liste rechts oben, die jetzt alle Ereignisse anbietet. Das AutoMakro WorkBook_Open() wird bereits mit der Auswahl des Objektes angelegt.

4. Ein Klick auf eines der Ereignisse produziert das jeweilige Makro, Sie müssen nur noch die passenden Befehle kodieren.

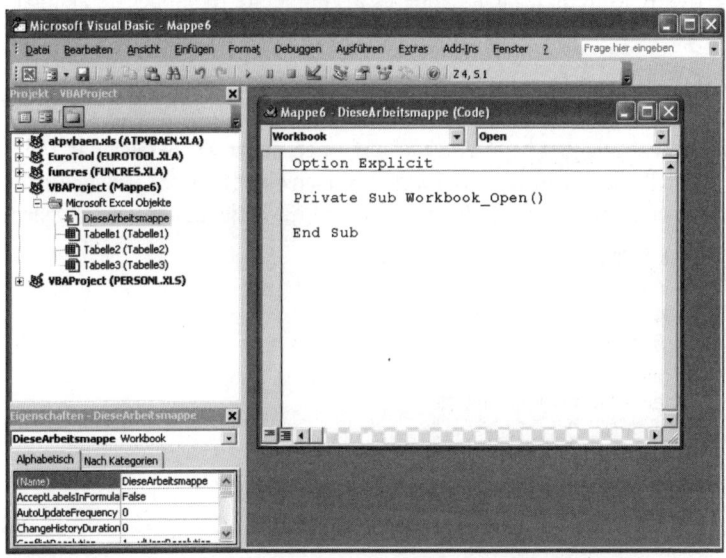

Abbildung 12.13: Ereignismakros für die Arbeitsmappe

Das Makro für den Sprung zum letzten Tabellenblatt würde dann so aussehen:

```
Sub WorkBook_Open()
  Sheets(Sheets.Count).Select
End Sub
```

Auf diese Art können Sie auch für die einzelnen Tabellenblätter Ereignisse programmieren, z.B. für den Fall, dass der Anwender ...

... das Blatt wechselt	Activate, Deactivate
... den Zellzeiger bewegt	SelectionChange
... den Blattinhalt ändert	Change
.. alles neu berechnet	SheetCalculate

Achten Sie auf das Argument Target, das in allen Makros in der Prozedurklammer mitgeliefert wird. Es enthält nichts anderes als die letzte bzw. nächste Zellmarkierung, und damit lassen sich viele schöne Makros zaubern.

12.4.3 »Nachglühen« - Zellen markieren mit kurzer Farbzuweisung

Dieses Makro kennzeichnet beim Wechsel auf einen neuen Zellbereich das Ziel kurz mit einer Farbe (helles Gelb), die dann wieder verschwindet. Dieses »Nachglühen« ist bei lichtschwachen Bildschirmen (Notebooks) und für Projektionen sehr nützlich:

```
Private Sub Worksheet_SelectionChange _
(ByVal Target As Range)
  Dim colortime, Start
  colortime = 0.3
  Start = Timer
  Do While Timer < Start + colortime
    Target.Interior.ColorIndex = 36
  Loop
    Target.Interior.ColorIndex = 0
End Sub
```

12.4.4 Excel-Fenstertitel umdefinieren

Makros haben nicht nur Macht über Mappen und Tabellen, sie können auch das Excel-Fenster selbst gestalten, Informationen setzen oder auslesen und die Oberfläche umgestalten. Hier ein Makro, das den Titel des Excel-Fensters ändert. Binden Sie den Aufruf in das Open-Ereignismakro der Mappe ein:

```
Sub Workbook_Open()
  Application.Caption = "MyExcel"
End Sub
```

Das Makro für das Close-Ereignis entfernt den selbst definierten Titel wieder:

```
Sub Workbook_BeforeClose()
  Application.Caption = ""
End Sub
```

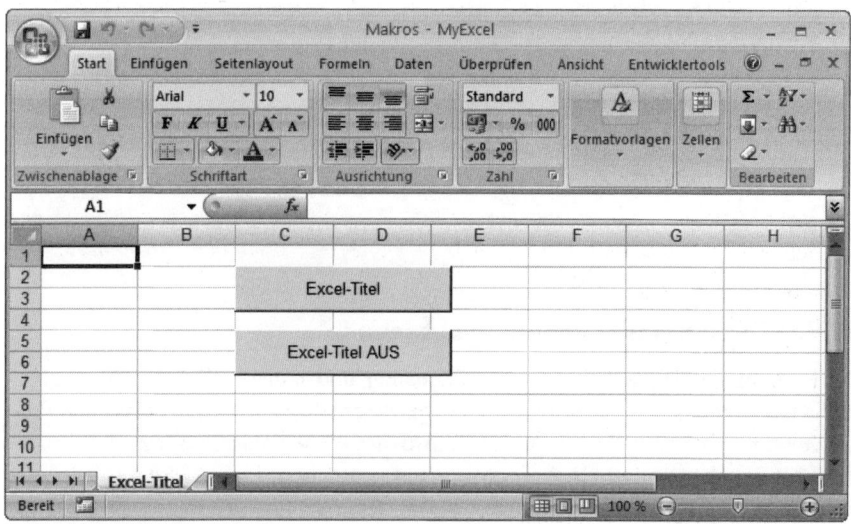

Abbildung 12.14: Der Excel-Fenstertitel wird neu definiert

12.4.5   Windows-Verzeichnis ermitteln

Der Name des Ordners, in dem Windows installiert ist, lässt sich aus einer externen Bibliothek ermitteln.

```
Private Declare Function GetWindowsDirectory Lib _
"KERNEL32" Alias "GetWindowsDirectoryA" _
(ByVal lpBuffer As String, ByVal nSize As Long) As Long

Public Function WinDir() As String
Dim sDirBuf As String * 255
StrLen = GetWindowsDirectory(sDirBuf, 255)
WinDir = Left$(sDirBuf, StrLen)
End Function
```

Nutzen Sie die Funktion in VBA oder direkt in der Tabelle, der Aufruf ist derselbe:

Excel-Funktion:

```
=WinDir()
```

VBA-Funktion:

```
Sub Show_WinDir
  MsgBox WinDir
End Sub
```

12.4.6   Environment-Variablen ausgeben

Das Environment ist die Betriebssystemumgebung, und in dieser sind zahlreiche Informationen über das Rechnersystem, über zugewiesene Namen, Verzeichnisse und Profile versteckt. Schreiben Sie ein kleines Makro, das die Variablen ausliest und zusammen mit der Nummer zu einem Textstring zusammenfügt. Dieser wird anschließend ausgegeben.

```
Sub Show_Environ()
  Dim i As Integer, strMText As String
  For i = 1 To 100
    If Environ(i) <> "" Then
```

```
    strMText = strMText & i & vbTab & Environ(i) & vbCr
    End If
Next i
MsgBox strMText, vbInformation, "Environment INFO"
End Sub
```

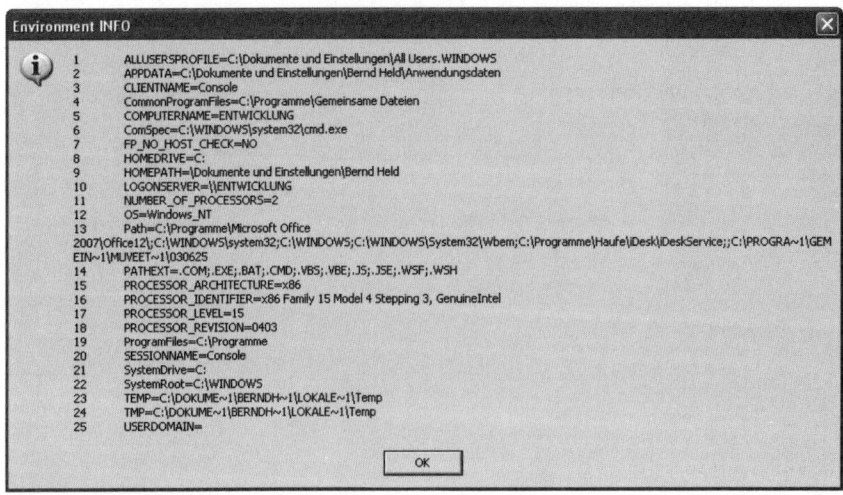

Abbildung 12.15: Umgebungsvariablen werden ausgegeben

Achten Sie darauf, dass die Meldung unter Umständen nicht alle Umgebungsvariablen anzeigen kann, wenn deren Anzahl zu groß oder der verfügbare Bildschirmplatz zu klein ist. Schreiben Sie an Stelle oder zusätzlich zur MsgBox-Anweisung noch eine Zeile in die IF-Bedingung, die den Inhalt der jeweiligen Variablen zusätzlich noch in die Spalte B schreibt (die Nummer steht in Spalte A):

```
Cells(i, 1) = i
Cells(i, 2) = Environ(i)
```

Jetzt können Sie die Variablen auch im Tabellenblatt überprüfen und für Ihre Makroaufgaben nutzen.

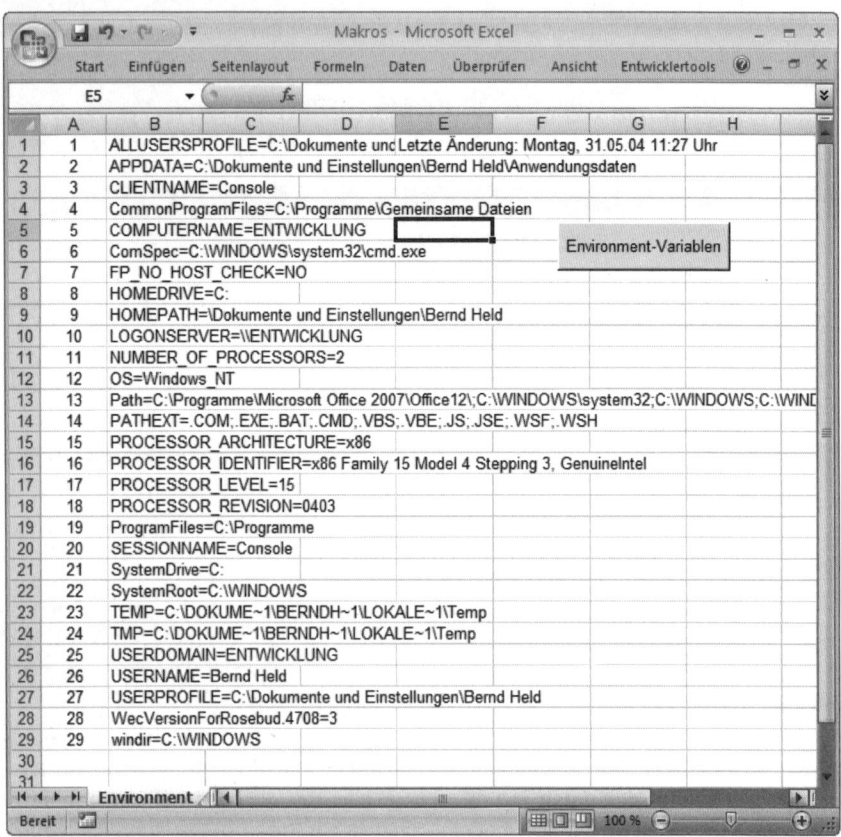

Abbildung 12.16: Die Umgebungsvariablen im Tabellenblatt

12.4.7 Benutzername und Netzwerkkennung ermitteln

Wenn Sie in ein firmeneigenes Netzwerk oder in das lokale Netzwerk in Ihrem Home-Office eingebunden sind, haben Sie in der Regel einen Benutzernamen, mit dem Sie sich an diesem Netz anmelden. Dieser Name ist oft nicht identisch mit dem Benutzernamen, den Sie in Excel mitführen, da dieser bei der Installation von Office eingetragen wird. Der Benutzername wird automatisch im Feld »Autor« in den Datei-Eigenschaften eingetragen, und das hat zur Folge, dass Ihre Dateien nicht immer deutlich genug gekennzeichnet sind.

Der Netzwerk-Anmeldename erscheint, wenn Sie [Strg] + [Alt] + [Entf] drücken in der *Windows-Sicherheit*.

Den Excel-Benutzernamen finden Sie in den *Excel-Optionen* auf der Registerkarte *Häufig verwendet*. Hier können Sie ihn auch ändern, falls Sie im Netzwerk die Rechte dazu haben.

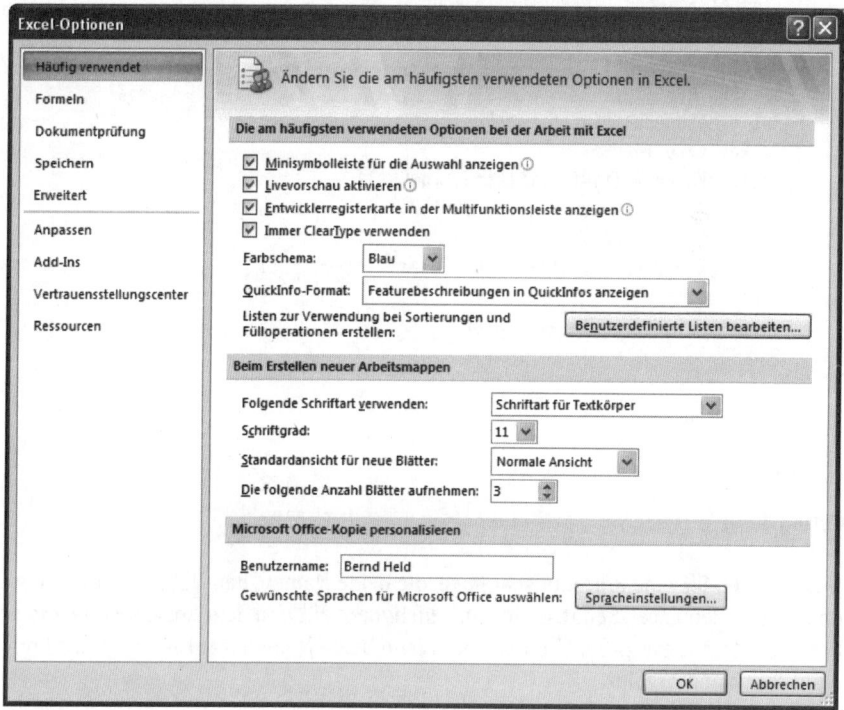

Abbildung 12.17: Der Benutzername für den Excel-Anwender

Schreiben Sie ein Makro, das diese beiden Namen überprüft und bei Bedarf angleicht. Als Administrator können Sie diese Prozedur automatisch für alle Neuinstallationen durchführen, falls die Netzwerkinstallation nicht automatisch den Netzwerk-User einträgt.

Die Funktion NetzwerkUser ermittelt den Namen, unter dem Sie im Netzwerk angemeldet sind:

```
Private Declare Function GetUserName Lib "advapi32.dll" Alias _
   "GetUserNameA" (ByVal lpBuffer As String, nSize As Long) As Long
Private Function NetzwerkUser()
   Dim strS As String, lngCnt As Long
   Dim lngRet As Long, intPos As Integer

   lngCnt = 199
   strS = String$(200, 0)
   lngRet = GetUserName(strS, lngCnt)
   If lngRet <> 0 Then
      NetzwerkUser = Trim(Left$(strS, lngCnt))
      intPos = InStr(NetzwerkUser, Chr$(0))
      If intPos > 0 Then
         NetzwerkUser = Left$(NetzwerkUser, intPos - 1)
      Else
         NetzwerkUser = NetzwerkUser
      End If
   Else
      NetzwerkUser = ""
   End If
End Function
```

Listing 12.9: Makro ermittelt den Anmeldenamen im Netzwerk

Jetzt können Sie eine Prozedur schreiben, die beide Namen, den Netzwerk-Anmeldenamen und den Excel-Benutzernamen, gegenüberstellt und dem Anwender die Möglichkeit bietet, diese zu synchronisieren. Wenn beide Namen identisch sind, wird nur die Information gezeigt:

```
Sub Show_NetzwerkUser()
   Dim strPrompt, msgBack, strNUser
   strNUser = NetzwerkUser
   strPrompt = "Ihr Anmeldename im Netzwerk: " & strNUser _
   & vbCr & "Ihr Excel-Benutzername: " _
   & Application.UserName
   If Application.UserName <> NetzwerkUser Then
    msgBack = MsgBox(strPrompt & vbCr _
    & "Wollen Sie den Anmeldenamen übernehmen?", _
    vbInformation + vbYesNo, "Namen überprüfen")
```

```
  If msgBack = vbYes Then
    Application.UserName = strNUser
  End If
Else
  MsgBox strPrompt, vbInformation, "Namen überprüfen"
End If
End Sub
```

Listing 12.10: Makro vergleicht Anmeldename und Benutzername

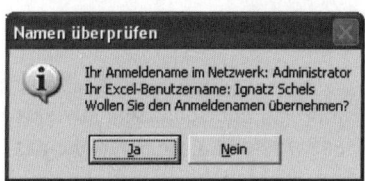

Abbildung 12.18: Diese Meldung erscheint, wenn die beiden Namen nicht übereinstimmen

12.4.8 CD-ROM-Laufwerk öffnen und schließen

Die Windows-Bibliothek *WINMM.DLL* ist für Multimedia-Funktionen zuständig und liefert u.a. Routinen für MM-Geräte. Öffnen Sie beispielsweise per Makro das CD-ROM-Laufwerk oder schließen Sie dieses wieder. Die Funktion steht am Anfang eines Moduls:

```
Private Declare Function mciExecute _
  Lib "winmm.dll" (ByVal lpstrCommand As String) _
  As Long
```

Die Startmakros starten die Funktion mciExecute und übermitteln ihr das passende Argument zum Öffnen bzw. Schließen des Laufwerks:

```
Public Sub CDROM_Auf()
  Call mciExecute("Set CDaudio door open")
End Sub

Public Sub CDROM_Zu()
  Call mciExecute("Set CDaudio door closed")
End Sub
```

Listing 12.11: Makros zum Öffnen und Schließen des CD-ROM-Laufwerks

Abbildung 12.19: Das Makro steuert das CD-ROM-Laufwerk

12.4.9 MP3-Datei wiedergeben

Kann Excel auch MP3-Musikdateien abspielen? Natürlich, und sogar sehr zuverlässig. Die Multimedia-Bibliothek *WINMM.DLL* ist wieder zuständig, sie liefert die passende Funktion. Schreiben Sie diese an den Anfang eines Moduls:

```
Private Declare Function mciSendString _
  Lib "winmm.dll" Alias "mciSendStringA" _
  (ByVal lpstrCommand As String, ByVal _
  lpstrReturnString As String, _
  ByVal uReturnLength As Long, _
  ByVal hwndCallback As Long) As Long
```

Eine Variable auf Modulebene wird für den Status der Wiedergabe eingerichtet:

```
Private isPlaying As Boolean
```

Schreiben Sie das Makro, das die angegebene Datei mithilfe der Multimedia-Routine wiedergibt:

```
Public Sub Play_MP3()
  Dim strMP3 As String, strFile
  strFile = "C:\Superperforator.mp3"
  strMP3 = Chr$(34) & strFile & Chr$(34)
  If isPlaying = True Then
   Call mciSendString("Stop MM", 0&, 0&, 0&)
   Call mciSendString("Close MM", 0&, 0&, 0&)
   Call mciSendString("Open " & strMP3 _
   & " Alias MM", 0&, 0&, 0&)
   Call mciSendString("Play MM", 0&, 0&, 0&)
  Else
   Call mciSendString("Open " & strMP3 _
   & " Alias MM", 0&, 0&, 0&)
```

```
    Call mciSendString("Play MM", 0&, 0&, 0&)
    isPlaying = True
  End If
End Sub
```

Listing 12.12: Makro spielt eine MP3-Datei ab

Mit dieser Routine können Sie die laufende Wiedergabe stoppen:

```
Public Sub Stop_MP3()
  If isPlaying = False Then Exit Sub
  Call mciSendString("Stop MM", 0&, 0&, 0&)
  Call mciSendString("Close MM", 0&, 0&, 0&)
End Sub
```

Listing 12.13: Makro stoppt MP3-Wiedergabe

Wenn Sie Ihre MP3-Dateien von einer CD auf die Festplatte überspielt und dazu die Medienbibliothek des Windows Media Player benutzt haben, können Sie das Makro natürlich auch zum Abspielen dieser Dateien benutzen. Die Musikdateien der Medienbibliotheken finden Sie im Ordner *Eigene Dateien/Eigene Musik*, bei »echten« CDs wird sogar das Cover-Bild aus dem Internet geladen und als JPEG-Bild gespeichert.

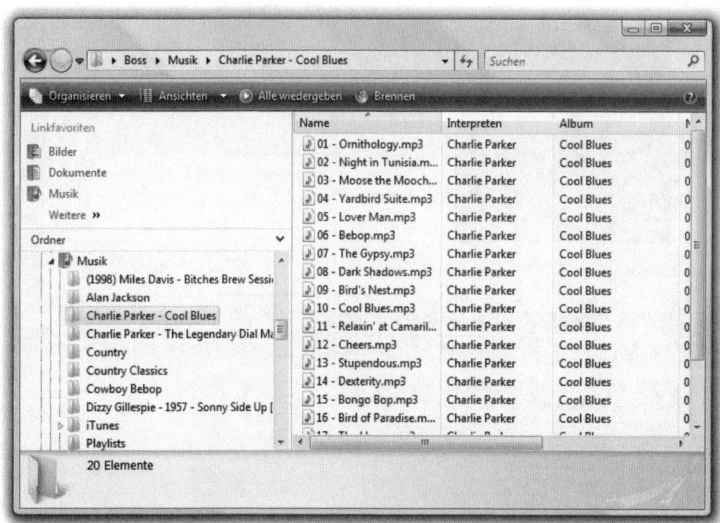

Abbildung 12.20: Eine Medienbibliothek des Windows Media Player

Schreiben Sie die Prozedur als Funktion, und geben Sie den Namen der abzuspielen-
den Datei in Klammern an, können Sie mehrere Dateien hintereinander abspielen.

```
Public Function Play_MP3(strFile)
    Dim strMP3 As String
    strMP3 = Chr$(34) & strFile & Chr$(34)
...
```

1. Jetzt können Sie auch das Cover-Bild aus dem Ordner kopieren und als Makro-
   Aufrufschaltfläche benutzen:
2. Wählen Sie *Einfügen/Grafik/Aus Datei.*

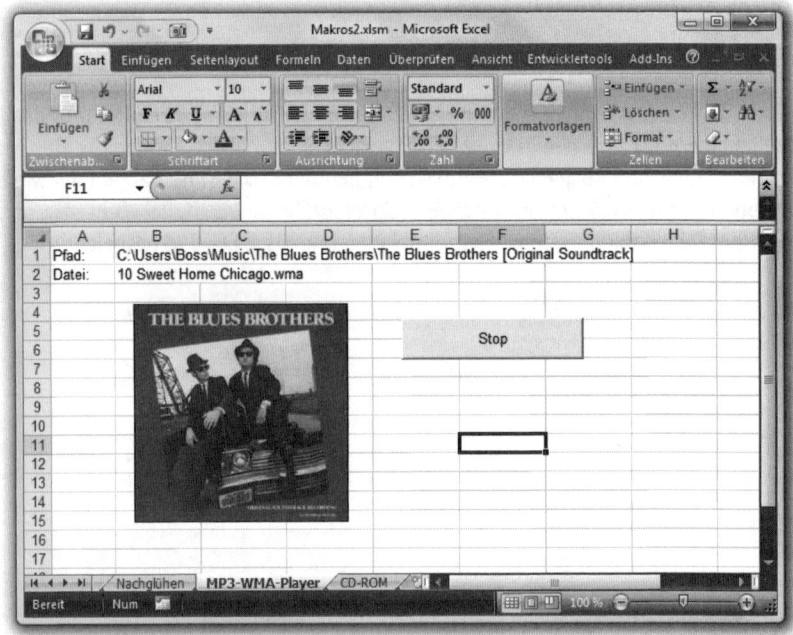

Abbildung 12.21: Makroaufruf einmal anders

3. Suchen Sie die JPEG-Datei im Bibliotheksordner, und kopieren Sie sie mit *OK* in die Tabelle.

4. Markieren Sie das Objekt mit der rechten Maustaste, und wählen Sie aus dem Kontext-Menü *Makro zuweisen*.

5. Geben Sie das Abspielmakro an, und bestätigen Sie mit *OK*.

12.5 Makrotricks mit Dateien und Ordnern

12.5.1 Dateiname aus Pfad berechnen

Um einen Dateinamen weiterverarbeiten zu können, muss dieser oft aus einer Pfadangabe herausgerechnet werden. Der Pfad der aktiven Mappe wird über die Eigenschaft Fullname ermittelt.

```
Sub DateiAusPfad()
 Dim Pfadname As String, dateiname As String, Pfad As String
 Dim länge As Integer, n As Integer, position As Integer
 Pfadname = ActiveWorkbook.FullName
 If Left(Pfadname, 5) = "Mappe" Then
 MsgBox "Die Datei wurde noch nicht gespeichert!"
 Exit Sub
 End If
 länge = Len(Pfadname)
 Do
 n = InStr(n + 1, Pfadname, "\")
 If n = 0 Then Exit Do
 position = n
 Loop
 Pfad = Left(Pfadname, position - 1)
 dateiname = Right(Pfadname, länge - position)
 MsgBox Pfad, vbInformation, "Pfad"
 MsgBox dateiname, vbInformation, "Dateiname"
End Sub
```

Listing 12.14: Dateiname aus Pfad berechnen

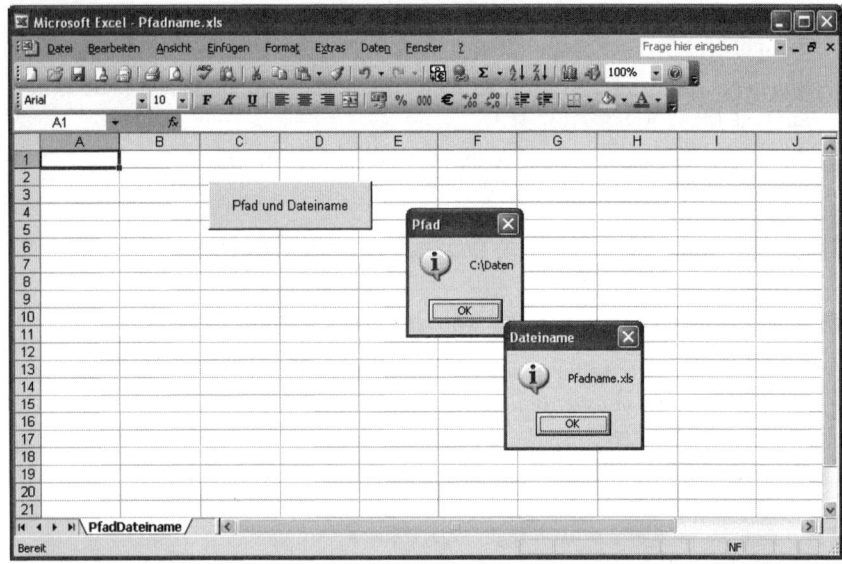

Abbildung 12.22: Pfad und Dateiname werden in gesonderten Meldungen ausgegeben

12.5.2 Dateien und Ordner im aktuellen Verzeichnis listen

Das Makro DateienUndOrdner produziert eine Liste mit allen Ordnern und Dateien des aktiven Pfades in einer neuen Tabelle. In diesem Makro werden die Variablen auf Modulebene deklariert, damit sie beim Verlassen der Unterprogramme weiter zur Verfügung stehen. Option Base 1 setzt den Index für die Datenfelder auf 1.

```
Option Explicit
Option Base 1
Dim folders() As String, files() As String
Dim filecount As Integer, foldercount As Integer
Dim mypath
Sub DateienUndOrdner()
 Dim fcount As Integer
 ' Ordnerliste
 Getfolders
 ' Dateiliste
 GetFiles
 ' Neue Tabelle
 Sheets.Add
```

```
[a1] = "Ordner"
[b1] = "Dateien"
' Ordnerliste
If foldercount > 0 Then
  For fcount = LBound(folders) To UBound(folders)
  [a1].Offset(fcount, 0) = folders(fcount)
  Next fcount
End If
' Dateiliste schreiben
If filecount > 0 Then
  For fcount = LBound(files) To UBound(files)
  [b1].Offset(fcount, 0) = files(fcount)
  Next fcount
  Columns("A:B").EntireColumn.AutoFit
End If
End Sub
```

Listing 12.15: Makro erzeugt eine Ordner- und Dateiliste aus dem aktuellen Pfad

```
Sub GetFiles()
Dim myfile
filecount = 0
myfile = Dir("")
Do
  filecount = filecount + 1
  ReDim Preserve files(filecount)
  files(filecount) = myfile
  myfile = Dir()
Loop Until myfile = ""
End Sub
```

Listing 12.16: Unterprogramm, zählt alle Dateien im aktuellen Ordner

```
Sub Getfolders()
  Dim mydir
  mypath = CurDir() & "\"
  foldercount = 0
  mydir = Dir("", vbDirectory)
  Do
    If mydir = "." Or mydir = ".." Then GoTo continue
    If GetAttr(mypath & mydir) = vbDirectory Then
      foldercount = foldercount + 1
```

```
    ReDim Preserve folders(foldercount)
    folders(foldercount) = mydir
    End If
continue:
    mydir = Dir()
    Loop Until mydir = ""
End Sub
```

Listing 12.17: Unterprogramm, zählt alle Unterordner im aktuellen Ordner

12.5.3   Ordnerauswahl – aber richtig

Wenn Sie in Ihrem Makro einen Laufwerk- oder Ordnerwechsel brauchen, sollten Sie den Benutzer nicht unbedingt mit einer InputBox beglücken, in die er den Pfad einzutragen hat. Hier gibt es eine Funktion in einer Windows-Bibliothek, die alle Laufwerke und Ordner in einer schönen Dialogbox bereitstellt.

Abbildung 12.23: Auswahl mit Ordnern und Laufwerken

Schreiben Sie diesen Code in ein neues Modulblatt Ihres Makroprojektes. Zuerst werden ein Typ und zwei Funktionen aus der Bibliothek *SHELL32.DLL* deklariert, diese Anweisungen müssen am oberen Modulrand stehen:

```
Public Type BROWSEINFO
   hOwner As Long
   pidlRoot As Long
   pszDisplayName As String
   lpszTitle As String
```

```
    ulFlags As Long
    lpfn As Long
    lParam As Long
    iImage As Long
End Type

Declare Function SHGetPathFromIDList Lib "shell32.dll" _
    Alias "SHGetPathFromIDListA" _
    (ByVal pidl As Long, ByVal pszPath As String) As Long
Declare Function SHBrowseForFolder Lib "shell32.dll" _
    Alias "SHBrowseForFolderA" _
    (lpBrowseInfo As BROWSEINFO) As Long
```

Schreiben Sie eine Funktion, die mithilfe der Bibliotheksfunktionen ein Dialogfeld mit allen Laufwerken und Ordnern der aktuellen Windows-Betriebssystemumgebung produziert:

```
Function OrdnerAuswahl() As String
    Dim bInfo As BROWSEINFO
    Dim strPath As String
    Dim r As Long, X As Long, pos As Integer
    ' Der Ausgangsordner ist der Desktop
    bInfo.pidlRoot = 0&
    ' Dialogtitel
    bInfo.lpszTitle = "Wählen Sie bitte einen Ordner aus."
    ' Rückgabe des Unterverzeichnisses
    bInfo.ulFlags = &H1
    ' Dialog anzeigen
    X = SHBrowseForFolder(bInfo)
    ' Ergebnis gliedern
    strPath = Space$(512)
    ' Ausgewähltes Verzeichnis einlesen
    r = SHGetPathFromIDList(ByVal X, ByVal strPath)
    If r Then
        pos = InStr(strPath, Chr$(0))
        OrdnerAuswahl = Left(strPath, pos - 1)
    Else
        OrdnerAuswahl = ""
    End If
End Function
```

Listing 12.18: Funktion zur Anzeige aller Laufwerke und Ordner

Den Parameter `bInfo.pidlRoot = 0&` können Sie variieren, um einen anderen Aus-
gangsordner zu bestimmen. Mit dieser Anweisung präsentiert der Ordnerdialog den
Inhalt von *Eigene Dateien*:

`bInfo.pidlRoot = 5&`

Starten Sie die Ordnerauswahl über eine Prozedur, die nach dem Aufruf der Funktion
den Rückgabewert überprüft und, falls dieser eine Ordnerauswahl enthält, alle Objekte
aus dem Desktop anbietet:

```
Sub Show_Ordner()
  Dim neuOrdner
  neuOrdner = OrdnerAuswahl
  If neuOrdner = "" Then
    Exit Sub
  Else
    ChDir neuOrdner
  End If
End Sub
```

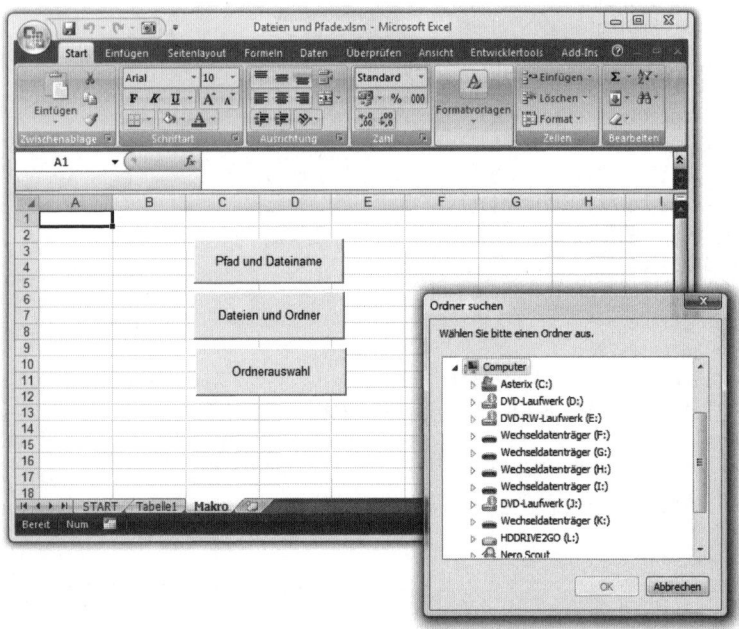

Abbildung 12.24: Die Ordnerauswahl bietet alle Objekte aus dem Desktop an

12.5.4 Zugriffe auf das VBA-Projekt programmieren

Visual Basic bietet über ein Spezial-Objekt sogar die Möglichkeit, per Makro auf Makros oder andere Objekte der VBE (Visual Basic-Entwicklungsumgebung) zuzugreifen. Die Eigenschaft VBProject gibt ein Objekt zurück, das dem Visual Basic-Projekt der Mappe entspricht. Hier ein Beispiel: Das Makro gibt den Namen des Projektes aus:

```
Sub Show_Projektname()
  MsgBox ThisWorkbook.VBProject.Name, vbInformation
End Sub
```

Da dieser direkte Eingriff in das Projekt von außen aber ebenso riskant wie gefährlich sein kann, hat Microsoft ab der Version Excel 2000 eine zusätzliche Sicherheit eingebaut: Der Aufruf des obigen Makros führt ab Excel 2000 zu einer Fehlermeldung, wenn die zusätzliche Sicherheitsoption nicht deaktiviert wurde:

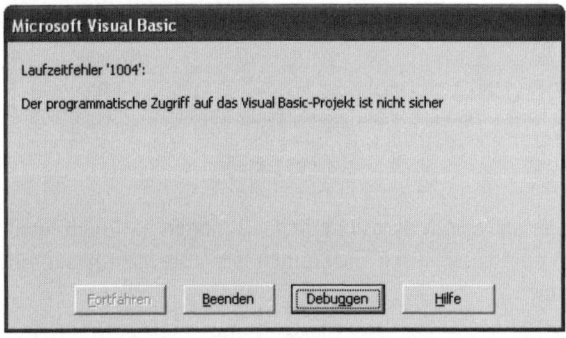

Abbildung 12.25: Fehlermeldung – kein Zugriff auf das Projekt

Um VBE-Makros trotzdem aktivieren zu können, müssen Sie eine Option im Makro-Sicherheitsbereich von Excel einschalten:

1. Öffnen Sie das Office-Menü und wählen Sie *Excel-Optionen.*

2. Schalten Sie um auf das *Vertrauensstellungscenter* und wählen Sie *Einstellungen für Makros.*

3. Aktivieren Sie die Option *Zugriff auf das VBA-Projektobjektmodell vertrauen.*

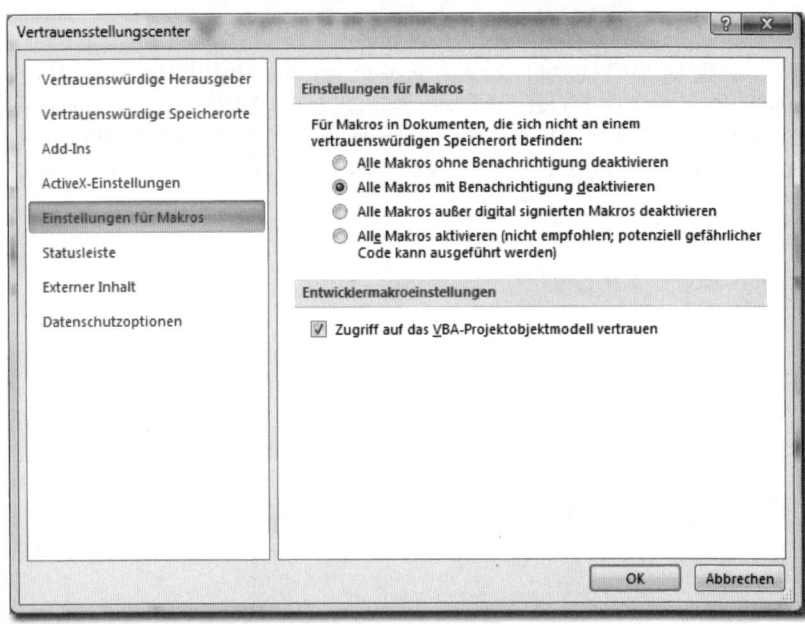

Abbildung 12.26: Zugriff auf Visual Basic-Projekte genehmigen

Diese Option lässt sich wie alle anderen Makrosicherheits-Optionen natürlich nicht per Makro setzen, überprüfen oder ausschalten. Sie können Ihre VBE-Makros nur mit On Error-Anweisungen abfangen:

```
Sub Show_Projektname()
  On Error GoTo fehler
  MsgBox ThisWorkbook.VBProject.Name, vbInformation
  On Error GoTo 0
  Exit Sub
fehler:
MsgBox Err.Description
End Sub
```

Listing 12.19: VBE-Makro mit Fehlersicherung

12.5.5 Alle Makros aus einem Projekt löschen

Wenn Sie nach dem Start einer Arbeitsmappe die Sicherheitsmeldung erhalten und aufgefordert werden, die Makros zu aktivieren, enthält die Mappe Prozeduren, Funktionen und/oder UserForms. Mit einem Hilfsmakro entfernen Sie alle Makroobjekte aus einer geöffneten Mappe, vorausgesetzt, Sie haben über die zuvor beschriebene Option den Zugriff auf das VBA-Projekt genehmigt:

```
Sub Delete_VB(Dateiname)
 Dim wb As Workbook, x, a, t, n
 Set wb = Workbooks(Dateiname)
 For x = wb.VBProject.VBComponents.Count To 1 Step -1
   n = wb.VBProject.VBComponents(x).Name
   a = wb.VBProject.VBComponents(x).CodeModule.CountOfLines
   If a > 0 Then
       wb.VBProject.VBComponents(x).CodeModule.DeleteLines 1, a
   End If
   t = wb.VBProject.VBComponents(x).Type
   If t < 4 Then wb.VBProject.VBComponents.Remove wb.VBProject.VBComponents(x)
 Next x
End Sub
```

Listing 12.20: Makro löscht alle Makros aus der Arbeitsmappe

Da das Makro ein Argument enthält, kann es nur als Unterprogramm aktiviert werden. Schreiben Sie den Aufruf der Subroutine, und übergeben Sie den Namen einer aktiven Arbeitsmappe als Argument:

```
Sub LöscheMakrosAusMappe()
 Dim strMappe As String
 strMappe = InputBox("Welche Mappe?")
 If strMappe = "" Then Exit Sub
 Delete_VB (strMappe)
End Sub
```

Listing 12.21: Makro startet das Unterprogramm zum Löschen aller Makros

---

Achtung

Das Makro löscht alle UserForms, alle Module und alle Makros aus den anderen Objekten (Arbeitsmappe, Tabellen), also auch die Auto-Makros für die Mappe.

12.6 Kopf- und Fußzeilen programmieren

12.6.1 Tabelle mit Pfad ausstatten

Excel stellt erst mit der Version XP einen Kopf/Fußzeilencode für den kompletten Pfad der Datei zur Verfügung. Wenn Sie diesen Eintrag per Makro steuern wollen, schreiben Sie diesen Code (hier für den linken Fußzeilenbereich):

```
Sub TabelleMitPfadAusstatten()
With ActiveSheet.PageSetup
.LeftFooter = ActiveWorkbook.FullName
End With
End Sub
```

Listing 12.22: Makro für Pfad in Fußzeile

Das Makro können Sie direkt starten oder von einem Ereignismakro der Mappe oder der Tabelle starten lassen. Binden Sie den Aufruf beispielsweise in das Drucken-Ereignis ein, wird der Pfad immer aktuell eingetragen, bevor die Tabelle gedruckt wird:

Klicken Sie doppelt auf das Tabellen- oder Arbeitsmappenobjekt im Projekt-Explorer.

Wählen Sie im Codeblatt links oben WorkBook oder WorkSheet.

Mit diesem Makro bestücken Sie alle Tabellen der aktuellen Arbeitsmappe mit Pfadangaben:

```
Sub JedeTabelleMitPFadAusstatten()
Dim Tabelle As Worksheet
For Each Tabelle In ActiveWorkbook.Worksheets
Tabelle.PageSetup.LeftFooter = ActiveWorkbook.FullName
Next Tabelle
End Sub
```

Listing 12.23: Makro für Pfad in allen Tabellen

12.7 Makrotricks mit Datum und Zeit

12.7.1 Ein Statusdatum

Die Funktion =HEUTE() liefert mit jeder Neuberechnung das aktuelle Datum aus der Systemzeit von Windows. Excel bietet leider im Unterschied zu Word keine Funktion für das Statusdatum der Mappe, d.h. das Datum, zu dem die Mappe angelegt und zuletzt bearbeitet wurde. Dieses alte Problem lösen Sie am einfachsten mit einem Ereignismakro. Schreiben Sie es in das Codeblatt der Mappe, verwenden Sie das Ereignis WorkBook_Close, hier für ein Statusdatum in der Zelle E1. Der Name des Bearbeiters wird in die Zelle darunter geschrieben, er stammt aus den *Excel-Optionen*, Kategorie *Häufig verwendet*:

```
Sub WorkBook_Close()
    Call Statusdatum
    ActiveWorkbook.Save
End Sub
Sub Statusdatum()
    Range("E1") = "Letzte Änderung: " _
    & Format(Now, "dddd, dd.MM.YY hh:mm") & " Uhr"
    Range("E2") = "bearbeitet von: " & Application.UserName
End Sub
```

Listing 12.24: Makro setzt beim Schließen der Mappe ein Statusdatum

12.7.2 Systemdatum programmieren

Das Systemdatum steht dem Excel-Anwender sowohl als Funktion als auch in der Programmiersprache VBA zur Verfügung, kann aber in beiden Fällen nur ausgelesen werden:

Funktionen:	=HEUTE() =JETZT()
VBA:	Date Time

Wenn Sie das Systemdatum per VBA kontrollieren und bei Bedarf auch neu definieren wollen, erstellen Sie eine Prozedur, die auf API-Funktionen zurückgreift.

> **Hinweis**
>
> API ist die Abkürzung für Application Programming Interface, der Begriff bezeichnet eine Auswahl von Funktionen, die in externen Dateien (Windows-Systemdateien) mit der Endung DLL gespeichert sind. Es gibt mehrere API-Sammlungen, die Windows-API wird benutzt, um Elemente des Betriebssystems Windows direkt anzusteuern.

Die DLL-Funktion GetLocalTime liefert das aktuelle Datum und die Uhrzeit aus der Systemzeit, SetLocalTime bietet die Möglichkeit, Datum und Zeit neu zu definieren. Legen Sie ein Klassenmodul an, in dem Sie für jedes einzelne Argument der Funktion eine Eigenschaft definieren. Damit schaffen Sie die Möglichkeit, aus allen Bereichen Ihrer Anwendung (Prozeduren, Funktionen, UserForms) auf die Systemzeitparameter zuzugreifen.

1. Aktivieren Sie den Visual Basic Editor, und fügen Sie mit *Einfügen/Klassenmodul* ein neues Klassenmodul in Ihr Projekt ein. Nennen Sie dieses Modul clsZeit.

2. Schreiben Sie die beiden Funktionen im Deklarationsteil, und deklarieren Sie auch den von den Funktionen benötigten Typ, der alle Teilinformationen fixiert:

```
Private Declare Sub GetLocalTime _
Lib "kernel32" (lpSystem As SYSTEMTIME)
Private Declare Function SetLocalTime _
Lib "kernel32" _
(lpSystem As SYSTEMTIME) As Long

Private Type SYSTEMTIME
  wYear As Integer
  wMonth As Integer
  wDayOfWeek As Integer
  wDay As Integer
  wHour As Integer
  wMinute As Integer
  wSecond As Integer
  wMilliseconds As Integer
End Type
```

3. Für das Argument SYSTEMTIME legen Sie eine private Variable fest:

```
Private sysLocalTime As SYSTEMTIME
```

4. Jetzt können Sie die erste Property-Funktion schreiben. Sie ruft die Funktion GetLocalTime auf, und holt sich die Information aus dem Typ-Argument.

```
Public Property Get Stunde() As Integer
  GetLocalTime sysLocalTime
  Stunde = sysLocalTime.wHour
End Property
```

5. Schreiben Sie nach diesem Muster für jede Eigenschaft eine eigene Property-Funktion.

```
Public Property Get Minute() ...
Public Property Get Jahr() ...
```

Sie können die neue Klasse beispielsweise in einer UserForm verwenden und die einzelnen Systemzeit-Informationen mit Steuerelementen verknüpfen. Erzeugen Sie einfach ein Objekt für die neue Klasse, und verwenden Sie die Eigenschaften dieses Objektes:

```
Dim Zeit As New clsZeit
Sub ZeitTest()
  MsgBox Zeit.Stunde
End Sub
```

Über die Funktion SetLocalTime können Sie jeden Parameter der Systemzeit und des Systemdatums ändern, vorausgesetzt die Eigenschaften der Klasse clsZeit sind wieder einzeln definiert. Hier die Property-Funktion, die eine Änderung des Arguments Stunde ermöglicht:

```
Public Property Let Stunde(intStunde As Integer)
  GetLocalTime sysLocalTime
  sysLocalTime.wHour = intStunde
  SetLocalTime sysLocalTime
End Property
```

12.7.3 Kalenderwoche berechnen

Excel bietet für die Berechnung der Kalenderwoche zwar eine gleichnamige Funktion, diese rechnet aber falsch, das Ergebnis entspricht nicht der DIN-Norm 1355:

Der 1. Januar eines Jahres gehört dann zur ersten Kalenderwoche, wenn dieser Tag auf einen Montag, Dienstag, Mittwoch oder Donnerstag fällt. Falls der 1. Januar ein Freitag, Samstag oder Sonntag ist, zählt er, ggf. auch der 2. und 3. Januar, noch zur letzten Kalenderwoche des vorherigen Jahres. Außerdem können der 29., 30. und 31.12. eines Jahres schon zur Kalenderwoche 1 des neuen Jahres gehören. Das ist genau dann der Fall, wenn der 31.12. auf einen Montag, Dienstag oder Mittwoch fällt.

In Kapitel 6 finden Sie eine Funktion zur Berechnung der Kalenderwoche, hier das passende Makro dazu, das Sie an Stelle der Funktion nutzen, wenn weitere Aktionen nötig sind (z.B. Formatierungen oder Zellzeigerpositionierung).

```
Function DINKalW(dat As Date) As Integer
Dim KW As Integer
KW = Int((dat - DateSerial(Year(dat), 1, 1) + _
((Weekday(DateSerial(Year(dat), 1, 1)) + 1) _
Mod 7) - 3) / 7) + 1
If KW = 0 Then
 KW = DINKw(DateSerial(Year(dat) - 1, 12, 31))
ElseIf KW = 53 And (Weekday(DateSerial(Year(dat), 12, 31)) - 1)
Mod 7 <= 3 Then
 KW = 1
End If
DINKalWw = KW
End Function
```

Listing 12.25: Funktion zur Berechnung der Kalenderwoche nach DIN-Norm

Für den Aufruf schreiben Sie eine Prozedur, die das Datum anfordert und das Funktionsergebnis in einer Meldung ausgibt:

```
Public Sub Show_KW()
 Dim strKW As String
 strKW = InputBox("Bitte Datum eingeben:")
 If strKW = "" Then Exit Sub
 MsgBox "Datum: " & vbTab & strKW _
        & vbCr _
        & "KW: " & vbTab & DINKalW((strKW))
End Sub
```

Listing 12.26: Makro berechnet die Kalenderwoche eines Datums

12.7.4 Den ersten Tag einer Kalenderwoche ermitteln

Die Kalenderwoche lässt sich berechnen, aber was ist mit dem Datum des ersten Tages? Wenn die Kalenderwoche und das Jahr bekannt sind, können Sie dieses Datum berechnen. Schreiben Sie diese Funktion, die zwei Argumente erwartet:

```
Function TaginKW(intjahr As Integer, intKW As Integer)
 Dim intTag As Integer, intWoche As Integer
 If intjahr = 0 Then
  TaginKW = 0
  Exit Function
 End If
 intTag = 1
 intWoche = DINKalW(DateSerial(intjahr, 1, 1))
 If intWoche <> 1 Then
 Do Until DINKalW(DateSerial(intjahr, 1, intTag)) = 1
 intTag = intTag + 1
Loop
 Else
Do Until DINKalW(DateSerial(intjahr, 1, intTag)) <> 1
 intTag = intTag - 1
Loop
intTag = intTag + 1
 End If
 TaginKW = DateSerial(intjahr, 1, intTag) + (intKW - 1) * 7
End Function
```

Listing 12.27: Funktion berechnet den ersten Tag einer Kalenderwoche

Für den Aufruf schreiben Sie eine Funktion, die Jahr und Kalenderwoche aus der Tabelle übernimmt oder wie in diesem Beispiel über eine InputBox anfordert:

```
Sub Show_TaginKW()
 Dim strJahr, strKW
 strJahr = InputBox("Welches Jahr?")
 If strJahr = "" Then Exit Sub
 strKW = InputBox("Welche KW?")
 If strKW = "" Then Exit Sub
 MsgBox "Datum des ersten Tages:" _
        & vbCr & TaginKW((strJahr), (strKW))
End Sub
```

Listing 12.28: Makro ruft Funktion zur Berechnung des ersten Tages einer Kalenderwoche auf

525

12.7.5 Schaltjahr berechnen

Ein Jahr ist ein Schaltjahr, wenn es durch 4, aber nicht durch 100 teilbar ist. Auch Jahre, die durch 400 teilbar sind, sind Schaltjahre. Diese Funktion ermittelt zuverlässig, ob es sich bei dem übermittelten Jahr um ein Schaltjahr handelt:

```
Function Schaltjahr(Jahreszahl)
If (Jahreszahl Mod 4) = 0 And (Jahreszahl Mod 100) <> 0 _
Or ((Jahreszahl Mod 400) = 0) Then
  Schaltjahr = "Ja"
Else
  Schaltjahr = "Nein"
End If
End Function
```

Listing 12.29: Funktion zur Schaltjahr-Berechnung

Dieses Makro überprüft die Schaltjahre der nächsten 50 Jahre ab dem aktuellen Jahr und gibt die Information in einer Meldung aus:

```
Sub Show_Schaltjahre()
 Dim aktJahr, i As Integer, strMText As String
 aktJahr = Year(Date)
 For i = aktJahr To aktJahr + 50
   If Schaltjahr(i) = "Ja" Then
     strMText = strMText & i & vbCr
   End If
 Next i
 MsgBox strMText, vbInformation, _
   "Schaltjahre der nächsten 50 Jahre"
End Sub
```

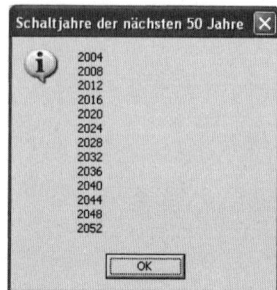

Abbildung 12.27: Die nächsten Schaltjahre

12.8 Makros für Diagramme

12.8.1 Ein Diagramm aus den markierten Daten

Eine der häufigsten Problemstellungen für den Makroprogrammierer ist die Übernahme der markierten Daten in ein Diagramm, händisch einfach mit der Funktionstaste $\boxed{F11}$. Zeichnen Sie diese Aktion aber mit dem Makrorecorder auf, wird dieser leider die absoluten Bezüge eintragen:

Schreiben Sie eine Monatsreihe von Januar bis März in die erste Spalte und Umsatzzahlen in die zweite Spalte.

Starten Sie den Makrorecorder, und markieren Sie die Daten in Spalte A und B mit $\boxed{Strg}$ + $\boxed{\Diamond}$ + $\boxed{*}$.

Erstellen Sie ein Diagrammobjekt in der Tabelle.

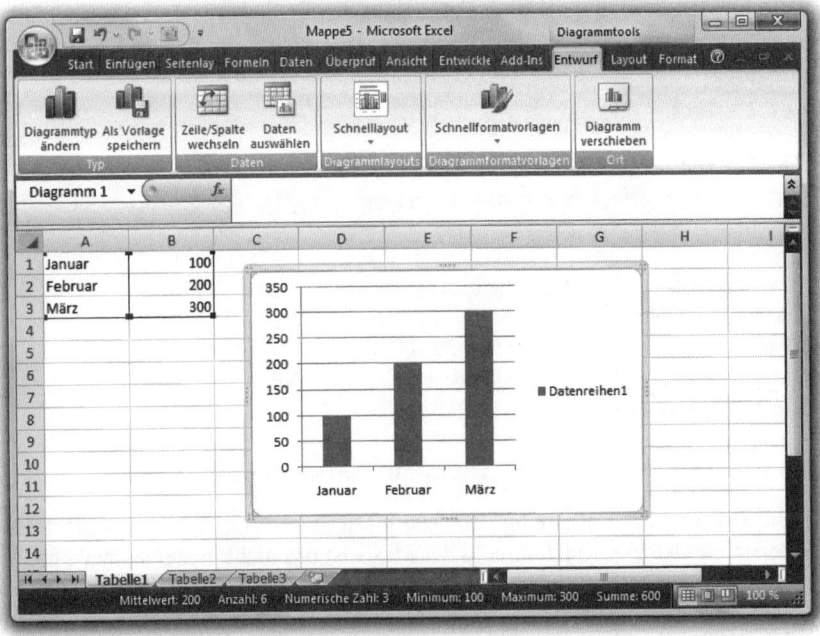

Abbildung 12.28: Ein Diagrammobjekt aus den Daten in den ersten Spalten

Schließen Sie die Aufzeichnung, erhalten Sie ein Makro, das immer den vorgefundenen Bereich in ein Diagrammobjekt umsetzt:

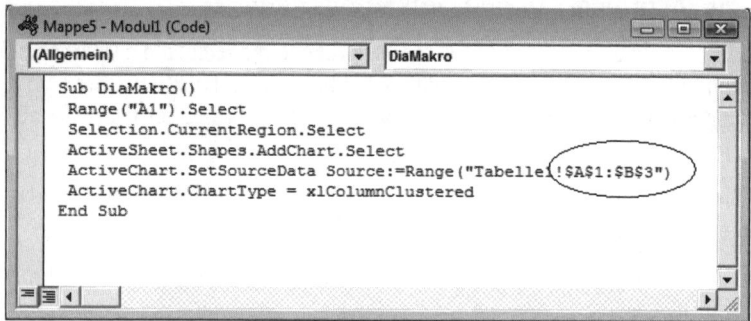

```
Sub DiaMakro()
  Range("A1").Select
  Selection.CurrentRegion.Select
  ActiveSheet.Shapes.AddChart.Select
  ActiveChart.SetSourceData Source:=Range("Tabelle1!$A$1:$B$3")
  ActiveChart.ChartType = xlColumnClustered
End Sub
```

Abbildung 12.29: Der Recorder zeichnet einen festen Bezug auf

Ändern Sie den Code, damit das Makro immer den Bereich ab A1 in das Diagramm übernimmt:

```
Sub DiaMakro()
 Dim diabereich
 Range("A1").Select
 Selection.CurrentRegion.Select
 ' Aktuelle Markierung in Variable schreiben
 diabereich = Selection.Address
 Charts.Add
 ActiveChart.ChartType = xlColumnClustered
 ' Bereich aus der Variable zum Datenbereich machen
 ActiveChart.SetSourceData Source:=Sheets("Tabelle1").Range(diabereich)
 ActiveChart.Location Where:=xlLocationAsObject, Name:="Tabelle1"
End Sub
```

12.8.2   Datenreihenbeschriftung aus anderen Bereichen

Die Beschriftung der Datenreihe wird automatisch aus den Werten übernommen, aus denen die Reihe gebildet wird. In der Praxis ist das nicht immer sinnvoll, häufig stehen die für die Balken, Linien oder Tortensegmente vorgesehenen Werte in anderen Zellbereichen. Hier ein Beispiel: Die Balkenreihe wird aus den Werten in Spalte B gebildet, in Spalte D stehen die für die Beschriftung vorgesehenen Werte.

◢	A	B	C	D	E	F	G	H
1	Januar	100		20 über Plan				
2	Februar	200		40 unter Plan				
3	März	300		30 über Plan				
4								
5								
6								
7								
8								
9								
10								
11								
12								
13								
14								
15								
16								
17								
18								

Abbildung 12.30: Beschriftung und Daten für das Balkendiagramm sind unterschiedlich

Ein kleines Makro mit einer Schleife erledigt diese Aufgabe zuverlässig:

```
Sub DatenreiheBeschriftenAusD()
 Dim i As Integer, altZ As Range
 ' Markierte Zelle merken
 Set altZ = ActiveCell
 ' Diagrammobjekt markieren
 ActiveSheet.ChartObjects(1).Activate
 ' Datenbeschriftung zuweisen
 ActiveChart.ApplyDataLabels ShowValue:=True
 ' Punkte einzeln mit den Werten
 ' aus Spalte D füllen
 With ActiveChart.SeriesCollection(1)
   For i = 1 To .Points.Count
     .Points(i).DataLabel.Select
     Selection.Characters.Text = ActiveSheet.Cells(i, 4)
   Next i
 End With
 ' Alte Zelle wieder markieren
 altZ.Select
End Sub
```

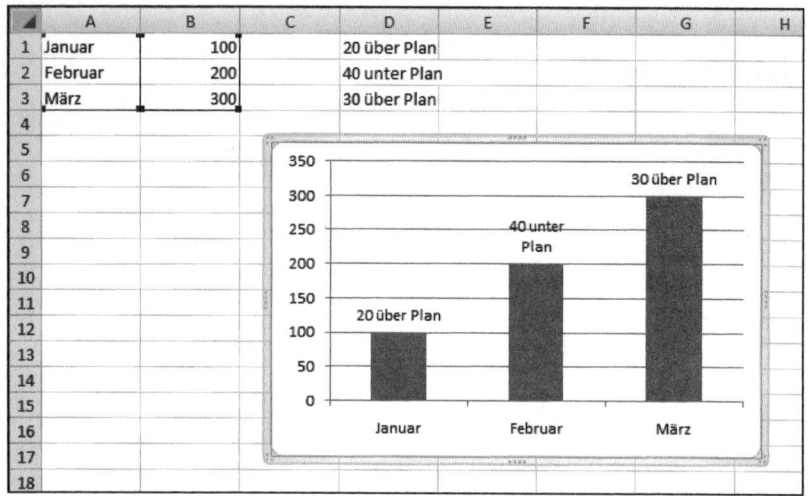

Abbildung 12.31: Das Makro schreibt die Texte aus Spalte D über die Balken

12.9 Makrotricks für die Dialogprogrammierung

12.9.1 InputBox abgebrochen?

Besonders elegant ist sie nicht, die InputBox, eher das Stiefkind der Dialogprogrammierung. Für eine schnelle und einfache Benutzeranfrage eignet sie sich, das Eingabefeld kann auch mit einem Vorgabewert gefüllt werden, und der angezeigte Prompt lässt sich auch mithilfe von Systeminformationen gestalten. Hier ein Makro mit InputBox-Anweisung, das den Benutzernamen aus *Extras/Optionen/Allgemein* verwendet und die Möglichkeit bietet, diesen neu zu definieren:

```
Sub UserNameNeu()
 Dim strAltName As String, strEingabe As String
 Dim strMText As String
 strAltName = Application.UserName
 strMText = "Hallo " & strAltName & ", " & vbCr _
 & "wollen Sie den Benutzernamen neu definieren?"
 strEingabe = InputBox(strMText, "Benutzername", _
 strAltName)
 If strEingabe = "" Then
```

```
    Exit Sub
Else
    Application.UserName = strEingabe
End If
End Sub
```

Listing 12.30: Makro definiert den Benutzernamen neu

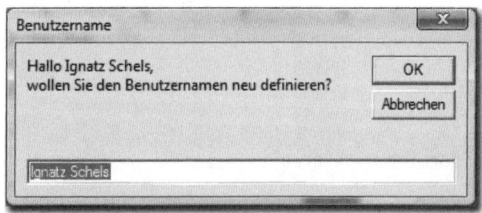

Abbildung 12.32: Die InputBox fordert den Benutzernamen an

So weit, so gut, aber die InputBox hat einen kleinen Haken: Sie können nicht unterscheiden, ob der Benutzer nichts eingegeben und *OK* gedrückt oder die Schaltfläche *Abbrechen* benutzt hat. Die Hilfefunktion schweigt sich auch darüber aus, aber es gibt eine undokumentierte Funktion, die prüft, was in der InputBox passiert ist:

Verwenden Sie die Funktion StrPtr(), sie liefert den Wert 0 für die *Abbrechen*-Schaltfläche und einen Leerwert, wenn das Eingabefeld leer war:

StrPtr(strEingabe)

Jetzt können Sie alle drei Eingabevarianten zuverlässig prüfen:

```
If StrPtr(strEingabe) = 0 Then
    MsgBox "Sie haben Abbrechen gedrückt"
ElseIf strEingabe = "" Then
    MsgBox "Sie haben nichts eingeben!"
Else
    Application.UserName = strEingabe
End If
```

Listing 12.31: InputBox exakt überprüfen

12.9.2 InputBox mit Bereichsauswahl

Brauchen Sie vom Anwender des Makros nur eine Bereichsadresse, müssen Sie nicht zur aufwändigeren UserForm greifen, hier reicht auch die InputBox. Fordern Sie den Benutzer auf, einen bestimmten Bereich zu markieren, den das Makro nachher weiterverarbeitet. Die Variable muss vom Typ Range sein, und mit dem Argument Type wird der Typ der Eingabe festgehalten. Das Beispielmakro integriert die InputBox in eine Bereichsvariable:

```
Sub BereichmitEuroFormatieren()
Dim strBereich As Range
On Error GoTo fehler
Set strBereich = _
Application.InputBox(prompt:="Bitte Bereich markieren", _
Type:=8)
strBereich.NumberFormat = "0.00 _"
Exit Sub
fehler:
MsgBox "Aktion abgebrochen"
End Sub
```

Listing 12.32: Bereichsauswahl per InputBox

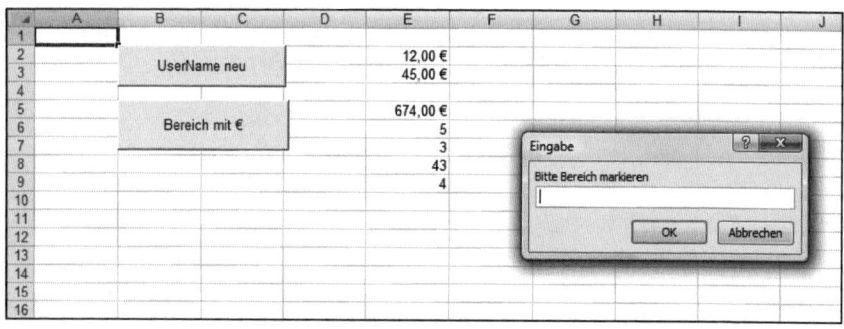

Abbildung 12.33: Bereichsabfrage in der InputBox

12.9.3 UserForm exportieren

UserForms sind nicht einfach zu erstellen, sie erfordern oft viel Aufwand, da jedes einzelne Element programmiert werden muss. Der Programmierer legt sich deshalb einige »Vorlagen« an, UserForms, die schon die wichtigsten Elemente und Makrocodes beinhalten. Diese sollten natürlich auch den firmeneigenen Programmiervorschriften entsprechen, die Position und Größe von Firmenlogo, Schrift und Farben von Dialogen genau definieren. So bleibt die »corporate identidy« gewahrt, der Programmierer spart Zeit und Arbeit, und die Anwender arbeiten mit identischen Oberflächen.

Exportieren Sie fertig gestaltete und auskodierte UserForms in Dateien, und holen Sie diese bei Bedarf in neue Projekte:

1. Markieren Sie die UserForm im Projekt-Explorer.

2. Wählen Sie *Datei/Exportieren* aus dem Datei-Menü oder dem Kontextmenü der rechten Maustaste.

3. Geben Sie einen neuen Namen ein, oder übernehmen Sie den vorgeschlagenen Objektnamen mit der Endung *frm*.

4. Die UserForm wird in die Datei exportiert. Um sie in einem anderen Projekt zu benutzen, markieren Sie das Projekt im Projekt-Explorer und wählen *Datei/Importieren*.

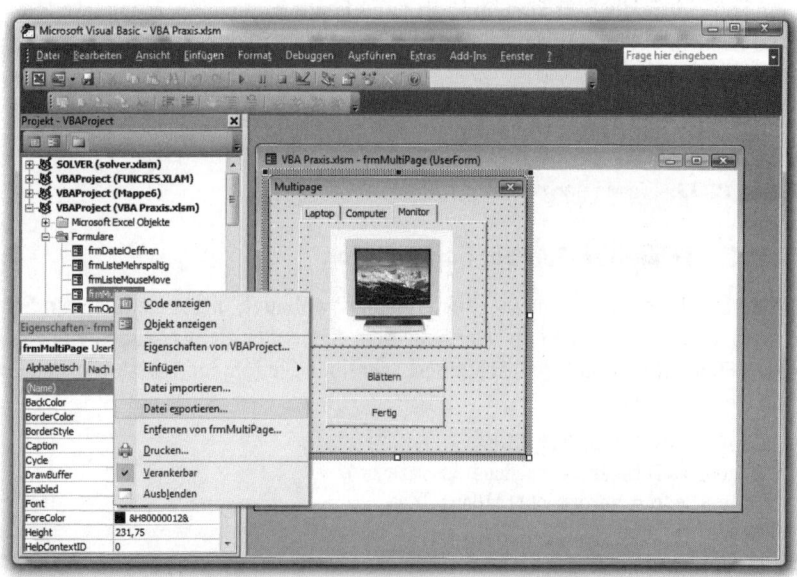

Abbildung 12.34: Die UserForm wird exportiert

12.9.4   UserForm im Projekt kopieren

Schneller geht's mit Drag&Drop, wenn die beiden Projekte offen sind, das Projekt mit der UserForm und das neue Projekt:

1. Ziehen Sie die markierte UserForm einfach mit gedrückter Maustaste im Projekt-Explorer auf das neue Projekt.

2. Sobald Sie die Maustaste loslassen, wird das Objekt kopiert. Das gilt übrigens auch für Modulblätter.

12.9.5   UserForm immer anzeigen lassen

UserForms haben wie Meldungsdialoge (MsgBox) die oft unangenehme Eigenschaft, die Kontrolle über die Anwendung zu übernehmen. In manchen Fällen möchte der Anwender aber gerne im Hintergrund weiterarbeiten und nur bei Bedarf auf die Box zurückgreifen. Und das geht natürlich, aber erst ab der Version Excel 2000.

Fügen Sie der Anweisung zum Start der UserForm die Konstante vbModeless hinzu, dann können Sie die UserForm im Hintergrund halten und in der Mappe weiterarbeiten. Jeweils ein Klick aktiviert die Tabelle bzw. die UserForm.

```
Sub showform()
  UserForm1.Show vbModeless
End Sub
```

Listing 12.33: Diese UserForm wird immer angezeigt

12.9.6   Schließen-Symbol deaktivieren

Da die UserForm ein Windows-Fensterelement abbildet, bietet sie auch ein Schließen-Kästchen rechts oben an. Wenn Sie dem Anwender nicht erlauben wollen, über dieses Element den Dialog zu schließen, schreiben Sie folgendes Makro in das Codeblatt der UserForm:

```
Private Sub UserForm_QueryClose _
  (Cancel As Integer, CloseMode As Integer)
  If CloseMode = vbFormControlMenu Then
    Cancel = True
  End If
End Sub
```

12.10 Makros für externe Programme

Excel ist fremden Programmen gegenüber sehr aufgeschlossen und bietet über VBA viele Schnittstellen zu anderen Applikationen. Ideal ist die Verbindung natürlich zu Programmen, die eine passende Objektbibliothek liefern. Diese wird einfach eingebunden, und schon kennt VBA die Objekte, Eigenschaften und Methoden des Nachbarn.

12.10.1 Objektbibliotheken einbinden

Objektbibliotheken sind Dateien, die das Objektmodell eines Programms (einer Applikation) enthalten. Die Objektbibliothek von Outlook heißt beispielsweise *MSOUTL.OLB* (Outlook XP) bzw. *MSOUTL9.OLB* (Outlook 2000). Wenn Sie beispielsweise die Objekte der Textverarbeitung Word benutzen wollen, binden Sie die Objektbibliothek in Ihr Projekt ein:

1. Wählen Sie im Visual Basic Editor *Extras/Verweise*.

2. Suchen Sie den Eintrag *Microsoft Word 12.0 Object Library* (die Versionsnummer ist abhängig von der installierten Office-Version und heißt 8.0, 9.0, 10.0, 11.0 oder 12.0).

3. Markieren Sie die Option, und bestätigen Sie mit *OK*.

4. Jetzt sind die Objekte aus der Word-Bibliothek verfügbar, und Sie können das Makro schreiben, das die Daten aus Excel nach Word transferiert.

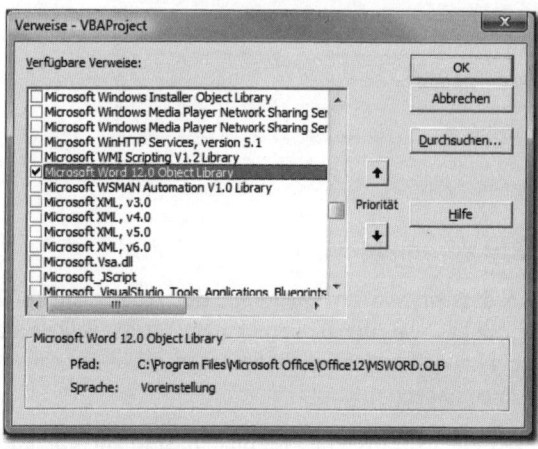

Abbildung 12.35: Die Objektbibliothek von Word ist verfügbar

Achten Sie auf den Pfad, der unten angezeigt wird, hier zeigt die Dialogbox, welche Datei verknüpft wird. Sie können die neue Bibliothek auch im Objektkatalog über-prüfen, hier ist der Name auch vollständig zu lesen:

1. Drücken Sie [F2] für den Objektkatalog.

2. Wählen Sie in der Liste links oben den Eintrag Word.

3. Die Klassenobjekte von Word werden angezeigt, im rechten Fenster stehen die Elemente zur Ansicht.

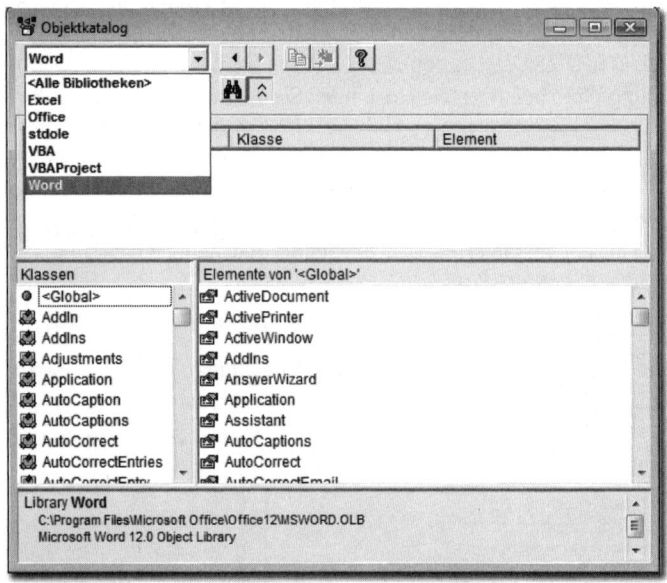

Abbildung 12.36: Die Objekte von Word im Objektkatalog

12.10.2 Der Eintrag »nicht vorhanden: ...«

Dieser Eintrag weist darauf hin, dass ein Makro versucht hat, Objekte aus einer Biblio-thek auszulesen, die nicht verfügbar war. Der Bibliotheksname zeigt, welche Datei nicht zu finden war. In der Regel handelt es sich um Bibliotheken, die in den einzelnen Versionen unterschiedliche Namen haben.

Die Bezeichnungen der Objekte, Eigenschaften und Methoden ist in allen Bibliothe-ken gleich, Abweichungen gibt es natürlich bei Objekten, die von neuen Office-Versionen eingeführt wurden. Wird in einer VBA-Prozedur oder -Funktion die Word-Bibliothek benutzt, sollte es keine Rolle spielen, mit welcher Version das Makro zur Anwendung kommt, sofern ein Verweis auf die jeweilige Bibliothek eingerichtet ist.

Probleme können durch unterschiedliche Namen der Bibliotheken oder durch veränderte Speicherpositionen entstehen. Schreiben Sie beispielsweise ein Makro unter Excel XP, das die Objektbibliothek von Outlook benutzt, wird im Code die Referenz auf die Bibliotheksdatei *MSOUTL.OLB* gesetzt. Verwenden Sie dieses Makro aber unter Excel 2000, sucht das Makro nach den Objekten in der Datei *MSOUTL9.OLB*, und da diese nicht zu finden ist, bricht es mit einer Fehlermeldung ab.

12.10.3 Inkompatible Bibliothekszugriffe anpassen

Im Normalfall sollte das Problem der fehlenden Bibliothek durch Einfügen eines Verweises erledigt sein. Wenn sich das Makro hartnäckig weigert, eine verwendete Bibliothek zu akzeptieren, bleibt Ihnen nur diese Möglichkeit:

1. Kopieren Sie den Code des Makros aus dem Modul heraus in die Zwischenablage.

2. Löschen Sie das Modul mit *Datei/Entfernen von Modul.*

3. Fügen Sie ein neues Modul ein, und kopieren Sie den Code wieder zurück.

12.10.4 Bindungsart beachten

Beim Zugriff auf Bibliotheken gibt es die beiden Methoden »Frühe Bindung« und »Späte Bindung« (early/late binding).

Die frühe Bindung wird eigentlich immer von Programmierern empfohlen, die VBA-Makros laufen damit schneller und kompakter. Frühe Bindung wird aber nicht in Script-Sprachen unterstützt, und da die Outlook-Programmierumgebung auf Scripting basiert, kann es bei dieser Methode zu Problemen kommen. Für Outlook empfiehlt sich also, die Methode der späten Bindung anzuwenden.

Frühe Bindung

```
Dim ol as Applicaton
Set ol = New Outlook.Application
```

Späte Bindung

```
Dim ol As Object
Set ol = CreateObject("Outlook.Application")
```

12.10.5 Bibliotheksverweise überprüfen

Sie können als Makroprogrammierer Routinen einbauen, die gesetzte und nicht gesetzte oder »gebrochene« Bibliotheksverweise überprüfen und ggf. neu setzen. Diese Anweisungen greifen aber in die VBE, die VBA-Programmierumgebung ein, und dazu muss Excel der Zugriff vom Benutzer erlaubt werden. Im Vertrauensstellungscenter (Excel-Optionen) finden Sie dazu unter *Einstellungen für Makros* das Kontrollkästchen *Zugriff auf das VBA-Projektobjektmodell vertrauen*.

Das nächste Makro listet alle Bibliotheken, muss dazu aber selbst einen Verweis auf eine Bibliothek gesetzt bekommen, in der Objekte der VBE zu finden sind:

1. Wählen Sie im Visual Basic Editor *Extras/Verweise*.

2. Markieren Sie die Bibliothek *Microsoft Visual Basic for Application Extensibility 5.3*.

3. Bestätigen Sie mit *OK*.

Schreiben Sie das Makro, das alle Verweise mit Speicherort und Bibliotheksname in ein neues Tabellenblatt der aktiven Mappe schreibt:

```
Sub InfosZuBibliothekenAusgeben()
Dim Verweis As Reference
On Error Resume Next
Sheets.Add
[A1] = "Verweis"
[B1] = "Speicherort"
[C1] = "Name"
Range("$A$1:$C$1").Font.Bold = True
[a2].Select
For Each Verweis In _
  Application.VBE.ActiveVBProject.References
  With ActiveCell
    .Value = Verweis.Description
    .Offset(0, 1) = Verweis.FullPath
    .Offset(0, 2) = Verweis.Name
  End With
  ActiveCell.Offset(1, 0).Select
Next Verweis
Columns("A:C").EntireColumn.AutoFit
End Sub
```

Listing 12.34: Makro listet alle externen Verweise

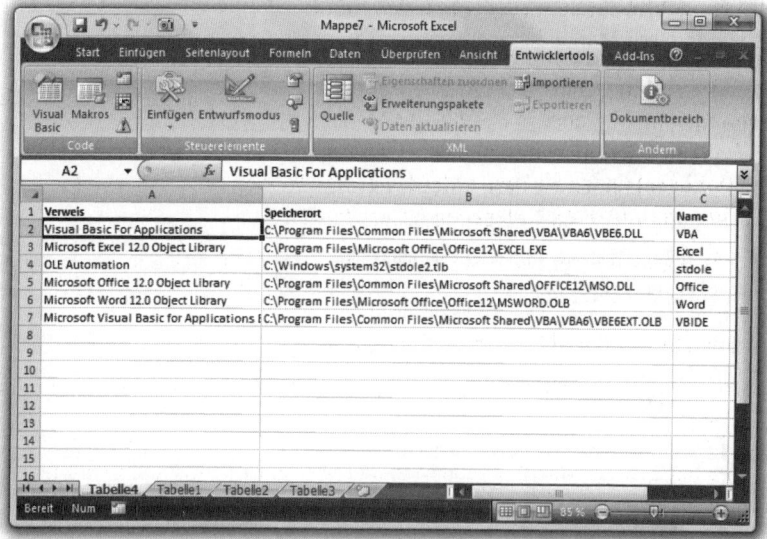

Abbildung 12.37: Alle Bibliotheken in einer Übersicht

12.10.6 Defekte Verweise aufspüren und löschen

Wenn ein VBA-Projekt defekte Verweise hat, liegt das meist daran, dass es in einer neueren Version erstellt wurde. Die eingebundene Bibliothek (z. B. Word 121.0) wird nicht erkannt, wenn nur die Vorgängerversion installiert ist. Mit dieser Funktion spüren Sie defekte Verweise (broken references) auf:

```
Function ReferenceIsBroken(sRef As String) As Boolean
 Dim vbProj As VBProject
 Dim chkRef As Reference
 Set vbProj = ThisWorkbook.VBProject
 For Each chkRef In vbProj.References
 If sRef = chkRef.Name And chkRef.IsBroken Then
   ReferenceIsBroken = True
   Exit Function
 End If
 Next
 ReferenceIsBroken = False
End Function
```

Listing 12.35: Defekte Verweise

Mit diesem Makro löschen Sie defekte Verweise in einer Mappe. Starten Sie es aber aus einer anderen Mappe heraus:

```
Sub Delete_Broken_Reference()
 Dim VBReferens As VBIDE.Reference
 Dim VBProjekt As VBIDE.VBProject
 Dim stBook As String
 stBook = Workbooks("Test.xls").Name
 Set VBProjekt = Workbooks(stBok).VBProject
 For Each VBReferens In VBProjekt.References
  If VBReferens.IsBroken Then
   VBProjekt.References.Remove VBReferens
  End If
 Next VBReferens
End Sub
```

Listing 12.36: Defekte Verweise löschen

12.10.7 Excel-Daten nach Word übergeben

Übermitteln Sie häufig Daten aus Excel-Tabellen in Word-Dokumente, sollten Sie diese Aufgabe automatisieren. Mit GetObject lässt sich Word direkt in Excel als Objekt ansteuern, dazu wird ein ActiveX-Objekt erstellt. Anschließend können Sie die VBA-Sprachelemente von Word benutzen. Zeichnen Sie sich diese einfach mit dem Makro-rekorder auf, den auch Word in seinem VBA-Editor anbietet.

```
Sub ExcelTabelleNachWordZwischenablage()
Dim WordObj As Object
Dim WordDoc As Object
Dim i As Integer
Sheets(1).Activate
Cells(1, 1).CurrentRegion.Select
Selection.Copy
On Error Resume Next
Set WordObj = GetObject(, "Word.Application")
If Err.Number = 429 Then
 Set WordObj = CreateObject("Word.Application")
 Err.Number = 0
End If
On Error GoTo 0
WordObj.Visible = True
Set WordDoc = WordObj.Documents.Add
```

```
WordObj.Selection.Paste
Application.CutCopyMode = False
Set WordObj = Nothing
Set WordDoc = Nothing
End Sub
```

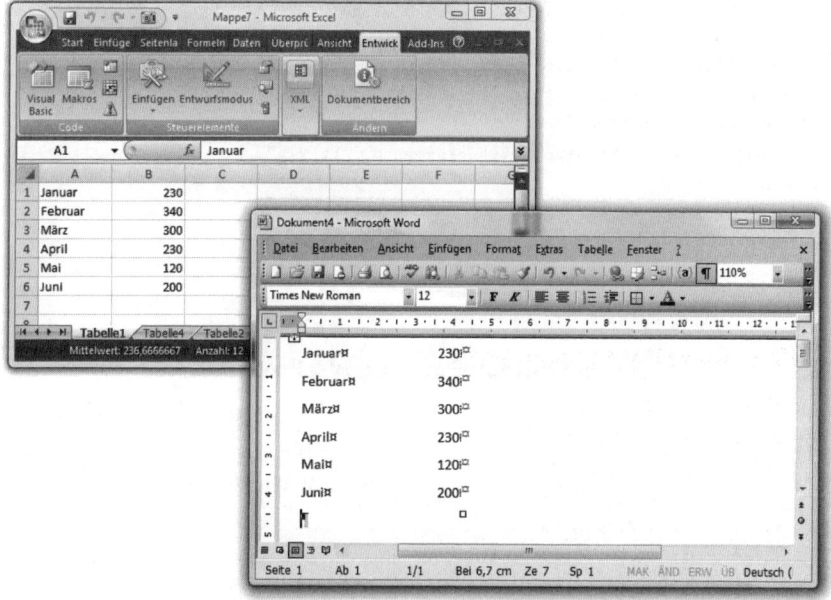

Abbildung 12.38: Das Makro kopiert Daten von Excel nach Word

12.10.8 E-Mails über Outlook versenden

Outlook ist ein idealer Partner für Excel, das Mailprogramm stellt seine Bibliothek zur Verfügung und kann als ActiveX-Objekt angesteuert werden. Schreiben Sie ein Makro, das eine Nachricht entwirft und inklusive Anhang an einen Empfänger sendet. Vergessen Sie nicht, vorher die Outlook-Bibliothek über *Extras/Verweise* einzubinden.

```
Sub Mail_senden()
 Dim olApp As Object
 Set olApp = CreateObject("Outlook.Application")
 With olApp.CreateItem(0)
  'Empfänger
```

```
.Recipients.Add "adresse@provider.de"
'Betreff
.Subject = "Kostenbericht"
'Nachricht
.Body = "Sehr geehrter Herr Müller," _
    & vbCr & "hier der versprochene Bericht." _
    & vbCr & vbCr & "Mit freundlichen Grüssen ..." _
    & vbCr
'Lesebestätigung ausschalten
.ReadReceiptRequested = False
'Dateianhang
.Attachments.Add "c:\Daten\Kostenstellenbericht.xls"
' E-Mail senden
' .Send
End With
Set olApp = Nothing
End Sub
```

12.10.9 Alle Mails im Outlook-Posteingang listen

Mit dem nächsten Makro transferieren Sie Ihre Mails aus dem Posteingang in eine neue Excel-Tabelle. Das Outlook-Objekt ermöglicht über GetNamespace("MAPI") den Zugriff auf alle Outlook-Ordner, hier wird der Posteingang ausgelesen.

```
Sub AlleMailsImPosteingang()
Dim OLF As Outlook.MAPIFolder, CurrUser As String
Dim EmailItemCount As Integer, i As Integer, EmailCount As Integer
Application.ScreenUpdating = False
Sheets.Add
Cells(1, 1).Formula = "Betreff"
Cells(1, 2).Formula = "Empfangen am"
Cells(1, 3).Formula = "Anhänge"
Cells(1, 4).Formula = "gelesen"
Range("A1:D1").Font.Bold = True
Set OLF = GetObject("", "Outlook.Application") _
    .GetNamespace("MAPI").GetDefaultFolder(olFolderInbox)
EmailItemCount = OLF.Items.Count
i = 0: EmailCount = 0
While i < EmailItemCount
    i = i + 1
    If i Mod 50 = 0 Then Application.StatusBar = "E-Mails werden gelesen ..." &
```

```
Format(i / EmailItemCount, "0%") & "..."
    With OLF.Items(i)
      EmailCount = EmailCount + 1
      Cells(EmailCount + 1, 1).Formula = .Subject
      Cells(EmailCount + 1, 2).Formula = Format(.ReceivedTime, "dd.mm.yyyy
hh:mm")
      Cells(EmailCount + 1, 3).Formula = .Attachments.Count
      If .UnRead Then
        Cells(EmailCount + 1, 4).Formula = "Nein"
      Else
        Cells(EmailCount + 1, 4).Formula = "Ja"
      End If
    End With
Wend
Application.Calculation = xlCalculationAutomatic
Set OLF = Nothing
Columns("A:D").AutoFit
Range("A2").Select
ActiveWindow.FreezePanes = True
Application.StatusBar = False
End Sub
```

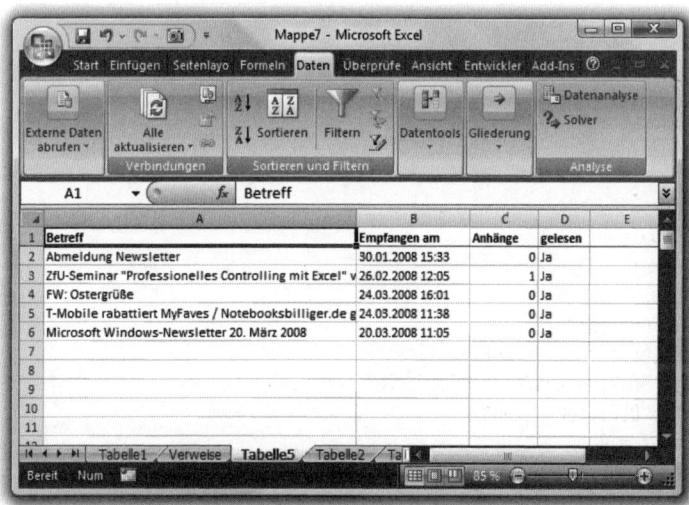

Abbildung 12.39: Outlook-Mails aus dem Posteingang in einer neuen Liste

12.10.10   Windows-Programme ausführen

Eine andere Form der Einbindung externer Programme bietet die Anweisung Shell.
Damit werden externe Programme direkt aus einem VBA-Makro heraus gestartet. Verwenden Sie SendKeys, um dem gestarteten Programm Daten zu übergeben, denn dieses
übernimmt anschließend die Kontrolle. Hier der Aufruf des Windows-Programms Note-
Pad (Notizblock-Editor):

```
Sub StartExtApp()
  Dim ok
  SendKeys "Hallo!"
  ok = Shell("notepad.exe", vbNormalFocus)
End Sub
```

Listing 12.37: Den Notizblock-Editor per Makro aktivieren

Stichwortverzeichnis